EU AND INTERNATIONAL DEVELOPMENT COOPERATION

EU와 국제개발협력

• 이연호 외 •

박영사

이 책은 유럽연합(EU)으로부터 재정지원을 받아 출간되었습니다.

This book has been published by the Yonsei−SERI EU Centre with the funding of the European Union.

2009년 대한민국이 OECD개발원조위원회(DAC)에 가입한 이후 국제개발협력 활동에 대한 국민들의 관심이 지속적으로 고조되고 있다. 우리나라는 개발원조를 통해 성공적으로 경제성장을 성취한 사례로 꼽힌다. 이러한 경험을 여타 개발도상국들과 공유하는 것은 우리가 전개할 수 있는 가장 의미 있는 공공외교 활동 중 하나가 될 것임이 분명하다.

전 세계적으로 가장 활발한 개발협력 외교의 선두주자는 단연 EU이다. 제2차 세계대전의 종식과 함께 진행된 유럽통합 과정에서 많은 국제기구들이 기여했는데 그 중의 하나가 후일 OECD의 모체가 된 OEEC(Organization for European Economic Cooperation), 즉 유럽경제협력기구였다. 이 기구는 서유럽의 전후복구와 경제부흥을 위해 미국이 시행한 마샬플랜에 따라 지원된 원조물자를 분배하기 위한 목적으로 1948년에 설립되었다. 당초 동유럽국가들도 지원대상에 포함시키려 했으나 당시 소련의 반대로 제외되고 아울러 독재자 프랑코가 지배하던 스페인과 핀란드가 불참한 채 총 14개국으로 구성된 OEEC가 1948년 4월에 탄생했다. 본래는 원조분배를 목표로 한 국가간 협의기구였지만 유럽국가들간의 경제적 상호의존을 증대시키고 교역 장벽을 개선하는 데 크게 기여하여 오늘날의 단일시장을 바탕으로 한 EU 탄생에 크게 기여했다.

EU국가들이 다른 어느 나라들보다도 개발협력 활동에 적극적인 이유는 자신들이 그러한 활동의 수혜경험을 가지고 있기 때문이라고 볼 수 있다. 20세기 들어 두 차례에 걸친 세계대전을 경험한 EU국가들은 종전 이후 평화적 세계질서를 구축하기 위한 노력을 지속적으로 경주해 왔다. 전쟁의 폐해를 직접 경험한 당사자로서 이러한 비극이 되풀이 돼서는 안 된다는 교훈이 깊게 학습되어 있기 때문이다. 전 세계적으로 군사안보적 이해관계를 가지고 있던 미국과는 달리 EU가 상대적으로 국제정치의 연성적(soft) 이슈에 집중하고 있는 이유도 이러한 맥락에서 이해할 수 있다. 실제로 EU를 대상으로 국가 차원의 협약을 맺는 국가는 인권이나 민주주의 같은 평화적 가치에 동조할 것을 약속해야 한다. 그래서 EU의 회원국이 되거나 아니면 협약의 당사자가 되는 것 자체가 평화적 국제질서에 동조하는 것을 의미한다. 1990년대 구소련이 붕괴하자 위성국이었던 동유럽국가들이 대거 EU에 가입하였고 지금도 그러한 노력을 기울이는 이유도 바로 여기에 있다. EU는 전 세계적으로 평화적 국제질서를 구축하는 주축세력으로서의 역할을 수행하고 이를 위해 국제적 개발협력을 가장 역동적으로 전개하는 행위자이다.

EU는 역사적으로 과거 자신들이 주역이 되었던 제국주의 전쟁의 피해당사자들을 대상으로 개발협력 활동을 전개함으로써 지구상의 어느 나라들보다도 풍부한 개발협력 활동의 경험을 보유하고 있다. 본서가 개발협력에 관한 이론을 정리하는 것과 더불어 EU회원국의 사례를 소개하는 이유도 여기에 있다. 2009년 활동을 시작한 연세-SERI EU센터는 2016년 7년간의 활동을 종료하는 기념으로 EU의 공공외교 활동 중 가장 대표적인 사례를 선정하여 한국의 젊은 학생들에게 소개하려는 목적으로 본서를 기획했다. 국제개발협력에 관한 단편적인 소개서가 산발적으로 존재할 뿐 체계적인 저작이 충분치 않은 국내의 현실에 착안하여 이론과 실제가 조화를 이룬 학술서를 저술하고자 했다.

본서는 크게 두 부분으로 구성되어 있다. 우선 제1부에서는 국제개발협력과 관련한 기초이론을 설명하고 제2부에서는 EU의 사례를 소개하고 있다. 제1부에서 손혁상은 개발협력 이론을 전반적으로 소개하고 있다. 손혁상은 시장과 국가 주도의 관점에서 국제개발협력 이론이 전개된 양상을 살펴보고, 그에 대한 비판적 이론에 대해서도 살펴보고 있다. 또한 이러한 이론적 논의의 과정에서 나타나는 한계점들을 새로운 대안적 담론으로 극복하려는 움직임을 살펴봄으로써 국제개발협력 이론에 대한 이해를 시도하고 있다.

맹준호는 개발협력 활동에 있어 가장 큰 비중을 차지하고 있는 개발원조에 관해 소개하고 있다. 개발원조는 공여국과 수원국, 공여국과 원조 관련 국제기구, 공여국과 민간 행위자가 복합적으로 얽혀 있는 다자간 협력이다. 개발협력의 국제 분업이 강조되는 최근의 추세는 다양한 행위자들이 개발원조를 통해 개도국의 발전을 제고해야 할 필요성을 더욱 부각시키고 있다. 선진국과 개도국 모두 지구화된 세계에서 지속가능한 발전에 대한 공동의 이해를 공유하기 시작했다는 점에서, 특히 공여국 중심의 개발원조 패러다임이 변화하면서 개도국 발전의 문제가 고려되기 시작한 것은 중요한 변화의 시작이다. 다만, 개발원조를 통한 개도국의 지속가능한 발전을 글로벌 거버넌스 차원에서 다루어야 한다는 인식은 아직 선진국과 개도국 사이에 공유되지 못한 상태이다. 이러한 맥락에서 맹준호는 개발원조에 대한 전반적인 이해를 돕기 위한 설명을 제시하고 EU가 개도국에 지원하는 원조와 개발협력 정책에 대해 살펴보고 있다.

이연호의 글은 개발협력에 있어서 국제통상의 역할에 관한 것이다. 국가간의 자유로운 교역이 개발을 추구하는 나라의 경제적 성장에 도움이 되는지 아니면 오히려 해악이 되는지에 대해서는 논란이 많았다는 점에 착안하고 있다. 여러 가지 이론간의 논쟁에도 불구하고 자유교역을 추구한 국가들이 폐쇄적 시장정책을 운용한 국가들에 비해 경제적 성장을 성공적으로 성취한 것으로 나타나고 있다. 동아시아 지역에서는 일본, 한국, 대만 및 싱가포르 그리고 유럽에서는 EU가 대표적인 사례이다. 그는 통상의 문제가 국제개발협력에서 어떻게 긍정적으로 역할을 할 수 있는지 살펴보고 특히 EU의 경제적 번영을 위해 자유교역이 어떤 긍정적인 영향을 미쳤는지 분석하고 있다.

김은경이 다루고 있는 주제는 젠더(gender)에 관한 것이다. 일반적으로 모든 정책의 결정자들이 남성이고, 여성이라 해도 젠더관점의 교육훈련이 보편화되지 않은 상태에서 젠더관점이 부재한 많은 정책들이 기획, 실행, 평가되고 있다. 젠더란 생물학적 남성과 여성에 대해 그 사회가 전통적 가치와 관습을 통해 각각의 역할을 부여한 것을 의미하는데, 남성에게는 공적영역의 역할, 여성에게는 사적영역의 역할이 적합하다는 성 역할에 대한 고정관념을 발생시켜 여성의 사회참여를 제약하는 상태를 포괄적으로 의미한다. 전통적 가치관이 강한 국가일수록 여성의 사회참여가 활발하지 않은 이유가 여기에 있으며, 여성이 남성과 동등하게 참여하고 있다 하더라도 동일한 지위 내에서 여성의 수가 적기 때문에, 여전히 남성위주의 의사결정에 따르게 된다. 이러한 것을 젠더관계의 불평등이라고 하는데, 국제개발에서 이같은 젠더관계의 불평등에 주목하는 이유는 개발협력의 기획과 실행 역시 남성을 중심으로 운영될 소지가 크기 때문이다. 김은경은 국제개발협력에 있어서 젠더이슈가 왜 중요하며, 왜 젠더적 관점을 적용해야 하는지에 대한 이론적 내용과 유럽연합의 성평등 원조 현황, 정책 및 사례를 살펴보고 있다.

김영완은 인권에 관련된 이론을 설명한다. 빠른 경제성장을 이룩하도록 원조를 지원하는 것만이 국제사회가 개발도상국에게 해 줄 수 있는 전부가 아니며 개발도상국 국민들이 삶의 질을 높이고 진정으로 행복한 삶을 보장하기 위해서는 개발을 인권 실현의 과정으로 인식하는 '인권에 기초한 개발'이라는 접근법이 필요함을 역설한다. 이를 위해 먼저 기존 국제개발협력의 한계가 무엇인지를 국제사회가 협의한 인권이라는 원칙을 중심으로 살펴보고, 인권에 기초한 개발에 대하여 자세히 논의한다. 또한 인권에 기초한 개발이 직면한 한계점을 세계화라는 맥락에서 짚어보고 향후의 과제와 실천적 함의를 도출하고 있다.

이태동은 환경이슈에 관해 설명한다. 환경－에너지와 관련한 공적개발원조(ODA: Official Development Aid)는 지속가능발전이라는 커다란 틀 안에서 이루어지고 있다. 선진국들은 현재 환경문제의 역사적 책임이 산업화를 먼저 시작한 국가들에 있음에 공감하고, 개발도상국에 대한 환경－에너지 개발협력을 추진하고 있다. 선진국이 보유한 환경－에너지 관련 기술과 금융지원이 이루어진다면, 오늘날 개발도상국도 경험하고 있는 환경오염과 자원고갈 문제를 완화시킬 수 있다. 특히 EU는 환경－에너지, 기후변화 개발원조에 적극적인 행위자로 인식되고 있다. 그는 EU의 환경－에너지 ODA 배경과 추진체계를 살펴봄으로써 현재의 추진체계가 형성되게 된 동인을 이해하고 한국의 환경－에너지 ODA 추진체계 향상을 위한 함의를 모색하고 있다.

EU의 사례를 소개하는 제2부에서 우선 고주현은 EU, 즉 유럽연합 차원에서 전개되고 있는 개발협력 사업을 소개하고 있다. 유럽연합의 공적개발원조(Official Development Assistance, 이하 ODA)는 전 세계 개발원조 비율의 55%를 차지한다. EU는 세계 최대의 공여국으로 국제개발협력 분야의 선도적인 위치에 있다. 유럽연합 개발협력 정책은 공동 외교안보 정책, 근린 정책과 더불어 유럽연합의 대외정책을 구성하는 세 가지 범주 중 하나인데 빈곤 감소를 핵심과제로 삼아 밀레니엄개발목표를 2015년까지 달성하는 데 맞춰져 있다. 고주현은 유럽연합이 대외적인 행위자로 그 존재감을 확고히 하기 위한 전략적 차원에서 주요 대외정책 중 하나인 개발협력 정책을 적극 추진해 왔다는 점을 강조하면서, 유럽연합의 정책적 권한이 강화됨에 따라 개발협력 정책의 기조 역시 변화되어온 측면이 있음을 설명하고 있다.

김주희는 독일의 사례를 설명한다. 독일은 8,260만명의 인구를 보유하고 있으며2014년 현재 국내총생산 규모로 세계 4번째 경제대국이다. 독일은 G8과 G20 등

영향력 있는 국제모임에 참여하고 국제적인 개발규범을 제시함으로써 세계무대에서 지속가능한 발전을 이끄는 EU의 주요 국가이다. 2014년 말 현재 독일은 공적개발원조(ODA) 총액기준으로 볼 때 유럽국가들 중 영국에 이어 2위를 차지하고 있으며, 독일의 GNI 대비 ODA 규모 또한 2005년부터 상승하기 시작하여, 2014년 현재 지금까지 중 가장 높은 수준인 0.41%에 도달했다. 국제사회에서 독일은 주요한 공여국으로서 개발협력 분야에서 리더십을 발휘하고 있다. 특히 2015 G7을 개최하며 2030개발의제와 기후변화의제에 있어 적극적인 참여의지를 피력했으며, 이를 위해 원조를 넘어서는 포괄적인 개발노력은 독일 정부 내 개발협력체계의 조정과 실행에 반영되고 있다. 김주희는 최대 원조 공여국 중 하나인 독일의 개발협력의 현주소와 변화된 환경에 발맞춘 독일의 개발협력 정책의 방향성에 대한 소개를 통해 독일 사례에 대한 정보를 제공하고 있다.

신상협이 소개하는 사례는 영국이다. 과거 영국경제의 활성화를 위해 교역국가의 경제지원 차원에서 시작한 영국의 공적개발원조는 오늘날 발전을 거듭하여 명확한 법적 근거, 일관성 있고 체계적인 접근방법, 분명한 목적과 비전을 가진 국제원조의 성공적인 모델로 자리잡았다. 특히 영국의 공적개발원조는 집행, 운영, 평가면에서 일관성 있고 체계적인 시스템을 갖추고 있는 것으로 평가되고 있다. 경제개발협력기구 개발원조위원회(OECD DAC)에서 2006년에 실시한 동료평가에서 가장 모범적인 원조제공국가로 선정되는 등 국제사회에서 대표적인 원조제공국 중 하나로 인정받고 있다.

문경연은 스웨덴의 ODA 모델을 한국뿐만 아니라 많은 공여국이 추구해야 할 모범적 모델로 소개하고 있다. 스웨덴은 1975년 이후 UN이 규정한 GNI 대비 원조비율 0.7%를 초과 달성하고 있으며, 국제사회의 개발협력 관련 규범의 제창 및 확산에도 기여하고 있다. 즉 원조효과성 제고를 위한 공여국의 노력을 보여주는 '개발을 위한 정책일관성(PCD: Policy Coherence for Development)' 평가와, '개발공헌지수 (CDI: Commitment to Development Index)' 평가에서 스웨덴은 최상위 평가를 받고 있다. 공식적인 정부 차원에서의 개발협력은 스웨덴협력중앙위원회(Central Committee for Swedish Co-operation)의 관리 아래 1952년부터 시작되었다. 이후 사회적 합의를 바탕으로 시민사회뿐만 아니라 정당들도 국제개발협력의 목표에 대한 강한 지지를 보여주었으며, 이러한 스웨덴식 개발협력 목표는 2003년 채택된 공유된 책임(Shared Responsibility: Sweden's Policy for Global Development(PGD))에 반영되었다. PGD는 '평등하고 지속가능한 개발'을 스웨덴 국제개발협력의 최고 목표로 상정하고 있으며, 이를 위해 권리 중심(A Rights Perspective)과 빈곤층 중심의(A Perspective of the Poors) 접근을 중요한 가치로 설정하고 있다.

안상욱은 프랑스의 사례를 소개한다. 프랑스의 개발원조 정책은 빈곤 퇴치와, 경제·사회·환경 분야에서 지속가능한 발전에 주안점을 두고 있다. 프랑스의 개발원조정책은 프랑스의 문화, 외교, 경제적 영향력 강화에 기여하고 있으며, 프랑스어권에 특별한 주의를 기울이고 있다. 프랑스의 개발협력 정책은 "평화, 안정, 인권, 남녀평등의 증진", "평등, 사회정의, 인적자원개발", "풍부한 고용을 창출하는 지속가능한 경제발전", "환경 및 세계 공공재 보전"이라는 쟁점에 대응하는 것을 목표로 하고 있다. 즉 개인의 자유와 인권보호는 권리에 대한 인식이 확립되고 법치가 강화될 때 확고하게 성립될 수 있다고 보는 것이다. 안상욱은 유엔의 새천년 개발목표는 식량, 교육, 식수, 위생, 주거 등의 문제에서 개선을 가져왔지만, 아직도 관련 분야에서 산적한 과제가 있다는 것이 프랑스의 입장이라고 지적하면서 경제개발에서 인적자본 축적의 중요성과 더불어 복지문제와 개개인의 인권문제의 중요성을 강조하고 있다.

김경훈은 동유럽회원국가의 대표 사례로 폴란드를 소개한다. 폴란드는 EU 후발 가입국임에도 불구하고 EU 내에서 외교적으로 두각을 나타내고 있다. 폴란드는 '바이마르 삼국회의'협의체를 통해 동유럽 주요국들의 의견을 유럽 통합의 쌍두마차인 독일, 프랑스에 전달하고 있고, 동유럽 4개국간 정례 협의체인 '비세그라드'의 실질적인 리더 역할을 맡고 있다. 폴란드는 EU와 비EU 유럽국가들간의 관계 개선에서도 중요한 역할을 담당하고 있다. 또한 폴란드는 2009년 EU가 동부유럽국가들과 '동부 파트너십(Eastern Partnership)'을 구축하는 데 있어 핵심적인 역할을 수행했다. 2007년과 2014년 사이 폴란드 총리직을 수행한 도날드 터스크가 외교적 공로를 인정받아 2014년 9월 EU 정상회의 상임의장으로 선출되는 등 폴란드는 동구권 회원국 중 가장 활발하게 개발협력 활동을 전개하는 사례이다.

끝으로 임유진과 김효정은 우리 한국의 사례를 정리함으로써 EU의 사례가 한국에 주는 함의를 논의하고 있다. 한국은 OECD DAC 회원국으로 국제적 규범에 부합되는 국제개발협력 정책을 수립하기 위한 다양한 정책적 노력을 지속해오고 있다. 아울러 국제사회에서 논의되고 있는 다양한 국제개발협력 패러다임과 규범에 부합되는 방향으로 국제개발협력 정책을 수립함으로써 더욱 체계적이고 효과적인

제도를 갖춘 선진 공여국으로 거듭나기 위한 노력을 경주하고 있다. 두 사람은 EU
의 국제개발협력 정책과의 비교관점에서 한국의 국제개발협력 정책의 방향성과 정
책내용을 평가하고 미래의 정책적 방향성을 모색하려 시도하고 있다.

아무쪼록 본서를 통해서 국제개발협력의 주요 이론들이 소개되어 이 분야의 저
변이 확대되고 우리나라가 공공외교 분야에서 선진국과 개도국간의 가교 역할을 하
는 중요한 행위자로 자리매김할 수 있게 되길 기원한다. 끝으로 본서가 완성될 수
있도록 편집과정을 주관해준 연세-SERI EU센터의 고주현 연구교수 그리고 김문영
간사에게 감사를 표하는 바이다.

2017년 1월

연세-EU Jean Monnet Centre 소장

이 연 호

차 례 ⚯

제1장

국제개발협력에 대한 이론적 접근

제1장

국제개발협력에 대한 이론적 접근*

손 혁 상 (경희대학교)

제2차 세계대전 이후 아프리카, 아시아, 남미 등지의 많은 식민지 국가가 독립하면서 빈곤 문제 해결을 위한 국제사회의 공동 노력이 필요하다는 목소리가 대두되었다. 세계질서가 재편되면서 열강들은 기아와 빈곤 문제로 발전에 어려움을 겪는 전후 신생독립국들을 지원하기 위해 다양한 정책들을 시행하였다.

1945년 설립된 UN은 UN 헌장을 통해 '경제, 사회, 문화 및 인권과 관련된 국제 문제를 해결하기 위한 국제적 협력을 증진'한다는 역할을 천명하며 국제개발협력이 본격적으로 이루어질 수 있는 토대를 마련하였다. 특히 냉전시기를 거치며 미국과 소련은 신생독립국을 자신의 진영으로 편입하기 위해 경쟁적으로 원조정책을 시행하였다. 미국은 소련과의 경쟁에서 우위를 확보하기 위해 마샬플랜(Marshall Plan)으로 알려진 유럽부흥계획(European Recovery Program)을 대대적으로 추진하였고 이로 인해 유럽은 빠르게 복구되었다. 마샬플랜은 서유럽 재건과 경제성장을 지원했을 뿐만 아니라 소련의 영향력이 서유럽으로 확산되는 것을 차단하는 데도 큰 역할을 하였다.

미국 이외에 영국, 캐나다, 호주 등의 국가들도 식민지배에 대한 역사적 책임감을 가지고 식민지에서 독립한 아시아 지역 개발도상국의 경제발전을 지원하기 위한 콜롬보 계획(Colombo Plan)을 발족시키기도 하였다. 이후 세계경제의 흐름에 따라 원조 규모의 확대와 축소가 반복되었고, 1970년대 석유위기와 함께 찾아온 국제적 경기침체는 미국과 영국의 주도로 시장원리에 대한 믿음을 확산시키는 계기가 되었다. 신자유주의에 대한 믿음은 1990년대 냉전종식과 함께 자본주의와 자유민주주의가 공산주의보다 우월하다는 것이 입증되면서 정점에 달하였고, 선진국은 개발도상국에 대한 경제원조의 대가로 구조조정을 강요하였다.

이러한 노력에도 빈곤 감소의 뚜렷한 성과가 보이지 않자 UN은 2000년대 들어서면서 2015년까지 세계의 빈곤을 반으로 줄인다는 내용을 담은 새천년개발목표(MDGs: Millennium Development Goals)를 발표하였다. MDGs의 8대 목표는 빈곤뿐만 아니라 환경과 젠더 등 다양한 개발이슈를 포괄하며 목표를 달성하기 위한 범지구적 파트너십을 강조하였다. 이와 관련해 원조의 일관성과 효과성을 논의하는 다양한 국제회의를 개최하여 빈곤 감소에 대한 국제사회의 노력은 계속되었다. 특히 2015년은 이러한 MDGs의 성과를 평가하고 반영하여 향후 국제사회가 나아갈 방향을 설정하기 위해 다양한 채널을 통한 Post-2015의 논의가 활발히 진행된 해였다. UN은 2015년 9월 총회에서 Post-2015 논의를 확정짓는 지속가능개발목표(SDGs: Sustainable Development Goals)를 발표하였다. 총 17개 목표로 이루어진 SDGs는 MDGs의 한계를 넘어 선진국과 개발도상국 모두가 보편성을 가지고 빈곤 감소를 위한 목표의 이행에 참여할 것을 촉구하고 있다.

이러한 국제개발협력의 역사적 과정 속에서 학자들은 개발도상국의 경제발전을 위해 다양한 이론을 전개하였는데, 특히 경제발전의 토대가 되는 시장의 기능 속에서 국가의 역할을 어느 정도 강조할 것인지를 놓고 여러 논의를 펼쳐나갔다. 이러한 맥락 속에서 1950년대 주요 담론이었던 근대화이론은 1960년에 들어서면서 종속이론과 세계체제론에 의해 비판을 받았고, 남미에서 시행된 수입대체산업화(Import Substitution Industrialization) 전략이 실패하면서 신자유주의(Neoliberalism)의 구조조정정책(Structural Adjustment Policy)은 국제개발협력의 지배적 담론으로 자리 잡게 되었다. 구조조정 정책에도 불구하고 여전히 빈곤이 계속되면서 거버넌스와 정부의 새로운 역할에 대한 기대가 일어나기 시작했다. 이와 함께 국민총소득(GNI: Gross National Income)의 0.7%를 공적개발원조(ODA: Official Development Assistance) 비용으로 지출한다면 MDGs 목표를 2015년까지 달성할 수 있다는 빅 푸시(Big Push) 이론에 대한 논쟁을 이어가기도 하였다.

수십 년간 시장이나 국가가 경제발전의 원동력이라는 담론에 맞서 시장과 국가의 역할에서 한계를 발견한 이론가들은 시민의 참여를 강조하거나 그동안 간과했던 개발도상국의 문화, 환경, 여성 등의 문제에 주목하며 제3의 대안을 제시하는 움직임도 나타났다. 본 장에서는 국제개발협력에서 주도적 담론을 이끌었던 시장과 국가 주도의 관점에서 국제개발협력 이론의 전개 양상을 살펴보고 그에 대한 비판적 이론에 대해서도 살펴볼 것이다. 또한 이러한 이론적 논의의 과정에서 나타나는 한계점들을 새로운 대안적 담론으로 극복하려는 움직임을 살펴봄으로써 독자들의 국제개발협력 이론에 대한 이해를 돕고자 한다.

1 개발을 어떻게 바라볼 것인가?

개발(development)이 무엇인가에 대한 논의는 여전히 진행 중이다. 수십 년 전까지 '근대화' 또는 '서구화(선진국 따라잡기)'라고 쉽게 이해되던 개발의 목표에 커다란 물음표가 던져졌고, 보편성을 추구하는 신자유주의는 개발의 기본 토대 중 하나인 지역의 고유성을 뿌리부터 흔들었다.[1] 이러한 상황에서 개발을 인간사회의 여러 측면에서 일어나는 연속적인 변화라고 모호하게 정의할 수는 있겠지만, 이를 어떤 관점으로 바라보고 이해할 것인가의 문제는 여전히 남아있다. 여기에서는 개발에 대한 다양한 관점을 크게 세 가지로 나누어 소개하고자 한다.[2]

첫 번째, 개발을 과정으로 보는 관점이 있다(development as process). 이 관점에서는 오랜 시간에 걸쳐 진행되는 사회와 경제의 구조적인 전환으로 개발을 바라보며, 토마스(Alan Thomas)는 이러한 관점의 개발을 '역사적 변화의 과정'이라고 정의한다.[3] 예를 들어, 농촌과 농업 중심의 사회에서 도시와 산업 중심의 사회로 전환되는 과정이라든가, 아마티야 센(Amartya Sen)이 인간개발(human development) 논의에서 주창한 '인간 자유의 확대'가 이루어지는 과정과 같은 거대한 과정 자체가 '개발'로 이해된다. 개발을 과정으로 보는 관점은 개발을 미리 제시된 특정한 목표를 달성하는 것으로 여기지 않으며, 모든 사회가 동일한 발전 경로를 따를 것이라고 가정하지 않는다. 하지만 이는 '근대화' 또는 '저개발 상태로부터의 해방'과 같은 거대한 흐름과 지향하는 바를 읽어내는 데 중요하다.[4] 이러한 관점은 실제 개발 현장에서 유용한 지침을 제공하기에는 적합하지 않은 경우가 많은 데다 불과 몇 년 주기로 정부의 정책이 변화하고 보고서를 작성해야 하는 상황에서 역사적인 관점으로

현상을 풀어내기가 어려워서 실무자들보다는 학계에서 더 많이 받아들여지고 있다.[5]

두 번째, 개발을 활동으로 보는 관점이 있다(development as activity). 이 관점에서 개발은 개발 정책을 계획적이고 기술적으로 실행하는 것으로 이해되며, 비교적 짧은 시간 안에 구체적인 변화의 성과(보편적이고 객관적으로 측정 가능한 몇몇 지표로 판단할 수 있음)를 달성하는 것이 중시된다. 토마스는 이러한 관점에 따른 개발을 '진보하는 변화에 대한 비전 또는 측정'으로, 고어(Gore)는 '성과 평가'로 정의한다. 경제협력개발기구(OECD: Organization for Economic Cooperation and Development), 유엔개발계획(UNDP: United Nations Development Programme), 세계은행(World Bank)과 같은 주요 국제기구에서의 개발논의는 주로 이 관점을 채택하고 있다.[6] 국제기구가 주도하는 새천년개발목표(MDGs)와 지속가능한개발목표(SDGs)에서도 개발을 활동의 관점으로 바라보는 시각이 잘 드러난다. 그런데 이렇게 개발을 활동으로 보는 관점에서는 짧은 시간에 성과를 내는 것에 집중한다. 그러다 보니 시민사회의 민주적이고 효과적인 참여를 바탕으로 개발의 목표가 충분히 공유된 후, 주인의식을 가지고 개발을 진행하기가 어려울 수 있으며 지역의 특수성이 무시될 위험성도 크다. 또한 사회적 전환이라는 커다란 비전을 제시하지 못한 채 근시안적이고 도구적인 관점에서 개발에 접근한다는 비판에 직면할 수 있다.[7]

세 번째, 개발을 서구적 근대성의 주요 담론으로 보는 관점이 있다(development as discourse). 이 관점은 개발을 과정이나 활동으로 보는 앞의 두 관점과는 확연히 다르며, 개발을 제3세계에 서구의 영향력을 확대하는 과정으로 이해한다. 이 관점에서 '개발'이라는 단어는 1949년 미국의 트루먼(Truman) 대통령의 취임사를 통해 널리 퍼지기 시작하였다. 특히 미국의 과학적 발전과 산업적 진보를 저개발국이 누릴 수 있도록 해야 한다는 주장의 이면에는 공산주의의 도전으로부터 미국의 헤게모니를 지키기 위한 의도가 있었다고 지적되고 있다.[8] 따라서 서구를 기준으로 한 성장개념을 거부하기 때문에 이에 따른 개발 결과를 비판적으로 바라본다. 그러나 이러한 접근 방식은 허무주의적인 경향이 있고, 결핍의 상태를 문화적 자율성으로 이해하고 원주민의 삶을 이상적으로 미화하는 한계가 있다. 또 제3세계에서 일어나는 모든 사회운동을 해방운동으로 일반화시키는 시각으로 인해 비판의 대상이 되었다.[9]

개발의 개념을 해체하여 비판의 대상으로 삼든, 개발을 역사적인 맥락에서 경

제와 사회적 역량 및 우선순위를 반영하는 기준으로 삼든, 다양한 관점을 통해 개
발을 여러 차원에서 분석하여 재구성하든, 이제까지 살펴본 개발을 바라보는 다양
한 시각과 변화의 복잡한 흐름에서 놓치지 말아야 할 것은 바로 성찰성(reflexivity)
이다.[10] 개발에는 과학과 기술을 통해 어떠한 조직을 개선하려는 일련의 시도가 포
함되지만 그러한 접근으로 인해 발생하는 결과를 관리하는 것 또한 포함된다. 이러
한 성찰성의 대상은 도로, 철도 건설과 같은 인프라의 건설부터 각종 정책, 식민지
경제학 및 경제학적 수요 분석까지 전 영역을 망라한다.

표 1-1 **시대별 주요 개발이론의 흐름**

시기	주요 개발이론	개발의 의미
1940년대	전후복구(reconstruction)	마샬플랜
1950년대	근대화이론(modernization theory)	경제성장, 정치적 근대화 및 사회적 근대화
1960년대	종속이론(dependency theory)	중심부에 의한 주변부의 경제적 착취
1970년대	기본적 욕구(basic needs) 접근	주민의 기본적 욕구 충족
1980년대	구조조정접근법 (structural adjustment policy)	경제성장－구조조정, 탈규제, 자유화, 민영화
	지속가능한 개발 (sustainable development)	현세대 수요와 다음 세대의 필요 조화
	인간개발(human development)	자유의 확대
	참여 중심 개발 (participatory development)	주민 참여와 지식 중심
1990년대	굿거버넌스(good governance)	정부의 투명성과 원조조건
	탈 발전(post-development)	서구의 개발개념 비판
2000년대 이후	MDGs	인간개발과 사회개발
	SDGs	사회, 경제 및 지속가능한 발전의 통합
	개발효과성	포괄적 발전

출처: 저자 작성.

2 주요 이론

본격적인 개발이론은 2차 대전 이후에 등장하기 시작하였으나, 18세기 무렵 등장한 유럽의 경제학, 정치학, 사회학적인 이론은 개발이론을 이해하는 데 중요하다. 경제발전에 있어 시장 역할을 강조한 아담 스미스(Adam Smith)는 당시 무분별하고 불공정한 방법으로 부를 쌓으려는 중상주의의 보호정책보다 시장에서의 생산을 더욱 중요하게 생각하였다. 그는 "완전한 자유와 완벽한 정의(the obvious and simple system of natural liberty and perfect justice)"[11]가 실현되는 사회에서 사회구성원 각자가 자신의 목적을 자유롭게 선택할 수 있을 때 국가 전체의 부가 증가된다고 보았다. 아담 스미스의 설명에 따르면, 국가 주도의 경제정책보다는 '보이지 않는 손'에 의한 개인의 행동이 경제개발에서 더욱 이롭다. 이후 리카르도(David Ricardo)는 완전경쟁시장에서 한 나라가 특정 상품에 대해 더 낮은 비용으로 생산할 수 있다면 이는 상대국에 비해 '비교우위(comparative advantage)'가 있다는 개념을 통해 국제분업이 경제성장에 가장 효율적이라는 방안을 제시하였다. 이는 개발도상국의 경제발전에 있어 시장의 기능을 강조하는 많은 학자들에 영향을 주었으며 이후 근대화이론, 신자유주의 이론 등으로 이어졌다.

1) 경제성장론과 근대화이론

초기 개발협력의 주요 관심은 원조를 통해 성장을 이룰 수 있다는 원조성장론으로 대표된다. 경제발전을 위해서는 소득이 증대되어야 하나 투자자원이 부족한 개발도상국에서는 대규모 자본축적을 위해 해외원조를 적절하게 이용해야 한다는 입장이다. 자본축적의 규모가 늘면 소득수준이나 저축률이 함께 늘어난다는 생각은 고전적 성장이론 모델인 해로드-도마 모델(Harrod-Domar Model)로 집약된다. 개발도상국에 부족한 재원을 공급하여 '재원 갭(financing gap)'을 줄이는 방법을 원조를 통해 실현시키고자 한 것이다. 이러한 모델은 미국(USAID)과 세계은행(World Bank)을 중심으로 1970년대 이후까지도 계속 이어졌으나, 이후 마샬플랜과 같은 대규모 자본공급 방식은 개발도상국의 발전에 효과적이지 않은 것으로 판명되었다.

원조 증대가 소득 증대로 이어지지 못하는 이유를 개발도상국이 전근대적 전통을 지니고 있기 때문으로 보고 경제발전을 위해서는 비경제적 측면의 변화인 국민들의 정치참여, 합리적 사고, 자유로운 계층 이동 등 서구의 합리적 가치체계를 도입해야 한다는 주장이 제기되었다. 대표적인 학자로 성장단계이론(stages of economic growth)을 주장한 월터 로스토(Walter Rostow, 1916~2003)를 꼽을 수 있다. 그는 단순히 자본 투입에 의한 경제발전을 제시한 해로드－도마의 성장모형의 한계를 비판하면서 개발도상국이 원조에도 불구하고 경제성장을 이루지 못한 원인을 찾고자 하였다. 그 원인을 개발도상국이 지닌 전근대적 전통을 고수하기 때문으로 보고 서유럽이나 미국과 같은 선진국으로 거듭나기 위해서는 '근대화(modernization)' 과정이 이루어져야 한다고 주장하였다.

근대화이론은 대다수 개발도상국의 상태를 경제적 빈곤, 낙후된 기술, 전통문화 고수 등으로 특징짓고 이러한 전근대적 모습을 이해하는 것이 도시산업화의 역사적 과정의 기초가 된다고 보았다. 이들은 [전근대－근대화－근대]라는 연속적인 발전과정 모형을 비서구 사회들이 단계적으로 밟아야 할 역사의 필연적 진보과정으로 보는 단선적인 모델을 제시하였다. 이 주장은 '문화적 근대화'가 이루어지면, '경제발전'이 뒤따를 것이고, 이것이 궁극적으로 '민주주의'로 이어질 것이라는 단선적 사고를 바탕으로 하고 있다.

로스토는 도시산업화를 성장과 개발의 동력이라고 주장하며 모든 국가는 성장을 위해 '전통사회－도약준비기－도약기－성숙기－대중소비단계'의 5단계 발전과정을 거쳐야 한다고 하였다.[12] 이 모델은 전 사회의 진보를 설명하기보다 경제성장에 초점을 맞춘 개념으로 그가 제시한 대중소비단계는 국민들이 충분한 물품을 구매할 수 있는 단계를 의미한다. 로스토의 경제성장단계 이론은 서구발전 모델의 우월성을 강조하고 있으며 제3세계에 대한 소련의 영향력을 차단하기 위한 미국의 입장을 반영하고 있다는 비판을 받고 있다.

또 다른 비판으로는 기술발달, 사회문화적 조건, 기업가 정신 등이 개발도상국 발전을 위한 전제조건으로 반드시 필요한가라는 의문이 제기되기 시작하였다. 거센크론(Alexander Gerschenkron, 1904~1978)은 독일이나 러시아와 같은 후발산업화의 유형을 분석하여 상대적 후진성(relative backwardness)이 오히려 급속한 산업화에 유리하게 작용할 수 있다고 설명하였다. 이때 후발산업국은 비록 산업화가 늦게 시작되었지만 선구 선진국 선례를 모방하는 전략으로 후발성의 약점을 극복할 수 있기 때문이다.[13]

경제성장 방식이 선형적인 발전과정을 따르는 것이 아니라 불균형적인 발전 양상을 보인다는 이론도 제기되었다. 미국의 경제학자인 알버트 허쉬만(Albert O. Hirshman, 1915~2012)은 전통적인 균형성장의 한계를 지적하고 경제발전 초기 단계에서는 불가피하게 투자가 일부 주요 지역에 집중되어야 한다는 불균형 성장 전략을 적극적으로 지지하였다. 그는 전통 경제학의 균형성장 모델은 개발도상국의 제도적, 기술적 여건에 맞지 않는 모델로 개발도상국의 현실은 생산과 소비가 동시에 발생하기 어렵다는 한계를 인식해야 한다고 주장하였다. 즉 균형발전론자들이 주장하는 생산과 소비의 상호작용을 통한 경제성장은 거대한 프로젝트(big push)를 통해서만 가능하나, 거대한 투자가 순서에 맞춰서 진행될 수는 없는 한계가 있다는 점을 강조하였다. 허쉬만에 따르면 균형발전이론가들의 경제정책은 "전통적 경제부문 위에 새롭고 자족적인 근대적 공업경제를 세우려는 시도"[14]로 본질적으로 불완전한 고용상태를 일시적으로 타개하기 위한 술책에 불과한 것이라 비판한다.

허쉬만이 본 서구의 경제성장은 거센크론의 설명처럼 일정한 순서로 발전하지 않고 신제품의 발명이나 수입대체 등에 의한 생산과 소비의 불균형에 의해 발전하고 있었다. 특히 특정 부분의 생산이 증가하면 가격변동 등 일시적 불균형이 발생하고 이때 부족분을 배분하는 선도경제에서 후진경제로의 파급이 진행된다고 보았다. 주요 지역의 성장이 다른 지역의 경제수요를 창출할 것이며 이러한 불균형이 성장을 이끄는 동력이라고 보았다. 결국 중심지역의 발전은 후진지역의 성장을 유도할 것이며 정부는 불평등을 줄이기 위해 개입을 최소화해야 한다는 것이 그의 주장이다. 그는 시장 중심의 전통적 자유주의 모델을 기반으로 선진국과 개발도상국 사이에 존재하는 발전 격차는 개발도상국이 선진국을 모방하는 방식으로 극복할 수 있다고 보았다.[15]

2000년에 들어 경제성장론은 제프리 삭스(Jefferey Sachs)의 빅 푸시 논쟁으로 다시 한 번 논의의 중심이 되었다. 제프리 삭스는 『빈곤의 종말(The End of Poverty, 2005)』을 통해 선진국이 GNI 대비 0.7%를 ODA 비용으로 지출한다면 MDGs 목표를 달성할 수 있다고 설명하였다. 최빈국의 경우 너무 가난해서 저축을 통한 자본 축적이 어렵고, 자립적으로 성장할 수 없는 '빈곤의 덫(poverty trap)'이라는 악순환에 빠져 있기 때문에 거대한 규모의 원조(big push)가 필수적이라는 것이다.[16]

그에 반해 윌리엄 이스털리(William R. Easterly)는 『세계의 절반 구하기(The White Man's Burden, 2006)』에서 원조가 작동하지 않는 이유는 원조 규모의 문제가

아니라 원조 정책과 계획 그리고 효율적인 원조 운영이 이뤄지지 않기 때문이라
고 진단하였다. 모든 것을 다 해보는(do everything) '계획가'의 시도보다 원조를 실
질적으로 집행할 수 있는 '탐색가'가 빈곤 탈출에 더욱 중요하다고 보았다.[17] 아프
리카 출신의 경제학자인 담비사 모요(Dambisa Moyo)는 『죽은 원조(Dead Aid, 2009)』
를 통해 개발도상국에게 원조를 제공하는 것은 '재앙(disaster)'이 될 수 있다는 주장
을 전개하면서, 아프리카 국가에 원조를 집행하는 것이 자원의 저주(resource curse)
와 같은 정치적 부패나 사회적 분쟁을 불러일으키고 있다고 하였다.

2) 종속이론과 세계체제론

1930년대부터 남미를 중심으로 국내시장 판매를 목적으로 상품을 생산하여 내
수 산업화를 추진하는 수입대체산업화(ISI: Import Substitution Industrialization)가 실시
되었다. 유엔 남미국가경제위원회(ECLA)의 의장이었던 프레비쉬(Raul Frebisch)는 근
대화이론가들의 주장은 남미의 현실에 맞지 않으며 당시 자유무역구조는 남미의 발
전에 장애요인이 된다고 보았다. 이에 수입대체산업화 전략을 통해 국내시장을 보
호하고 국내 산업을 육성하는 전략을 추진할 것을 제안하였다. 외국상품의 수입에
대해서는 높은 장벽을 세우고, 수입하던 상품을 국내에서 생산되는 상품으로 대체
하여 초기 산업화 단계에 있는 자국 산업을 보호해서 어느 정도 경쟁력을 갖출 수
있는 시간을 벌어 산업화를 도모하겠다는 것이다.

그의 주장의 핵심은 국가의 내향적인(inward-looking) 경제발전을 도모하고자
하는 것인데, 특히 국내 산업을 촉진하기 위해 국가가 시장보다 더 중요한 역할을
한다는 점이다. 지속적으로 수입상품을 국내생산품으로 대체시키는 것은 국내 산업
을 확대하고 정교하게 하여 개발도상국 경제를 성장하게 한다. 이러한 방식은 1차
산업에 대한 지나친 의존을 낮추고 제조업 부문에서 보다 더 많은 부가가치를 생산
할 수 있게 한다. 정부는 국내생산 상품에 대해서는 국제적 경쟁력을 갖출 때까지
보호정책을 펴거나 부의 재분배 정책을 실행하면서 지속적인 산업화를 추진하였다.

1960년 당시 남미 국가들은 풍부한 자원을 보유한데다 비교적 큰 국내시장을
가지고 있었기 때문에 ISI 전략이 어느 정도 성공적이었다. 그러나 이 전략을 따른
국가들은 성장률이 둔화되어 대규모 중화학 공업으로 전환을 시도하였다. 자본과
기술 집약적인 산업구조로의 전환은 대규모 해외 차관과 원조를 받아들였으나, 그

에 비해 국내 수요는 늘지 않아 대규모 재정적자 상태로 빠져들게 되었다. 공산품 가격 상승, 임금 상승, 수입대체산업의 가격 상승은 인플레이션을 초래하면서 저개발 상태가 지속되었다. 이에 대한 반발로 선진공업국가와의 불평등한 관계를 개선해야 한다는 움직임이 일어나기 시작하였다. 이러한 움직임은 개발도상국의 경제성장의 둔화 원인을 구조적인 이유에서 찾고자 하였다. 남미의 많은 국가들은 여전히 국제무역에 많이 의존하고 있었으며, 선진국의 경제적 수탈로 인한 불평등은 더욱 심화되고 있었다.

그리하여 공업화 전략의 실패를 진단하고 대안을 마련하고자 하는 움직임이 일어났다. 또한 서구의 근대화이론의 한계를 지적하면서 남미의 저개발이 자본주의 시스템의 작용 때문이며, 특히 주요 선진국들의 경제발전은 비산업화 된 주변국들에 대한 착취 때문이라는 주장이 제기되었다. 이러한 흐름을 총칭하여 종속이론 (Dependency Theory)이라고 한다. 이들은 개발도상국의 저발전의 원인을 규명하고 이에 대한 해결방안을 모색하고자 하였는데 종속이론의 대표학자인 안드레 군더 프랑크(Andre Gunder Frank)는 서구가 발전할 수 있었던 까닭이 비서구 국가를 착취하고 더 이상 발전하지 못하게 하는 '자본주의 경제체제'를 구축했기 때문이라고 주장하였다.

그의 저서인 『저개발의 개발(The Development of Underdevelopment, 1966)』에서 세계는 중심부와 주변부로 나뉘며, 무역이 심화될수록 경제적 잉여는 언제나 주변부에서 중심부로 가기 때문에 결국 주변부에 있는 개발도상국은 중심에 있는 선진국에게 의존할 수밖에 없는 구조를 갖게 된다는 것이다. 또한 그는 개발도상국이 경제발전을 꾀할 수 있는 유일한 상황은 중심부 국가들과의 연대가 느슨해질 때 뿐이라고 설명하였다.

착취관계의 사슬은 불평등한 교환을 통한 잉여가치의 착취나 전달로 나타나는데, 무역을 통해 사회적 잉여가치는 점차 중심부 한 곳으로 모여들게 된다. 종속 이론가들은 영국이나 미국과 같이 지배적인 자본주의의 힘은 자신의 이익을 추구하기 위해 정치적·경제적 변형구조를 만든다고 주장한다. 이러한 관점에 따르면 식민지는 원재료를 최소가격으로 생산하기 위해 조직되었으며 동시에 공산품을 팔기 위한 시장이 된다. 즉 사회적 잉여가치는 빈곤지역에서 부유한 지역으로, 개발도상국에서 선진국으로 옮겨지는 악순환의 반복이 이어지게 된다.

프랑크의 종속이론이 세계경제체제를 '중심부'와 '주변부'의 이분법적으로 분류한 것과 달리 세계체제론(World System Theory)을 주장한 월러스틴(Immanuel Wallerstein)은 '반주변부' 개념을 도입하여 세계를 '중심부', '반주변부', '주변부'로 나누었다. 그는 종속이론이 모든 과정을 경제적 결정의 산물로 한정시킨 점과 한 국가의 계급구조와 내부요인만을 강조한 점을 비판하였다. 월러스틴은 자본주의 경제가 상품에 대한 이윤을 위한 경제이며, 이 상품은 시장을 통해 판매된다고 정의하였다. 이와 같은 시스템에서 상품은 이윤이 남는 한 지속적으로 생산되고 판매자는 계속해서 이윤을 늘릴 수 있다. 그러므로 자본주의 성공 비결은 이윤 추구가 당연하다고 보았다.

과거에는 세계경제가 중국, 이집트, 로마와 같은 강력한 제국에 의해 지배되었으며 잉여생산물은 정치적 강압에 의해 소작농에게서 착취되었다. 그러나 정부가 이 모든 것을 경영하였기 때문에 항시 불안정에 노출되어 있었다. 반면 자본주의의 등장으로 권력은 시장에서 상품을 판매하는 개인 소유주에게로 이전되었으며 이들은 자본 축적을 위해 정치적 상황을 보장받으려 하였다. 특히 중심부는 가장 효율적이며 복잡한 생산 시스템을 갖추고 있어 상당한 규모의 자본 축적을 달성할 수 있었다. 중심부 국가들은 잘 조직된 행정부와 강력한 군사력을 가진 반면 주변부 국가들은 이와는 반대의 특징을 가진다.

반주변부 국가들은 중심부와 주변부의 성격을 모두 가지고 있는데, 반주변부 국가들은 상품의 제공자로서 입지를 확고히 함으로써 중심부 상태가 되기 위해 의욕적으로 경쟁한다고 월러스틴은 보았다. 중심부가 가진 축적된 잉여물은 주변부의 자원이나 노동력의 착취에서 오며, 주변부 국가들의 잉여생산물 손실은 그들의 근대화를 위한 자본이 사라진다는 것을 의미한다. 반주변부 국가들은 축적된 잉여생산물을 중심부로 이동하는 동안 세계체제 속에서 오는 정치적 양극화를 막아주는 역할을 한다. 세계체제론에 따르면 세계는 팽창－수축－위기－변화의 시기가 주기적 반복되는데, 이는 특정 국가의 운명이 완전히 독립적으로 운영되지 않으며 외부적 힘에 대해 수용하고 반응하는 내부적인 방식에 의존함을 의미한다.

3) 인간기본욕구 접근

국제사회의 노력으로 개발도상국의 경제발전에 많은 성과를 거둔 부분도 존재하지만 그와 동시에 한계점이나 간과된 부분도 드러나게 되었다. 특히 일정 수준

경제성장에 도달하면 빈곤 문제는 해결될 수 있다는 기존의 설명에 설득력이 줄어들면서 개발도상국의 경제성장보다는 빈곤 문제를 직접적으로 해결해야 한다는 주장에 힘이 실리기 시작하였다. 이러한 관점은 의식주를 기본으로 식수, 위생, 기초교육, 보건 등 주민의 기본적인 욕구에 대한 조건을 향상시켜주는 것이 중요하다는 '인간기본욕구 접근(basic human needs approach)'으로 발전되었다. 인간기본욕구에 대한 아이디어는 1974년 멕시코 코코욕 선언(The Cocoyoc Declaration)에서 처음 제기되었으며, 1976년에 열린 국제노동기구(ILO)의 세계고용회의(World Employment Conference)에서 인간기본욕구 이론을 받아들이면서 확산되었다. 이후 1990년에는 세계은행의 '세계개발보고서'에 새로운 의제로 채택되기도 하였다.

인간기본욕구에 관한 이론은 심리학자 아브라함 매슬로우(Abraham Maslow)의 욕구단계설(Maslow's hierarchy of needs)이 대표적이다. 모든 인간은 욕구를 가지고 있으며 인간행동은 만족하지 못한 욕구를 채우는 것을 목표로 한다는 것이 그의 핵심 주장이다. 욕구단계설에 따르면 인간의 가장 기본적인 욕구는 생리적, 안전에 관한 욕구이며, 이 욕구가 충족되면 사회적, 자존감, 자아실현 욕구를 채우려고 한다.[18] 반면에 인간은 생리적 욕구(physiological needs)가 충족되지 않을 경우 다른 욕구에 대한 관심을 보이지 않는다. 가장 낮은 단계의 욕구인 생리적 욕구는 거주지, 따뜻함, 먹을 것과 같이 생리적 현상과 관계된 것으로 짧은 시간 내에 지속적으로 충족되어야 하는 특징이 있다.

인간기본욕구에 관한 관점은 개발과 빈곤의 관계를 이해하는 방식에 커다란 변화를 가져왔다. 노르웨이 평화연구가 조한 갈퉁(Johan Galtung)은 인간의 기본욕구는 지역과 문화와 상관 없이 모든 인간에게 적용되는 기본적인 개념이기 때문에, 개발사업을 수행할 때 가장 우선적으로 고려되어야 한다고 주장하였다. 그의 이론은 "인간이 만물을 탐구하고 파악하는 잣대(scale)"라고 주장했던 그리스 철학자 프로타고라스(Protagoras)의 만물척도설(Homo-Mensura Theory)에서 기인하는 것으로, 경제개발이나 지역개발을 위한 사업을 계획할 때 개발사업의 출발점으로 인간의 기본욕구를 염두에 두어야 한다고 설명한다.[19] 이러한 생각은 거시적, 성장 중심의 원조 방식을 통한 소득 증대에서 개발도상국의 특수한 상황을 고려한 미시적 접근 방식으로 사회적 약자의 생존과 삶을 최우선시하는 전략으로 전환되었다.

4) 구조조정정책

1970년대를 거치면서 두 차례의 석유파동과 이어진 외채위기 등으로 인해 근대화이론이나 종속이론 등이 보여준 논리에 대한 실효성이 무너지고 새로운 관점의 개발담론의 필요성이 제기되었다. 석유파동은 석유를 수입하고 있던 개발도상국들에게 특히 더 심각한 피해를 입혔다. 높아진 석유가격 때문에 산업화 과정에 차질을 빚었을 뿐 아니라, 세계적으로 장기간 스태그플레이션이 유지되면서 주로 일차상품을 수출하던 국가들의 수출은 더욱 감소하게 되었다. 이러한 세계경제의 침체로 인하여 그동안 자국 산업화를 위해 외채를 빌려왔던 개발도상국은 장단기 외채상황 문제에 봉착하게 되었다.

1982년 멕시코, 1987년 브라질이 모라토리엄을 선언하면서 채무 누적 현상이 더욱 심각해졌다. 남미의 많은 국가들이 수입대체산업화 전략의 실패 등으로 선진국에게 빌린 부채를 갚지 못하면서 지속적인 경기침체를 겪는 것과는 달리, 동아시아 국가들은 빠르게 성장하였다. 1960년대 국가 주도의 경제개발전략을 선택한 국가들은 부존자원이 부족하고 국내시장 규모가 작은 국가들로 '수출지향형 산업화' 또는 '외부지향적 개발전략'을 취하였다. 이들 국가로는 한국, 대만, 홍콩, 싱가포르 등으로 주로 아시아의 신흥 공업국이다. 이 국가들은 그들이 가진 가장 풍부한 생산요소인 노동력을 집중적으로 활용할 수 있는 제조업 제품의 수출에 집중하였으며, 해외 기술과 자원을 활용하는 개방적 경제를 추구하였다.

이러한 흐름 속에서 성장을 위해서는 무역정책과 시장기능을 활성화시켜야 한다는 신고전파이론이 다시금 주목받기 시작하였다. 반면 남아시아, 아프리카, 남미의 외채위기가 증가하면서 정부 개입의 필요성은 부정되기 시작하였다. 이에 세계은행과 IMF[20]는 경제적 파산의 해결책으로 신자유주의적 모델을 제시하였다. 이들은 경제성장을 위해서는 자본의 투입이 아니라 생산성을 높여야 하며 이를 위해서는 효율적 자원배분을 위한 투자조정의 재원 전환 필요성을 제기하였다. 이러한 국제사회의 변화된 질서는 1980년대 미국의 레이건과 영국의 대처정권이 들어서면서 시장의 논리를 강조하는 신자유주의(Neoliberalism)적 논의가 주류로 등장하게 되는 토대가 되었다.

신자유주의 이론은 자유경쟁원리가 적절히 보장된다면 자원배분이 효율적이고 국가의 부도 증가할 것이라고 설명한다. 이 시기 국가의 역할은 축소되었고,

민간자본(private capital)의 경제적, 발전적 역할이 강조되었다.[21] 개발도상국에 자금을 지원하는 대신, 기존 경제정책의 광범위한 변화를 요구하기 시작하였다. 이것이 국제금융기구들의 '구조조정정책(Structural Adjustment Policy)'으로 워싱턴 컨센서스(Washington Consensus)라는 이름 아래 국제경제시스템 전반에 영향을 미치게 되었다. 개발은행들은 구조조정 차관을 지원하는 데 재정긴축, 자유화, 개방화, 민영화를 핵심으로 하는 이행조건(conditionality)을 부과하면서 개도국 정책에 직접 개입하게 되었다.

신자유주의는 개발목표를 달성하기 위해서 국가의 역할을 축소하고, 민간자본과 기업이 국가의 간섭 및 조종으로부터 자유로워져야 한다고 보았다. 시장이 경제성장 전략에 모든 능력을 발휘할 수 있기 위해서는 국가 주도적 발전경로를 없애거나 그 수준을 하향해야 한다. 대외원조 역시 비효율적이라고 보아 원조 양은 급격히 줄어들었다. 이들은 자유무역을 강조하면서 국가개입의 축소 및 시장의 가격에 의해 사회적 성장률을 극대화할 수 있고 자원의 분배에 훨씬 효과적이라는 입장을 보였다. 무역장벽, 보조금, 관세 등은 시장가격을 왜곡시키기 때문에 자유로운 시장의 작동에 의해 효율적인 자원 배분이 일어날 수 있도록 최소한의 정부가 바람직하다고 설명한다.

5) 인간개발

인간개발(human development)은 1980년대에 새로 등장한 용어 중 하나이다. 경제성장에도 불구하고 여전히 빈곤과 불평등과 같이 다양한 문제가 해결되지 않자 경제적인 측면을 강조한 경제개발(economic development) 중심의 개발 인식에 비판이 제기되기 시작하였다. 이에 대한 대안으로 성장 중심의 개발개념에서 인간적인 삶의 수준을 향상시키는 것을 목표로 하는 인간개발 개념이 등장하였다. 아마티야 센(Amartya Sen)은 기존의 빈곤 측정 방법은 보유한 자원에 초점을 맞춘 것으로 경제가 성장하면 사회 전체 부의 수준이 증가된다는 계량적 측정 방식을 비판하였다.

그는 동일한 양의 자원을 가지고 있다고 하더라도 개인의 능력과 사회적 조건에 따라 자원을 자유롭게 활용할 수 있는 차이가 결정되기 때문에 자원의 불충분이 아닌 능력(capability)을 중시해야 한다고 주장하였다.[22] 이처럼 복지발전을 중시하고 실질적 자유를 누릴 수 있는 삶에 초점을 맞춘 개념이 센의 역량이론(capability approach)이다.[23] 역량이론은 개발의 목적이 소득 증대에 그치는 것이 아니라 개인의 잠재력을 개발하고 스스로 책임질 수 있도록 하는 것을 강조하였다. 여기서 개발의 핵심은 사람들이 향유할 수 있는 실질적 자유를 확장하는 과정이며, 가능성을 최대한 실현하는 데 있다고 보았다.[24] 따라서 개발의 궁극적 목표는 역량을 확대하는 것이며 발전의 척도는 역량이 얼마나 갖추어져 있는가로 판단할 수 있다.

인간개발 개념은 UNDP의 '인간개발보고서: 인간개발 개념과 측정(Human Develop-ment Report: Concept and Measurement of Human Development, 1990)'에 의해 공식적으로 제기되었다. 이 보고서는 인간개발은 평등, 생산성, 역량강화, 지속가능성의 네 가지 기준을 통해 건전한 생활, 지식 사용, 적절한 생활수준, 공동체 참여 등을 지향하고 있다.[25] 인간개발 개념은 소득, 건강, 교육 등의 지표를 담은 인간개발지수(HDI: Human Development Index)로 확대된다. 이 지수는 인간개발을 측정하기 위해 인간의 소득지수, 기대수명지수, 교육지수에 기초하여 측정된 지수이다.

인간개발지수에 의한 인간의 기본적인 삶의 수준은 평균수명이 높고 교육의 기회를 갖추고 있으며 인간다운 생활수준을 누리는 상태이다. 2011년 발간된 인간개발보고서에는 지속가능한 인간개발(sustainable human development)을 "현재 사람들이 누릴 수 있는 실질적 자유를 확장함과 동시에 미래 세대의 실질적 자유를 심각하게 침해하지 않기 위해 합당한 노력을 하는 것"으로 정의하고 있다.[26] 인간개발지수는 사하라 이남 지역에 교육, 보건, 식수 등 사회 인프라 분야를 지원하는 데에 영향을 주었으며(1960년대 후반 13%에서 2010년 40%까지 꾸준히 상승),[27] 이후 새천년개발목표(MDGs)의 주요 지표로 사용되었다. 그리고 인간개발의 주요 내용은 UN인권최고대표사무소(OHCHR)를 중심으로 '빈곤은 인권 침해와 연결되며 따라서 인권증진이 곧 빈곤 완화에 기여한다'는 권리에 기반한 접근방법에도 영향을 주었다.

6) 굿거버넌스

1980년대 지속적으로 시행된 구제금융 정책에도 불구하고 빈곤이 계속되는 이유는 이들 국가의 정치구조가 부패하고 투명성이 결여되어 있기 때문이라는 주장으로 이어졌다. 1960년대까지 시행되었던 국가 주도 개발정책의 실패 원인을 비효율적이거나 부패한 정부가 경제에 개입함으로써 경제성장에 실패하였다고 보았다. 이에 정부활동 뿐만 아니라 선거제도, 언론을 비롯한 인권증진 등 지배체제의 전반적인 개선을 요구하는 거버넌스의 중요성이 제기되었다. 굿거버넌스(good governance)는 국가의 경제적 개입을 줄이려는 신자유주의적 정책의 실행을 용이하게 하려는 목적으로 시작된 접근법이었으나, 개발 재원의 부적절한 운영이나 부패방지를 위해 회계 절차를 가능한 투명하게 만들려는 시도로 더욱 주목받기 시작하였다. 특히 냉전 종식 이후 북반구 정부들은 더 이상 지정학적인 이유로 '비민주화' 된 정부를 지원할 필요성이 없어졌기 때문에 굿거버넌스는 원조의 조건으로 부상하기 시작하였다.

세계은행(World Bank)은 표현의 자유와 책무성, 정치적 안정성, 비폭력, 효율적 정부 등의 6가지 세계거버넌스지표(World Governance Indicators)를 발표하였다. 이 조사에 의해 '불안정'하거나 '부패한' 국가는 민간 기업의 투자나 국제원조를 받을 때 영향을 받게 된다. 미국은 굿거버넌스를 지향하는 국가를 대상으로 세계은행 거버넌스 지표에서 좋은 점수를 받은 국가에게만 개발원조를 제공하는 밀레니엄 챌린지 코퍼레이션(Millennium Challenge Corporation)을 2004년 1월에 설립하기도 하였다. 이렇듯 굿거버넌스는 신자유주의적 경제재건을 위한 정부활동의 개선에서 시작하여 선거에서의 다당제 보장이나 언론의 자유, 인권의 존중과 같은 분야로 그 영역이 확대되었다.

개발도상국 정부의 투명성은 원조를 제공하는 국가에 대한 개도국의 책무성을 보여주는 데에 가장 중요한 요소가 되었다. 정부가 가난한 사람에 대한 접근성을 높이고 배려하는 개혁 프로그램을 만드는 것이 글로벌 빈곤 완화 목표 달성을 위한 주요 과제라고 인식되었다. 거버넌스 담론은 '참여'를 핵심 요소로 지적하고 있는데 내부에서부터 변화와 수혜자들이 중심이 되는 상향식 개발방법 등 '외부인'이 아닌 내부의 지역주민들이 개발 평가 등에 직접 참여하는 것이 중요하다는 인식이 확산되었다.

7) 정부주도형 발전전략: 베이징 컨센서스

신자유주의를 비롯한 시장 주도의 접근법이 이론적·정책적으로 힘을 얻고 있는 가운데 시장의 기능을 인정하면서도 국가의 개입이 필요하다는 이론이 제기되었다. 1930년대 세계경제가 불황을 맞으며 대공황 사태를 겪게 되면서 경제학자인 케인즈는 자유시장체계가 효과적인 자기조절이 어렵다 보고 자본주의 체계를 촉진하기 위해서는 국가의 개입이 필요하다는 주장을 처음으로 제기하였다. 그는 『고용, 이자 및 화폐에 관한 일반이론(The General Theory of Employment, Interest, and Money, 1936)』에서 이자율이나 정부지출과 같은 통화정책을 통한 정부의 개입은 투자를 촉진시키고 경제를 발전시킨다고 주장하였다.

이러한 접근법은 미국의 루즈벨트 대통령에 의해 '뉴딜정책(New Deal)'으로 실현되었고, 미국의 고용증가와 경제성장을 견인하였다. 케인즈가 특별히 개발도상국을 위한 경제이론을 주장한 것은 아니었으나, 정부 개입에 대한 그의 이론은 전후 개발도상국에 대한 경제개입에 영향을 주었으며, 특히 2007년 이후 세계경제위기를 맞으며 케인즈 이론은 다시 한 번 주목받게 되었다. 신생독립국의 경제구조는 농업 및 광산채굴과 같은 1차 사업이 주를 이루고 있는데, 이러한 경제구조는 천연자원 조달이나 유럽생산 제품 판매와 같은 식민지배국의 요구를 반영한 것이지 개발도상국 스스로를 위한 것은 아니다.

독립 이후 형성된 급진적인 경제 변화는 새로운 정치현실을 논리적으로 반영한 것으로, 실제로 개발도상국 정부는 다양한 방법을 통해 경제활동에 개입하는데 직접적으로 외국상품 수입을 제한하거나 산업허가와 섹터와 지역간의 성장을 조정하는 지역 정책, 또는 전력생산이나 철강 산업과 같은 주요 산업의 국유화를 통한 정부 통제를 활용한다. 이러한 관점은 최근 중국의 급성장으로 많은 의의를 가지기 시작하였다. 신자유주의 세계화 전략인 워싱턴 컨센서스에 대립하는 개념으로 베이징 컨센서스(Beijing Consensus)라 불리는 중국 성장 정책은 정치적으로는 권위주의 체제를 유지하면서 시장경제적 요소를 도입한 중국식 발전국가 모델을 뜻한다. 미국발 경제위기 이후 미국이 주도하는 신자유주의 발전모델에 대한 비판과 함께 새로운 발전모델에 대한 관심이 증폭되면서 베이징 컨센서스는 많은 개발도상국들에게 주목을 받기 시작하였다.

베이징 컨센서스는 워싱턴 컨센서스의 신자유주의 이론에 기초한 것과는 달리 실용적인 효과와 혁신을 중요시한다. 기존의 근대화이론이 주장했던 개발도상국은 후진 단계의 기술로 시작해서 첨단기술로 발전한다는 설명을 거부하고 최첨단 기술을 도입해야 함을 강조한다. 선진국의 낡은 기술을 물려받아 그것에만 집중하다보면 영구적으로 후발국가라는 틀을 깰 수 없게 되는데, 중국이 이러한 도식을 깨고 첨단기술을 가져야 과학기술 선진국이 될 수 있다는 것이다. 그러나 베이징 컨센서스가 개발도상국 발전에 적용이 가능한지에 대해서는 여전히 논쟁 중이다. 중국의 발전과정을 보면 자원과 노동력, 그리고 시장의 규모가 막대하며 대규모 해외투자가 비교적 쉽게 이루어진 측면이 강하기 때문이다. 또한 빠른 경제성장으로 인한 환경문제와 불평등의 문제에 대한 우려의 목소리도 간과할 수 없다. 그럼에도 불구하고 중국식 수출전략, 적극적 해외 자본 유치, 국가 주도 기획과 지도력은 개발도상국들에게 좋은 전략으로 작용할 수 있을 것으로 본다.

8) MDGs and SDGs

2000년대 들어서면서 189개 UN 회원국은 평화, 번영, 정의로운 세계를 건설하기 위한 새천년 선언(Millennium Declaration)에 합의하였고, 이 선언을 토대로 새천년개발목표(MDGs: Millennium Development Goals)를 설계하였다. MDGs는 2015년까지 빈곤, 교육, 양성평등, 보건, 환경 등 8개 목표와 21개의 세부목표에 도달할 것을 국제사회가 약속한 것으로 추진 성과는 60개의 지표를 활용하는 접근법을 채택하였다. 간결하면서도 명확한 목표를 제시한 방식은 사업계획을 수립하는 데 중요한 준거점이 되었으며 대중의 관심을 제고하는 데 유용하였다.

실제로 빈곤 인구 감소 및 말라리아 감염자 수 감축 등 인간개발 영역에서의 상당한 진전이 있었다.[28] 그러나 인간개발 방식에 초점을 맞춘 개발 방식은 기초 수준에서의 삶의 질을 향상시키는 데 그친다는 한계가 있었으며, 최근 심화되는 불평등의 확대 및 환경 문제 심화 등 근본적인 변화 요구에 부응하지 못하였다는 지적도 있다. 또한 자원배분에 있어 목표에 포함된 사업은 주목을 받았지만 그렇지 못한 경우는 상대적으로 소외되는 측면이 있었다.

2015년 MDGs 시대가 막을 내리면서 국제개발협력의 담론으로 환경을 중심으로 하는 지속가능한 개발(Sustainable Development)이 떠올랐다. 지속가능한 개발 개념은 개발활동이 생태적으로 고려되어야 한다는 의미에서 시작되어 산업사회의 근본적인 문제와 근대화의 환경 부작용에 대한 논의로 발전되었다. 이러한 논의는 1972년 '성장의 제약(The Limits to Growth)'을 통해 경제발전과 환경문제의 논의를 가장 긴급하게 해결해야 할 문제로 인식하게 하였다.

이후 1987년 세계환경개발위원회(WCED: World Commission on Environmental and Development)에서 발간한 우리의 공통된 미래(Our Common Future)를 통해 지속가능한 개발의 개념을 본격적으로 제시하였다. 이 보고서에 따르면 지속가능한 개발이란 "미래 세대의 욕구를 충족시킬 수 있는 잠재성을 침해하지 않으면서 현 세대의 욕구를 충족시키는 개발"로 발전을 위한 정책을 결정할 때 미래의 필요성을 반영해야 한다는 점을 강조하고 있다. 1992년 브라질 리우데자네이루에서 개최된 UN환경개발회의(UNCED)에서는 108개국 정상을 포함해 172개국이 참여한 가운데 지속가능한 개발(Sustainable Development)과 지구환경 보전을 위한 논의가 이어졌다. 지구정상회담(Earth Summit)으로도 불린 이 회의에서 '리우선언(Rio Declaration)'과 '의제 21(Agenda 21)'을 채택하였으며, 같은 해 192개 국가가 기후변화협약(UNFCCC)을 체결하였다. 이를 계기로 1997년 일본 교토에서 '교토의정서(Kyoto Protocol)'를 채택하여 온실가스 감축 목표치를 설정하였다.

　지속가능한 개발이 개발정책에 중요한 담론으로 떠오른 이래로 이 의제는 점차 남반구 국가들의 빈곤 완화와 관련한 개발에 있어서 기후변화에 중요한 도전과제로 제기되었다. 2007년 UNDP에서 발간된 인간개발보고서(Human Development Report)의 제목이 기후변화와 관련되었으며, 2010년 세계은행에서 발간된 세계개발보고서 2010(World Development Report, 2010)의 주제는 '개발과 기후변화'였다. 기후변화가 환경 문제의 주요 의제로 떠오르면서 이와 동시에 식수, 대기오염과 같은 환경문제들도 주요 이슈로 떠올랐다. 이러한 흐름은 2015년 Post - 2015 개발의제에도 주요 목표로 포함되어 지속가능한 개발목표(SDGs: Sustainable Development Goals)로 합의되었다. 이 합의를 통해 그 동안 환경 이슈가 개별적으로 다루어지고 개발과는 배치되는 것으로 인식되었던 것과는 달리, 환경과 개발이 동시에 추구되어야 한다는 사고 전환이 이루어졌으며 평등과 사회안전망이 수반되는 성장을 지향하게 되었다. 그러나 지속가능한 개발을 위한 여건을 조성하기 위해서는 재원조달을 포함한 구체적인 점검체계가 확보되어야 한다.

3 대안적 접근

　2차 대전 이후 주로 논의되어 온 국제개발협력 관련 이론과 담론들은 주로 시장과 국가 중 어떠한 주체가 얼마만큼의 중요도를 가지고 이끌어왔는지가 주요 쟁점이었다. 하지만 1990년대 이후 냉전이 종식되고 본격적인 세계화가 진행되면서 국제개발협력의 주요 이슈 또한 환경, 여성, 이주, 노동, 빈곤, 보건 등으로 다양해졌다. 본 절에서는 그간 논의되어 온 개발의 경제적 쟁점이 아닌 대안적으로 논의되어 온 담론에 대해서 소개하고자 한다.

1) 참여적 개발

1980년대 중반 이후 개발 과정에서 지역주민 스스로 자신들의 문제를 진단하고 해결하여야 한다는 참여적 개발(participatory development) 개념이 퍼지기 시작하였다. 참여적 개발 이론은 한시적인 개발관광(development tourism)에서 얻은 단편적인 지식에 근거하여 지역개발을 계획하고 주도하는 '외부인'들의 태도를 지적하며, 지역개발의 필요와 우선순위가 어떻게 결정되는지, 이 결정에 누구의 지식과 권력이 영향을 미치는지 숙고해야 한다고 말한다.[29] 참여적 개발에서 강조하는 참여의 의미는 단순히 개발 프로젝트에 관여하는 것이 아니라 기초선 조사(빈곤 조사), 개발 프로젝트의 설계, 실행, 평가의 전 과정에 참여하는 것이다.[30]

참여적 개발의 대표적인 이론가로는 로버트 챔버스(Robert Chambers)가 있다. 그는 실제 사례 조사를 통해 밝힌 빈곤층이 제시한 빈곤의 범주에는 건강, 안전, 자존감, 가정생활 등 다양한 요소들이 소득과 빈곤만큼 중요하게 언급되고 있다는 점을 들어,[31] 빈곤층 스스로 빈곤의 정도와 의미를 결정하는 데 참여할 수 있도록 하는 '참여적 빈곤 평가(participatory poverty assessment)'를 제시하였다. 이 방식은 주민들 스스로 자신들의 상황과 지역에 대한 지식을 공유하여 이를 분석하고 계획하며 실천하는 참여적 지역 평가(PRA: Participatory Rural Appraisal)로 발전하였다. 이는 지역주민들이 지도와 도표를 외부인보다 더욱 잘 그릴 수 있다는 것을 발견한 경험을 바탕으로 하였다. 참여적 지역평가는 농민참여연구(farmer participatory research)와 참여적 지리정보시스템(PGIS: Participatory Geographic Information Systems) 등의 참여적 연구방법론과 함께 발전하였다. 참여적 평가는 1998년 세계은행이 수행한 빈곤 평가에서 주요한 전략으로 활용되었으며, 1990년대와 2000년대에 점점 더 확산되어 많은 국가에서 쓰이게 되었다.

참여적 개발은 대규모 설문조사의 덫을 피하고, 비용효율성과 적절성, 정확도, 시기적절성을 엄격히 지키는 것을 중요하게 여긴다. 여전히 전문가들은 개발관광이나 짧고 부족한 조사로 인해 여러 가지로 얽혀있는 농업과 생계시스템의 복잡성과 다양성을 이해하지 못하기 때문에 전문가들이 인식하지 못한 '미시 환경(microenvironments; 정원, 강둑, 호수 분지 등)'의 중요성과 '참여적 농민우선접근방식(farmer -first approaches)'에 대해서 강조한다. 참여적 발전은 지역주민에게 권한을 부여하여 그들 스스로가 자신들의 지식을 강화하고 행동하는 방법을 계속해서 모색하는 동시에 지금까지 다양하고 독창적인 참여적 방법론들을 개발하며 발전을 거듭해오고 있다.

그러나 참여적 개발 방식은 비용이 많이 들고 시간이 오래 걸린다는 단점이 제기되었다. 참여적 개발 방식은 소규모 프로젝트나 작은 마을 단위에 적합하다고 여겨지는 이유도 프로젝트 전 과정에 참여하는 이해관계자가 늘어날수록 회의를 소집하고 합의에 이르기까지의 노력에 투자가 없다면 참여적 개발의 추진이 어렵기 때문이다. 그러나 세계은행과 USAID 등이 지난 몇 년간의 경험을 통해 초기 시간과 비용은 많이 들지만 시간이 지날수록 지속가능성과 사업성과에 더 긍정적이기 때문에 오히려 총 사업비용과 시간은 줄어든다고 밝혔다.[32]

2) 젠더와 개발

초기 개발협력 논의에서는 개발이 여성에게 불리하게 작용한다는 생각을 못하였으나, 60년대 여성운동의 영향으로 젠더와 개발에 관한 새로운 시각이 제기되었다.[33] 1950년대까지 여성에 대한 시각은 여성은 수동적이고 가정에서의 역할만이 중시되어 왔으며 식량지원이나 보건의 수혜자로만 인식되었다.[34] 이러한 시각으로 여성에게 발전의 혜택이 돌아가지 못하였고, 자본주의가 발전하면서 개발의 생산성이 공장 등의 산업화 영역에 집중되면 양육과 가사를 돌보는 여성은 개발과정에서 더더욱 배제되었다. 신자유주의 개발이론에 의해 진행된 구조조정을 통해 다수의 여성이 노동에 편입되면서 여성의 임금수입은 가정과 지역에서의 지위가 향상되었다. 그러나 오히려 소외는 심화되었고 여성은 경제적으로 유급노동에 참여하면서 가사노동의 부담까지 책임지게 되었다. 이러한 이중적 부담은 신체적, 정신적 건강상의 문제를 초래하기도 하였다. 영국의 사회학자 다이엔 엘슨(Diane Elson)은 구조조정 프로그램이 여성의 가정 경제 활동에 대한 인식이 부족한 남성적 편견을 보여주는 대표적 사례라고 비판하였다.[35]

젠더 인식이 증대하면서 UN은 1975년을 'UN 세계여성의 해'로 정하고 UN 여성기간(1975~1985)을 발표하였고, 이듬해 1976년에는 제1차 세계여성대회에서 젠더와 개발에 관해 논의하였다. 개발과정에서 여성의 소외 문제는 참여적 개발 접근 방식의 하나인 여성과 개발(Women in Development) 개념으로 발전되어 그 해결책을 모색하기 시작하였다.[36] 여성과 개발에서 젠더[37]의 개념이 도입되었고 여성의 권한(empowerment)이 중요시 되었다. 이는 개발이론이 단순히 여성에 대한 개념적인 인식의 확장에 그치지 않고 여성 스스로 역량을 강화할 수 있는 새로운 환경을 조성하는 것을 포함하는 실천적인 노력이 뒷받침 되어야 한다고 보았다.[38] 이러한 요구는 1983년 OECD/DAC의 "개발에 있어 여성의 역할 지원을 위한 공여기관 가이드 원칙(Guiding Principles to Aid Agencies for Supporting the Role of Women in Development)"이라는 지침서에 반영되어 자원에 대한 남녀의 평등한 접근, 수원국의 사회, 경제, 정치, 문화, 종교 등을 고려한 개발계획 수립으로 이어졌다.

이후 1990년대에 들어 개발 분야에서 젠더적 관점이 적극 수용되기 시작했다. 1995년 유엔개발계획은 인간개발보고서에 남녀평등지수(GDI: Gender-related Develop-ment Index)와 여성권한척도(GEM: Gender Empowerment Measure)를 발표하였고 같은 해 베이징에서는 189개 국가가 참여한 제4차 세계여성회의가 개최되었다. 이 회의에서 사회 및 정치적 결정에 여성의 평등한 참여가 보장될 수 있도록 하는 성 주류화(Gender Mainstream)가 주요 안건으로 논의되었으며 이 논의는 북경여성행동강령[39]으로 합의되었다. 북경여성행동강령 채택을 계기로 성 인지적인 개발협력접근법(Gender and Development)이 마련되었는데, 이 접근은 정책형성, 입안, 평가, 정책결정과정에 있어서 성 평등 이슈의 주류화를 권고하고 있다.

3) 개발효과성

1980년대 원조피로(aid fatigue) 현상을 경험하면서 원조의 효과성을 제고하기 위한 방안이 논의되기 시작하였다. 국제사회는 더욱 복잡해진 원조환경 및 개발원조의 양적 팽창으로 원조 효과에 대한 예측가능성이 낮아지고 있다는 기존 원조 방식에 대한 문제점을 해결하기 위해서는 원조 규모의 확대가 능사가 아니라는 점에 대한 공감대를 형성하게 되었다.

2002년 로마에서 '제1차 원조효과성에 대한 고위급회의(HLF1: High Level Forum on Aid Effectiveness)'를 필두로, 2005년 파리, 2008년 아크라, 2011년 부산에서 총 네 차례 원조효과성 회의가 열렸다. 특히 2005년 파리회의는 '원조효과성에 대한 파리 선언(Paris Declaration on Aid Effectiveness)'을 채택한 중요한 회의로 평가된다. 파리 선언은 주인의식(Ownership), 원조일치(Alignment), 원조조화(Harmonization), 성과 중심 관리(Managing for Results), 성과의 상호책임성(Mutual Accountability)의 5대 원칙을 내세우고, 각 원칙을 위한 총 12개 세부지표를 2010년까지 달성하겠다는 목표 시한을 정해두었다.

원조일치는 비구속성 원조 확대와 원조의 예측가능성 증가를 위한 것으로 수원국의 개발목표와 현지의 제도를 활용하는 것을 포함한다. 주인의식은 공여국 중심의 원조가 아닌 수원국이 민주적 주인의식을 가져 그들 스스로 해결해야 할 문제의 우선순위를 결정한다는 원칙이다. 원조조화는 수원국의 행정 부담과 중복 지원을 줄이는 것을 원칙으로 하여 절차 간소화, 정보 공유 등을 중요시 하고 있다. 성과 중심 관리는 투명한 모니터링과 평가를 통해 성과를 측정할 수 있어야 함을 의미하며, 상호책무성은 공여국과 수원국 모두에게 책임성을 강화하기 위해 공동 평가 시행 등의 원칙을 제시하였다. 이 선언은 기존 원조체계(Aid Architecture) 개선에 확실한 계기를 제공하였다는 점에서 의의가 깊고 원조를 제공받는 개발도상국의 참여를 확고히 강조하였다는 점에서도 뜻깊다.[40]

그러나 파리원칙과 지표에 관한 모니터링 결과 실질적인 성과를 가져오지 못했다는 비판이 이어졌다. 2011년 9월 평가 보고서에서 12개의 지표 중 '수원국 역량강화를 위한 조율된 기술협력 제공'이라는 지표 1개만 달성한 것으로 드러나 공여국들이 약속을 이행하고 지속가능한 성과에 기여하기에는 불충분하다는 입장이 나타났다.[41] 2011년 부산회의에서는 '원조(aid)'는 '개발 혹은 발전(development)'이라는 목표를 달성하기 위해 필요한 무수한 요소들 중 하나이므로 제한적 의미의 '원조'에서 더욱 포괄적 개념인 '개발'로 논의의 초점을 옮겨가야 한다는 '개발효과성(development effectiveness)' 패러다임으로 전환이 필요하다는 점을 제시하였다.[42]

개발효과성은 원조만으로는 가난과 불평등을 극복하기 쉽지 않기 때문에 경제정책, 인권과 성 평등, 양질의 일자리, 환경보전 등을 중시하는 사회정책을 통해 지속가능하고 효과적인 사회발전을 추구하는 것을 의미한다. 개발협력의 절차보다 실질적 결과를 중요시하며 정부, 시민단체, 기업 등 다양한 이해관계자가 포괄적으로 참여하는 것을 강조한다. 특히 국제시민사회를 중심으로 논의가 발전하였는데,[43] 시민사회는 원조효과성보다는 인권 기준을 충족시킬 수 있는 개발효과성 개념이 빈곤을 효과적으로 해결할 수 있을 뿐 아니라 국제개발협력의 지속성을 가능하게 할

것이라고 주장하였다.[44)

개발효과성 논의는 오픈 포럼이 주도한 'CSO 개발효과성 포럼'을 통해 인권과 사회정의, 여성과 여아의 권리 증진, 시민의 역량강화 및 주인의식, 환경의 지속가 능성, 투명성과 책무성, 평등한 파트너십, 상호학습, 긍정적이고 지속가능한 변화 실천 등을 담은 이스탄불 원칙(The Principles for CSO Development Effectiveness, 2010)으로 집약되었다. 그리고 2011년 시엠립에서 이스탄불 원칙을 시행할 수 있는 프레 임워크에 대해 합의하면서 현장에서 구체적으로 실천할 수 있게 하였다.

4) 환경과 개발

1950년대 녹색혁명(green revolution)은 개발도상국의 농업생산량을 늘리기 위해 과학을 농업에 적용한 농업근대화로 비료, 농약, 품종개량 등을 통해 식량자급을 추진하였다. 식량생산량의 증가라는 긍정적 결과에도 농약에 의한 환경오염, 관개 용수 증가, 농민의 소득 불균형 등 심각한 결과를 초래하기도 하였다. 동시에 산업 화가 급속도로 추진되면서 자연보호 차원을 떠나 새로운 형태의 환경운동이 등장하 였다.[45) 특히 1962년 레이첼 카슨(Rachel Carson)의 『침묵의 봄(Silent Spring)』이라는 책이 출간되면서 개발이 생태계에 미치는 영향에 대한 광범위한 대중적 관심을 불 러일으켰다. 이후 환경오염 문제를 바라보는 새로운 견해들이 등장하면서 생태학은 새로운 학문으로 주목을 받게 되었으며 수많은 환경단체들이 결성되었다.[46)

1970년대 석유파동으로 인해 에너지 문제가 전 세계적인 관심사로 대두되었으 며, 1972년에 발표된 로마클럽보고서라 불리는 성장의 한계(The Limit to Growth)는 현재와 같이 인구증가, 공업화, 자원감소 등이 지속된다면 100년 안에 성장의 한계 에 도달한다고 경고하였다. 이 보고서는 선진국의 자원 이용을 줄이고 개발도상국 의 빈곤계층의 삶을 증진하기 위한 노력을 기울여야 한다고 요구하고 있다. 산업화 로 인한 환경파괴의 문제를 근대 과학기술을 적극 활용하여 산업의 구조를 친환경 적으로 바꿀 수 있다는 생태근대화론(ecological modernization)이 등장하였다. 생태근 대화론은 독일의 조세프 후버(Joseph Huber)에 의해 처음 제안되었다. 그는 초산업 화(super industrialization)라는 개념을 통해 생태근대화는 산업사회의 필연적인 발전 단계라고 설명하였다.[47) 마틴 예니케(Martin Janicke)는 환경적으로 유익한 결과를 수반하는 기술변화를 통해 산업화를 지속할 수 있다고 주장하였다.[48) 생태근대화론자들은 환경문제를 사회구조적 제도의 전환을 통해 극복할 수 있는 과제로 보고 있다는 점에서 지속가능한 개발과 유사하다.

반면 환경위기의 가장 큰 원인을 자본주의적 경제구조라고 보는 생태마르크스주의가 등장하게 되어 대량생산, 대량소비가 낳은 환경문제를 해결하기 위해서 반자본운동을 펼쳐야 한다는 비판이 등장하였다.[49] 대표적인 이론가로는 포스터(J. B. Foster), 오코너(J. O'Connor), 스미스(Neil Smith), 슈나이버그(Allan Schnaiberg) 등으로 이들은 현재의 생태적 위기를 극복하기 위해서 자연을 자본축적의 수단으로 여기는 것에 반대하였다. 생태마르크스주의자들은 생태근대화론이 제시하는 산업적 근대성 (industrial modernity)을 통한 혁신적 정책수단과 기술개발을 통한 경제적 성과가 아닌 탈생산이나 탈산업 방식으로의 전환을 주장하였다.

시민사회를 주축으로 하는 환경운동은 그 수와 활동이 급증하여 탈냉전 시대에 가장 포괄적이고 영향력 있는 사회운동으로 발전하였다.[50] 1969년 캘리포니아 유니언 오일 사의 원유 유출 사고를 계기로 1970년 4월 22일 제1회 지구의 날(Earth Day) 행사를 개최하였고 지구의 날 선언문이 발표되었다. 이날 모인 2,000여 지역 단체의 약 2천만 명의 시민들은 자원낭비와 환경파괴로 조화롭고 전통적인 가치가 파괴되고 있음을 경고하였고 기업의 책임을 촉구하였다. 시민사회는 환경문제를 국제사회의 주요 이슈로 부상시키는 데 결정적인 역할을 하였을 뿐만 아니라 이행을 감시하는 데 중요한 역할을 수행하였다. 이러한 노력으로 1972년 스톡홀름에서 개최된 UN 인간환경회의(UNCHE)에 255개의 NGO단체가 참석하였으나 1992년 브라질 리우에서 개최된 UN 환경개발회의(UNCED, 리우회의)에는 1,400여개 이상의 단체가 참석하게 되었고 사상 최초로 NGOs의 참여를 공식적으로 승인한 의제21 (Agenda 21)이 채택되었다.

5) 탈발전론

1990년대 개발담론은 식민주의와 유럽중심주의적 사고방식에 입각하여 지역문화 및 환경을 파괴하는 위험한 것이라고 비판하는 움직임이 생겨났다. 이들은 개발[51]이 유럽 중심의 지식과 권력이 작동하는 하나의 담론으로써 개발도상국에서 시행되고 있는 개발 프로젝트 이면에는 유럽 중심의 정치경제학적 이데올로기가 작동하고 있다고 보았다. 이들은 개발 프로젝트는 개발도상국의 현실을 해결해야 할 문제(problematizing poverty)로 인식하고 이를 위해 '성장 전략(growth strategies)'을 제시하는 방식 자체가 식민 지배를 통한 근대화 전략과 일치한다고 보았다.

이들의 이론적 배경에는 미셸 푸코(Michel Foucault)의 '권력', '지식', '담론'의 개념과 포스트모더니즘(Post-modernism), 탈식민주의(Post-colonialism), 탈발전(Post-development) 등과 깊은 연관이 있다.[52] 푸코는 권력이 생성되는 방식을 담론(discourse)의 개념을 통해 설명한다. 푸코는 특정 대상이나 개념에 대한 지식은 옳고 그름을 구분하는 규칙이며, 이러한 지식의 집합체를 담론이라고 보았다. 담론의 형성과 유통 과정은 권력의 작용과 불가분의 관계로 얽혀 있으며, 특히 근대 이후의 지식은 학문적인 체계를 생산하여 더욱 정교한 합리성을 획득하였다. 권력은 단순히 힘을 가진 자가 힘이 없는 이들로 하여금 복종을 강요하는 수단이 아니라 담론을 통해 일상적 관계를 규정하여 다른 것을 말할 수 없게 하는 작동으로 보았다.

푸코의 지식과 담론의 관계는 이후 포스트식민주의 이론에 큰 영향을 주었으며, 제3세계의 학자를 중심으로 개발의 개념 자체에 대한 열성적인 비판이 제기되었다.[53] 사이드(Edward W. Said)는 그의 오리엔탈리즘 논의에서 근대적이지 않거나 비서구적인 방식은 열등한 것으로 보는 경향이 있음을 꼬집었으며,[54] 알바레스(Claude Alvares)는 개발이 약탈과 폭력을 위한 단어이며 어떤 대상을 선별할 것인가를 나누는 메커니즘에 불과하다고 주장했다.[55] 탈발전 이론의 대표적인 이론가인 에스코바(Arturo Escobar)는 개발이 제3세계를 만들어 내고 관리하며 지식을 조직하는 메커니즘이 되었으며 하향식, 서구 중심적, 기술주의적 접근 방식을 통해 사람과 문화를 추상적인 개념으로 치부해 버린다고 비판하였다.[56] 그는 푸코의 담론 개념을 이어 받아, 개발이란 선험적이고 보편적인 개념이 아니라 개별화된 서구 중심의 사고라는 점을 드러내야 하며, 이러한 전략을 통해 개발을 다양한 시선으로 해석함으로써 현재의 개발이 가진 지배 담론으로써의 기능을 무력화 시킬 수 있다고 보았다. 서구에 의해 '발명(invention)'된 개발과 저개발의 개념 대신 지역의 전통적인 세계관에 기초한 문화적인 고유 모델을 제시하는 대안적 실천이 필요하다고 보았다.[57]

에스코바는 다른 이론가들과 달리 실천적 현장연구를 중시한다. 콜롬비아 열대우림 지역이 신자유주의와 세계화의 영향으로 사유지로 바뀌는 것을 개발의 과정으로 보는 것에 의문을 제기하였다. 이는 단지 경제적인 변화를 넘어 지역주민들의 문화적 토대가 사라지는 현상으로 고유한 삶의 터전이 파괴되면서 새로운 식민화에 재배치되는 과정으로 보았다. 에스코바는 이러한 자본의 무차별적인 지배 전략에 맞서 두 가지 전략을 제시한다. 하나는 열대우림을 자원적, 경제적 가치로 인식하는 게 아닌 주민들의 고유한 삶의 터전으로 인식해야 하며, 생명체끼리 상호적 '돌봄'의 관계를 통한 사회 운동은 신자유주의에 대한 대안적 실천이 될 수 있다는 것이다.[58] 두 번째 전략은 탈개발 전략으로 대안적 개발(alternative development)이 아닌 개발의 대안(alternatives to development)이 필요하다고 주장하였다.[59] 그는 아무리 새로운 대안이 제시된다고 하더라도 그 역시 또 다른 자유주의적, 과학적 해결 대안에 불과하며 이는 또 다른 서구 근대 자본주의 생산물에 불과한 것이라고 비판하고 있다. 그가 제시한 개발의 대안은 소수자의 문화 자율성과 풀뿌리 민중 운동과 같이 자기 결정권(self-reliance)을 강조한다.

6) 권리에 기반한 접근

권리에 기반한 접근(RBA: Rights-Based Approach)은 빈곤 감소를 위한 개발 목표에 인권을 최우선적으로 통합시켜야 한다는 방식으로 세계인권선언[60]과 국제인권법에 따른 인간의 존엄성과 가치를 중시하는 프레임워크이다. 즉 RBA는 개발이란 인간의 존엄성을 위해 경제, 사회, 문화적 권리를 실현하는 것이며 따라서 인권과 개발은 상호 불가분의 관계에 있다고 보는 관점이다. RBA의 등장 배경은 여성참여, 환경보호, 공공보건 강화, 거버넌스 확산 등 개발협력의 새로운 목적이 부상하면서 이에 따라 인권기반접근법에 대한 관심도 확산되었다.[61]

역사적으로 개발은 경제 분야에서 주로 논의되어 왔으나, 이에 비해 인권은 정치적인 영역으로 인식되어 왔다. 그러나 1986년 '발전권에 관한 유엔 선언(Declaration on the Right to Development)'에서 제기된 발전권 담론을 계기로 개발에 있어서 인권의 중요성이 재확인 되었다. 이 선언에서는 개발이란 "주민과 모든 개인들이 이익의 공정한 분배에 대해 적극적으로 자유롭고 의미 있게 참여하는 것을 기초로 하며 주민의 복지 증진을 지향하는 경제적, 사회적, 문화적, 정치적 과정"이라고 규정하고 있다.[62] 발전권 선언이 가진 기본 정신은 이후 RBA로 구체화 되었다.

RBA는 권리와 의무, 권한과 책임을 가진 법적 구속력 있는 규범적 틀을 명시적으로 인정해야 한다는 데서 출발한다. RBA는 개발은 자선이 아닌 권리로서 요구할 수 있어야 하며 지역 사람들 스스로 자기 의사결정을 할 수 있는 패러다임이다.

자선(charity) 중심의 사고는 빈곤층에 대한 도덕적 책임을 중시하며 자선 금액의 증대를 강조한다. 반면 RBA는 개인은 권리를 부여받은 존재로 권리의 실현을 목표로 한다.[63] 따라서 실질적으로 인권 증진과 보호를 위해 불평등의 원인과 구조를 분석하고 권리와 책임을 강조한다. 이는 국제사회가 인권규범과 원칙을 개발협력 정책 수립의 모든 과정에 준수해야 하는 것이고, 이 원칙은 많은 선진 공여국에 의해 수용되어 오고 있다.[64]

4 나가며

이처럼 개발을 바라보는 시각은 다양하며, 그 변화의 흐름은 단선적인 것과는 거리가 멀다. 그러나 개발은 서구의 개발경제학을 중심으로 경제개발(economic development)과 거의 동의어처럼 사용되었다. 성장 이론과 빅 푸시(big push) 이론에서 알 수 있듯, 개발이라는 개념의 중심에는 경제가 있으며 기계화와 산업화는 개발의 한 부분이 되었다. 1960년대 들어 개발에 근대화(modernization)가 포함되기 시작했을 때 경제성장과 정치적 근대화, 국가 수립, 기업가 정신 함양 등의 사회적 근대화가 연결되었다. 한편 종속 이론에서는 개발의 핵심이 경제성장과 자본축적이며 선진국에 의한 빈곤국의 구조적인 착취가 일어나고 있다고 설명한다.

1970년대에 등장한 인간기본욕구 접근법은 기존의 경제 중심의 개발에서 사람들의 기본적인 욕구를 충족하는 것이 정책의 중심이 되어야 한다고 설명하고 있다. 그러나 개발도상국의 외채문제와 석유파동으로 인한 경제위축은 시장 중심의 구조조정 정책으로 연결되었다. 정부의 개입은 시장에 방해가 될 뿐이며 따라서 개발의 주요 목표인 경제성장은 규제 철폐, 자유화, 민영화 등을 통해 이루어질 수 있다고 주장한다. 개발의 주체는 정부가 아닌 시장이 되어야 한다는 것이다. 구소련의 해체와 독일의 통일로 인해 냉전을 유지하기 위한 지정학적 지원 방식은 버려지고 굿거버넌스 정책이 시행되었다. 굿거버넌스는 '비민주화'된 정부를 지원할 필요성이 없어졌기 때문에 원조의 조건으로 부상하기 시작하였다.

다양한 경제개발 노력에도 빈곤의 문제는 더욱 심화되었다. 이에 시민사회를 중심으로 경제적 쟁점이 아닌 환경, 여성, 빈곤, 인권 등 제반 문제를 포괄적으로 다루는 담론이 제기되기도 하였다. 참여적 개발, 젠더와 개발, 환경과 개발, 개발효과성, 탈발전론 등 서구 산업화 중심의 개발이 가져오는 한계와 폐해에 대해서 비판의 목소리를 내기 시작한 것이다. 이들은 냉전체제가 가져온 개별국가 중심의 경제개발 전략을 벗어나 참여, 권리, 생태 등 무형적인 가치에 관심을 가졌다.

전후복구로 시작된 국제개발협력의 역사는 21세기가 시작되면서 새천년개발목표라는 전 지구적 목표 도달을 위한 노력으로 절대빈곤층의 감소라는 성과를 경험하였다. 그러나 여전히 세계 기아인구는 8억 5천명 이상(2014년 기준)이며 이들의 대부분은 아프리카와 아시아의 개발도상국에 집중되어 있다. 국제사회는 경제성장 중심의 전략에서 사회 전체의 역량과 개인의 행복을 위한 다차원적인 전략을 세워야 할 때이다.

특히 '야심적이고 변혁적인' SDGs 달성을 위해서는 개발재원의 확보와 각국 정부의 정치적 의지를 넘어 혁신적인 개발이론이 요구된다. 사회발전, 경제발전 및 지속가능한 환경을 포괄적으로 추구하는 인류공통의 목표를 달성하기 위해서는 기존 패러다임의 한계를 넘어서는 새롭고 더 나아가 대안적 개발이론 모색이 더욱 절실해 보인다.

▌ 미주

* 이 논문은 2015년 대한민국 교육부와 한국연구재단의 지원을 받아 수행된 연구이다 (NRF-2015S1A3A2046224). 위 공동지원을 허락해준 연세-SERI EU 센터에 감사드린다.

1) Jan N. Pieterse, Development Theory (London: SAGE Publications, 2010), p. 1.

2) Andy Sumner and Michael Tribe, International Development Studies: Theories and Methods in Research and Practice (London: SAGE Publications, 2008), pp. 11-16 및 Christopher D. Absell, "The Lexicon of Development: A Quantitative History of the Language Development," Iberoamerican Journal of Development Studies 4-1 (2015), pp. 5-34를 기초로 정리함.

3) Alan Thomas, "Development as Practice in a Liberal Capitalist World," Journal of International Development 12-6 (2000), pp. 773-787.

4) Sumner and Tribe, International Development Studies: Theories and Methods in Research and Practice (London, Sage, 2008), pp. 11-16.

5) Charles Gore, "The Rise and Fall of the Washington Consensus as a Paradigm for Developing Countries," World Development 28-5 (2000), pp. 789-804.

6) Andy Sumner and Michael Tribe, International Development Studies: Theories and Methods in Research and Practice (London: SAGE Publications, 2008), pp. 11-16.

7) Gore. Charles, "The Rise and Fall of the Washington Consensus as a Paradigm for Developing Countries," World Development 28-5 (2000), pp. 789-804.

8) Absell, Christopher D. "The Lexicon of Development: A Quantitative History of the Language Development." Iberoamerican Journal of Development Studies 4-1 (2015), pp. 5-34.

9) Ray Kiely, "The Last Refuge of the Noble Savage? A Critical Assessment of Post-development Theory," European Journal of Development Research 11-1 (1999), pp. 30-55.

10) Pieterse. Jan N, Development Theory (London: SAGE Publications, 2010).

11) 아담 스미스, 『국부론(하)』, 최호진·정해동 역 (서울: 범우사, 2007), p. 254.

12) Walt Rostow, "The Stages of Economic Growth," The Economic History Review 12-1 (1959), pp. 1-16.

13) Alexader Gerschenkron, Economic Backwardness in Historical Perspective (Cambridge: Harvard University Press, 1962).

14) 윤대식, "앨버트 허쉬만의 불균형성장론," 『국토』 통권 203호 (1998년 9월호), pp. 72-75.

15) Albert O. Hirshiman, The Strategy of Economic Development (New Haven, CT: Yale University Press, 1958).

16) 제프리 삭스(Jeffrey D. Sachs), 『빈곤의 종말』, 김현구 역 (21세기북스, 2006).

17) 윌리엄 R. 이스털리(William R. Easterly), 『세계의 절반 구하기: 왜 서구의 원조와 군사 개입은 실패할 수밖에 없는가』, 황규득 역 (미지북스, 2011).

18) Rennie David, "Two thoughts on Abraham Maslow," Journal of humanistic psychology, 48-4 (2008), pp. 445-448.

19) Galtung. J, A Theory of Development. Overcoming Structural Violence, (Transcend University Press, 2010).

20) 구조조정 정책은 세계은행과 IMF가 주도적으로 추진한 정책이나, 세계은행의 정책은 장기적으로 경제구조를 재조정해야 한다는 입장이라면 IMF는 단기적 경제안정에 초점을 맞추고 있다.

21) Jeffrey Haynes, Development Studies (Cambridge: Polity Press, 2008), p. 30 및 Ashok Chakravarti, Aid, Institutions and Development: New Approaches to Growth, Development and Poverty (Cheltenham, UK: Edward Elagar Publishing Ltd., 2005), p. 31.

22) 아마티아 센, 『불평등의 재검토』, 이상호 · 이덕재 역 (서울: 한울, 1992).

23) Amartya Sen, Development as Freedom (Oxford: Oxford University Press, 2001).

24) Amartya Sen, Development as Freedom (Oxford: Oxford University Press, 2001).

25) UNDP, Human Development Report 1990: Concept and Measurement of Human Development, 1990, pp. 19-20.

26) Jeni Klugman, "Human Development Report 2011. Sustainability and Equity: A Better Future for All," UNDP Human Development Report (November 2, 2011), p. 18.

27) 박복영, "발전경제학과 국제원조의 진화," 『경제학연구』 제62집 (2)호 (2014), pp. 131-157.

28) 목표 1의 경우 2008년 기준 1.25달러 미만의 빈곤 인구가 24% 미만(약 14억 명)으로 줄어든 성과가 있었지만 중국의 경제발전으로 인한 수치라는 지적도 있다(Chen, Shaohua and Martin Ravallion, "The Developing World Is Poorer Than We Thought, But No Less Successful in the Fight against Poverty," World Bank Policy Research Working Paper Series 4703).

29) Robert Chambers, "The Origins and Practice of Participatory Rural Appraisal," World Development, Vol. 22 (1994).

30) Tufte, Mefalopulos and Thomas, Paolo, "Participatory Communication a Practical Guide," (Washington, DC: World Bank, 2009), p. 5.

31) Robert Chambers, "Poverty and Livelihoods: Whose Reality Counts?" Environment and Urbanization, 7-1 (1995), pp. 173-204.

32) Jennings, R. "Participatory Development as New Paradigm: The Transition of Development Professionalism," Community Based Reintegration and Rehabilitation in Post-Conflict Settings Conference (2000), p. 4.

33) Uma Kothari, "Feminist and Postcolonial Challenges to Development," Uma Kothari and Martin Minogue (eds.), Development Theories and Practices (London: Palgrave, 2006), p. 35.

34) Katie Willis, Theories and Practices of Development (New York: Routledge Perspectives on Development, 2005) p. 129.

35) Diane Elson, "Male Bias in Macro-economics: the Case of Structural Adjustment," in D. Elson, ed., Male Bias in the Development Process (Manchester: Manchester University Press, 1995), pp. 164-190.

36) 전 세계 빈곤층의 70%는 여성으로 빈곤 해소의 가장 큰 걸림돌은 성 불평등이다. 공식적으로 전 세계 노동력의 66%는 여성이 차지하지만 여성 소득은 남성 소득의 75% 수준에 불과하다. 〈UNDP 인간개발보고서 1996〉

37) 젠더(gender)는 사회적으로 정의된 성을 의미한다. 기존의 생물학적 성(sex) 개념은 남녀의 차이를 자연적인 것으로 인식하여 차별을 정당화하였으나, 젠더의 개념에서는 여성적인 것이 사회적으로 구성된다는 것을 내포하는 것으로 인식하기 시작하였다.

38) C. Moser, Gender Planning and Development: Theory and Practice and Training (London: Routledge, 1993).

39) 북경여성행동강령은 총 12개의 주요 관심 부분을 정하였는데, 여성과 빈곤, 여성의 교육, 여성과 건강, 여성에 대한 폭력, 여성과 분쟁, 여성과 경제, 여성과 의사결정, 여성을 위한 제도, 여성과 인권, 여성과 미디어, 여성과 환경, 여아로 구성되었다.

40) 손혁상, "프레이밍이론으로 본 국제개발협력의 '원조효과성'과 '개발효과성' 담론 경합에 관한 연구, 『국제정치논총』, 제53집 (1)호 (2011), pp. 7-40.

41) OECD WP−EFF, Partner Countries' Vision and Priority Issues For HLF4 (Paris: OECD, 2011).

42) 손혁상, "부산 세계개발원조총회−'원조효과성'을 넘어 '효과적인 개발'로," 『한국의 개발협력』 2011년 (4)호 (2011), pp. 79-85.

43) 개발효과성 논의를 주도해 온 시민단체는 BetterAid와 Open Forum이라는 NGO 연합체로, BetterAid는 Reality of Aid, CIVICUS, Social Watch 등 아크라회의를 준비하던 International Steering Committee(ISG)를 기반으로 2008년 8월에 창설한 네트워크조직이다. 현재 약 1,700여개 이상의 단체가 참여하고 있다. Open Forum은 70여개국 2,000개가 넘는 단체들이 참여한 포럼으로 CSO 개발효과성 제고를 위해 2008년에 구성되었다.

44) 2008년 아크라에서 개최된 제3차 원조효과성에 대한 고위급회의에서부터 시민사회 대

표들도 참여함으로써 원조효과성 논의에 시민사회의 역할이 중요하다는 인식이 확산 된다. 이 회의를 통해 시민사회는 국제개발협력의 중요한 행위자로 공식 인정받게 되었다.

45) 초기의 환경운동은 자연을 그대로 보존해야 한다는 입장이었다. 미국의 경우 1872년 옐로스톤 국립공원법이 제정되었고 1885년 뉴욕주는 산림보전 지역 설정을 명시하였다. 이러한 흐름은 존 뮤어(John Muir)는 시에라 클럽(Sierra Club, 1892)의 미개발 환경 보전운동으로 발전하였으며, 1930년대 뉴딜 정책의 시행으로 야생 공유지에 대한 관리와 보전 정책으로 이어졌다. 그러나 급속한 산업화의 영향으로 환경보전 정책은 화학물질, 살충제 등 화약약품과 배기가스, 수질오염 등 산업의 생태계 파괴 문제를 해결하기 위한 새로운 대안을 모색하게 되었다.

46) 우리에게 잘 알려진 단체들의 대부분 이 시기에 결성이 되었다. 1961년 세계자연기금 (WWF: Worldwide Fund for Nature), 1969년 지구의 친구들(Friends of the Earth International), 1971년 그린피스(Greenpeace International) 등이 있다.

47) Joseph Murphy, Ecological Modernisation (Geoforum Vol. 31, 2000).

48) 마틴 예니케, 『서구 산업사회의 생태정치적 근대화』, 문순홍 역 (도서출판 나라사랑, 1995).

49) 오코너, J(O'Connor James), 『자본주의, 자연, 사회주의』, 이강원 역, (공간과 사회, 1993).

50) 신연재, "세계시민사회의 성장과 환경운동,"『국제정치연구』제13집 (2)호 (2010).

51) 대다수의 탈발전 저서들을 보면 development를 발전으로 번역하고 있으나, 이 글에서는 개발로 통칭하여 사용하기로 한다.

52) Belsey. C, Poststructuralism: A Very Short Introduction (Oxford: Oxford University Press, 2002) and Bhabha. H, The Location of Culture (London: Routledge, 1994).

53) Edward W, Said. Culture and Imperialism (New York: Vintage, 1993).

54) Gustavo Esteva, "Development," in Wolfgang Sachs (eds.), The Development Dictionary (London: Zed, 1992), pp. 1-23.

55) Claude Alvares, Science, Development and Violence (New Delhi: Oxford University Press, 1992).

56) Arturo Escobar, "Planning," in Wolfgang Sachs (eds.), The Development Dictionary (London: Zed, 1992), pp. 145-160. 및 Arturo Escobar, Encountering Development: The Making and Unmaking of the Third World (Princeton: Princeton University Press, 1995) 참조.

57) Arturo Escobar and Mauricio Pardo, "Social Movements and Biodiversity on the Pacific Coast of Colombia," in Another Knowledge is possible, Boaventura De Sousa Santos (ed.), (New York: Verso, 2007).

58) 에스코바는 돌봄의 가치는 근대성을 중심으로 하는 시장근본주의 이후 사라졌으며, 그

자리를 폭력성이 대신한다고 보았다. 이는 16세기만 하더라도 거지를 잘 챙겨 먹였던 풍습이 있었는데, 17세기 후반이 되면 죄수로 만들어버리는 과정을 통해서도 확인할 수 있다고 하였다.

59) Arturo Escobar, Encountering Development: The Making and Unmaking of the Third World (Princeton, NJ: Princeton University Press, 1995).

60) 세계인권선언 제22조 "모든 사람은 사회의 일원으로서 사회보장에 관한 권리를 지니며, 국가적 노력과 국제협력을 통하여 각국의 조직과 자원에 따라 자신의 존엄성과 인격의 자유로운 발전을 위하여 불가결한 경제적, 사회적, 문화적 권리의 실현에 관한 권리를 지닌다"이다.

61) 구정우·김대욱, "국제개발협력과 인권: 권리에 기반한 접근법(RBA) 수행에 관한 국가간 비교연구, 1990~2009,"『국제지역연구』제22권 (4)호 (2013), pp. 35-74.

62) 이 선언의 제1조는 "발전권은 양보할 수 없는 인권이고 모든 인간은 인권과 기본적 자유가 완전히 실현될 수 있는 경제적, 사회적, 문화적, 정치적 발전에 참여하고 공헌하고 이를 향유할 권리를 가진다."이다. 제2조는 "인간이 발전의 주체이고 참여자이며 수혜자이어야 한다"고 밝히고 있다.

63) Amparo Tomas, A Human Rights Approach to Development: Primer for Development Practitioners (UNDP, 2003), p. 10.

64) 손혁상, "국제개발협력의 인권적 접근과 캐나다 ODA책무법,"『국제지역연구』제15권 (2)호 (2011), pp. 403-425.

▌참고문헌

구정우·김대욱. 2013. "국제개발협력과 인권: 권리에 기반한 접근법(RBA) 수행에 관한 국가 간 비교연구. 1990~2009."『국제지역연구』, 22(4): 35-74.

마틴 예니케. 1995.『서구 산업사회의 생태정치적 근대화』. 문순홍 역. 도서출판 나라사랑.

박복영. 2014. "발전경제학과 국제원조의 진화."『경제학연구』, 62(2): 131-157.

손혁상. 2011a. "프레이밍이론으로 본 국제개발협력의 '원조효과성'과 '개발효과성' 담론 경합에 관한 연구."『국제정치논총』, 53(1): 7-40.

손혁상. 2011b. "부산 세계개발원조총회-'원조효과성'을 넘어 '효과적인 개발'로."『한국의 개발협력』, 2011-4: 79-85.

손혁상. 2011c. "국제개발협력의 인권적 접근과 캐나다 ODA책무법."『국제지역연구』, 15(2): 403-425.

신연재. 2010. "세계시민사회의 성장과 환경운동."『국제정치연구』, 13(2).

아담 스미스(Adam Smith). 2007.『국부론(하)』. 최호진·정혜동 역. 서울: 범우사. 254.

아마티아 센(Amartya Sen). 1992.『불평등의 재검토』. 이상호·이덕재 역. 서울: 한울.

오코너. J(O'Connor James). 1993.『자본주의. 자연. 사회주의』. 이강원 역. 공간과 사회.

윤대식. "앨버트 허쉬만의 불균형성장론."『국토』, 203: 72-75.

윌리엄 R. 이스털리(William R. Easterly). 2011.『세계의 절반 구하기: 왜 서구의 원조와 군사 개입은 실패할 수밖에 없는가』. 황규득 역. 미지북스.

제프리 삭스(Jeffrey D. Sachs). 2006.『빈곤의 종말』. 김현구 역. 21세기북스.

Alan Thomas. 2000. "Development as Practice in a Liberal Capitalist World." *Journal of International Development*, 12(6): 773-787.

Albert O. Hirshiman. 1958. *The Strategy of Economic Development*. New Haven. CT: Yale University Press.

Alexader Gerschenkron. 1962. *Economic Backwardness in Historical Perspective*. Cambridge: Harvard University Press.

Amartya Sen. 2001. *Development as Freedom*. Oxford: Oxford University Press.

Amparo Tomas. 2003. *A Human Rights Approach to Development: Primer for Development Practitioners*. UNDP: 10.

Andy Sumner and Michael Tribe. 2008. *International Development Studies: Theories and Methods in Research and Practice*. London: SAGE Publications. 11-16.

Arturo Escobar. 1992. "Planning." in Wolfgang Sachs (eds.). *The Development Dictionary*.

London: Zed. 145-160.

Arturo Escobar. 1995. *Encountering Development: The Making and Unmaking of the Third World. Princeton.* NJ: Princeton University Press.

Arturo Escobar and Mauricio Pardo. 2007. "Social Movements and Biodiversity on the Pacific Coast of Colombia." in Another Knowledge is possible. *Boaventura De Sousa Santos* (ed.). New York: Verso.

Ashok Chakravarti. *Aid, Institutions and Development: New Approaches to Growth, Development and Poverty. Cheltenham.* UK: Edward Elagar Publishing Ltd. 31.

Belsey. C. 2002. *Poststructuralism: A Very Short Introduction.* Oxford: Oxford University Press.

Bhabha. H. 1994. *The Location of Culture.* London: Routledge.

Charles Gore. 2000. "The Rise and Fall of the Washington Consensus as a Paradigm for Developing Countries." *World Development,* 28(5): 789-804.

Chen. Shaohua and Martin Ravallion. 2008. "The Developing World Is Poorer Than We Thought, But No Less Successful in the Fight against Poverty." *World Bank Policy Research Working Paper Series* 4703.

Claude Alvares. 1993. *Science, Development and Violence.* New Delhi: Oxford University Press.

C. Moser. *Gender Planning and Development: Theory and Practice and Training.* London: Routledge.

Christopher D. Absell. 2015. "The Lexicon of Development: A Quantitative History of the Language Development." *Iberoamerican Journal of Development Studies,* 4(1): 5-34.

Diane Elson. 1995. "Male Bias in Macro-economics: the Case of Structural Adjustment." in D. Elson. ed., *Male Bias in the Development Process.* Manchester: Manchester University Press. 164-190.

Edward W. Said. 1993. *Culture and Imperialism.* New York: Vintage.

Galtung. J. 2010. *A Theory of Development. Overcoming Structural Violence.* Transcend University Press.

Gore. Charles. 2000. "The Rise and Fall of the Washington Consensus as a Paradigm for Developing Countries." *World Development,* 28(5): 789-804.

Gustavo Esteva. 1992. "Development." in Wolfgang Sachs (eds.). *The Development Dictionary.* London: Zed. 1-23.

Jeffrey Haynes. 2008. *Development Studies.* Cambridge: Polity Press. 30

Jeni Klugman. 2011. "Human Development Report 2011. Sustainability and Equity: A Better Future for All." *UNDP Human Development Report*, 18.

Jennings. R. 2000. "Participatory Development as New Paradigm: The Transition of Development Professionalism." *Community Based Reintegration and Rehabilitation in Post-Conflict Settings Conference*, 4.

Joseph Murphy. 2000. *Ecological Modernisation*. Geoforum Vol. 31.

Katie Willis. 2005. *Theories and Practices of Development*. New York: Routledge Perspectives on Development. 129.

OECD WP-EFF. 2001. Partner Countries' Vision and Priority Issues For HLF4. Paris: OECD.

Pieterse. Jan N. 2010. *Development Theory*. London: SAGE Publications.

Ray Kiely. 1999. "The Last Refuge of the Noble Savage? A Critical Assessment of Post-development Theory." *European Journal of Development Research*, 11(1): 30-55.

Rennie David. 2008. "Two thoughts on Abraham Maslow." *Journal of humanistic psychology*, 48(4): 445-448.

Robert Chambers. 1994. "The Origins and Practice of Participatory Rural Appraisal." *World Development*, Vol. 22.

Robert Chambers. 1995. "Poverty and Livelihoods: Whose Reality Counts?" *Environment and Urbanization*, 7(1): 173-204.

Sumner and Tribe (2008). *International Development Studies: Theories and Methods in Research and Practice*. London. Sage. 11-16.

Tufte Mefalopulos and Thomas Paolo. 2009. "Participatory Communication a Practical Guide." Washington. DC: World Bank. 5.

Uma Kothari. 2006. "Feminist and Postcolonial Challenges to Development." *Uma Kothari and Martin Minogue*. eds.. Development Theories and Practices. London: Palgrave. 35.

UNDP. 1990. Human Development Report 1990: Concept and Measurement of Human Development. 1990. 19-20.

Walt Rostow. 1959. "The Stages of Economic Growth." *The Economic History Review*, 12(1): 1-16.

제2장

개발원조

제2장

개발원조

맹 준 호 (국무조정실 개발협력정책관실)

　　빈곤 및 저개발 상태를 극복하려는 것은 국제공동체가 현 시대에 직면하고 있는 자연환경의 보존 및 평화의 보장만큼 주요한 과제 중의 하나이다. 2차 대전 후 선진국과 국제기구가 제공한 여러 가지 개발원조 및 개발도상국 자체에 의한 노력에도 불구하고 빈국과 부국간의 차이는 좁혀지지 않았다. 몇몇 개도국은 경제성장을 이룩했지만 이러한 국가는 소수이며 아시아, 아프리카, 중남미의 대다수 국가는 낮은 경제성장, 저소득, 소득의 불평등한 분배, 영양실조, 경제의 왜곡, 높은 외채, 무역조건의 악화, 낙후된 의료수준, 자연환경의 악화 같은 전형적인 저개발 상태에 놓여 있다.

　　국제평화와 안전을 보장하기 위해 설립된 국제연합(UN)은 설립헌장 제55조에서 회원국간의 안정 및 복지의 조건을 이루기 위하여 국제연합이 높은 생활수준, 완전고용 및 경제적·사회적 진보와 발전을 촉진하도록 규정하였으며, 이에 따라 세계의 경제적 번영을 이룩하기 위해 그 조직 구성을 확대하여 국제적 요청에 부응하였다. 즉 1949년 7월 국제연합 경제사회이사회는 '기술원조 확대 프로그램'을 만장일치로 채택하였으며, 1960년대를 '국제연합 개발연대'로 지정하고 개도국에 대한 국제원조 및 자본의 공여수준을 선진국 GNP의 1% 수준으로 증액하도록 결의하였다. 이후 국제연합은 계속적으로 국제개발전략을 채택하였는데, 1970년 국제연합

총회는 제2차 국제연합 개발 10년을 위한 국제개발전략에서 선진국이 GNP의 0.7%를 개도국에 대한 공적개발원조(ODA: Official Development Assistance)로 공여할 것을 목표로 설정하였다.

EU(유럽연합)는 그 회원국이 개별적으로 자국의 개발원조 프로그램을 시행하고 있지만, 마스트리히트조약은 이 분야에서 회원국이 추구하는 정책에 보완적인 공동체의 정책을 마련하고 있다. 개발협력 정책은 오늘날 EU의 주요한 대외정책의 하나가 되어 유럽에 인접한 국가의 안정과 개발에 많은 관심을 기울이고 위기에 처한 국가에 우선적으로 원조를 제공하고 있다. 또한 국제사회의 개발정책을 고려하고 빈곤의 증가, 환경의 상호의존 문제, 이민의 부작용, 무력충돌 문제에 대해서도 관심을 기울이고 있다. EU는 국제협력과 개발원조에 있어서 국제적으로 중요한 역할을 하고 있는데, EU와 그 회원국은 전 세계 ODA의 절반 이상을 제공하고 있고 전 세계 무상원조의 2/3 이상을 제공하고 있으며, 세계에서 인도주의적 원조를 가장 많이 제공하고 있다. OECD의 DAC에서는 회원국의 국제개발협력의 전략을 조정하는데, 여기에 가입하고 있는 EU는 DAC에서 채택하는 전략에 맞추어서 개발협력 정책을 수행한다. 본장에서는 개발원조에 대한 전반적인 이해를 돕기 위한 설명과 더불어 EU가 개도국에 지원하는 원조와 개발협력 정책에 대해 살펴본다.

1 개발원조의 정의 및 역사

1) 개발원조의 정의

경제협력개발기구(OECD)의 개발원조위원회(이하 DAC)에서는 '개발원조'를 '공적개발원조(Official Development Assistance, 이하 ODA)'로 통일하여 사용하고 있다. 그러나 원조를 추진하는 각 기관에 따라 '국제협력', '경제협력', '개발협력', '공적원조' 등 개념이 유사하지만 정의가 다른 용어와 구분 없이 사용되는 경우도 많다. 이러한 맥락에서 볼 때, 포괄적 의미에서의 원조라는 용어를 사용할 경우에는 공식적으로 개발원조라는 용어로 통일하고, 특별한 상황에 맞춘 일정 형태의 원조에 대해서는 경우에 따라 보다 한정된 의미에서 다른 용어를 사용하는 것이 바람직하다고 할 수 있다.

개발원조에 관한 명확한 개념은 개발원조위원회가 1969년 ODA를 개발도상국의 경제사회 개발을 증진할 목적으로 이루어지는 공적거래와 양허적 성격으로 이루어지는 자금으로 설정하면서 정립되었다. 경제협력개발기구의 개발원조위원회(이하 OECD DAC)는 ODA의 개념을 개도국 및 국제기구에 제공한 자금의 흐름으로 정의하고 있으며, 각각 다음의 조건을 충족하여야 한다고 정의하고 있다.

① 공공기관(중앙정부와 지방정부 포함)에 의한 개발도상국과 국제기구에 대한 공여
② 개발도상국의 경제개발 및 복지증진 기여가 주목적
③ 양허성 재원이며 증여율이 25% 이상인 차관
④ DAC 수원국 리스트의 귀속 국가 및 국제기구 대상

ODA와 유사한 개념으로 쓰이고 있는 다양한 용어들을 정리하면 다음과 같다. 첫째, 국제협력은 국가간 및 국가와 국제기관간의 모든 유·무상 자본협력, 교역협력, 기술·인력협력, 사회문화협력 등 국제사회에서 발생하는 다양한 형태의 교류를 총체적으로 지칭한다. 이 경우 국제협력은 원조나 경제협력에 비해 상호주의적이며 평등한 관계를 강조하고 아울러 협력 분야를 경제영역으로 한정하지 않고 사회, 문화 분야로까지 확대하고자 하는 의지를 담고 있다. 또한 국가간에 재원이 이전되는 경우도 있지만 단순한 교류차원의 협력일 경우에는 실질적인 재원이 이전되지 않는 경우도 있다는 점에서 경제협력, 개발협력 및 개발원조와 차이점이 있다. 둘째, 경제협력은 보통 투자 및 자본협력 등을 일컫지만 광의로는 무역을 포함한 모든 경제교류를 지칭하는 개념으로 쓰이며, 정부차원의 개발원조, 상업차관, 수출신용, 민간부문에 의한 직·간접투자, 해외건설, 무역, 해외이주 및 해외취업 등을 포함한다. 따라서 선진국간, 개도국간 그리고 선진국과 개도국간 경제 분야의 제반 협력관계를 경제협력이라 할 수 있다. 셋째, 개발협력은 개발도상국의 경제성장이나 복지에 기여할 수 있는 "개발재원의 이전"을 말하며 주로 선진국이나 국제기구로부터 개도국에게 일방적으로 이전되는 재원을 지칭한다. 따라서 군수물자 구매에 필요한 재정지원, 종교적 목적이나 예술 및 문화 활동에 필요한 원조, 다른 수출국에 비해 유리한 가격으로 개발도상국에 물품을 판매하는 데 따른 비용은 개발협력에 포함되지 않는다.

2) 개발원조의 목적 및 동기

개발원조의 목적을 단순하면서도 명료하게 표현한다면 개발도상국에게 개발원조가 필요 없도록 하는 데 있다. 즉 개발원조의 목적은 개발도상에 있는 국가를 하루 빨리 개발시켜 더 이상 다른 나라에 의지하지 않고 스스로의 힘으로 살아갈 수 있도록 하는 것이다. 그러나 개발원조의 목적은 단순히 경제성장에 국한되지 않고, 삶의 질의 전반적인 향상을 가져와야 한다. OECD DAC를 비롯한 국제적 개발원조 기관들은 개발이 궁극적으로 타파하고자 하는 빈곤을 다음의 5가지 능력이 결여된 상태로 정의하고 있다.

① 경제적 능력(Economic capabilities): 필요한 소비를 할 수 있고 자본을 보유할 수 있는 정도의 수입 보장
② 인간적 능력(Human capabilities): 보건·의료서비스, 영양, 안전한 식수, 교육, 위생적인 환경 보장
③ 정치적 능력(Political capabilities): 개인의 인권이 인정되는 가운데 정치·정책 과정에 참가하고 의사결정에 영향을 줄 수 있는 여건 보장
④ 보호능력(Protective capabilities): 식품부족, 질병, 재해, 범죄, 전쟁, 분쟁 등에 의한 취약성으로부터 스스로를 보호할 수 있는 여건 보장
⑤ 사회적 능력(Social-cultural capabilities): 인간으로서 존엄을 유지하고 사회의 일원으로서 사회적 지위가 인정되는 여건 보장

개발원조는 시간과 여건의 변화에 따라 원조 공여국의 국가목표, 국익과 우선순위도 변화하며 원조동기도 달라진다. 개발원조를 제공하는 주요 동기로 정치적, 경제적 및 인도적 동기가 있다. 이와 더불어 1980년대에 들어서는 상기와 같은 전통적인 동기 이외에도 세계화로 인해 지구 반대편에서 일어나는 일들이 다른 국가에 지대한 영향을 미칠 수 있다는 인식이 확산되면서 상호의존성 또한 중요한 동기로 부상되었다.

첫째, 인도주의적 동기는 민주주의와 인권과 같은 인간의 보편적 기본가치의 실현을 통해 절대빈곤의 해소가 필요할 뿐만 아니라 도덕적 의무라는 생각에서 비롯되었다. 비록 2차 대전 이후 사회개발 측면에서 인류사회는 역사상 가장 괄목할

만한 성과를 거두었으나 아직까지도 극심한 빈곤 문제는 해결하지 못했다. 이러한 현실 앞에 인간이 인간답게 살아야 한다는 것은 인류 보편적인 가치이며 어려움을 겪고 있는 사람들이 인간다운 기본적인 생활을 유지할 수 있도록 잘 사는 국가가 돕는 것은 도덕적인 의무라는 것이다. 이러한 인도주의적 관점은 1969년 인류는 하나의 세계사회에 살고 있다는 세계공동체라는 관념을 기조로 하는 피어슨 보고서 (Pearson Report)가 발표된 이후 개발원조 사회에서 크게 확산되기 시작했다.

둘째, 냉전체제하에서의 개발원조의 목적은 공산화 방지 또는 국제질서의 안정이라는 정치적 목적에 의한 경우가 많았다. 이러한 정치·외교적인 동기에 의한 원조의 대표적인 예로 서유럽의 공산화를 막기 위한 경제부흥계획인 마샬플랜 (Marshall Plan)을 들 수 있다. 한국도 동일한 이유로 과거 서방국가들로부터 많은 원조를 받은 바 있다. 오늘날도 많은 국가들이 국가안보이익 차원에서 전략적 원조를 제공하고 있다.

셋째, 경제적 동기는 장기적인 안목에서 개발도상국에 원조를 공여하여 그 나라의 경제가 발전하면 수출시장이 확대되며 자국 기업들의 해외진출 발판이 되고, 나아가 자원 확보에 기여할 수 있다는 논리에서 비롯된 것이다. 또한 자국 물품 및 서비스로 개발원조를 실시하여 수출을 촉진시키는 구속성 원조를 통해 경제적인 이익을 추구하는 관행도 있다. 그러나 이러한 형태의 원조는 수원국의 경제발전을 왜곡시키고, 원조비용을 증가시킨다는 문제의식에 직면하여 공여국들은 이런 관행을 지양하는 추세를 보이고 있다.

넷째, 상호의존의 인식은 1960년대에 대두되기 시작한 남북문제가 1970년대 제1차 석유파동, 신국제경제질서 선언 등의 남북대결 양상으로 심화되어감에 따라 생겨나게 되었다. 오늘날과 같이 정보와 인구의 유동성이 높고 국가·지역간 연계성이 높아지는 사회에서 한 지역이나 국가에서 발생한 사건이 다른 지역 및 국가에 미치는 영향이 커지고 있다. 개발도상국에서 일어나는 환경파괴 및 기후변화와 질병확산 등이 선진공업국가에 지대한 영향을 미칠 수 있다. 뿐만 아니라 빈곤과 정치적 불안정은 9·11테러와 난민사태 등 안보문제로 이어질 수 있다는 인식이 확산되고 있다. 이러한 변화된 지구촌 환경 속에서 선진국은 개발도상국을 공업제품 수출시장 및 원료공급원으로 간주하는 종래의 인식에서, 자신들의 생존과 번영을 유지하기 위한 국제정치적 역학관계와 경제적 필요성에 의해서 남북간 상호의존 관계로 인식을 전환하게 된 것이다.

3) 개발원조의 발전과정

일반적인 의미의 국가간 대외원조는 18~19세기에도 존재했다고 볼 수 있으나, 2차 대전 이전에는 오늘날과 같이 구체화된 형태로서의 공적개발원조가 존재하지는 않았다. 2차 대전 이후 전쟁이 가져온 재난을 복구하기 위해 다자간 협력을 목적으로 한 국제기구들이 생겨나기 시작했다. 1944년 브레튼우즈(Bretton Woods) 회의에서 국제개발부흥은행(IBRD)과 국제통화기금(IMF) 등이 설립되고, UN 및 각종 UN 산하 기구들을 통해 국제협력을 도모하게 되었다.

1960년대에는 개발낙관주의가 대세였는데, 유엔개발 10년(UN Development Decade)이 채택되고 대부분의 개발경제학자들은 선진국에 의한 방대한 양의 개발원조 제공의 필요성을 정당화하였다. 또한 유엔무역개발회의(UNCTAD: United Nations Conference on Trade and Development)가 개최되어, 유엔이 선진국을 대상으로 개도국의 입장에서 남북문제 협상을 적극 주도하기도 하였다. 더불어 1961년 마샬플랜 집행기구인 유럽경제협력기구(OEEC)가 경제협력개발기구(OECD)로 개편되고 개발원조그룹(DAG)이 경제협력개발기구(OECD) 산하의 개발원조위원회(DAC)로 전환됨에 따라 개발원조에 관한 선진국의 본격적인 논의가 전개되었다. 그러나 이 기간 동안 선진국 1인당 국민소득은 650달러가 증가한 반면 개도국은 40달러에 그쳤고, 선진국의 GNP 대비 1%의 개발재원 이전 목표도 기대에 미치지 못하였다. 더욱이 2차에 걸친 UNCTAD 회의도 선진국들의 소극적인 태도로 인해서 소기의 성과를 거두지 못하는 등 개도국의 실망이 이어지게 되었다.

1970년대는 남북문제를 둘러싸고 1960년대의 개발성과에 실망한 개도국들이 단결된 협상력을 바탕으로 적극적인 단체행동을 전개하여 선진국과 개도국간 대결이 심화되었다. 반면에 1970년대 석유파동에 따른 세계경제의 침체, 개도국 내부 특히 산유국과 비산유국간의 갈등으로 '상호의존'에 대한 인식과 함께 선진국과 개도국간에 협력분위기가 조성되기 시작하였다. 또한 개도국과 선진국간 경제격차의 심화로 개도국의 불만이 고조되었다. 이에 개도국이 선진국에 신국제경제질서(NIEO: New International Economic Order) 구축을 주장하기에 이르며 남북문제가 세계경제의 본질적인 문제로 등장하였다. 반면, 새로운 DAC의 ODA 개념과 통계자료에 근거하여 GNP 대비 ODA 0.7% 목표치를 제시한 개발에 관한 피어슨위원회 보고서가 1970년 UN에 의해 공식적으로 채택되었다. 선진 공여국들은 1960년대 거시지표를 개선하는 데 초점을 둔 경제성장 개발전략으로부터 인간의 기본욕구 충족에 우선순위를 두는 방식으로 개발전략을 수정하게 되었다. 개도국의 빈곤 문제 해결이 시급하다는 인식하에 1980년 '남과 북: 생존을 위한 계획'이란 보고서를 기반으로 '제3차 UN개발 10년' 계획이 수립되었다. 또한 최빈국에 대한 원조를 GNP 대비 0.15%로 하자는 특별 목표치를 제시하면서 최빈국을 위한 1980년대 행동계획을 채택하였다.

더불어 1980년대에는 수단, 이디오피아 등 아프리카 지역의 사상 최대 식량위기로 대규모의 긴급지원 필요성이 대두되었으나, 공적기관의 불충분한 대응으로 비정부기구(NGOs)가 적극적인 역할을 담당하기 시작하였다. 그러나 1980년대에는 멕시코 등 개도국의 외채위기, 사하라 이남 아프리카 지역의 식량위기, 선진국의 원조피로 현상 등으로 남북문제 해결을 위한 노력이 별다른 성과를 거두지 못하였다. 이에 1990년 제18차 유엔특별총회는 1980년대를 '잃어버린 10년'으로 규정하였다. 잃어버린 1980년대에 대한 반성으로 유엔기구 및 OECD DAC 등을 중심으로 빈곤의 심화와 함께 인구, 식량, 마약, 환경, 지역분쟁 등 범세계적 문제의 해결을 위한 남북 공동의 다자간 협력노력이 증대되었다.

또한 1990년대에는 개도국의 자조노력에 대한 강조와 함께, 지속가능하며 참여적인 개발을 중시하고, 인권, 민주화, 군비상황 등 비경제적인 요인을 중시하는 경향을 보였다. 특히 오래 전부터 사회개발의 중요성을 인식하고 있던 유엔은 세계적인 의견을 일치시키고 특정 분야에서의 행동계획에 정치적 계기를 부여하기 위하여 노력하였다. 유엔은 아동('90), 환경과 개발('92), 인구와 개발('94), 사회개발('95), 여성의 지위향상('95), 인간정주('96) 등에 관한 일련의 국제회의를 개최하고 동 목표의 달성을 위해 노력하고 있다. 2000년대 들어서는 그 동안 논의되어온 개발목표에 대한 인식을 공유하고 이의 달성을 위한 공동노력의 기반이 마련되었다. 또한 세계화의 진전에 따른 빈곤 문제의 양극화 현상의 심화와 함께, 9·11테러 사건을 계기로 선·후진국간 빈부격차 해소 및 개발문제는 유엔을 비롯한 국제사회의 주요 이슈로 등장하였다. 2000년 9월, 189개 UN회원국 정부대표들이 참가한 가운데 밀레니엄 정상회의(Millennium Summit)가 뉴욕에서 개최되어 2015년까지 인류사회가 풀어야 할 당면과제로 8개의 주요 목표를 설정하고 이를 새천년개발목표(MDGs: Millennium Development Goals)라고 규정하였으며, 2015년 9월에는 MDGs를 대체하는 새로운 국제사회의 개발목표인 '2030 지속가능개발목표(SDGs: Sustainable Development Goals)' 가 공표되었다.

2 개발원조의 유형 및 행위자

1) 개발원조의 형태

국제개발협력을 위한 양자간 원조는 다양한 지원형태를 통해 집행된다. 여기에는 프로젝트 및 프로그램 원조, 기술협력, 예산지원, 식량지원, 재난구호, 부채탕감, 시민단체기관 및 다른 비정부기구를 통한 간접 원조 등이 포함될 수 있다. 공여국 및 개발협력 관련 기관들은 수원국의 다차원적인 개발협력 요구를 충족시키기 위해 다음과 같은 다양한 지원 방식을 활용한다. 첫째, 양자간 협력은 원조 공여국에서 수원국(개발도상국)으로 원조자금 및 물자를 직접 지원하는 것을 말하는데, 무상원조와 유상원조로 구분할 수 있다. 무상원조는 법적 채무를 동반하지 않는 수원국으로의 현금 또는 현물이전을 의미하며, 유상원조는 법적 채무를 동반하는 수원국으로의 현금 또는 현물이전을 의미한다. 둘째, 다자간 협력은 수원국에 직접 자금을 제공하지 않고 World Bank, UNDP 등 국제개발기구에 대한 출자 및 출연(분담금) 등을 통해 간접 지원하는 것을 통칭한다.

가. 프로젝트 및 프로그램 원조(Project and Programme Aid)

프로젝트는 경제적 및 기술적으로 가능한 최소한의 투자이며 자원을 활용하여 혜택을 추구하는 활동들을 통칭한다. 대표적인 예로 설비투자 프로젝트 지원은 주로 물질적 자본을 증가시키기 위한 투자 프로그램으로 구성되어 있으며 현지 및 운영비용을 포함할 수 있다. 프로그램형 원조는 일반적인 개발 목적을 위해 수원국이 활용할 수 있도록 제공되는 모든 종류를 의미한다. 즉 특정한 프로젝트 활동을 위해 지원되지 않는 예산지원, 국제수지 지원, 자본재 및 물자의 재정적 지원을 포함한다. 그러나 포괄적인 의미에서 프로그램형 지원은 명확히 정의된 정책목표, 거시경제적 또는 분야별 프로그램을 지원하는 데 기여하는 모든 활동을 포괄한다. 최근 공여국들은 수원국 내에 원조활동의 조정을 통해 보다 큰 분야별 프로그램(sectoral programme)에 대한 지원을 확대해 가고 있다.

나. 기술협력(Technical Co-operation)

기술협력이란 기술수준, 지식, 기술적 노하우 및 생산능력의 향상을 통한 인적자원(human resource) 개발을 위해 기획된 지원활동을 포괄한다. 기술협력의 가장 중요한 목표 중 하나는 제도개발(institutional development)이고 제도개발의 필요조건은 인적자원 개발이다. 사람과 기관의 역량개발(capacity building)은 주요 정부기관의 정책분석능력 및 개발관리 향상에 매우 중요하다. 기술협력은 다양한 도구를 통해 이루어질 수 있는데, 교육훈련, 전문가 파견, 정책 및 기술 자문, 조사 및 연구 준비를 위한 지원 그리고 과학, 연구 및 기술개발을 위한 기여금이 모두 기술협력에 해당한다.

다. 예산지원(Budget Support)

예산지원은 수원국 정부가 개발한 개발정책, 주로 수원국의 빈곤 감소를 위한 전략적 계획(poverty reduction strategy paper)을 효과적으로 지원해주기 위해 고안된 원조양식으로 공여국 원조 프로그램에서 확대되고 있는 양상을 보이고 있다. 예산지원은 프로그램 원조의 형태로 수원국의 금융관리, 책임성 그리고 조달 시스템을 활용해 개발에 필요한 자금을 직접 투입한다. 예산지원은 일반, 분야별, 지정 예산지원으로 분류된다.

라. 부채경감(Debt Relief)

부채경감은 부채탕감, 재조정, 재융자 또는 재구성 등 다양한 형식으로 이루어질 수 있다. 부채탕감은 채권자의 동의하에 채무국에 대한 원금과 이자를 포기하는 것이다. 채무의 재조정은 상환기한 조정 또는 새로운 재융자를 확대하는 것을 포함하고, 부채경감은 예산지원과 유사한 거시경제적 효과를 낳는다.

마. 식량원조(Food Aid)

식량지원은 기근, 전쟁, 생산력 부족 등으로 수원국에 식량공급이 부족할 경우 공여국들이 자국 식량을 직접적으로 지원하거나 수원국 정부에 현금을 지원하여 인근지역 등에서 식량을 조달하게 하는 지원이다. 식량지원은 크게 긴급식량지원과 개발식량지원으로 구분할 수 있다.

바. 긴급구호(Emergency and Distress Relief)

긴급지원은 비정상적인 사건으로 야기된 긴급한 상황에 해당 정부가 자국 자원으로 사태를 해결하지 못할 때 이루어지는 지원으로 인간 고통 또는 농작물·가축의 손실을 초래할 경우 이루어진다. 이러한 긴급상황은 자연재해 및 전쟁과 같은 인재에 의한 것과 기근, 병충해 또는 질병으로 인한 농작물 수확의 실패로 인한 식량부족을 포함한다.

사. 시민사회(CSO) 등 비정부기구(NGO)를 통한 간접 지원

많은 경우 NGO는 공여국들의 개발협력 프로그램에 있어서 중요한 역할을 수행한다. 지속적인 개발을 도모하기 위해서는 정부 및 시민단체 사이의 관계 강화가 필요하며 선진국 및 개발도상국 NGO 모두 매우 중요한 역할을 가진다. 특히 최근에는 주인의식 강화, 참여주의적 개발, 현지화의 중요성이 대두되고 있다. 이러한 움직임에 맞추어 몇몇 공여국들은 공공─민간 파트너십에 대한 기부금(Contributions to Public-Private Partnership) 및 NGO에 대한 지원금(General Support to NGOs)을 통해 현지 NGO와 자국 NGO간 파트너십 형성을 지원해주고 있다.

2) 개발원조의 시행주체

세계화의 진전에 따른 상호의존성 심화와 남북간 개발격차 등으로 인해 국제개발협력의 주체와 실시기관은 점점 다양해지고 있다. 다양해진 개발환경에 적극 대응하려는 노력으로 인해 전통적인 DAC의 공여국이나 유엔과 그 하부기관, 개발은행뿐 아니라 DAC 비회원국, 비정부기구(NGO), 민간기업 등이 지난 반세기에 걸쳐 개발원조의 새로운 주체로서 활동영역을 넓혀오고 있다. 다양한 개발주체의 등장은 국제사회 전체의 일관성 있는 원조정책 수립 및 집행은 물론 원조조건 및 규모 등에 대한 정확한 자료 및 정보의 부족 등의 문제점을 초래하기도 하였다. 따라서 다양한 개발주체간 중복을 방지하고 상호보완성을 높이기 위해 양자 및 다자간 원조 채널이나 원조기관간 원조정책 및 집행상의 조정(Aid Coordination)과 같은 적절한 역할분담이 보다 중요해지고 있다.

가. 공여국

원조 공여국이란 OECD DAC에 가입된 선진원조 공여국과 신흥 공여국을 합하여 말할 수 있다. 개발원조를 제공함에 있어서 원조 공여국들의 접근방법은 국가별로 상이하다. 선진 공여국들의 대부분이 독립적인 원조 전담기관을 두고 종합적인 개도국 원조업무를 추진하지만, 그 나라마다 원조이념 및 철학, 역사, 조직 및 정책적 특성상, 다양한 운영체계에 따라 원조를 시행하고 있다. 또한 광범위하면서도 상호 연결된 개발협력 사안들을 다양한 정부부처들이 다루게 되면서 그 복잡성이 증가함에 따라 가장 적절한 형태의 원조기관 조직구성이 최대 현안으로 부상하였다. 개발원조 업무는 공여국보다 수원국에서의 책임성이 보다 더 강조될 뿐만 아니라, 일반국민들의 책임성이 요구된다. 이에 DAC 회원국들의 내부조직 및 시스템 구축에 있어서 상호조정, 전문지식과 기술지원, 개발이슈의 우선순위 변화, Cross-cutting 이슈 등에 적절하게 대응할 필요성이 증대되었다.

나. 유엔기구

유엔은 국제평화 및 안전유지, 국가간 우호관계 발전, 경제·사회·문화·인도적 문제 해결 및 인권과 기본적 자유의 존중을 증진하기 위한 국제적 협력과 국가 활동을 조화시키는 것을 목적으로 설립된 국제기구이다. 유엔은 1990년대에 개발에 관한 세계적 규모의 회의를 주도적으로 진행해 왔으며, 2000년대 들어서는 새천년 개발목표를 발표하고 목표달성을 위해 노력하는 등 개발원조에 있어 유엔의 역할은 확대되고 있다. 유엔은 목적에 따라 다양한 내부조직을 갖고 있으나, 일반적으로 총회라는 이름으로 불리는 전체 회원국으로 구성되는 심의기관, 이사회 또는 집행부라고 흔히 불리는 일부의 회원국으로 구성되는 집행기관이 있다. 또한 국가의 대표가 아닌 독립된 인원으로 구성되어 국제기구가 그 목적을 달성할 수 있도록 준비하고 운영을 담당하는 사무국으로 구성되어 있으며 이들을 일컬어 3대 내부조직이라고 부른다.

다. 국제개발은행

2차 대전 이후 국제화의 바람이 불고 세계경제가 질서를 잡아가면서 다양한 목적을 지닌 경제기구들이 대거 등장하게 되었으며, 이와 동시에 금융시장의 통합과 저개발국가들에 대한 개발을 지원하기 위한 협력체들 또한 속속들이 등장하기 시작하였다. 먼저 전 세계를 대상으로 하여 저소득국에 대한 양허성 자금을 지원하는 국제개발협회(IDA)가 1956년 설립되었고, 잇따라 지역별로 역내 국가들의 경제개발을 지원하기 위한 지역개발은행들이 등장하게 되었다. 주요 국제개발은행은 다음과 같다.

- 세계은행그룹(World Bank Group)
- 아시아개발은행(ADB: Asian Development Bank)
- 아프리카개발은행그룹(AfDB Group: African Development Bank Group)
- 미주개발은행그룹(IDB: Inter-American Development Bank)
- 유럽부흥개발은행(EBRD: European Bank for Reconstruction and Development)

지역개발은행들은 세계은행을 모델로 하였기 때문에 조직과 기능면에서 많은 유사점이 발견되기도 하지만, 지역개발은행만의 독자적인 특징도 가지고 있다. 세계은행은 경제개발, 빈곤 퇴치 등 개도국이 직면하고 있는 문제에 관심을 갖고 있는 반면, 지역개발은행은 해당 지역의 특성에 맞는 각 지역별 맞춤형 목표를 설정하여 특정 사업 분야에만 지원하는 비중이 높다. 사업을 추진하는 과정에서도 세계은행은 민간부문 주도의 발전전략을 채택하는 반면 지역개발은행은 공공기관에 대한 지원 비중이 높다고 할 수 있다. 따라서 지역개발은행은 세계은행에 비해 역내국의 특성을 충분히 고려한 요구를 충실히 반영한다는 평가를 받고 있다.

라. 지역개발기구

지역개발기구는 기구가 속한 지역의 특성, 역사, 발전 정도에 따라 서로 다른 양상으로 성장해왔다. 지역기구는 같은 지역 내에 있는 국가들이 모여 공동의 이익을 추구하며 각 국가간 협정을 체결하고 공식적인 관계를 맺음으로써 경제적인 협력을 추진한다. 또한 다른 국가들과의 대내외 정책에 영향을 주고받음으로써 국가간의 협력의 틀을 마련해 왔다. 자국의 이익을 창출해 낼 수 있어 약소국에게는 국가의 역량을 확대할 수 있는 좋은 기회의 장(場)이 될 수 있다고 하겠다. 대표적인 지역개발기구는 다음과 같다.

- 동남아시아국가연합(ASEAN: Association of Southeast Asian Nations)
- 아시아−태평양 경제협력기구(APEC: Asia−Pacific Economic Cooperation)
- 아프리카 연합(AU: African Union)
- 유럽연합(EU: European Union)

마. 시민사회

시민사회란 일반적으로 국가·정부·기업이 소유 관리할 수 없으며, 자주적으로 활동하는 개인, 단체 또는 그 네트워크를 총칭하는 개념으로 사용된다. 구체적으로는 비정부기구(NGO)·비영리기구(NPO)나 종교단체, 연구기관 등이 포함된다. 최근 NGO를 포함한 시민사회는 정부의 개발협력 파트너이자 주역으로 활발한 활동을 전개하고 있다. NGO란 개발과 빈곤, 인권, 환경, 평화·군비축소, 여성 등의 지구적 과제의 해결을 위해 노력하는 시민단체의 총칭이라고 하겠다. 이 중 개발과 빈곤 문제에 관여하는 NGO를 '개발NGO'라 하며, 대부분의 단체가 2차 대전 이후 자선·구제단체로 활동을 시작하였다. 개도국의 빈곤 문제와 개발에 대한 국제적인 관심이 고조되면서 지속가능한 개발을 개발협력의 방향으로 설정하여 활동하고 있다. 활동 분야로는 지역주민의 자립을 위한 인간의 기본적 필요(BHN)부문의 소규모 프로젝트와 지역주민의 장래 선택을 넓히기 위한 지위·영향력·조직능력 등의 강화 활동(empowerment)을 주로 실시하고 있다. 구체적으로는 참여적 개발(participatory development) 프로젝트, 개발교육의 실시, 정책과제에 대한 조사·연구, 옹호활동(advocacy), 국제회의 참가 등이 있다. 오늘날 NGO를 포함한 시민사회와의 협력관계 구축은 지구적 과제해결 및 개발협력에 있어서 선택사항이 아닌 필수사항이 되었다고 하겠다.

바. 민간부문

여기에서 사용하는 '민간'이란 민간기업(private corporation)과 학교, 종교기관, 사회복지기관, 연구기관을 포함한 비영리단체 등을 의미한다. 국제원조 규모의 양적 확대와 질적 효율성 제고의 움직임과 함께 개발지원방식도 다양화되고 있다. 또한 국제기관 및 정부개발기구의 대외원조사업에 대한 효율성 제고의 논의가 일어남에 따라, 민간부문의 자금과 기술, 전문성을 ODA 사업에 적극 도입하자는 움직임이 더욱 활발해졌다. 특히 개도국의 지속가능한 개발에 대한 중요성이 대두됨에 따라 ODA 사업방식에 대한 큰 인식변화가 있었다. 종래의 ODA 사업방식은 공여국이 원조사업을 실시한 뒤 그 후의 사업운영은 기본적으로 수원국 정부의 책임 아래 실시되었다. 그러나 근래에는 유지관리를 포함한 사업전체의 운용까지 관여해야 한다는 인식이 확산되고 있다. 또한 경영활동이 국제화되면서 기업들의 개도국 및 최빈국의 빈곤, 환경, 의료 및 교육 등의 지구적 과제에 대한 관심과 사회적 책임도 높아지고 있다. 선진국의 주요 기업들은 단기적인 이익실현을 떠나 개발사업 참여를 통해 현지에서의 기업 이미지의 제고와 비즈니스 환경 조성을 추진하고 있다. 이러한 흐름을 배경으로 전통적으로 정부가 주도하던 개발협력 사업에서 민간의 역할을 결합하는 PPP(Public-Private Partnership) 형태가 활성화되었다. PPP란 보다 효율적인 공공서비스의 실현을 위한 정부, 민간기업, 지역주민 등이 업무를 분담하는 협력관계를 말한다. 그 대상 분야는 인프라 구축과 같은 공공사업에서 교육, 보건 의료 등의 사회개발부문에 이르기까지 다양하다.

3 국제사회의 개발원조

2002년 멕시코 몬트레이에서 개최된 〈개발자금 조달을 위한 국제회의〉(Monterrey Consensus of the International Conference on Financing for Development)를 통해 개발협력의 확대 필요성에 대한 합의를 계기로 이전 10여 년간 감소 추세에 있던 공적개발원조(ODA: Official Development Assistance)의 규모가 상승세로 반전되었다. 이어 2005년 G8 글렌이글스(Gleneagles) 정상회의는 증가세를 더욱 견고하게 하였다. 이 추세는 이후에도 지속되어, 2010년 경제협력개발기구 개발원조위원회(OECD DAC: Organisation for Economic Co-operation and Development's Development Assistance Committee) 회원국의 ODA 규모는 사상 최대 규모인 1,287억 달러를 기록하였다 (OECD, 2010). 경제위기의 반복적 발생, 그에 따른 경제침체, 원조 제공에 국내정치적 지지 확보의 어려움 등으로 개발원조의 규모가 감소할 것이라는 일반의 예상과 달리, 다소 부침이 있기는 하였으나 개발협력의 규모는 지속적으로 증가하고 있다.

개발원조의 전통적 선두주자인 유럽국가들 역시 ODA 제공에 더욱 박차를 가하고 있다. DAC에 소속된 유럽연합 회원국을 기준으로 할 때, 2010년에는 전년보다 6.7% 증가한 702억 달러 규모의 ODA를 제공하였다. 이는 OECD DAC 전체 ODA의 약 54%에 달하는 액수이다(OECD, 2010). 특히 EU국가들의 국민총소득(GNI: Gross National Income) 대비 ODA 비율, 즉 ODA/GNI 평균은 0.46%로 미국의 0.21%와 일본의 0.20%는 물론 DAC 평균 0.32%를 큰 폭으로 상회하고 있다. 이러한 모범적 행태를 바탕으로 EU국가들, 특히 북유럽국가들은 개발원조와 관련한 새로운 국제규범의 형성을 선도하고 있다.

규모면에서 볼 때, ODA의 절대 액수는 지속적으로 증가해왔다. 글로벌 금융위기로 인해 선진국과 개도국 경제가 서로 연결되어 있다는 인식이 부각되면서 세계적 경제침체에도 불구하고 2008년 이후 ODA는 오히려 증가했다. 2010년 현재 OCED DAC 회원국 전체의 ODA 총 규모는 1,270억 달러이다. 한편, ODA/GNI를 기준으로 보면, 1962년 0.49%를 정점으로 하여, 이후에는 대체로 하락하는 추세를 나타냈다. 2010년 현재 이 비율은 0.32%를 기록하고 있는데, UN의 권고 수준인 0.7%에 크게 못치고 있다. 이는 빈곤 퇴치와 인도주의적 접근을 강조하는 개발원조 패러다임의 강화에도 불구하고, 원조를 위한 국내정치적 지지의 확보가 쉽지 않을 뿐 아니라, 세계적 차원에서 형성되고 있는 새로운 담론이 확산되는 데 한계가 있음을 시사한다.

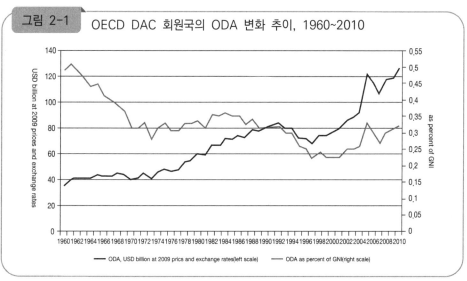

그림 2-1 OECD DAC 회원국의 ODA 변화 추이, 1960~2010

출처: OECD 홈페이지.

OECD DAC 개별 회원국들을 살펴보면, 2010년 기준 미국의 ODA 규모는 301억 달러로 전체의 23.6%를 차지하고 있다. 미국에 이어 영국(137억 달러, 10.7%), 프랑스(129억 달러, 10.1%), 독일(127억 달러, 9.9%), 일본(110억 달러, 8.7%) 등이 절대 액수면에서 주요 공여국이라고 할 수 있다. 주요 5개국의 ODA 규모는 OECD 전체 ODA 규모의 63%를 차지하고 있다. 그러나 이 국가들의 ODA/GNI 비율은 미국 0.21%, 영국 0.56%, 프랑스 0.5%, 독일 0.38%, 일본 0.2%로, 0.7%기준을 충족시키지 못하고 있다. 반면, 2010년 현재 0.7% 기준을 충족시키고 있는 국가는 노르웨이(1.1%), 룩셈부르크(1.09%), 스웨덴(0.97%), 네덜란드(0.81%), 덴마크(0.9%) 등 모두 5개국이다(〈그림 2-2〉 참조). 이 국가들은 인권에 기초한 개발협력 패러다임을 적극적으로 옹호하고 있는 국가들로, 개발원조와 관련한 국제규범의 형성을 선도하고 있다. 그러나 5개국의 ODA 규모는 OECD DAC 전체 규모의 14.7%에 불과한 실정이어서 실질적 영향력을 행사하는 데에는 한계가 있다. 결국 국제개발협력 사회는 높은 ODA/GNI 비율을 바탕으로 도덕적 또는 규범적 영향을 행사하는 국가들과 절대 규모가 큰 ODA를 바탕으로 독자적 ODA에 초점을 맞추는 국가들로 이원화된 구조를 갖고 있다고 할 수 있다.

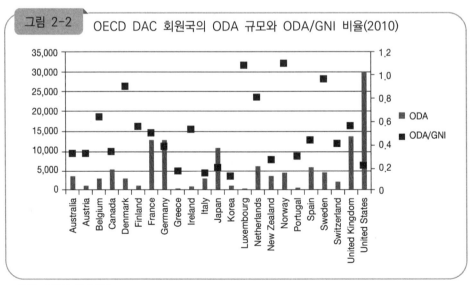

그림 2-2 OECD DAC 회원국의 ODA 규모와 ODA/GNI 비율(2010)

출처: OECD 홈페이지.

　　ODA의 배분 형태를 보면, 다수의 수원국이 소규모 프로젝트를 위주로 제공받고 있다. 덴마크, 포르투갈 등 일부 국가를 제외하면 OECD DAC 회원국들은 100개국 이상의 국가에 ODA를 제공하고 있는 것으로 나타났다. 원조 관련 국제기구를 제외한 DAC 23개 회원국은 평균 54억 달러의 ODA를 제공하고 있으며, 한 공여국이 지원하는 사업의 수는 평균 3,660건에 달하고 있다. 따라서 공여국들이 지원하는 사업의 평균적인 규모는 약 148만 달러 정도로 대부분 소규모 지원사업임을 알 수 있다. 또한 공여국당 평균 수원국 수는 119개국에 달한다. 결국 대부분의 공여국들은 제한된 자원으로 다수의 국가, 소규모 프로젝트를 지원하는 경향이 있다.

　　수원국의 지역별 분포를 보면, 시기별에 따라 차이가 있기는 하지만, 아시아와 아프리카에 ODA의 80% 이상이 집중되고 있다. 두 지역에 대한 ODA의 절대 규모는 1990년대 이후 지속적으로 증가해왔다. 아프리카에 대한 ODA 규모는 1990년 158억 달러에서 2009년 282억 달러로 증가하였고, 아시아에 대한 ODA 규모는 1990년 113억 달러에서 235억 달러로 증가했다. 아시아와 아프리카는 ODA를 집중적으로 받고 있는 양대 지역으로 상호 경쟁관계에 있다. 아프리카의 비중은 1990년 47%에서 1999년 33%까지 감소했다가, 2003년 다시 47%까지 증가했다. 2009년 현재 아프리카는 전체 ODA의 약 45%를 받고 있다. 아시아는 1990년대 후반 증가하기 시작하여 1999년 40%에 달했다. 이후 다소 정체되었다가 2005년 53%까지 증가했으며, 2009년 현재 37%를 차지하고 있다.

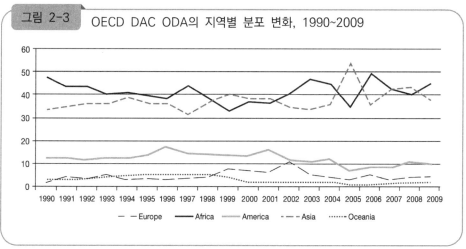

그림 2-3　OECD DAC ODA의 지역별 분포 변화, 1990~2009

출처: OECD 홈페이지.

국가별 분포에서도 집중 현상이 나타난다. 이라크, 아프가니스탄, 중국, 인도네시아, 인도 등 5개국이 ODA 수원국 상위에 위치하고 있는데, 전체 ODA의 약 22%를 제공받고 있다. 특히 이라크와 아프가니스탄이 전체 ODA 가운데 약 8%와 4%를 차지하는 등 이 국가들의 비중이 매우 높은 것으로 나타났다. ODA 상위 10개국으로 범위를 더 넓히면, 그 비중은 약 31%에 달한다(OECD, 2011).

2005년부터 2010년 사이 5개년 평균치를 기준으로 할 때, ODA 배분 패턴에는 공여국별로 차이가 나타난다. 미국의 경우, ODA 가운데 약 54%를 아시아에 제공하고 있는데 테러와의 전쟁과 민주주의의 확산 등의 정책에 따른 원조가 급증했기 때문이다.

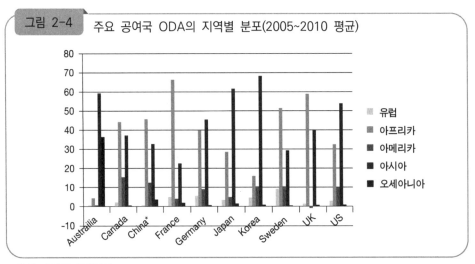

그림 2-4 주요 공여국 ODA의 지역별 분포(2005~2010 평균)

출처: OECD 홈페이지.

영국과 프랑스 등 유럽의 주요 공여국들은 ODA의 59%, 66%를 빈곤국이 집중되어 있는 아프리카에 투입하고 있다. 일본과 한국 등 아시아의 공여국들은 ODA의 61%, 68%를 아시아 지역에 집중하고 있다. 중국은 일본 및 한국과 달리, 전체 ODA의 45.7%를 아프리카에 제공하고 있다(Information Office of the State Council, 2011). 그러나 주요 공여국들의 수원국 대상 선정을 구체적으로 살펴보면, 개발협력의 전략적 고려가 작용하고 있음을 알 수 있다. 미국의 경우, 이라크와 아프가니스탄에 전체 ODA의 47.2%와 17.2%를 각각 투입하고 있는 데에서 나타나듯이, 9·11테러 이후 중동 지역의 민주주의 확산과 실패국가에 대한 지원이 ODA의 대부분을 차지하고 있다. 영국의 경우, 특수 관계에 있는 나이지리아(32.5%)와 인도 (14%)가 수원국 1, 2위를 차지하고 있으며, 이어서 이라크(12.5%)와 아프가니스탄 (7.5%)이 3, 4위를 차지하고 있다. 프랑스도 영국과 마찬가지로 나이지리아(23.5%), 마요트(11.7%), 콩고(10.4%), 코트디부아르(8.4%) 등 특수 관계에 있는 국가들이 1, 3, 4, 5위를 차지하고 있으며, 이라크(15.9%)는 2위로 나타났다. 프랑스는 아시아 국가 가운데 중국에 약 5.8%를 지원하고 있다. 독일은 ODA의 상당 부분을 이라크 (39%), 나이지리아(19.6%), 중국(9.3%)에 배분하고 있다. 아시아의 주요 최대 공여국 인 일본은 이라크(35.3%), 베트남(17.8%), 중국(12.8%), 나이지리아(9.6%)에 주로 ODA 를 배분하고 있다.

주요 공여국들이 ODA를 특정 국가에 중점적으로 배분하는 것은 빈곤의 정도, 전통적인 역사적 관계, 문화·제도적 유사성에 따른 ODA의 효과성에 대한 고려, 외교안보적 요인 등이 복합적으로 작용한 결과이다. 북유럽의 공여국들 가운데 예 외가 있기는 하지만, 대부분의 주요 공여국들은 개발협력을 직간접적으로 전략적 관점에서 접근하고 있는 것이다. 미국은 실패국가에 대한 ODA 지원을 통해 민주 주의의 확산과 인권의 신장이라는 목표를 추구하고 있고, 영국, 프랑스, 독일 등 유 럽의 주요 공여국들은 식민지를 경영했던 특수 관계의 국가나 미국과의 동맹 강화 차원에서 개발협력을 활용하고 있다. 또한 독일, 프랑스는 아시아 국가들 가운데 절대빈곤국보다는 중국에 상당 비율의 ODA를 제공하고 있는데, 이 역시 전략적 고려에 따른 것이다. 일본은 아시아 국가에 ODA를 중점적으로 배분하는 선택과 집중의 원칙을 충실히 지키는 대표적 국가로, 중국에도 전체 ODA의 약 10%를 배 분하는 등 매우 전략적 접근을 하고 있다.

4 원조효과성 논의

1) 원조효과성 논쟁

일반적으로 개발원조는 다음 4가지 중에서 하나 이상의 목표를 추구하게 된다고 한다. 첫째, 인프라 건설, 생산부문에 대한 지원, 새로운 기술의 도입 등을 통한 경제 성장의 촉진(stimulating economic growth), 둘째, 교육, 건강, 환경 및 정치체제와 같은 핵심부문의 강화(strengthening important sectors), 셋째, 특히 인도적 위기상황이 발생할 경우 식량이나 생필품의 최저 소비를 지원(supporting subsistence consumption), 넷째, 경제적 충격 이후 경제의 안정화(stabilizing an economy) 등이 그것이다. 그러나 정책결정자들이 위에서 제시된 다양한 목적을 공식적으로는 거론하지만, 원조의 효율성을 평가하는 기준으로 주로 사용하는 지표는 경제성장이라고 할 수 있다. 문제는 원조와 경제성장 사이에는 분명한 상관관계가 나타나지 않는다는 사실이다. 그 이유에 대한 연구와 논의가 분분한 가운데, 어떤 그룹은 양자간에 분명한 상관관계를 발견할 수 없다는 사실이 원조가 주요 목표를 달성하는데 실패했다는 것을 의미한다고 주장한다. 반면에 또 다른 그룹들에서는 원조와 경제성장에 영향을 미치는 별도의 요소들이 존재하기 때문에 양자간에 상관관계가 없는 것처럼 보이는 것이라고 강조하고 있다.

라델렛(Radelet)은 원조와 경제성장간의 상관관계를 세 가지 견해로 구분하고 있다. 첫째, '원조는 평균적으로 일반 국가들의 성장에 긍정적인 영향을 준다. 다만, 그 성장 촉진 효과는 원조의 규모가 커짐에 따라 점차 감소한다'는 견해이다. 이 견해에서 원조는 3가지 경로를 통해서 경제성장을 촉진한다.

① 고전적인 견해로서, 원조는 저축의 증가, 투자자금의 조달, 자본축척의 증대에 기여함으로써 경제성장에 필요한 초기 자금을 마련하는 작업을 지원한다.
② 원조는 건강과 교육에 대한 투자를 통해서 노동생산성을 증대시킨다.
③ 원조는 기술원조나 기술의 직접 이전 등을 통해서, 또는 자본재의 수입 자금을 지원함으로써 기술과 지식을 이전하는 통로를 제공할 수 있다.

이처럼 원조와 경제성장이 정(正)의 상관관계를 갖는다는 견해는 1990년대 중반 이후 교정 작업이 이루어진다. 원조의 성장 효과가 점차적으로 감소(diminishing returns)한다거나, 원조는 건강, 교육, 그리고 환경 분야 등의 발전에 긍정적으로 작용한다는 것이다. 특히 질병감소를 통한 건강 증진 효과는 탁월한 것으로 보고되고 있다.

둘째, '원조는 경제성장에 아무런 효과도 없으며 오히려 성장을 저해한다'는 견해이다. 원조가 경제성장에 도움을 주지 못하는지는 이유는 5가지로 설명할 수 있다.

① 원조가 부패 조장 등의 현상을 통해서 허비된다.
② 원조는 비합리적인(poor) 경제정책이 지속되도록 방치하며 그것의 개혁작업을 지연시킨다.
③ 수원국가의 수용능력의 제약(limited absorptive capacity)이 원조의 효과성을 감소시킨다.
④ 원조는 수원국 내부의 개인저축과 공공저축을 감소시킨다.
⑤ 원조는 자국화폐의 평가절상을 초래하기 때문에 수출부문의 수익성을 감소시킴으로써 개인 투자자들의 투자의욕을 위축시킨다.

셋째, '원조는 경제성장과 조건부 관계를 형성하며, 특정 조건하에서는 성장을 촉진시키는 효과가 나타날 수 있다'는 견해이다. 여기에서 해외원조가 경제성장을 촉진시키는데 필요한 3가지 조건이 제시된다.

① 수원국가의 특성(Recipient country characteristics): 시민들의 자유가 강할수록, 또는 정부가 좋은 정책을 추진하고 합리적인 제도를 갖추고 있을수록 성장효과가 크게 나타난 것으로 평가된다. 이 밖에 경제성장에 영향을 미치는 변수로 수출 가격 충격, 기후 충격, 교역조건, 거시 및 무역정책, 복지수준, 정부의 유형, 열대지역에 위치 여부 등이 지적되었다.
② 공여자의 행태(Donor practices): 예를 들면, 다자적 지원은 양자적 지원보다 효과적이며, 제약조건이 없는 언타이드(untied) 원조는 타이드(tied)보다 더 효과적이다. 때로는 모니터링과 평가 시스템의 취약성이 지원 프로그램의 효과성을 저해하는 요인이 되기도 한다. 이와 함께 수원국의 주인의식(ownership)이 강할수록, 또한 우선순위를 결정하고 프로그램을 수립할 때 수원국 정부기관과 시민단체의 참여가 폭넓게 이루어질수록 그 프로그램의 효과성이 증가한다.
③ 원조의 종류(Type of aid): 다른 종류의 원조는 각기 다른 경로를 통해서 경제성장에 영향을 미치게 될 것이다. 원조의 종류는 크게 3가지로 나눌 수 있다.

첫째, 긴급구호와 인도적 지원, 둘째, 장기에 걸쳐서 성장 효과가 나타나는 지원으로, 성장과의 상관관계를 파악하기 어렵다. 예를 들면, 건강, 교육, 환경 부문에 대한 지원이나 민주주의 확산을 위한 지원 등을 들 수 있다. 셋째, 경제성장의 촉진을 직접적으로 추구하는 지원으로, 도로, 항구, 전력설비의 건설 및 농업지원 등이 있다. 이 중에서 긴급구호나 인도적 지원은 경제성장과 부정적으로 연결될 가능성이 높다. 왜냐하면, 지원이 경제적 충격으로 인한 경제성장의 하락과 거의 동시에 발생하기 때문이다. 건강, 교육, 환경 부문에 대한 지원의 경우에는 그 효과가 장기적으로 시차를 두고 나타나게 될 것이다. 도로, 항구 및 기타 산업 인프라의 건설을 위한 지원이나 농업부문에 대한 지원은 성장에 직접적으로 긍정적인 효과를 유발할 것이다. 대외원조의 경제성장 유발 효과는 모순적인 양면성을 지니고 있다는 주장도 제기되고 있다. 다시 말해 대외원조의 미시적인 결과(micro results)는 명확하면서도 긍정적인 방향으로 경제성장에 작용하는 반면에, 거시적인 결과(macro results)는 분명하게 규정하기 어렵다(inconclusive)는 것이다. 통계적으로 거시적 결과를 살펴보면 긍정적인 경우도 있고 부정적인 경우도 있을 뿐만 아니라 심지어는 효과가 나타나지 않는 경우도 있다는 것이다. 이처럼 모순적인 현상을 '미시·거시 역설(micro-macro paradox)'이라고 한다.

  반면에 대외원조가 단기보다는 장기적으로 경제성장을 촉진한다고 주장하는 연구결과도 있다. 이 연구에서 강조하는 사실은 대외원조와 경제성장 사이의 관계가 시간차(time lags)를 두고 나타난다는 점이다. 원조와 성장의 관계에 대한 기존의 연구결과들을 요약하면, 국제사회의 대외원조가 어떤 나라에서는 효과가 있었고 또 다른 나라에서는 효과가 없는 것으로 나타나고 있다. 비록 그 동안 많은 연구결과가 양자간에 긍정적인 상관관계가 있음을 보여주었지만, 그것과 다른 관계를 보여주는 연구결과가 지속적으로 나타나고 있을 뿐만 아니라 새로운 평가 방법이 개발되고 있으며, 이와 함께 '경제성장을 결정하는 요소가 무엇인가'와 같은 보다 기초적인 문제가 제기되고 있다는 점 등을 고려할 때, 원조와 경제성장 사이의 상관관계에 대한 논쟁은 앞으로도 계속될 것으로 보인다.

2) 국제사회의 원조효과성 제고 노력

  1990년대 이후 개발도상국에 대한 국제사회의 지원 노력은 크게 3가지의 공통점을 보여주고 있는 것으로 평가된다. 첫째, 개발협력의 목표로서 새천년개발목표

(MDGs)가 제시되고 있으며, 이 중에서도 빈곤 감소, 환경의 지속가능성 보장, 전지구적 협력체계의 구축 등이 특히 강조되고 있다. 둘째, 개발협력의 효과성을 증대하기 위한 방법과 관련된 것으로, 수원국의 '주인의식(ownership)'이 핵심 요소로 거론되고 있으며, 이와 관련된 수원국의 개발정책 추진역량을 제고하는 작업이 강조되고 있다. 셋째, 개발협력의 효과성을 제고하기 위한 '협력관계(partnership)' 구축의 중요성이 강조되고 있다는 점이다. 여기에서 언급되는 '협력관계'는 수원국과 공여자(donors)간의 관계뿐만 아니라 공여자 사이의 협력관계도 포함한다. 효율적인 협력체계의 구축작업 역시 크게 3가지 영역으로 구성된다고 할 수 있다. 첫째, 수원국이 국제사회의 공여자들과 적절하게 협력할 수 있는 역량을 배양하는 작업이라고 할 수 있다. 둘째, 수원국과 공여자간에 적절한 협력체계를 구축하고 효율적인 방식을 도입하는 작업이라고 할 수 있으며, 마지막으로 공여자간에 조율과 조정을 통해서 보다 효과적으로 개발협력을 제공할 수 있는 시스템을 구축하는 작업이라고 할 수 있다.

가. 수원국의 역량 제고

수원국의 개발협력 관련 정책의 추진역량을 증대시키는 작업은 보다 적극적이고 주도적으로 경제개발 관련 개혁작업을 추진하도록 주인의식(ownership)을 부여하고자 하는 것이라고 할 수 있다. 이러한 부분이 강조되고 있는 것은 개발도상국 각자가 자신들의 발전을 위한 노력에 최종적인 책임을 져야한다는 인식을 공유하고 있기 때문이다. 또한 경제적 지원이 성공한 사례를 살펴보면, 수원국의 국민과 기관들이 지속적인 노력을 기울였다는 점이 중요하게 작용한다는 점에서 주도적인 역할이 강조되는 것이다. 따라서 개발의 목표를 설정하고 추진방식을 선정하여 이를 추진하는 몫은 수원국에 있는 것이다. 경제와 사회의 발전, 빈곤의 감소 그리고 평화로운 정치적 환경 조성에 대한 책임 등은 수원국 자신에 있는 것이며, 공여자들은 수원국의 이러한 노력을 지원하는 것이다. 결국 수원국은 자신들이 당면한 환경에 적합한 관계 설정 및 시스템 구축을 통해서 공여자들과의 협력을 조직해 나가야 하는 것이다. 다만 수원국이 각종 협력 프로그램을 조율하고 주도해 나가는 과정에서 유의해야 할 사항은 수행능력의 범위 내에서 이루어져야 한다는 것이다. 이러한 점에서 개도국인 수원국의 수행능력을 향상시키기 위한 노력도 지속적으로 추진될 필요가 있다.

최근 국제사회에서는 수원국의 적극적인 참여를 동반하는 참여(개방)형 개발방식과 시민사회의 참여와 협력을 기반으로 하는 굿거버넌스의 구축에 대한 관심이 증대되고 있다. 이러한 인식이 확산된 데에는 수원국의 적극적인 의지와 정책적 추진 능력 및 국가적 공감대가 부재할 경우 개발협력이 성공하기 힘들다는 과거의 경험에서 비롯되었다고 할 수 있다. 특히 시민사회의 참여가 사회전체의 개발에 대한 공감대를 형성하는 데 기여함으로써 국가적 차원의 개발수행능력을 제고할 것으로 기대된다. 또한 도덕성에 기반한 시민단체가 정부의 정책결정 및 추진과정을 감독하는 역할을 수행함으로써 개도국에서 빈번하게 발견되는 정부 관료의 부정부패 문제를 완화시키는 데 기여할 것으로도 기대된다. 이러한 경향이 강화된 것은 개발협력 사업의 경제적인 성과에 초점을 맞추려는 분위기가 형성되고 있으며, 그러한 맥락에서 수원국의 정책결정 및 추진체계를 보다 효율적으로 개선할 필요성이 대두되었기 때문이다. 또한 개발협력 사업의 수행방식을 개선하기 위한 여러 가지 대안 중에서 국가의 정책적 수행능력을 보완하는 데 있어서 시민사회의 역할에 주목한 것이다.

나. 공여국-수원국간 정책 조율

수원국과 공여자간 정책을 조율한다는 것은 기본적으로 공여자가 수원국의 개발전략과 추진체계 및 추진절차를 최대한 존중하면서 개발지원을 제공한다는 것을 의미하며, 보다 구체적으로는 수원국이 작성한 빈곤감소전략 보고서를 발전프레임으로 공유한다는 것이다. OECD DAC는 효과적인 개발지원이 이루어지기 위해서 공여자와 수원국간의 관계가 잘 설정되어야 하며, 특히 목표와 추진전략에 대해서 구체적인 합의(working consensus)가 이루어질 필요가 있다는 점을 강조하고 있다. 이러한 관계의 수립은 수원국 정부가 분명한 전략을 가지고 있을 경우 보다 용이하게 이루어질 수 있지만, 수원국 정부의 역량이 부족할 경우 공여자는 수원국 정부가 자신들의 개발전략을 수립하도록 지원해야 하는 어려운 과제에 직면한다. 수원국과의 협력관계를 구축하는 데 있어서 공여자가 직면하는 또 다른 도전은 수원국 정부와 지원결과에 대해서 평가하고 평가결과를 적절하게 반영하는 방법에 대해서 분명한 합의를 도출하는 것이다.

OECD DAC는 또한 공여자가 수원국과 효과적인 협력관계를 구축하기 위해서 실천할 필요가 있는 주요 과제들을 제안하고 있다. 첫째, 개별 국가 차원의 지원 프로그램의 목표와 작동체계를 수립한다(set out the objectives and operations of individual country programmes). 둘째, 장기적인 관점에서 지원 프로그램을 제공한다(multi-year programming of aid). 셋째, 수원국과 공통의 지표들을 사용한다(use common performance indicators). 넷째, 사전 검토 및 성과에 대한 평가를 위한 기본 틀에 수원국 정부와 합의를 도출한다(build a common framework for aid co-operation). 다섯째, 수원국 정부에게 지원제공 흐름에 대한 충분한 정보를 제공한다(provide full information on aid flows). 마지막으로, 공여자는 제공되는 지원이 수원국 정부의 개발계획 및 예산절차와 적절하게 연계되도록 하기 위해서 수원국 정부의 주도적인 역할을 지원한다(support leadership in aid co-ordination by partner governments)가 그것이다.

다. 공여국간 협력

공여자간에 조화(harmonization)를 이룬다는 것은 공여자들이 자신들의 활동을 보다 합리화함으로써 지원 전체의 종합적인 효율을 극대화하도록 노력한다는 것을 의미한다. 공여자간에 충분하게 조율이 이루어지지 않은 상태에서 지원 프로그램을 제공할 경우에는 수원국에 많은 부담을 지우는 결과를 초래한다. 특히 수원국의 시스템을 활용하지 않을 경우 더욱 심각한 결과가 나타나게 되는 바, 이러한 부담을 완화시키기 위해서는 공통의 시스템과 절차를 도입하거나 의사결정과정을 공유하는 것을 포함하는 공동실무 조정체계(joint working arrangements)를 도입하는 것이 바람직한 것으로 평가되고 있다. 또는 어떤 공여자가 특정 분야의 조정작업을 주도하거나, 공여자간의 조율기구(donor co-ordination bodies)를 설치하는 방식도 문제 해결에 기여할 수 있을 것이다.

공여자간의 협력 확대라는 차원에서 공여자들이 동일한 프로젝트나 프로그램에 참여할 경우, 공동 작업(joint working)의 장점을 극대화하기 위해 다음의 과제들이 제안되고 있다. 첫째, 공동 작업으로 인한 행정적 부담을 줄이기 위해 수원국 정부와의 협의를 진행(consult with partner governments), 둘째, 수원국 정부와의 일관된 대화를 통해서 정책에 대한 견해 차이 축소(coherent communication with a partner government), 셋째, 정보의 공유(share information), 넷째, 각자의 역할 및 자문체계 등에 대한 명시적인 합의 도출(explicit agreement on roles), 다섯째, 시스템과 추진절차의 표준화를 통한 수원국의 부담 축소(burdens on partners can be reduced by standardizing systems and procedures) 등이다.

한편, 국제적 지원의 중요한 축을 차지하고 있는 유엔기구의 경우, 최근 몇 년 사이에 진행된 개혁작업을 통해서 수원국가의 목표를 지지하고 수원국 정부의 거래 비용을 축소시키고자 유엔기구간의 조율작업(coordination) 및 지원을 강화시키지 위한 조치들이 추진되고 있다. 보다 구체적인 작업으로, 지원 절차의 간소화와 지원 활동의 조화를 이루도록 하는 노력(simplified and harmonized)이 추진되었다. 특히, 특정 국가에 대한 협력 프로그램을 준비, 실행, 그리고 평가하는 데 있어 몇 가지 주요 작업의 조화를 추구하고 있다. 주요 작업으로는 지원 대상 국가의 프로그램 주기(Country Programme Cycle), 공동국가평가(CCA: Common Country Assessment), 유엔의 개발지원 프레임워크(UNDAF: UN Development Assistance Framework) 등을 들 수 있다. 또한 이러한 작업을 수행하기 위한 수단으로서 결과기반 관리(RBM: Results Based Management) 기술, 국가 프로그램 실행계획(CPAPs: Country Programme Action Plans), 그리고 연차별 작업계획(AWPs: Annual Work Plans) 등이 도입되었다. 이를 통해 유엔기구 내 공여자간 원조조화 노력을 기울이고 있다.

라. 성과관리와 책임성 강화

지원의 성과를 체계적으로 관리함으로써 효과성을 제고한다는 것은 수원국과 공여국 공동의 노력을 필요로 한다. 수원국은 국가개발전략과 단년도 및 다년도 예산편성간의 상호 연계를 강화하고, 결과지향적 보고 및 평가 틀 마련을 위해 노력하고 있다. 이러한 평가 틀을 통해 수원국은 국가차원 및 분야별 개발전략의 진전 상황을 감시하고, 목표 지표의 달성상황을 검토한다. 또한 공여자는 수원국 국가계획 수립과 자원을 성과(results)에 연계시키고, 수원국의 개발전략에 일치하지 않는 성과평가지표의 도입을 자제하며 수원국의 성과평가제도에 일치시키기 위한 노력을 경주하고 있다. 수원국의 결과지향적 보고 및 모니터링 제도를 가능한 신뢰하고, 충분히 활용하도록 수원국과 협력하며, 또한 정기적 보고를 위한 공동의 틀을 갖추어 보고 및 모니터 요건을 최대한으로 수원국과 조화시키도록 하고 있다. 한편 원조에 대한 상호책임성을 높이기 위해서는 먼저 공여자와 수원국 사이의 정책대화를 강화하고, 주요 아젠다에 대한 정의가 상호간에 분명하게 이해되어야 하며, 효과적인 원조수행 방안에 대한 구체적이고 지속적인 협의가 요구된다. 이를 위해 수원국은 국가 개발전략 및 예산에 있어 의회의 역할을 강화하고, 개발전략 이행 및 평가에 있어 제도적으로 광범위한 개발주체들을 참여시키는 접근방식(participatory approach)을 강화하고 있으며, 공여자는 수원국 정부가 자국 입법부와 국민들에게 포괄적인 예산보고를 할 수 있도록 원조 제공에 대해 투명하고 포괄적인 정보를 적시에 제공하는 노력을 기울이고 있다. 그리고 수원국과 공여자 모두 기존 국가 메커니즘의 객관성을 향상시키고, 이를 통해 원조효과성에 대해 합의된 사항의 상호적 성과(mutual progress)를 공동으로 평가하는 방향으로 성과관리를 강화하고 있다.

5 맺음말

개발원조는 공여국과 수원국, 공여국과 원조 관련 국제기구, 공여국과 민간행위자가 복합적으로 얽혀 있는 다자간 협력이다. 개발협력의 국제 분업이 강조되는 최근의 경향은 다양한 행위자들이 개발원조를 통해 개도국의 발전을 제고해야 할 필요성을 더욱 부각시키고 있다. 선진국과 개도국 모두 지구화된 세계에서 지속가능한 발전에 대한 공통의 이해를 공유하기 시작했다는 점에서, 특히 공여국 중심의 개발원조 패러다임이 변화하면서 개도국 발전의 문제가 고려되기 시작한 것은 중요한 변화의 시작이다.

다만 개발원조를 통한 개도국의 지속가능한 발전을 글로벌 거버넌스 차원에서 다루어야 한다는 인식은 아직 선진국과 개도국 사이에 공유되고 있지 못한 상태이다. 현재의 개발협력체제가 국내·국제적으로 대단히 복잡다기하게 형성되어 있기 때문에 향후 이를 전반적으로 조정하는 제도적 장치가 필요할 것으로 보인다. G20과 같은 글로벌 거버넌스의 틀 속에서 개발원조와 관련된 다양한 쟁점들을 논의하는 것이 좋은 대안이 될 수 있다. 한국은 2010년 11월 개최된 G20 서울 정상회의에서 원조 및 개발 이슈를 G20의 주요 어젠다 가운데 하나로 격상시키는 과정에서 중요한 역할을 수행한 바 있기 때문에 미래의 개발원조는 국제사회 구성원들이 보다 적극적으로 협력방안을 모색해 나아가야 한다.

▌ 참고문헌

Addison, T., G. Mavrotas, and M. McGillivray. (2005b). Development Assistance and Development Finance: Evidence and Global Policy Agendas. *Journal of International Development*, 17(6): 819-836.

Berthelemy, Jean-Claude, and Ariane Tichit. (2004). Bilateral Donors Aid Allocation Decisions: A Three-dimensional Panel Analysis. *International Review of Economics and Finance*, 13(3): 253–274.

Berthelemy, Jean-Claude. (2006). "Bilateral Donors' Interest vs. Recipients' Development Motives in Aid Allocation: Do All Donors Behave the Same?" *Review of Development Economics*, 10(2): 179–194.

Boone, Peter. (1996). Politics and the Effectiveness of Foreign Aid. *European Economic Review*, 40: 289-329.

Brown, Stephen. (1999). *Beyond Aid: From Patronage to Partnership*. London, Ashgate, 5-50.

Burnside, Craig and David Dollar. (2000). "Aid, Policies, and Growth." *American Economic Review*, 90(4) (September): 847–868.

Cassen, R. and Associates. (1994). Does Aid Work?, 2nd edition. Oxford: Oxford University Press.

Collier, P. (1997). The Failure of Conditionality, in Gwin, C. and Nelson, J. (ed.) Perspectives on Aid and development. Overseas Development Council. Washington, DC.

Cordella, T and H. Ulku. (2004). Grants vs. Loans. IMF Working Paper No. 04/161, IMF, Washington, DC.

Degngol-Martinussen, John and Poul Engberg-Pedersen. (2003). Aid: Understanding International Development Cooperation. Zed Books, London and New York.

De Haan, Arjan. (2009). How the Aid Industry works: An Introduction to International Development. Kumarian Press, Sterling.

Dollar, D. and V. Levin. (2006). Increasing Selectivity in Foreign Aid: 1984~2003. *World Development*, 34(12): 2034-2046.

Easterly, William. (2003). "Can Foreign Aid Buy Growth?" *Journal of Economic Perspectives*, Vol. 17, No. 3: 23–48.

Easterly, William, Ross Levine, and David Roodman. (2004). "New Data, New Doubts: A

Comment on Burnside and Dollar's "Aid, Policies, and Growth" (2000). *American Economic Review*, 94(3): 774-783.

Easterly, William. (2007). The White Man's Burden: Why the West's Efforts to Aid the Rest Have Done So Much Ill and So Little Good. Penguin Books, London.

Easterly, William and Tobias Pfutze. (2008). Where Does Money Go? Best and Worst Practices in Foreign Aid. *Journal of Economic Perspectives.* 22(2): (42-46).

Gates, S. and A. Hoeffler. (2004). 'Global Aid Allocation: Are Nordic Donors Different?' *CSAE Working Paper,* No. 2004-34.

Gupta, S. et al, (2003), Foreign Aid and Revenue Response: Does the Composition of Aid Matter? *IMF Working Paper*, No. 03/176.

Hansen, Henrik and Finn Tarp. (2001). "Aid effectiveness disputed." *Journal of International Development*, 12: 375-398.

Hook, Steven W. (1995). National Interest and Foreign Aid. Lynne Rienner, Boulder and London.

Hufbauer and Duggan. (2009). Aid Trap:Hard Truth about Ending Poverty. Columbia University Press, New York.

International Development Association. (2007). Aid Architecture: An Overview of the Main Trends in Official Development Assistance Flows. IDA 15. Washington, DC.

Kharas, Homi. (2007). Trends and Issues in Development Aid. Brookings Global Economy and Development Working Paper, Washington, DC.

Lancaster, Carol. (2007). Foreign Aid: Diplomacy, Development. Domestic Politics. University of Chicago Press, Chicago.

Mavrotas, George, and Espen Villanger. (2006). Multilateral Aid Agencies and Strategic Donor Behaviour. *Discussion Paper*, No. 2006/02, UNU-WIDER.

OECD. (2009). Managing Aid: Practices of DAC Member Countries. Paris.

Outtara B. and E. Strobel. (2004). Disaggregating the Aid and Growth Relationship. Discussion Paper, No. 0414. School of Economic Studies, University of Manchester, Manchester.

Ram, R. (2003). Roles of Bilateral and Multilateral Aid in Economic Growth of Developing Countries. *Kyklos*, 56: 95-110.

Riddell, Roger C. (2007). Does Foreign Aid Really Work? Oxford University Press: Oxford and New York.

Sachs, Jeffrey D. (2005), The End of Poverty: Economic Possibilities for Our Time, Penguin, New York.

Sen, Amartya. (1999). Development as Freedom. Anchor Books, New York.

Woods, Ngaire. (2005). "The Shifting Politics of Foreign Aid," *International Affairs*, 81 (2): 393-409.

World Bank. (2008). Global Monitoring Report 2008: Millennium Development Goals. Washington, DC.

제3장

통상과 개발협력

제3장

통상과 개발협력

이 연 호 (연세대학교)

　　국가간의 자유로운 교역이 개발을 추구하는 나라의 경제적 성장에 도움이 되는
지 아니면 오히려 해악이 되는지에 대해서는 논란이 많았다. 이념적으로 자유시장
경제론에 기반하고 있는 근대화이론은 비교우위론에 입각한 자유교역이 경제발전
에 긍정적인 효과가 있다고 주장한다. 자국이 가장 효율적으로 생산할 수 있는 품
목을 집중하여 생산하고 그렇지 못한 열위 품목은 타국의 생산품을 수입하는 개방
된 경제체제를 수립해야 한다는 것이다. 그러나 이러한 자유주의적 입장에 반대하
는 맑시스트적 저발전이론은 강대국과 약소국이 교역을 하면 할수록 약소국의 저발
전을 심화시킬 뿐이라고 강변한다. 제국주의론, 세계체제론 그리고 종속이론 등이
이러한 입장에 서 있다. 이 두 가지 입장 중 어느 하나가 결정적으로 옳다고 결론
을 내리는 것은 쉽지 않은 학문적 문제이다. 저발전이론은 감성적 측면에서 대중에
대한 호소력이 강하다. 그러나 그 주장을 뒷받침할 수 있는 경험적 자료를 제시하
는 데는 다소 한계가 있다. 이에 비해 자유주의적 통상이론은 비교적 이론적 체계
가 충실하고 경험적 자료 역시 풍부하게 제시하고 있다. 실제로 자유교역을 추구한
국가들은 폐쇄적 시장정책을 운용한 국가들에 비해 경제적 성장을 성공적으로 성취
한 것으로 나타나고 있다. 동아시아 지역에서는 일본, 한국, 대만, 싱가포르 그리고
유럽에서는 EU가 대표적인 사례이다. 본 장에서는 통상의 문제가 국제개발협력에

서 어떻게 긍정적으로 역할을 할 수 있는지 살펴보도록 하고, 특히 EU의 경제적 번영을 위해 자유교역이 어떤 긍정적인 영향을 미쳤는지 살펴볼 것이다.

1 통상과 발전의 역사

2차 대전 종료 후 새로운 국제질서를 모색함에 있어 미국을 비롯한 세계지도국들은 자유로운 국제교역이 선진개발국과 개발도상국 모두에게 이익을 줄 것이라는 낙관적 입장을 견지했다. 자유교역은 발전에 필요한 각종 자원들을 효율적으로 사용할 수 있는 방법이며, 교역에 필요한 외환을 풍부하게 충족시켜 주고, 또한 해외 직접 투자를 유치할 수 있는 수단이라는 점을 내세웠다(Spero and Hart, 1997: 8-9). 자국의 영토적, 산업적 팽창을 위해 자원의 부족을 타개할 방법을 모색하던 독일과 일본이 결국 세계대전을 유발하였기에 이러한 문제를 해결하기 위해서는 자국시장 보호무역보다는 국가간 자원의 자유로운 교환이 가능한 개방적 통상질서가 필요하다는 것이었다.

물론 이러한 입장은 개발도상국의 지지를 받기는 어려웠다. 19세기에 번성했던 자유교역질서 속에서 전 세계의 재화가 선진국으로 흡수되던 현상을 목격한 개발도상국들은 자유교역이론이 강력한 경제력 특히 산업력을 보유한 선진국의 입장만을 반영한 것이라며 경계했다. 남반구에 위치한 개발도상국들 특히 남미의 국가들은 풍부한 자원과 노동력을 가지고 있었지만 이들의 염원과는 달리 산업화, 즉 공업화를 쉽사리 달성하지 못했다. 이러한 현실은 자유교역이론이 가정하던 것과는 매우 다른 결과였다. 남반구의 국가들이 북반구의 공업화된 선진국들과 비교우위에 입각한 1차산품 수출중심의 교역을 지속적으로 추진했음에도 불구하고 산업화에 괄목할 만한 성과를 거두지 못했다. 따라서 이들은 새로운 대안을 모색했는데 보호무역에 입각한 수입대체산업화 전략이 그것이었다.

사실 이 방법이 전혀 새로운 것은 아니었다. 영국을 제외한 다수의 서구국가들은 이 방법을 통해 공업화를 성공적으로 달성한 바 있었다. 영국은 자유교역에 입각해서, 그리고 국가의 직접적인 개입이 상대적으로 적었던 상태에서 민간과 시장이 자발적으로 공업화를 달성한 매우 희귀한 사례였다. 18세기 후반에 본격화된 산업혁명을 계기로 영국은 전 세계적으로 필적할 상대가 없는 산업국가로 탈바꿈했다. 19세기의 영국은 전 세계의 공장이며 은행이라 할만 했다.

영국의 산업화에 자극을 받은 여타 선진제국들, 즉 독일, 프랑스, 이태리, 미국 그리고 일본 등도 공업화를 모색했다. 그러나 이들의 방식은 영국과는 매우 달랐다. 국가가 시장에 강력히 개입했던 것이다. 즉 국가가 시장을 선도해서 공업화의 기간을 앞당기는 전략을 택했고 이는 매우 성공적이었다(Trebilcock, 1981). 특히 유럽에서 별반 두각을 나타내지 못하던 독일이 비스마르크 재상하에서 적극적으로 산업화를 추진한 것은 후발공업화를 추진하던 여타 국가들에게 좋은 본보기가 되었다. 후발공업화국가들은 국가의 개입과 더불어 보호주의도 실행했다. 특히 20세기 초반 전 세계가 공황으로 치달을 무렵 유럽의 제국들은 너도나도 할 것 없이 불황을 수출하기 위해 자국의 통화가치를 절하함과 동시에 강력한 보호주의를 채택했다. 즉 자유교역관계를 일종의 제로섬 게임, 즉 누군가가 이득을 얻으면 다른 누군가는 손실을 보는 게임으로 인식했던 것이다.

1945년을 기점으로 미국과 전승국들이 새롭게 제시한 자유교역질서는 이러한 배경으로 인해 개발도상국들의 반발을 살 수밖에 없었다. 19세기 자유주의의 시대에 식민적이며 제국주의적 경제침탈을 경험했던 개발도상국들은 두 차례의 세계대전이 끝나자 한층 더 제도화된 자유무역규범을 받아들여야 하는 상황에 직면했던 것이다. 그래서 이들은 자유무역주의에 반발했다. 그리고 후발산업화국가들이 했던 방식을 답습하여 수입대체산업화에 기반한 공업화 전략을 추진하고자 했다. 수입대체산업화는 시장의 보호와 정부의 전략적 시장간섭을 통해 산업화를 추진하는 중상주의적 발전전략의 하나였다.

그러나 전후 경제복구에 최우선순위를 두었던 미국 그리고 전승국들은 관세와 무역에 관한 일반협정, 즉 GATT(General Agreement on Tariffs and Trade)로 대표되는 자유무역규범을 설계함에 있어서 개도국들의 이러한 입장을 수용하지 않았다. 남반구국가들은 북반구의 국가들이 제시한 자유교역규범에서 개도국들을 배려한 특별 규정을 만들어 줄 것을 요구한 바 있었다. 예컨대 유치산업(Infant Industry) 보호를 위한 수입쿼터제도와 관세의 설치를 용인해주어야 한다고 주장했다. 특히 선진국의 관세는 철폐하고 개도국의 관세는 유지하는 일방적 관세제도는 핵심적 요구사항이었다. 자유무역규범의 출범이 시급했던 북반구의 선진국들은 개도국의 이러한 요구를 일부 수용하여 1947~48년 기간 동안 쿠바의 하바나에서 54개국이 참가한 가운데 일명 하바나 헌장을 채택하고자 했다. 개도국의 요구는 만족스럽지는 못하지만 제한적이나마 실현되는 듯 하였고, 하바나 헌장이 승인된 후 설립되기로 한 ITO(International Trade Organization)는 개도국의 보호무역주의를 일부 허락할 것으로 예견되었다.

그러나 결국 하바나 헌장은 미국의회에 의해 채택되지 못했다. 하바나 헌장에 대한 합의를 도출하기 위해 과도한 절충을 한 결과 공화당도 민주당도 만족하지 못하는 헌장이 되고 말았다. 보호주의를 지지하는 보수주의자들은 헌장이 과도한 시장개방을 규정하고 있다고 불평했고 반면에 자유무역을 지지하는 세력의 입장에서는 헌장의 정신이 당초의 자유시장주의와 동떨어진 모습이라고 비판했으며 기업가들은 정부의 간섭이 지나치게 행사될 수 있다고 우려를 표명했다. 결국 트루먼 행정부는 하바나 헌장의 의회인준 시도를 포기하고 말았다(Spero and Hart, 1997: 51-52). 당시 정치, 안보, 경제 모든 면에서 강대국이었고 UN을 사실상 주도하고 있던 미국의 인준에 실패한 하바나 헌장은 존재의 의미를 상실했고 ITO도 설립되지 못했다. 헌장과 기구(ITO)가 사라지고 난 후 남은 것은 GATT라는 제도뿐이었다. GATT는 1995년 ITO의 후신인 WTO가 설립될 때까지 국제무역질서를 관장하는 교역규범으로서 기능을 하게 되었다. 그러나 GATT는 개도국들이 헌장이 씌여지는 과정에서 투쟁으로 얻어냈었던 개도국들을 위한 특별규정들을 포함하지 않았다. 단지 일국이 제한된 조건에 입각해서 경제발전 또는 무역수지의 악화에 대응하기 위해 관세나 수입에 대한 양적규제를 가할 수 있다는 조항만 남아 있었다. 게다가 GATT의 협의과정은 상호주의(reciprocity rule), 즉 모든 교역상의 양허(concession)는 상호적이어야 한다는 원칙을 강조하면서 개도국정부들이 교역을 관리하는 행위를 금지하고자 했다.

내수시장의 규모도 적고 협상의 규모나 기술도 없던 개발도상국들은 GATT협상과정에 참여하거나 적절하게 대응할 수 없었다. 사실상 GATT는 공산품 생산 능력이 있는 국가들간의 규범이었으나 개도국들은 그러한 능력을 가지고 있지 못했다. 개도국들이 생산하는 원자재와 같은 품목들은 협상의 주요 주제가 아니었다. 그 결과 상황은 개도국들에게 불리하게 조성됐다. 개도국이 생산하기를 열망하는 공산품에 대한 관세는 점차 인하된 반면, 이들이 수출하고자 하는 원자재 관련 품목의 관세는 하락하지 않았다. 남반구국가들의 주력 수출품들은 관세협상에 포함이 되지 않았으므로 개도국들은 의무적으로 관세를 내릴 필요도 없었고 상대적으로 공산품에 비해 관세가 높게 유지되었던 것이다. 그 결과 남반구국가들이 취한 생존전략은 자신들을 국제교역의 압력으로부터 절연시키고 수입대체화를 통해 산업화를 국가주도로 추진하는 것이었다(Spero and Hart, 1997: 217).

남반구 지역 중 수입대체산업화 전략을 가장 적극적으로 활용한 곳은 남미의 국가들이었다. 오랜 기간 동안 유럽의 식민지배를 받았던 남미의 국가들은 북반구 에서 발생하는 정치경제적 사건들에 의해 심각한 피해를 경험하곤 했다. 1930년대 에는 세계대공황의 여파로 원자재 수출시장이 붕괴하여 큰 손실을 입었다. 2차 대전 기간 중에는 해상운송로가 차단되어 북반구로부터 공업제품의 수입이 단절되기도 했다. 결국 남미의 국가들은 북반구의 선진국가들과 관계를 심화하면 할수록 자신들에게 돌아오는 것은 피해뿐이라는 비관적인 시각을 갖게 되었다. 그래서 이들 국가들은 산업화 전략으로 수입대체산업화를 추진함으로써 국내 산업기반을 마련 하고자 했던 것이다. 이로써 1960년대까지 수입대체산업화는 남미를 비롯한 여러 개발도상국들의 주요한 산업화 전략으로 자리매김했다.

라울 프레비시(Raul Prebish)의 교역조건 악화(the deterioration of the terms of trade)가설(Gillis, Perkins, Roemer, and Snodgrass, 1987: 420-421)은 남미국가들의 이러한 수입대체산업화 전략을 정당화하는 이론적 설명이라 할 수 있다. 즉 개발도상국들에 의해 수출되는 원자재의 가격은 선진국으로부터 수입되는 공산품의 가격에 비해 상대적으로 하락할 수밖에 없다는 것이다. 보다 구체적으로 살펴보면 다음과 같다. 선진국의 공산품은 생산량의 증가와 생산성의 향상에도 불구하고 노조의 압력에 의한 임금의 상승 그리고 시장의 독점화 등으로 인해 가격하락으로 연결되지 못하는 경향이 강하다. 반면 개발도상국에서는 만연하는 실업, 노동조직의 부재 그리고 원자재 국제시장의 과잉 경쟁 등으로 인해 생산성의 향상에도 불구하고 임금의 상승이나 이익의 증대로 이어지기 보다는 가격의 하락으로 귀결되는 경향이 나타난다. 게다가 남반구로부터 수입되는 원자재 생산품에 대한 북반구의 수요는 소득과 관련하여 비탄력적인 경향을 보인다. 즉 소득이 증가하더라도 수요가 증가하기가 쉽지 않다는 것이다. 그래서 원자재의 생산증가는 소비증가보다는 가격 하락으로 이어지기가 더 쉽다. 아울러 원자재 가격이 상승하면 북반구의 국가들은 고무대신 플라스틱 등 대체제를 개발함으로써 수요감소를 유발한다. 또 농업의 기계화를 촉진하고, 아열대 농산품에 대해 과세를 부과하고 안보를 이유로 보호주의적 정책을 실시하는 등 북반구 국가들은 남반구 산품의 소비를 저해하는 정책을 남발하는 경향마저 보인다는 것이다.

이러한 남반구의 입장에도 불구하고 수입대체산업화는 개방적이고 상대적으로 시장주의적인 수출주도적 산업화 전략에 비해 성공적이지 못했다. 이 전략은 만성적인 무역적자, 과도하게 높은 국내 생산품의 가격과 낮은 국제경쟁력, 수출산업의 붕괴 등의 문제를 초래했다. 수입을 대체하겠다는 당초의 의도와는 달리 첨단공업용 부품 등의 수입이 줄어든 것도 아니었다. 게다가 시장경쟁의 약화 그리고 비효율적 시장제도 등의 문제도 만연했다. 이를 극복하기 위해 다국적 기업을 초빙하는 전략을 취했으나 이들 역시 개발도상국의 산업화에 제한적인 도움만 주었을 뿐 오히려 경제주권을 침해하는 등 정치적 문제를 유발했다. 남반구국가들의 수입대체산업화가 성공하기 위해서는 외화획득의 주요한 기반인 농업경쟁력이 향상되어야 했으나 이 역시 개선되지 않았다. 공업화가 진행되어 인구가 농촌으로 이탈하면서 노동력 부족 및 임금상승 등 문제가 발생하여 도농간 빈부의 격차가 심화되는 문제마저 발생했다.

남반구국가들을 주축으로 한 개발도상국들은 북반구의 국가들에 압력을 가하기 위한 공동전선을 형성함으로써 국제교역질서의 변화를 도모했다. 1962년 개최된 카이로개도국회의와 1963년 유엔총회에서 남반구국가들은 통상과 발전에 관한 국제회의를 개최할 것을 요구했으며 그 결과 1964년 국제연합무역개발협의회(UNCTAD: United Nations Conference on Trade and Development)가 조직되었다. 이에 남반구국가들은 G77(Group of Seventy Seven)을 조직하고 UNCTAD를 통해 국제통상질서의 개편을 위한 조직적 활동을 전개하기 시작했다(Spero and Hart, 1997: ch. 7).

그러나 UNCTAD 창립에도 불구하고 남반구 연합은 근본적인 개혁을 성취하지는 못했다. 남북간에 정치적이고 이념적인 차이가 너무 컸기 때문이다. 단지 교역과 발전에 관한 조항을 GATT에 추가하는 제한된 성과만 거두었을 뿐이었다. 1965년에 추가된 GATT Part Ⅳ는 선진국들로 하여금 개도국들의 주력 생산품에 대해 무역장벽을 설치하는 시도를 자제할 것을 촉구하는 내용을 담았다(Hoekman and Kostecki, 2009: 536-539). 이는 개도국들이 자유무역규칙에서의 예외를 향유할 수 있는 근거를 제시했다는 점에서 의미가 있었다. 그러나 이러한 조항들이 강제성이 결여되어 선진국들에게 준수를 강요할 수는 없었다는 점에서 그리고 단순한 제안에 불과했다는 점에서 한계가 있었다.

GATT Part Ⅳ가 구체적으로 제도화되어 나타난 것이 일반특혜관세제도, 즉 GSP(Generalized System of Preference)였다. GSP는 선진국이 개발도상국의 상품을 수입함에 있어서 상호주의에 입각하지 않고, 즉 아무런 대가 없이 특정 국가의 수출품에 일반적인 관세율 보다 낮은 세율을 적용함으로써 해당 국가의 수출을 촉진시키는 제도이다. 이 특혜제도는 개도국의 공업화를 장려하려는 취지도 가지고 있었다. 미국은 주로 우방국에게 정치적 후견을 제공하는 수단으로 본 제도를 활용했다. GSP는 보통 10년의 기간 동안 유지되며 의회의 동의를 얻어 연장 여부가 결정되었다. 그러나 이 제도 역시 남북간의 불평등한 관계를 근본적으로 개혁하는 데는 매우 제한적인 역할을 했을 뿐이었다. 무엇보다도 이 제도의 수혜자는 선진국과 정치안보적으로 밀착되어 있는 소수 국가에 불과했다(Hoekman and Kostecki, 2009: 558-560).

한편, 급격한 산업적 발전을 구가하던 북반구 공업국가들이 남반구가 생산하는 원자재에 대한 취약성을 근본적으로 극복할 수는 없었기에, 남반구국가들은 원자재 생산시장에서 자신들이 행사할 수 있는 영향력을 하나의 무기로 사용하려는 동기를 더욱 더 강하게 갖게 되었다. 그리하여 1974년과 1975년 그리고 1976년 개최된 제3세계회의(Third World Conference)에서 G77 국가들은 새로운 국제경제질서의 수립을 위한 공동행동을 모색하기로 결의했다. 1974년에는 통상개혁을 촉구하는 취지에서 '새로운 국제경제질서 수립에 관한 행동 프로그램 선언(the Declaration and Action Programme on the Establishment on a New International Economic Order)'을 채택했다.

그러나 남반구국가들의 이러한 시도 역시 제한적인 성공만을 거두었을 뿐이었다. 원유수출국간의 카르텔인 OPEC만이 성공적인 사례라 할 수 있었다. 북반구의 선진국들은 원자재 가격은 주기적으로 등락하는 것이므로 너무 성급하게 남반구국가들의 요구를 들어줄 필요는 없다는 입장을 갖게 되었다. 카르텔 구성에 성공한 OPEC도 남반구국가들과 공동보조를 취하는데에는 동의하지 않았다. 1970년대 이후 UNCTAD차원에서 OPEC이 에너지자원을 가지고 선진국에 압력을 행사하는 힘을 빌어 G77이 개도국이 생산하는 여타의 자원문제나 금융 및 발전문제에 관한 논의를 주도하고자 했던 국제경제협력회의(CIEC: Conference on International Economic Cooperation, 1975~77)도 큰 성과를 내지 못했다. 또한 이후 시도된 국제원자재협정(ICA: International Commodity Agreement) 역시 아주 미미한 성과만을 거두었다. 이미 1970년대에 남반구국가의 협상력은 급격히 약화되는 조짐을 보였고 북반구에 대항하는 남반구의 결집은 사실상 실패로 귀결되고 말았다. 다만 1975~1977년까지 전개된 GATT협상의 도쿄라운드(Tokyo Round)에서 개발도상국에 대한 특별하고 차별적인 우대, 즉 S&D(special and differential treatment) 조항을 GATT에 포함시키기로
하는 합의에 도달했을 뿐이었다. 이는 GSP를 영구적으로 합법화하는 것에 동의한
다는 것을 의미했으며 나아가 개도국들이 자국의 시장을 보호하기 위해 비관세적
수단 등을 사용하는 것을 어느 정도 용인받을 수 있다는 것을 의미했다(Spero and
Hart, 1997: ch. 7; Hoekman and Kostecki, 2009).

　　1980년대에 들어 남반구국가들은 심각한 부채위기를 경험하게 된다. 이러한 위
기를 불러온 원인은 원유가격 폭등으로 풍부해진 금융자원이 1974~79년 기간 동
안 개도국의 부채를 괄목할 만큼 증대시킨 데 있었다. 1967~73년 기간 동안 개발
도상국들은 연평균 6.6%에 달하는 경제성장률을 기록했다. 따라서 이 기간 동안 자
본재와 원유 등의 수입이 극대화되어 있었다. 그러나 1970년대 제1차 원유파동이
발생하면서 문제가 발생하기에 이르렀다. 전 세계 산업국가들의 경제성장률이 1967
~74년 기간 동안 5.2%이던 것이 1970년대 전반에 걸쳐 2.7%로 추락했다. 그러자
대부분의 개발도상국들은 높은 경제성장률을 유지하기 위해 해외로부터 금융자본
의 차입을 증대시켰다(Todaro and Smith, 2012: 652-653).

　　그러나 수출은 부진하고 수입은 증폭되는 상황에서 개도국들은 IMF 등에서 자
금을 유치하기보다는 민간은행에서 자금을 차입했다. IMF로부터 자금을 인출하기
위해서는 까다로운 구조조정 프로그램을 시행해야 했던 반면 OPEC국가들의 원유
수출대금을 유치한 민간은행들의 자금은 매우 풍부했기 때문이다. 민간상업은행들
은 개도국의 수요에 발맞추어 1970년대에 경상수지 보전을 위한 대출을 시행했다.
오일파동으로 선진국의 자금수요가 줄어들자 이들 은행들은 자금수요가 존재하는
개발도상국들을 대상으로 대출을 증대시켰던 것이다. 그 결과 1973년에 70억 달러
에 불과하던 민간은행들의 대출은 1974년에 680억 달러로 1980년에는 1,150억 달
러로 급증했다(Todaro and Smith, 2012: 652-653).

　　결국 1970년대 전반에 걸쳐 개도국의 대외부채는 매우 큰 폭으로 증가했다.
1975년 1,800억 달러에서 1979년에는 4,060억 달러로 매년 20%씩 증가했다. 그런
데 더 심각한 문제는 이러한 상업차관의 성격이었다. IMF나 World Bank 등이 제
공하는 공적개발차관에 비해 이자율이 시장금리에 연동되고 높으며 대부기간도 상
대적으로 짧은 등 대부조건이 개도국에게 불리했다. 1970년대에 후반으로 갈수록
이처럼 불리한 조건의 상업차관의 비중은 더 늘어났고 그에 비례하여 대부조건도
더 악화되었다. 개도국들이 1975년에 감당해야 했던 이자 및 원금상환 총액이 250

억 달러였던 것이 1979년에는 750억 달러로 3배 증가하는 결과를 낳았다(Todaro and Smith, 2012: 652-653).

이러한 문제에도 불구하고 1970년대 전반에 걸쳐 개도국의 채무변제능력에는 큰 이상 조짐이 나타나지 않았다. 풍부한 유동성을 바탕으로 저금리기조가 유지되었고 원유의 실질가격이 하락하였으며 개도국의 수출이 증가하여 경상수지의 적자폭이 크게 악화되지는 않았다. 앞에서 언급한 해외자금의 도입으로 개도국들은 1973~79년 기간 동안 평균 5.2%의 경제성장률을 유지할 수 있었다(Todaro and Smith, 2012: 653). 결과적으로 1970년대 초반에 발생한 제1차 원유파동은 개발도상국에게 결정적인 위기를 초래하지는 않았다.

그러나 1979년 제2차 원유파동이 발생하자 상황은 정반대로 급변하기 시작했다. 우선 유가가 폭등하기 시작했으며 이는 모든 수입품의 가격을 상승시켰다. 그리고 선진공업국들이 안정화정책을 취함에 따라 이자율이 급상승했다. 게다가 전세계적인 불경기의 확대 그리고 선진국들의 수입축소 등으로 원자재수입가격도 20% 이상 하락했다. 이러한 상황에서 개발도상국들이 이미 보유하고 있는 해외채무는 결정적인 부담을 안겨주었다. 개도국의 해외자금 도피(capital flight) 역시 큰 문제였다. 1976~85년 기간 중 약 2,000억 달러의 자금이 채무국들로부터 해외로 유출되었는데 이는 동기간 중 해외로부터 빌린 자금의 약 절반에 해당하는 것이었다. 아르헨티나의 경우 증가한 해외부채의 62%가 멕시코의 경우 71%가 이러한 해외자금 도피와 관련이 되어 있는 것으로 보고되기도 했다(Todaro and Smith, 2012: 654).

이러한 위기에 봉착하여 개발도상국들은 해외로부터의 자본 차입을 축소하고 재정안정화정책을 추진하기보다는 오히려 빚을 얻어 빚을 갚는 정책을 취했다. 특히 나이지리아, 아르헨티나, 에쿠아도르 그리고 페루 등 1차산품의 생산능력을 가지고 있는 나라들이 이러한 정책을 취했다. 원자재 가격이 회복되면 채무를 변제할 수 있다고 보았던 것이다. 그러나 이들 국가들은 결국 채무만 증가하고 변제는 실패하여 1980년대에 들어서는 마이너스 성장을 기록하기에 이르렀다. 결국 더 이상 자금을 빌릴 수도 없고 채무를 변제할 수도 없는 상황에 도달하여 남북간의 격차가 더욱 확대되는 결과를 낳고 말았다.

이로써 1990년대 들어 국제통상질서가 새롭게 수립되는 과정에서 개발도상국의 입지는 급격하게 약화되었다. 게다가 구소련 중심의 사회주의 진영이 민주화되면서 냉전이 종식되자 개발도상국들이 서구 자본주의 국가들을 대상으로 행사하던 정치적 영향력은 대폭 약화되었다. 이러한 상황에서 서구권 국가들은 자신들의 정치경제적 이익을 극대화하는 일련의 정책들을 실천에 옮기기 시작했다. 그중 가장 대표적인 것이 NAFTA와 EU의 출범 그리고 WTO의 수립이었다. 세계에서 가장 큰 시장인 북미와 유럽이 지역통합을 시도함으로써 개발도상국들의 수출품이 이들 지역으로 진출하지 못하게 하는 거대한 장벽이 등장한 것이다. GATT협상의 우루과이라운드가 종결되면서 1995년 수립된 WTO가 자유교역의 증진에 크게 공헌한 것은 분명하지만 개발도상국이 극복해야 할 중요한 과제를 남겨주었음은 부정할 수 없다. 우루과이 라운드에서 가장 첨예하게 제기된 문제가 농산품에 관련된 것이었다. WTO는 원자재 농산품에는 낮은 관세를 그리고 농산품을 원료로 가공된 2차산품에 대해서는 상대적으로 높은 관세를 부과하는 체제를 유지했다. 이는 일견 개발도상국의 농산품의 수출입을 촉진하는 제도인 것처럼 보이지만 오히려 선진국이 강력한 국제경쟁력을 가지고 있는 분야가 농업이라는 점 그리고 개발도상국들이 농업 원자재를 가공하여 수출할 경우 관세혜택을 못 받는다는 점에서 개발도상국에게 불이익으로 작용하는 측면도 매우 강했다. WTO협정은 선진국들이 향후 5년 동안 공산품에 대하여 평균 40%씩 관세를 축소하되 개발도상국들은 관세를 인상하지 않기로 협약했다. 그럼에도 불구하고 낮은 수준의 2차산품을 수출하는 개도국들은 전 세계 평균보다 10% 이상 높은 관세에 직면하고 있었다. 비록 WTO체제하에서 농산품의 수출입자유화가 진전되기는 하였으나 그럼에도 불구하고 농업에 대한 보조금 역시 선진국과 후진국 할 것 없이 역대 최고로 높은 수준으로 증가했다. 게다가 개도국들이 수출하는 직물 및 의류공산품의 경우 선진국들이 수입규제를 제거하겠다고 선언하였음에도 불구하고 단지 평균 12%만 축소되었으며 이는 다른 수입품목의 관세수준에 3배에 달하는 것이었다. 이처럼 농산품과 직물 및 의류 공산품에 관련된 수입인하 효과가 미미한 것은 개발도상국의 초기 산업화에 매우 심각한 장애물로 작용했다. World Bank의 보고서에 따르면 하루 평균 1달러 이하 또는 1~2달러 사이의 생활비 수준인 국가들은 이들이 선진국으로 수출할 때 평균 14%의 관세에 직면하는 반면 2달러 이상의 수준에 달하는 국가들은 단지 6%의 관세에 직면하고 있다고 한다(Todaro and Smith, 2012: 622). 따라서 대부분의 개발도상국들은 WTO체제 수립 이후 교역조건이 오히려 최악의 상황에 도달했으며 선진국들은 공정하게 시장을 개방하지 않고 있다고 인식하기에 이르렀다.

게다가 남북간의 구조적인 힘의 차이도 존재함을 부정하기는 어렵다. 북반구의 국가들은 자신들의 이익을 대변할 법적·제도적 수단을 완비하고 있는 반면 개도국들은 WTO의 요구조건을 충분히 이해조차 하지 못하는 경우도 많다. 153개 WTO 회원국 중 개도국들이 3/4을 차지하고 있다. 다만 긍정적인 측면이 있다면 IMF나 World Bank와는 달리 WTO는 선진국과 개도국이 한 표씩을 가지고 투표하는 합의제를 운용하고 있어 개도국들이 단합하면 개혁을 도모할 수 있는 가능성이 상대적으로 높다.

2001년부터 도하개발라운드(Doha Development Round)가 진행되고 있으나 어떤 결과를 도출할 수 있을지는 다소 불명확하다. 2006년에는 선진국의 농업보조금을 축소하는 문제를 두고 합의에 도달하지 못했고, 2008년에는 개도국의 농업을 보호하기 위한 '특별긴급수입제한제도(special safeguard mechanism)'와 시장접근에 관한 문제를 두고도 합의에 실패하는 등 진전을 보이지 못하고 있다.

2 통상과 발전의 이론적 측면

이상에서 살펴보듯이 통상문제에 관련된 개발국과 개도국간의 갈등은 과연 자유로운 교역이 양자 모두에게 이익과 공평한 발전을 가져다 줄 것인가 하는 질문에서 출발하고 있다. 아담 스미스(Adam Smith)나 데이비드 리카아도(David Ricardo) 이래로 자유교역을 신봉하는 입장은 그 이점을 다음과 같이 설명하고 있다. 단기적으로 보면 비교우위에 입각한 국제적 노동분업은 약소국에 불리한 것처럼 보인다. 왜냐하면 기술력에 입각한 혁신능력이 선진국에게 일단 독점적 지위를 제공하기 때문이다. 그러나 선진국의 이처럼 유리한 위치도 생산순환(product cycle)이 발생함에 따라 점차 침식당하기 마련이다. 선진국 시장에서 발생하는 가격경쟁으로 인해 생산자들은 보다 낮은 임금으로 더 저렴하게 생산이 가능한 저개발국으로 생산시설을 이전하게 되고 저개발국은 이 과정에서 생산기술을 습득하여 양자간의 기술격차는 좁혀질 수밖에 없게 된다. 소위 모방격차(immitation lag)가 단기간 존재할 뿐 영원히 지속되는 것은 아니다. 결국 선진국의 기술력은 자연스럽게 시장의 힘에 의해 개발도상국으로 이전되는 경향이 발생하며 따라서 비교우위에 의한 생산과 교역은 정당화 된다.

자유주의 이론은 이외에도 자유교역이 개도국의 발전에 주는 이점이 많다고 주장한다. 자유교역이야 말로 경제성장의 엔진이라는 것이다. 무엇보다 자국이 비교우위를 가지고 국내에서 소비할 수 있는 것 이상으로 생산이 가능한 품목은 그 잉여분을 해외로 수출하는 것이 더 유리하다. 그러지 않으면 낭비된 채로 국내에 남아있을 것이기 때문이다. 또한 비교우위에 입각하여 생산을 특화하는 것은 노동자의 임금을 증가시키는 데도 유리하다. 나아가 자국이 수출한 상품은 자국이 수입할 상품의 부품으로 사용되는 경우가 많아 결국 전체적으로 싸고 좋은 물건을 생산하는 데 기여하게 된다. 이러한 직접적 이득 외에도 간접적 이득도 상당하다. 예컨대 수출을 하기 위해서는 해외시장에 관심을 가져야 하고 그러기 위해서는 새로운 수요와 취향 그리고 기술에 대한 연구를 하게 되어 전반적으로 상품 전체의 질을 개선하는 데 도움이 된다는 것이다(Meier and Rauch, 2000: 72-73).

그러나 이에 대한 반론도 적지 않다. 반론의 핵심은 자유로운 교역이 선진국과 개도국간의 불평등을 오히려 심화시킨다는 것이다. 이러한 반론 중 가장 대표적인 것이 앞서 언급한 교역조건 악화가설이다. 이와 더불어 에마뉴엘(Arghiri Emmanuel, 1972)의 불평등 교환(unequal exchange)이론도 같은 맥락에 있다. 이 이론은 프레비시가 주장하는 것처럼 선진국은 공산품만을 그리고 개도국은 원자재만을 생산하기 때문에 양자간에 불평등 구조가 형성되는 것이 아니라고 주장한다. 그보다는 선진국은 상품가치에 비해 노동의 투입이 적은 생산이 가능한데 개도국은 반대로 노동투입이 많은 생산만 가능하므로 결국 양자간에 불평등 교환이 불가피 하다고 주장한다. 이로 인해 개도국의 경제는 전체적으로 이익률이 하락할 수밖에 없어 저발전이 불가피하다는 것이다. 이외에도 개방된 경제하에서는 개도국이 노동자의 희생으로 벌어들인 수익의 상당부분을 해외로 도피시키는 부작용이 발생하여 자본이 고갈되고 결국 경제적 도약은 불가능하다는 주장도 있다(이연호, 2009: 251-252).

이러한 이유로 반시장주의 진영은 수출주도적인 산업화 보다는 내수지향적 산업화(Inward Oriented Strategy) 또는 수입대체산업화 방식이 개도국의 산업화에 더 효과적이라고 주장한다. 이를 위해서는 우선 수입을 억제하고 국내시장을 관세로 보호하거나, 수출을 억제하여 국내소비증대를 위한 수입을 유리하게 함으로써 무역수지의 균형을 유지하기 위해 자국의 환율을 가급적 평가절상한다. 이어 당초 국내수요를 위해 수입에 의존했던 공산품을 국내에서 생산함으로써 산업화를 실행한다. 그리고 산업화의 단계가 상승함에 따라 경공업에서 중공업제품 또는 소비재에서 생산재로 산업화의 수준을 심화시킴으로써 산업의 기반을 확대할 수 있게 된다고 주장한다(Gillis, Perkins, Roemer, and Snodgrass, 1987).

신보호주의이론(New Protectionism) 역시 이러한 내수지향적 발전전략의 유효성을 지지하고 있다. 이 이론은 경제발전을 위한 정부의 역할을 강조한다. 산업발전에 파급효과가 큰 기술집약적 분야는 정부가 지원을 제공함으로써 생산의 양을 증대시킬 수 있고, 나아가 생산비용을 절감할 수 있어 비교우위적 관점에서 볼 때도 국제경쟁력을 제고하는 데 유리하다는 것이다. 이러한 주장은 보호주의가 지대추구(rent seeking)이 아니라 지대선취(rent snatching)를 유발하여 개도국 산업의 발전을 자극하게 된다는 주장으로도 연결된다. 즉 국내시장보호로 인해 발생하는 지대(rent)는 국내기업들로 하여금 생산에 몰입할 수 있는 동기를 부여하고, 결국 지대의 총량이 정부가 제공한 지대의 양을 초과하게 되어 결과적으로 국내임금의 상승에 기여하게 된다고 주장한다(Meier and Rauch, 2000: ch. 4).

이러한 반자유교역주의적 주장들이 나름 설득력도 있고 정당성도 가지고 있으나 현재의 상황에서 볼 때 내부지향적 발전전략이나 보호주의적 발전전략은 개도국으로 하여금 득보다 많은 해악을 초래하였다고 보는 것이 주된 시각이다. 이는 내부지향적 발전전략에 집착했던 남미의 국가들보다는 수출주도적 산업화 전략을 고수한 동아시아의 국가들이 보다 성공적으로 경제성장을 달성한 사례가 잘 말해주고 있다. 무엇보다도 보호주의적 전략은 국내산업이 국제적 경쟁력을 갖추게 하는 데 실패하는 경우가 많다. 정부가 지대를 보장해줌에 따라 기업은 생산성 향상 및 품질개선을 통해 상품의 질을 개선하기보다는 정부의 지원에 의존하는 습성을 갖게 된다. 이는 결과적으로 국제적 경쟁력의 저하로 이어질 수밖에 없다. 또한 정부가 지대를 제공할 수 있는 능력을 갖는 한 정부와 시장간의 부정한 결탁도 불가피하다. 기업은 기술개발을 통해 국제적 경쟁에서 생존하는 어려운 선택을 하기 보다는 정부의 지원에 의존하는 손쉬운 방식을 택할 것이기 때문이다(Meier and Rauch, 2000: ch. 9).

반면에 수출주도적 산업화 방식은 적절한 수준의 환율을 유지함으로써 생산자가 내수시장보다는 세계시장으로 상품을 수출하게 하여 산업화와 경제성장을 도모하는 전략이다. 국내시장을 보호하기 위한 관세 및 비관세장벽을 제거하고 대신 환율을 현실화함으로써 자연스럽게 수입은 억제하고 수출을 촉진하는 방식을 사용한다. 그리고 통화팽창에 따른 국내통화의 가치를 환율에 반영하기 위해 정기적으로 평가절하를 시도한다. 정부의 역할은 시장을 보호하는 것보다는 산업이 국제적 경쟁력을 가질 수 있도록 경쟁을 촉진하고 개별기업이 아닌 산업전체의 발전을 위해 투명하게 기술개발을 위한 보조금을 지원함으로써 성장의 동력을 마련하는 데 초점을 맞춘다. 수출주도적 성장전략은 시장친화적이고 경제자유화를 전제하고 있다는 특징을 가지고 있다(Gillis, Perkins, Roemer, and Snodgrass, 1987). 무역자유화는 단기적으로는 실업을 유발할 수 있으나 장기적으로 수입가격을 저하시켜 고용을 증대시키고 또 수입증대를 통해 국내물가를 하락시키는, 즉 인플레이션을 억제하는 효과를 가질 수 있다는 것이다.

3 Regionalism

통상문제와 관련하여 선진국과 개도국 사이에 논란이 되고 있는 또 다른 주제는 경제적 지역주의라 할 수 있다. 지역주의는 자유무역지대(Free Trade Areas), 공동시장(Common Market) 그리고 관세동맹(Custom Union)이 대표적인 예이다. 자유무역지대는 국가간 교역장애물이 제거되어 자유롭게 상품이 이동할 수 있는 지역을 형성하는 것이다. 그러나 개별회원국은 여전히 관세 등 교역정책에 관한 주권을 보유한다. 관세동맹은 자유무역지대의 제 조건과 더불어 지역 외 비회원국에 대해 관세정책을 취함에 있어 회원국끼리 공동보조를 취하는 것을 가리킨다. 공동시장은 이보다 더 진전된 경제통합의 형태로 생산에 관련된 인적 그리고 물적 자원의 자유로운 이동을 보장하는 것이다. 이보다 더 진전된 형태로 경제동맹(Economic Union)과 화폐동맹(Monetary Union)이 있는데, 전자는 회원국이 경제 및 통상정책을 수립함에 있어 공동보조를 취하는 것이며 후자는 동일한 화폐를 사용하고 금융 및 재정정책상의 통일을 도모하는 심도 깊은 경제동맹을 의미한다(김세원, 2004: 제2장).

이러한 경제적 지역주의전략은 1990년대 이후 선진국들이 주로 구사하는 경향을 보였으나, 이는 당초 개발도상국들이 경제적 발전을 공동으로 도모하기 위해 구사하던 전략이었다. 2차 대전 종전 후 자구적 개발전략을 도모하던 개발도상국들이 상호호혜적 시장개방조건을 교환하여 시장을 공유함으로써 규모의 경제를 구현하고 이를 통해 산업화에 요구되는 비용을 절감하려는 시도였다. 그러나 이러한 노력보다는 개별국가의 정부들이 민족주의적 감정에 편승하여 시장간섭적 경제성장전

략을 이용하는 것이 더 효과적이라는 입장을 견지하게 됨에 따라 1960년대까지 개
도국간 경제적 지역주의 전략은 ASEAN을 제외하고는 대부분 붕괴되고 말았다.

소위 제1차 지역주의로 불리는 개도국지역주의는 앞에서 언급한 특별하고 차별
적인 대우를 선진국에게 요구하기 위한 수단이었다. 즉 GATT체제가 요구하던 자유
무역의 규범을 100% 수용하지 않아도 되는 특별하고 차별화된 대우를 개도국에게
제공하라는 공동행동 같은 것이었다. 그중 대표적인 것이 GATT Part Ⅳ (Non-
reciprocity for Developing Countries)와 권능부여조항(Enabling Clause; 1979 Decision on
Differential and More Favorable Treatment of Developing Countries, Article 12 & 18)이었
다. 전자는 선진국이 예외적 혜택을 개도국에게 제공할 것을, 후자는 개도국이 예
외적 혜택을 스스로 향유할 수 있게 하는 것을 강조한다는 점에서 다소 차이가 있
으나 양자는 개도국으로 하여금 발전에 필요한 일방적 전략을 구사할 수 있는 여유
를 제공하고 있다는 점에서 공통점이 있다(Bhagwati, Krishna, and Panagariya, 1999).

그러나 경제적 지역주의를 본격적으로 발전전략으로 사용한 것은 개도국보다는
오히려 미국과 유럽 등 선진국이었다. 유럽은 1993년 11월 마스트리히트 조약을 체
결함으로써 화폐를 제외한 모든 경제적 통합을 완료하고 1994년 European Union,
즉 유럽연합을 출범시켰다. 미국 역시 다자주의의 대안으로서 지역주의를 택하기 시
작했다. 당초 GATT협상을 주도하던 미국은 2차 대전 종전 이래 다자주의를 추구했
다. 그러나 우루과이 라운드에서 농업보조금 문제를 두고 유럽 및 개발도상국들과의
갈등에 직면하게 되자 북미지역에 위치한 국가들 그리고 미국과 가까운 태평양지역
의 국가들을 중심으로 지역주의를 시도하게 된다. 1992년에 미국이 캐나다 그리고
멕시코와 함께 NAFTA, 즉 북미자유무역협약을 체결한데 이어, 1993년에는 환태평
양국가들이 모여 1989년 호주에서 창립한 APEC(Asia Pacific Economic Cooperation),
즉 아시아태평양 경제협력체가 미국의 제안으로 정상급회담으로 격상됨으로써
WTO의 대안으로 부상하게 되었다. 미국은 우루과이 라운드가 타결되지 않아
WTO가 수립되지 못할 경우 NAFTA와 APEC을 통해 자유무역을 실현해 나가겠다
는 전략을 택한 것이다(Bora and Findlay, 1996).

선진국들이 이처럼 경제적 지역주의 또는 경제적 지역통합을 시도하는 데에는
경제적 동기와 정치적 동기가 있었다. 우선 WTO처럼 전 세계의 회원국을 대상으
로 한 다자주의적 협약은 참여자의 숫자가 많아 합의에 이르기 어려우므로 자유교
역의 취지에 동의하는 국가들끼리 자유무역지대를 수립하는 것이 더 효율적이라고

보았기 때문이었다. 또 회원국들끼리 시장을 개방하여 시장을 확대하는 효과를 누리고 당사자들끼리만 폐쇄적으로 최혜국대우를 향유하며 GATT가 규정하는 비차별(non-discrimination) 원칙을 회피하는 효과를 누릴 수 있기 때문이었다. 또한 경제지역주의는 정치적 차원에서 자유화에 대한 국내의 반발을 극복하려는 명분으로 사용할 수 있는 매우 유용한 수단이었다. 아울러 정치적으로 그리고 안보적으로 우호적인 국가들끼리 경제적 협력을 강화하는 수단으로서도 유용했다. 예컨대 미국이 양자간 FTA를 체결한 국가는 호주와 한국 등 대부분 자국과 안보적 이해관계를 공유하는 대상들이 주류를 이루었다.

개도국의 경제적 지역주의가 GATT의 Part Ⅳ나 권능부여조항에 입각하여 추진된 것이라면 선진국의 지역주의는 GATT 제24조에 기반한다는 차이가 있다. 동조항은 농산물을 포함한 상품무역과 관련하여 회원국이 관세동맹이나 자유무역지대 수립 이전보다 '관세 및 기타의 상업적 제한(the duties and other regulations of commerce imposed)'을 높이거나 규제하지 않음으로써 통합 이후 전반적으로 무역장벽 수준이 유지되거나 완화되면 자유교역 활성화를 목적으로 한 관세동맹이나 자유무역지대의 수립을 용인한다. 동조항이 정당화될 수 있는 논리는 다소 미흡하기는 하나 제한적인 숫자의 회원국들이라도 교역자유화를 실현할 수 있다면 다자주의가 추진하는 목표와 궁극적으로 일치한다는 것이다(Bhagwati, Krishna, and Panagariya, 1999: ch. 1).

이러한 지역주의적 접근은 협상과정이 보다 효율적이고, 자유교역에 대한 회원국의 충성도가 강하다는 점 그리고 무임승차의 가능성이 다자주의보다 상대적으로 낮다는 점 등의 이점이 있다. 아울러 교역자유화가 추진되면 생산비용이 높은 국가에서 낮은 국가로 이동됨으로써 산업간 교역이 촉진되어 무역이 창출되고 회원국들간에 임금이 이전되는 효과가 발생하며, 다자주의에서 논의되기 어려운 주제도 보다 쉽게 논의될 수 있다는 장점도 있다.

그러나 선진국간에 형성되는 다자주의에 대한 비판도 적지 않다. 무엇보다도 비회원국 특히 경제적으로 열위에 있는 개도국을 배제하고 있다는 문제가 있다. 또 산업적으로 열위에 있는 국가들이 교역자유화를 위해 조급하게 산업구조조정을 취해야 하는 압력에 놓일 수 있다는 점도 비판의 대상이다. 게다가 무역이 창출되기보다는 비회원국을 차별하여 교역이 축소되는 무역전환(trade diversion), 비회원국이 좋은 여건을 제공함에도 불구하고 역내에 투자가 증가하는 투자전환(investment diversion), 그리고 더 나은 제품을 제공하는 비회원국보다는 다소 품질과 가격조건이 열위에 있더라도 무관세 혜택을 이용하여 회원국으로부터의 수입이 증가하는 수입전환이 발생한다는 비판도 있다.

GATT 제24조 자체에 대한 비판도 존재한다. 무엇보다도 동조항이 모호한 요소를 많이 가지고 있다는 점이다. 예컨대 동조항은 관세 등 다른 상업적 제한들이 회원국간에 전개되는 거의 모든 교역에서 제외되어야 한다며 "duties and other restrictive regulations on commerce were to be eliminated with respect to substantially all the trade between the constituent territories"라고 규정하고 있는데 "substantially all the trade"라는 어구가 모든 분야의 관세를 다 없애야 한다는 것인지 아니면 일부는 남겨도 되는 것인지 모호해서 문제의 소지가 있다. 또한 지역주의를 수립하는 조건으로 100%의 교역자유화를 추진한다고 했을 때 그 목표가 달성되어야 하는 최대기간이 얼마나 되는지도 확실한 규정이 없다. 만일 완전한 관세제거를 위한 기간을 사실상 무한정 설정할 경우 이는 비차별의 원칙에 위배된다는 문제가 발생한다(Bhagwati, Krishna, and Panagariya, 1999: ch. 1).

자유교역을 지지하는 학자들간에도 경제적 지역주의에 대한 비판이 제기되고 있다. 바그와티처럼 다자주의를 지지하는 이들은 CU와 FTA 회원국간의 교역이 교역과 후생을 증진할 것이라는 명제는 확인되지 않으며 오히려 교역전환만 심화시킨다고 비판한다. 그리고 과연 지역주의가 다자주의보다 자유교역을 보다 빨리 촉진시킬 수 있는지도 다소 의문스럽다고 비판한다. 예컨대 유럽의 사례를 보면 결코 빠르다고 할 수 없다는 것이다. 상대적으로 경제력이 약한 국가는 강한 국가의 요구에 응할 수밖에 없는 문제가 엄연히 존재하는데 특정한 지역의 조건에서 도출된 양보가 전 세계적인 다자협상에 부정적인 영향을 줄 수도 있다고 지적한다. 끝으로 지역주의가 자유교역을 달성하기 위한 보다 확실한 방법인지에 관해서도 의문을 제기한다. 실제로 많은 지역주의적 협정이 실패로 귀결된 사례가 많기 때문이다.

4 EU와 통상협력

EU는 20세기에 등장한 가장 대표적인 경제통합 사례이다. EU는 궁극적으로 정치통합을 지향했지만 이 목표를 달성하기 위해 경제통합을 핵심적인 수단으로 차용했다. 앞서 언급했듯이 경제통합에 이르는 단계는 자유무역지대, 관세동맹, 공동시장, 화폐동맹, 완전정치경제통합을 상정한다. 유럽의 경제통합은 자유무역지대의 설립 그리고 관세동맹의 경험에 기초하고 있다. 전자는 회원국의 경제적 주권을 유지하는 것을, 반면에 후자는 이를 어느 정도 포기하는 것을 상정하는 초국가적 성격을 가지고 있다. 역사적으로 19세기에 독일영방의 통합을 달성하는 데 기초가 되었던 Zollverein은 매우 성공적인 관세동맹체제였다. 또 다른 한 축은 관세를 철폐는 하지만 가급적 자국의 경제적 주권을 고집하는 자유무역지대, 즉 FTA였으며 이는 영국을 중심으로 한 EFTA(European Free Trade Agreement)라는 형태로 발전했다. 이 두 가지 요소는 유럽석탄청강공동체, 즉 ECSC(1952)와 유럽경제공동체, 즉 EEC(1958)가 지향했던 공동시장모델의 기초가 되었다. 즉 상품과 생산요소의 자유로운 교역을 통해 공동체의 경제적 번영과 통합을 달성하고자 했던 것이다(Mattli, 1999: ch. 4; 김세원, 2004: 제2장).

유럽석탄철강공동체(ECSC: European Coal and Steel Community)는 파리조약(Paris Treaty, 1951)의 결과로 탄생했다. 1951년 4월 파리에서 프랑스, 독일, 벨기에, 네덜란드, 룩셈부르크, 이탈리아 등 6개국이 모여 조약에 서명하고 1952년에 정식으로 ECSC를 출범시켰다. 이 기구는 정부간 협의기구가 아니라 개별국가의 주권을 일부 양도한 초국가적 성격의 기구였다. 경제적으로 공동시장을 형성하고 궁극적으로 정치적 통합으로 가는 전기를 마련하려는 시도였다. 공동관리청(High Authority), 각국 장관들로 구성된 각료이사회(Council of Ministers) 또 각국 의회의원들 78명으로 구성되는 공동의회(Assembly) 그리고 유럽법원(European Court of Justice)이 설치되었다. ECSC의 목적은 주요 전략물자인 석탄과 철강의 자유로운 교환을 가능케 하는 공동시장을 형성하는 것이었다. 이를 위해 회원 각국이 관세 및 자유교역에 장애가 되는 각종 제도 및 법률을 제거해야 할 필요가 있었으며 따라서 초국가적 권한을 가진 공동관리청이 설립되었던 것이다.

로마조약(Treaty of Rome, 1957)을 통해 1958년에 탄생한 유럽경제공동체(EEC: European Economic Community)는 ECSC의 성공에 힘입어 여타 경제 분야에서 유럽의 통합을 보다 심도있게 추진하려는 목적으로 설립되었다. EEC는 자유경쟁원칙에 따른 공동시장(common market)을 설립하고자 시도했다. 공동시장은 상품의 자유로운 교역은 물론 자본과 노동의 자유로운 이동을 허용하는 것이다. 따라서 공동체 내의 자유교역을 저해하는 관세(tariff) 및 수량(quota)의 규제를 우선 철폐하고 공동체 밖의 국가에 대해서 공동대외관세(CET: Common External Tariff)를 부과하는 관세동맹을 수립하며 종국에는 공동시장에 이른다는 전략이었다. 1967년에는 ECSC, EEC, 그리고 유럽원자력공동체, 즉 Euratom의 각료이사회가 통합되고 집행기구가 집행위원회(European Commission)로 일원화됨으로써 유럽통합의 기구는 유럽공동체(European Community)로 단일화 되었다.

이러한 노력에도 불구하고 당초 지향했던 공동시장의 설립이라는 목표는 쉽게 달성되지 못했다. 그리하여 1987년에 유럽단일시장법안(Single European Act, 1985 의결)을 발효시킴으로써 EC-1992 계획을 법적·제도적으로 뒷받침하고자 했다. 즉 유럽에서 사람, 상품, 자본, 서비스가 자유롭게 이동할 수 있도록 1992년까지 단일시장을 창설한다는 것이다. 그리하여 SEA는 EC를 명실상부한 단일시장으로 완성하기 위해 국가간 협력강화를 규정하고 회원국들이 각종 교역장벽과 규제를 철폐할 것을 규정했다(Heidensohn, 1995: ch. 3). 이에 힘입어 1993년 1월을 기해 1957년 로마조약에 의해 내정되었던 국경 없는 단일시장이 출범하기에 이르렀던 것이다.

이처럼 유럽이 단일시장의 설립에 매진했던 이유는 그들이 느끼고 있던 경제적 위기의식과 밀접한 관련이 있다. 1950년대부터 유럽에서는 미국과 일본에 비해 저성장 및 고실업의 위기가 팽배했고 전반적인 산업경쟁력도 하락하는 경향이 나타났다. 이러한 문제가 발생하게 된 원인으로 유럽국가들의 협소하게 파편화된 시장규모가 지적되었다. 나라의 작은 규모만큼이나 작은 시장이 다수 존재하는 유럽의 상황을 개선하기 위해서는 시장의 통합이 절실했다. 또 복지국가의 영향으로 비대해진 공공부문의 존재 그리고 과도한 국가의 시장간섭 등도 경제성장의 장애물이었다. 보호주의로 자국이 경제를 활성화시키겠다는 발상이 오히려 유럽전체의 장기적인 경기침체의 원인으로 작동하자 이를 근본적으로 개혁할 수 있는 수단이 필요했고 그것이 바로 단일시장의 수립이었다(김세원, 2004: 188-189).

유럽연합조약(Maastricht Treaty: Treaty on European Union)의 체결로 1993년 11월 EU가 출범한 것도 공동시장의 수립이 완성되었기 때문에 가능한 것이었다. 이로써 경제적 영역에 국한되어 있던 논의가 국내정치 및 외교 분야로 확대될 수 있었다. 그리고 경제통합을 보다 진전시키기 위해 경제통화동맹의 3단계 심화작업에 착수했다. 제1단계(1990.1~93.12.31)에는 단일의정서(SEA)를 적용하고 준비하며 각국이 경제, 통화정책을 조정 협력하고 유럽통화체제(EMS: European Monetary System)를 운용하는 것이다. 제2단계(1994.1~98.12)는 단일화폐로 진행하기 위한 경제적 조건을 충족하고 단일화폐체제로의 전환을 위한 기술적 토대를 쌓으며 통화정책의 조정과 협조를 증진하기 위해 유럽통화기구(EMI: European Monetary Institute)를 설립·운용하는 것이다. 제3단계인 1999년부터는 조건을 충족한 국가들이 유로(Euro)라는 단일화폐에 참가하고 개별국가로부터 독립적으로 유럽전체의 통화정책을 담당할 유럽중앙은행(ECB: European Central Bank)을 설립하는 것이다. 이러한 과정을 거쳐 영국, 덴마크, 스웨덴, 그리스가 참여를 유보한 채 총 11개국이 1999년 1월 단일화폐 출범에 참여했다. 그리스는 이후 태도를 바꾸어 참여를 결정했으며 2016년 현재 28개 회원국 중 19개 국가가 유로존에 참여하고 있다. 폴란드, 헝가리, 루마니아, 체코, 불가리아, 그리고 크로아티아도 미참여 상태다.

그렇다면 이처럼 자유교역에 입각한 EU의 경제통합은 유럽의 경제발전에 어떤 영향을 미쳤던 것일까? 사실 이 문제에 관해서는 논란이 많고 뚜렷한 결론에 도달하지 못하고 있다. 정태적 효과는 예상과 달리 매우 낮은, 즉 GNP의 1% 이하(이종원·윤성원·황기식, 2014: 62)인 것으로 알려져 있다. 시장경쟁의 강화, 규모의 경제달성 그리고 투자의 활성화와 경제자원의 효율적 이용 등 그나마 동태적 효과는 상당히 있었을 것으로 평가된다. 그럼에도 불구하고 비관세장벽의 제거로 소비재 및 서비스의 비용과 가격이 인하될 수 있었으며, 기업은 경영합리화와 생산의 효율화를 달성할 수 있게 되었다는 점에서 전체적으로 긍정적인 평가가 가능하다.

❚ 참고문헌

김세원. (2004). 『EU경제학: 유럽경제통합의 이론과 현실』. 서울: 박영사.

Leonard, P. 저. 박영렬·고주현 역. (2013). 『유럽연합 가이드 제10판.』 서울: 성진미디어.

안병억·이연호·박상준·박채복·장선화·고주현. (2014). 『유럽연합의 이해와 전망』. 서울: 높이깊이.

이연호. (2009). 『발전론』. 서울: 연세대학교출판부.

이종원. (1998). 『유럽통합의 이해를 위한 EU(유럽연합)론: 현황, 미래, 국별연구와 비즈니스』. 서울: 해남.

이종원·윤성원·황기식. (2014). 『EU 28 유럽통합의 이해』. 서울: 해남.

Bhagwati, J. N. "Regionalism and Multilateralism: An Overview." In Bhagwati, J. N., Krishna, P. & Panagariya, A. (1999). *Trading blocs: alternative approaches to analyzing preferential trade agreements*. Cambridge: MIT Press.

Clive Trebilcock. (1981). *The industrialization of the Continental Powers, 1780~1914*. London: Longman.

Dee, P., Jomini. P. & McDougall. R. "Alternatives to Regionalism—Uruguay and APEC." In Bora, B. & Findlay, C. C. (1996). *Regional integration and the Asia-Pacific*. New York: Oxford University Press.

Emmanuel, Arghiri (1972). *Unequal Exchange*. New York: Monthly Review Press.

Gillis, M., Perkins, D. H., Roemer, M., & Snodgrass, D. R. (1987). *Economics of development* (2nd ed.). New York: Norton.

Heidensohn, K. (1995). *Europe and world trade*. London: Printer.

Hoekman, B. M. & Kostecki, M. M. (2009). *The political economy of the world trading system: the WTO and beyond* (3rd ed.). Oxford: Oxford University Press.

Laffan, B. (1992). *Integration and co-operation in Europe*. London: Routledge.

Mattli, W. (1999). *The logic of regional integration : Europe and beyond*. New York: Cambridge University Press.

Meier, G. M. & Rauch, J. E. (2000). *Leading issues in economic development* (7th ed.). New York: Oxford University Press.

Ray, D. (1998). *Development economics*. Princeton: Princeton University Press.

Spero, J. E. & Hart, J. A. (1997). *The politics of international economic relations* (5th ed.). New York: St. Martin's Press.

Todaro, M. P. & Smith, S. C. (2012). *Economic development* (11th ed.). Boston: Addison-Wesley.

Tsoukalis, L. (1997). *The new European economy revisited* (3rd ed.). Oxford: Oxford

University Press.

Wegs, J. R. & Ladrech, R. (1996). *Europe since 1945: a concise history* (4th ed.). New York: St. Martin's Press.

제4장

국제개발협력에 있어서
젠더의 중요성과 EU의 성 평등 원조

제4장

국제개발협력에 있어서
젠더의 중요성과 EU의 성 평등 원조

김 은 경 (한국여성정책연구원)

국제개발협력이 행해진지 반세기가 넘는데도 불구하고 여전히 빈곤이 철폐되지 않은 이유, 교육사업과 보건사업을 통해 여성의 인권을 증진시키려는 노력이 있었음에도 불구하고 여전히 이 분야에서 여성의 접근성이 취약한 이유는 젠더 혹은 젠더적 관점(또는 성 인지적 관점)을 고려하지 않았기 때문이다. 일례로 기초교육 보편화를 위해 수많은 학교사업을 시행해왔으나, 몇 십년이 지나고 보니 학교사업에는 교실만 있고 화장실이 없었다는 이야기는 시사하는 바가 크다. 화장실이 없어 학교 외부에서 용변을 해결하는 과정에서 성폭력이 발생하게 되고, 이러한 사건들이 여학생들의 학교 졸업을 방해하는 원인이 되었다.

일반적으로 정책의 결정자들은 남성이고, 여성이라 해도 젠더 관점의 교육훈련이 보편화되지 않은 상태이기 때문에, 젠더 관점이 부재한 많은 정책들이 기획되고 실행되고 평가되어 오고 있다. 국제개발협력 정책 또한 예외가 아니어서, 젠더 관점이 결여된 ODA 정책과 사업들이 학교 건축시 화장실을 포함하지 않는 것 같은 오류들을 범하고 있다.

그렇다면, 젠더는 무엇일까. 젠더(gender)란 생물학적 남성과 여성에 대해 그 사회가 전통적 가치와 관습을 통해 각각의 역할을 부여한 것을 의미하며, 남성에게는 공적영역의 역할, 여성에게는 사적영역의 역할이 적합하다는 성 역할 고정관념을 발생시켜 여성의 사회참여를 허용하지 않는 상태를 포괄적으로 의미한다. 전통적 가치관이 강한 국가일수록 여성의 사회참여가 활발하지 않은 이유가 여기에 있으며, 여성이 남성과 동등하게 참여하고 있다 하더라도 동일한 지위 내에서 여성의 수가 적기 때문에 여전히 남성 위주 의사결정이 주류가 된다. 이를 젠더관계의 불평등이라고 하며, 국제개발에서 이 같은 젠더관계의 불평등에 주목하는 이유는 개발협력의 기획과 실행 역시 남성을 중심으로 운영될 소지가 크기 때문이다.

젠더관계의 불평등한 구조는 개발도상국[1])에서만 나타나는 것이 아니다. 일례로 남성과 여성의 국회참여 수준이나, 여성 CEO의 비율, 남녀 임금격차 등의 지표를 보더라도 젠더의 문제는 전 세계적으로 나타나는 문제이다. 그러나 특히 자원이 부족한 개발도상국의 경우, 남성 중심 조직과 정책운영을 가지고 있기 때문에 여성에 대한 관심을 강조하지 않는다면 여성들은 불평등한 젠더관계에 고착되어 빈곤의 어려움을 벗어나기 힘들 것이다. 실제로 다수의 개도국 여성들은 낮은 수준의 정치참여, 경제활동, 사회·문화적 지위로 인해 교육, 보건 등의 공공서비스 접근, 재산권 행사 등에 있어서 차별을 받고 있다. 개도국의 경제성장과 젠더와의 상관관계를 연구한 세계은행 보고서에 따르면, 성 불평등은 빈곤층에서 가장 높게 나타나고, 성 불평등이 높은 국가일수록 낮은 경제성장률과 높은 빈곤율을 보인다(Klassen, 2000; World Bank, 2001; 임은미, 2013: 140에서 재인용).

국제개발협력 사업을 하는 많은 공여국이 있으나, 이 공여국의 입장도 젠더관계를 통해 설명이 가능하다. 북구유럽국가들과 같이 자국 내 성 평등 수준이 높은 국가들은 국제개발 정책에도 성 평등 정책의 이념과 실행수단을 마련하고 실행에 옮기는 반면, 자국 내 성 평등 수준이 높지 않은 국가들의 경우 국제개발 정책에 대해서도 성 평등이나 젠더이슈를 간과하는 경우가 많다. OECD 개발원조위원회(Development Assistance Committee)는 공여국들의 원조가 어떤 유형으로 사용되었는지를 분류하여 보고하도록 하고 있는데, 그 가운데 하나가 젠더마커(gender marker)로서, 개발원조 사업이 성 평등을 목적으로 하거나 여성을 수혜대상으로 포함하는 경우를 집계하고 있다. 이 젠더마커에 따르면, 유럽연합은 원조액으로 볼 때 독일과 함께 전 세계 상위를 기록할 정도로 성 평등 원조사업을 시행하고 있다. 따라서 본 장에서는 국제개발협력에 있어서 젠더이슈가 왜 중요하며, 왜 젠더적 관점을 적용해야 하는지에 대한 이론적 내용과 유럽연합의 성 평등 원조 현황과 성 평등 원조의 정책 및 사례를 살펴보도록 한다.

1   국제개발협력과 젠더이슈의 상관관계

1) 국제개발에서 젠더이슈의 중요성

  젠더란 생물학적 성별의 구분에서 나아가 그 사회가 각각 남성과 여성에 대해 규정해 놓은 사회적 역할과 그로 인한 남녀간 불평등한 권력관계를 의미한다. 그렇다면 국제사회가 국제개발에 있어서 젠더에 관심을 갖는 이유는 무엇일까. 오랜 시간 고착화된 남녀간 사회구조적 불평등으로 인해 여성은 남성에 비해 교육수준이나 경제참여에 있어서 열등한 지위를 갖게 된다. 특히 여성의 낮은 교육수준은 여성들의 저임금과 빈곤으로 직결되고 있어 여성에 대한 관심을 갖지 않고서는 궁극적인 빈곤 퇴치를 할 수 없는 상황에 직면하고 있다. 여성이 개발과정에서 소외되는 경우, 결국 국가의 경제발전에도 부정적인 영향을 미친다는 것은 그동안의 연구결과에서도 나타난다. 예를 들면, 케냐의 남녀 농부들에게 같은 양의 자원과 교육이 주어졌을 때, 여성이 남성보다 20% 더 많은 수확을 얻었다(Satio and Spurling, 1992). 또한 경제성장과 교육에 관한 한 연구에서는 여성 교육 투자에 실패하게 되면 GNP가 감소하거나, 모든 조건을 동일하게 두고, 남성 대 여성의 초중등 교육등록률이 0.75일 경우, GNP가 약 25% 떨어진다고 하며(Hill and King, 1995: 21-46), 어머니의 교육수준이 증가할수록 자녀의 학교등록률이 증가한다고(Brown, 1995) 한다(김은경 외, 2011: 66-67에서 재인용). 이는 개발에 있어서 큰 관련성이 없어 보이는 젠더이슈와 여성에 대해 주목해야 할 필요성을 나타내주는 결과라 할 수 있으며, 국제개발의 효과성을 높이기 위해서 여성을 궁극적인 수혜대상에 포함해야 한다는 것을 보여주는 것이다.

  국제개발협력에서 여성 혹은 젠더이슈는 다양하게 발전되어 왔는데, 그 중요성이 강조되기 시작한 것은 1970년대로 거슬러 올라간다. 당시 여성학자 및 여성운동가들은 1960년대 산업화가 제3세계 여성과 빈곤층의 삶의 개선에 효과적으로 기여하지 않음을 비판하였는데, 대표적으로 1970년 이스터 보즈럽(Ester Boserup)은 처음으로 개발 과정에 있어서 여성의 역할에 주목하였으며 개발 속의 여성(WID: Women in Development) 담론은 이에 뿌리를 두고 있다(김은경, 2015a: 140).

  WID 접근은 1975년 제1차 UN 세계여성대회에서 개발에 대한 여성주의 접근으로 채택되었고, 경제개발 과정에서 여성이 중요한 역할을 담당한다는 인식이 제고됨에 따라 국가 차원에서 여성을 개발 과정에 참여시키려는 노력이 계속되었다. 그러나 1985년 개최된 제3차 UN 세계여성대회에서 WID 나름의 성과에도 불구하고 '빈곤의 여성화(Feminization of Poverty)' 문제가 여전히 지속되는 등 남녀간 권력 불평등 관계의 근본적인 변화를 이끌어내는 데에는 실패하였다는 평가를 받게 되었고, 성역할 고정관념에 기반한 남성과 여성의 불평등한 권력관계에 주목해야 한다는 젠더와 개발(GAD: Gender and Development) 담론이 대두되었다(Bunch, 2009; 김은경, 2012: 211에서 재인용). GAD 관점은 기존 WID 담론에서 주장되었던 개발 과정 속의 여성참여 수준을 넘어 성 불평등적인 구조적 문제를 개선하고자 하였다. WID와 GAD 접근방법은 국내뿐만 아니라 국제개발에 있어서 여성과 젠더정책을 수립하는 데 활용되어 왔다. 그러나 GAD 접근이 별 효과를 거두지 못하면서(김양희 외, 2004: 13), 1995년 제4차 UN 세계여성대회에서 성 주류화(gender mainstreaming) 개념이 등장하게 되었고, 이를 기점으로 개발사업의 모든 과정 및 영역에서 젠더적 관점(gender perspective)을 적용해야 한다는 인식이 확산되었다. 이 전략은 이후 새천년개발목표(MDGs: Millenium Development Goals) 수립에도 큰 영향을 미치게 되었다(남영숙, 2009: 227-8; 김은경, 2015a: 14에서 재인용).

성 주류화란, 법률, 정책 또는 프로그램 등 모든 영역과 수준을 포함하여 계획된 조치가 남성과 여성에게 미친 영향을 평가하는 과정, 여성의 관심을 남성과 같게 하고, 모든 정치적, 경제적, 사회적 영역의 정책, 프로그램에 대한 설계, 시행, 모니터링, 평가의 통합적 차원을 경험하는 전략이라 지칭하고 있다. 다시 말하면, 성 주류화는 여성정책 발전을 위한 접근방법인 WID와 GAD를 이루기 위한 전략으로서, 여성과 남성이 발전과정과 정책의 모든 단계에서 자원, 발전에 따른 혜택 그리고 의사결정에 대한 동등한 접근과 통제력을 가져야 함을 보장하는 절차이다. 이는 정책의 성 주류화라는 표현으로 자주 언급되는데, 여성정책이 아닌 일반정책에 젠더적 관점을 통합하여 모든 정책에서 젠더를 고려한 정책이 형성되도록 하는 것으로서, 각 국가의 국내정책뿐 아니라 국제개발협력 정책에도 해당되는 것이다. 젠더적 관점에서 개도국의 성 평등을 이루기 위해서는 ODA의 성 주류화를 이뤄야 하는데, 궁극적으로 ODA 사업의 선정과 계획 단계에서부터 젠더를 고려하여 실제 사업이 진행되는 과정에서 젠더이슈가 통합되도록 하는 것이다. 성 주류화를 이루기 위한 도구로는 성별영향분석(gender impact analysis), 성인지 예산(gender responsive

budget), 성별분리 통계(gender statistics)가 있으며, 이 세 가지는 각각 일반적인 정책
에 적용되어 궁극적으로 정책의 성 주류화를 이루기 위해 활용된다(김은경, 2014c:
82).

국제개발에서 젠더이슈는 2000년 UN에서 수립한 MDGs에서는 8개 목표 중 세
번째 목표인 '양성 평등 증진과 여성 역량강화'와 다섯 번째 목표인 '모성 보건 증
진'에 포함되는 등 국제개발에서 젠더의 중요성이 강조되고 있다. 그러나 MDGs에
는 북경행동강령(1995)의 상당부분 내용이 반영되지 않았다. 특히 여성에 대한 폭력
철폐와 같은 여성인권 증진에 핵심적인 이슈가 포함되지 않았고, 여성의 생식권리
에 대한 문제, 여성의 의사결정권한 등에 대한 이슈가 다루어지지 않았다(김은경 외,
2014b: 26-27).

그림 4-1   SDGs의 젠더목표와 성 인지 관점이 반영된 목표들

2015년 새롭게 채택된 지속가능한 개발목표(SDGs: Sustainable Development
Goals) 총 17개 중 젠더는 단독목표(목표 5)로 설정됨과 동시에 빈곤 철폐, 교육, 보
건, 식수위생, 경제발전과 좋은 일자리, 지속가능한 도시와 공동체, 기후, 파트너십
등 다른 10개의 목표에 젠더 세부목표가 명시되어, MDGs에 비해 성 주류화된 내
용을 담았다고 평가되고 있다. 또한 MDGs가 간과한 젠더이슈를 포괄하고 있어, 여
성에 대한 모든 형태의 폭력철폐, 조혼 및 강제결혼, 여성 성기절제(FGM)와 같은
모든 악습 제거, 무급 및 가사노동의 가치 인정, 정치·경제 및 공공생활 모든 수준
의 의사결정에 여성의 참여와 동등한 리더십 기회 보장, 성적 및 재생산 보건과 재

생산 권리(sexual and reproductive health rights)에 대한 접근성 보장 등과 같은 내용이 세부목표에 포함되었다.

이처럼 국제개발에서 젠더, 성 평등 이슈는 UN이 선도해왔으며, 원조 공여국의 집합체인 OECD는 이러한 UN의 성 평등과 성 평등 전략을 수용하여 적용하는 형식으로 성 평등 원조정책을 발전시키고 있다. 예를 들면 OECD에서는 1983년 처음으로 WID 가이드라인을 채택하였고, 1999년 성 평등 가이드라인으로 업데이트하였으며, 2008년, MDGs 5번을 겨냥한 성 평등과 여성 역량강화에 대한 가이드라인을 채택하였다. 또한 조직에 있어서도 1998년 성 평등 워킹그룹을 구성한 이후, 2003년 젠더넷(OECD/DAC Network on Gender Equality)을 구성하여, 국제개발에 있어서 성 평등 이슈를 모니터링하고 있다.

UN이 국제개발에 있어서 인권과 평등의 개념을 강조한다면, OECD 개발원조위원회(DAC: Development Assistance Committee)는 1996년 '원조효과성(Aid effectiveness)' 개념 도입을 시작으로 원조가 실질적으로 개발에 미치는 효과에 방점을 두고 있다는 점에서 차이가 있다. OECD는 원조효과성을 논의하기 위해서 고위급정책회담을 주최하였는데, 로마회의(2003)를 시작으로 파리선언(Paris Declaration, 2005)과 아크라 행동강령(Accra Agenda for Action, 2008)을 통해서 이를 구체화하였다. 파리회의에서는 젠더에 관한 의제가 다루어지지 않았는데, 파리선언이 채택되는 과정에 전혀 개입할 수 없었던 국제 여성단체들이 2008년 아크라회의를 준비하면서 젠더의제를 통합시키기 위한 활동을 시작하였고, 그 결과 아크라 행동강령은 젠더를 포함한 인권과 환경의 지속가능성 등의 내용을 포함시킬 수 있었다. 이러한 측면에서 OECD의 원조효과성을 위한 고위급회의(HLF)는 여성단체 및 시민사회를 배제한 정부간 협의라는 비난을 받기도 하였다(김은경 외, 2011: 30-32). 이후 지속된 원조효과성과 관련된 논의들 중 제4차 OECD/DAC 원조효과성 고위급포럼(HLF-4: High Level Forum)[2]을 주목할 필요가 있다. 부산에서 개최된 HLF-4의 주요 성과 중 하나가 바로 성 평등과 여성 역량강화에 관한 특별 세션이 개최된 것으로, HLF-4의 결과 문서에서도 개발 성과 달성에 있어 성 평등과 여성 역량강화가 필수불가결함을 인식하고, 성 평등과 여성 역량강화를 위한 노력을 지속할 것이며, 추가적으로 성별 데이터 체계 구축과 성 주류화를 위한 노력도 함께 기울일 것을 천명하였다(OECD, 2011; 임은미, 2013: 153에서 재인용).

2) 국제개발사업에 젠더이슈의 적용

앞서 살펴본 것처럼, 1995년 제4차 UN 세계여성대회에서 채택된 북경행동강령 (Beijing Platform for Action)은 성 불평등을 야기하는 요소를 국가 차원에서 개선하도록 하였다. 특히 교육·건강 등 주요 개발 분야의 모든 정책 및 프로그램 전반에 성 인지적 관점을 반영하도록 하는 성 주류화 전략을 채택하면서 젠더를 범 분야 (Cross-cutting) 이슈로 다루게 되었다. 즉 성 인지적 관점을 모든 개발 분야에 적용하여 성 평등 및 개발을 도모하고자 한 것이다. 이와 같은 성 주류화 전략 이행을 위해 국제사회가 많은 노력을 기울이고 있는데, 그 중 하나가 바로 성 분석(Gender Analysis)이다.

성 분석(Gender Analysis)이란, 여성대상 정책 및 사업 외의 정책이나 사업이 여성과 남성에 미치는 영향을 분석하는 것으로서 남녀에게 동등한 혜택을 주는 정책 및 사업을 기획하고 이를 평가하기 위해 필요한 과정이다. 여러 선진 공여국들은 이를 성 인지적 ODA 사업 이행을 위한 중요한 수단으로 인식하고 있으며, 각종 지침들을 통해 성 분석을 실시하기 위한 노력을 기울이고 있다(SDC, 2003; 김은경 외, 2014a: 10). 개발협력의 맥락에서의 성 분석(gender analysis)은 두 가지 측면에서 이루어질 수 있다. 한 측면은 협력대상국의 현지 상황(local scene)에 대한 분석으로, 현지 사회의 내생적인 사회화 과정(endogenous social process)을 살펴봄으로써 ODA 사업의 대상이 되는 남성과 여성, 그리고 이들간의 역학관계에 대한 이해가 이루어질 수 있다. 다른 한 측면은 ODA 사업이 이루어지는 개발현장(development scene)에 대한 성 분석(gender analysis)으로서 개발사업에 있어서 남녀의 참여를 살펴보는 것이며, 해당 사업이 남녀별 수요(gender needs)에 얼마나 부합하는지, 해당 사업이 남녀간 권력관계에 어떠한 영향력을 주는지 등을 검토하는 것이다(SDC, 2003; 김은경 외, 2014a: 11-12 ; 김은경 외, 2015b: 288에서 재인용).

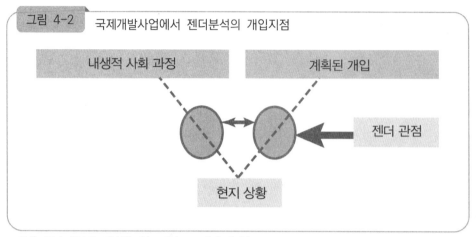

그림 4-2 국제개발사업에서 젠더분석의 개입지점

내생적 사회 과정

계획된 개입

젠더 관점

현지 상황

출처: SDC (2003); 김은경 외(2015b), 289에서 재인용.

　개발의 현지 상황에 젠더 관점으로 남녀간 차이가 나타나는 수요와 권력관계를 살펴봐야 하는 이유는 교육사업이든 교통인프라 사업이든, 개발사업의 결과물을 이용하게 되는 사람이 누구인지, 어디에 있는 누구에게 얼마만큼의 영향을 미칠 것인지를 파악해야 하는 것이 개발사업이기 때문이다. 누구에게 어떤 훈련을 제공하고, 누가 이용하게 되는 시설을 건축할 것이며, 그 프로그램으로 인해 어떤 사람들이 혜택을 받게 될 것인지를 측정하는 것이 사업의 성과이기 때문이다.

　개발사업의 대상은 소득, 연령, 종교 등 다양한 사회적 맥락에 따라 남성과 여성, 남아와 여아와 같이 체계적으로 분류되어야 할 것이다. 특히 전통적 가치관이 강하게 남아있는 협력국[3])의 경우, 종교적 또는 전통적 사회관습으로 인해 여성이 많은 활동에서 배제되는 경우가 많기 때문에, 이러한 성 분석은 더욱 절실히 필요하다고 할 수 있다. 흔히 모자보건사업은 여성을 대상으로 한 사업이기 때문에 성 평등 원조사업으로 인식하는 경우가 많은데, 만일 모자보건사업이 단순히 산부인과 병동의 재건축이나 병동증설 등에만 집중한다면 성 평등 원조사업으로 보기에 어려움이 있다. 산모사망률을 줄이기 위해서는 산모뿐 아니라 산모의 남편과 가족, 그리고 시설분만을 할 수 있는 경제적 여건 등 이해관계자를 비롯한 복잡한 주변환경을 고려해야 한다. 따라서 이 같은 현지 협력국 상황에 대한 이해가 먼저 선행되어야 할 것이며, 이를 바탕으로 다양한 사업의 방법과 정책수단을 발굴해야 할 것이다.

2 EU의 성 평등 원조

유럽연합은 유럽연합 회원국들과 별개로 기관 차원에서 OECD DAC의 회원으로 포함되어 있을 만큼 회원국 차원에서뿐만 아니라 유럽연합 차원에서도 원조를 활발히 실시하고 있다. 2013년 기준 유럽연합 회원국 및 기관 차원의 원조액은 전체 OECD DAC 공여국 원조액의 약 64%에 달한다.[4] 따라서 유럽연합은 개발협력에 관한 한 국제사회에서 영향력 있는 개발협력 공여주체 중 하나이므로 국제사회의 원조정책을 모범적으로 이행하고자 많은 노력을 기울이고 있다.

이 절에서는 유럽연합의 원조 정책 전반에 젠더이슈가 어떻게 정의되고 이행되고 있는지에 대해 유럽연합의 정책문서와 OECD 통계자료 등을 통해 살펴보고자 한다.

1) 유럽연합의 성 평등 원조 현황

OECD DAC 공여국의 젠더마커 검토를 받은 성 평등 원조액의 순위를 살펴보면 EU와 독일이 상위에 있음을 알 수 있다. 〈그림 4-3〉은 이를 나타낸 것으로 이는 젠더마커 2점(principal)과 1점 사업(significant)을 모두 더한 절대치를 나타내고 있다.[5] EU와 독일이 성 평등 원조의 총액에 있어서 약 4,000백만 달러를 상회하며 압도적 선두를 달리고 있고, 이어서 일본, 미국, 호주 등의 선진 공여국들이 뒤를 잇고 있다. 이 국가들은 주로 젠더마커 1점 사업 비중이 높은데, 이 국가에서는 원조사업의 각 분야에 있어서 성 주류화가 잘 정착되어 있다고 볼 수 있다. 캐나다의 경우, 젠더마커 2점 원조 규모가 다른 국가들에 비해 매우 크고, 젠더마커 2점 사업과 1점 사업을 균형 있게 추진하고 있는 것으로 파악되었다(김은경 외, 2015c: 21). 젠더마커 2점은 여성 또는 남성을 대상으로 성 평등을 이루고 기존의 성 불평등한 구조적 모순을 해결하려는 사업이라는 점에서 보다 근본적인 성 평등 원조사업이라 할 수 있고, 젠더마커 1점 사업은 일반적인 사업에 성 인지 관점을 통합하여 수혜 대상과 내용에 여성이 포함되어 있는 사업을 의미한다.

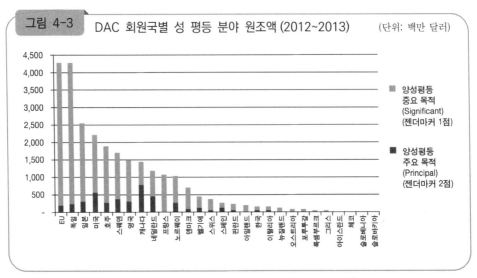

그림 4-3 DAC 회원국별 성 평등 분야 원조액 (2012~2013)　(단위: 백만 달러)

출처: OECD (2015). Aid in Support of Gender Equality and Women's Empowerment–Donor Charts, p. 4 자료 재구성: 김은경 (2015c), p. 22에서 재인용.

　　2013년 보고된 EU의 성 평등 원조는 53억 7천 4백만 달러로 젠더마커에 의해 검토된 원조(172억 9천 5백만 달러) 중 약 31%를 차지하며, 이 중 성 평등 주요 목적 인 젠더마커 2점 원조사업이 3.2%(1억 7천만 달러), 1점 원조사업이 96.8%(52억 2백 만 달러)를 차지한다. EU의 전체 원조를 기준으로 비율을 살펴보면, 전체 원조 중 젠더마커 검토를 받은 원조의 비율은 69.2%이며, 전체 원조 중 2점과 1점 사업을 합한 성 평등 원조사업의 비율은 21.5%라 할 수 있다. 전체 ODA 예산 중 성 평등 원조 비율이 가장 높은 국가(2011년 기준)는 스웨덴, 뉴질랜드, 덴마크, 독일, 호주, 캐나다 등이 50%를 넘는 비율로 나타나고(김경애, 2012: 11), EU는 이들 국가들에 비해 성 평등 원조의 비율이 낮은 편이다. 그러나 〈그림 4-3〉에서 보이듯 절대적 인 성 평등 원조액수가 상당히 높은 수준을 차지하고 있다는 점에서 국제사회의 젠 더와 개발 분야에서 중요한 기관이라 할 수 있다.

표 4-1	2013년 EU의 성 평등 ODA					(단위: 2013 US Dollar, million)	
	젠더마커 검토					젠더마커 미검토 (Not screened) (d)	전체 (a+b+c+d)
	성 평등 원조			비성 평등 원조 (젠더마커 0점) (c)	합계 (a+b+c)		
	주요 목적 (Principal, 젠더마커 2점) (a)	중요 목적 (Significant, 젠더마커 1점) (b)	성 평등 원조 합계 (a+b)				
지원액	172.28	5,202.34	5,374.62	11,921.28	17,295.9	7,711.45	25,007.35
비율 (젠더마커 검토 원조 합계 기준)	1.0%	30.1%	31.1%	68.9%	100.0%	–	–
비율 (전체 원조 기준)	0.7%	20.8%	21.5%	47.7%	69.2%	30.8%	100.0%

출처: OECD Statistics, http://stats.oecd.org/ (접속일: 2015.09.17.).

2013년 EU의 성 평등 ODA 분야별 지원액 비율이 높은 순으로 살펴보면, 공공행정 및 시민사회(25.1%), 환경, 농촌개발 등의 다부문(19.5%), 보건(11.7%), 기타 사회인프라 및 서비스(9.8%), 교육(9.6%), 농업·임업·어업(9.2%), 식수공급 및 위생(4.5%), 인구정책 및 생식보건(2.6%) 등으로 나타나고 있다. 이는 2013년 EU의 성 평등 원조 207개 사업에 대한 분류로서, 유럽연합 성 평등 원조 중 1%를 차지하는 주요 목적(Principal, 젠더마커 2점) 사업의 경우, 공공행정 및 시민사회(45.8%), 기타 사회인프라 및 서비스(24.9%), 보건(15.4%) 분야에 비중이 집약되어 있었다.

지역별 성 평등 ODA 지원액은 아프리카(40.28%), 아시아(25.4%), 유럽(16.04%), 그 외 지역(8.46%), 아메리카(7.58%), 오세아니아(2.24%) 순으로 높은 비율을 차지하고 있다. 그 중 성 평등을 주요 목적(Principal, 젠더마커 2점)으로 둔 사업은 8개로 주로 아프리카(74.52%) 지역에 집중되어 있었다.

표 4-2   2013년 EU의 분야별 성 평등 ODA (지원액 기준) (단위: 2013 US Dollar, million)

사업 분야	주요 목적 (Principal, 젠더마커 2점)		중요 목적 (Significant, 젠더마커 1점)		합계	
	지원액	비율(%)	지원액	비율(%)	지원액	비율(%)
교육	–	–	513.78	9.9	513.78	9.6
보건	26.55	15.4	604.26	11.6	630.81	11.7
인구정책 및 생식보건	10.62	6.2	126.99	2.4	137.61	2.6
식수공급 및 위생	–	–	241.22	4.6	241.22	4.5
공공행정 및 시민사회	78.90	45.8	1,269.58	24.4	1,348.48	25.1
기타 사회인프라 및 서비스	42.88	24.9	482.32	9.3	525.2	9.8
운송 및 창고	–	–	56.96	1.1	56.96	1.1
에너지개발 및 공급	–	–	87.67	1.7	87.67	1.6
금융 및 재무서비스	–	–	46.47	0.9	46.47	0.9
비즈니스 및 기타서비스	–	–	31.80	0.6	31.80	0.6
농업·임업·어업	12.02	7.0	481.31	9.3	493.33	9.2
산업·광물자원 및 광업·건설	–	–	114.25	2.2	114.25	2.1
통상정책 및 규정	–	–	14.01	0.3	14.01	0.3
다부문(환경·농촌개발 등)	1.30	0.8	1,045.26	20.1	1,046.56	19.5
물자원조· 일반 프로그램 지원	–	–	40.89	0.8	40.89	0.8
인도적 지원	–	–	32.29	0.6	32.29	0.6
비배분·비특정	–	–	13.28	0.3	13.28	0.2
합계	172.28	100.0	5,202.34	100.0	5,374.62	100.0

출처: OECD Statistics, http://stats.oecd.org/(접속일: 2015.09.17.).

표 4-3	2013년 EU의 지역별 성 평등 ODA (지원액 기준) (단위: 2013 US Dollar, million)					
지역	주요 목적 (Principal, 젠더마커 2점)		중요 목적 (Significant, 젠더마커 1점)		합계	
	지원액	비율(%)	지원액	비율(%)	지원액	비율(%)
유럽	30.1	17.42	832.33	16.0	862.34	16.04
아프리카	128.39	74.52	2,036.43	39.14	2,164.82	40.28
아메리카	–	–	407.45	7.83	407.45	7.58
아시아	0.57	0.33	1,364.44	26.23	1,365.01	25.40
오세아니아	–	–	120.25	2.31	120.25	2.24
그 외 지역	13.32	7.73	441.44	8.49	454.76	8.46
합계	172.28	100.0	5,202.34	100.0	5,374.62	100.0

출처: OECD Statistics, http://stats.oecd.org/(접속일: 2015.09.17.).

2) 유럽연합 원조 정책에서의 성 평등 의제

2006년 유럽위원회(EC)가 채택한 "개발에 관한 유럽의 합의(European consensus on development)"는 개발협력에 관한 유럽연합의 공동 가치,[6] 다섯 가지 공동 기조[7] 등의 개발협력 정책을 다루고 있으며, 개발협력과 관련한 유럽위원회(EC)의 제안 및 결정의 근간이 되는 중요한 문서이다(김종섭 외, 2012: 93).[8] 이 합의문에서는 공동 가치와 공동 기조 모두에서 성 평등 달성을 독립적인 항목으로 제시함으로써 성 평등 및 여성의 역량강화가 빈곤 감소 및 그 외 모든 개발 분야에서 지니는 중요성을 강조하였다(Michel, 2006: 13-16). 또한, 성 평등을 그 자체로서 다룸과 동시에 분쟁 방지 및 취약국가 지원, 인간개발, 사회 통합 및 고용 등 다양한 개발 분야에서도 성 불평등을 해소하기 위한 활동을 이행할 것임을 명시하였다(Michel, 2006: 41-46). 이렇듯 "개발에 관한 유럽의 합의"는 구체적인 이행방안 등을 제시하고 있지는 않지만 원조 정책의 기본 근간에 성 평등을 포함시킴으로써 유럽연합이 성 평등의 중요성을 충분히 인식하고 있음을 밝히고 있다.

이후 2011년 유럽연합은 기존의 유럽연합 원조 정책에 대한 한계점을 개선하고 원조의 영향력을 향상시키기 위한 일곱 가지 방안[9]을 담은 "변화를 위한 의제

(Agenda for change)"를 채택하였다. 일곱 가지 방안 중 "굿거버넌스를 위한 인권·민주주의 및 다른 주요 요소"에서 성 평등 및 여성 역량강화를 주요 요소 중 하나로 다루고 있다. 구체적으로, 여성은 개발 및 평화 구축의 중요한 주체이며 모든 유럽연합 원조 정책 및 원조 프로그램에 성 평등 및 여성의 역량강화를 주류화 할 것을 천명하였다(European Commission, 2011: 6).

3) 유럽연합의 성 평등 정책

유럽연합은 젠더와 개발 분야의 정책문서를 다수 발간하고 있다. 그 중 대표 문서로 꼽히는 "개발에서의 성 평등 및 여성 역량강화(Gender equality and women empowerment in development cooperation)"와 이에 대한 "유럽연합 실행계획 2010~2015(EU Plan of action on gender equality and women's empowerment in development 2010~2015)", 그리고 "여성 및 여아에 대한 폭력 및 모든 형태의 차별 철폐에 관한 유럽연합 지침(EU guidelines on violence against women and girls and combating all forms of discrimination against them)"을 통해 유럽연합이 수립한 젠더와 개발 정책의 주요 기조 및 전략 등을 살펴본다.

가. 개발에서 성 평등 및 여성 역량강화 정책

유럽연합이 2007년 수립한 포괄적인 젠더와 개발 정책 프레임워크인 "개발에서의 성 평등 및 여성 역량강화"[10]에서는 성 평등 및 여성 역량강화 달성을 위한 유럽연합의 전략으로써 ① 여성과 남성의 동등한 정치, 경제, 고용, 사회, 문화적 권리 보장, ② 여성과 남성의 동등한 자원 접근성 및 통제권 보장, ③ 여성과 남성의 정치경제적 영향력 확보를 위한 동등한 기회 보장을 제시하였다(Commission of the European Communities, 2007: 2-3). 또한 성 불평등, 빈곤, 개발간의 불가분한 관계를 언급하며, 사회경제적 활동의 모든 분야에서 젠더가 강조되어야 하며, 여성·여아의 역량강화가 지속가능한 평화 및 개발의 필수 전제조건임을 명시하였다. 이러한 인식을 바탕으로 협력국과 정책대화를 하거나 시민사회에 자문을 할 때도 성 평등을 중요한 주제로 포함시키려 노력함으로써 성 평등 및 여성 역량강화의 중요성에 대한 협력국 및 현지 시민사회의 인식 제고를 도모하고자 하였다(Commission of the European Communities, 2007: 4). 본 문서에 따르면, 회원국과 유럽연합이 젠더와 개발 정책에 대한 공동 아젠다뿐만 아니라 공동의 접근법도 취하고 있는데, 대표적인 것이 바로 이중전략(twin-track strategy)이다(European Commission, 2010: 5). 이중전략 이란, 모든 정책, 전략 및 활동을 성 주류화 하는 방안과 여성 역량강화를 직접적인 목표로 둔 활동을 수행하는 방안을 동시에 추진하는 것을 의미하며, 유럽연합뿐 아 니라 거의 모든 국가가 취하고 있는 여성정책의 접근방식이다.

나. 유럽연합 실행계획 2010~2015

유럽연합은 '개발에서의 성 평등 및 여성의 역량강화' 정책문서의 실행을 위해 2010년 '유럽연합 실행계획 2010~2015'를 수립하였다. 실행계획의 궁극적인 목표 는 MDGs 3번과 5번에 해당하는 성 평등 및 여성 관련 목표와 CEDAW 및 베이징 선언, 카이로 행동계획 등 국제사회에서 채택한 목표들을 달성하고, 동시에 개발협 력에서 성 평등 정책과 관련하여 협력국과의 협력을 강화하는 것이다(European Commission, 2010: 6).

실행계획에서는 포괄적인 정책 프레임워크 문서에서 제시한 이중전략과 파리 선언의 5대 기조를 고려한 성 평등 달성을 위한 세 가지 접근법을 소개하고 있다 (European Commission, 2010: 7). 첫 번째 접근법은 협력국과의 정책 대화[11]에서 성 평등 이슈를 강조하는 것이다(European Commission, 2010: 7). 예를 들어, 분쟁상황을 겪고 있는 국가에서는 성 범죄와 같은 여성 폭력 예방, 성 범죄에 대한 면죄부 철 폐, 가해자의 잔학한 행위에 대한 사법 조치 강화에 대한 이슈를 중요하게 다루어 야 한다(European Commission, 2010: 7). 두 번째 접근법은 성 주류화이다. 성별 분리 된 양질의 데이터, 젠더 분석, 성 인지 모니터링 및 평가 시스템 등을 활용하여 여 성 및 남성 모두의 우선순위 및 수요를 분석하고 이를 고려하여 성 인지적인 개발 목표를 수립해야 한다. 또한 효과적으로 개발정책을 성 주류화하기 위해서는 협력 국의 기술적인 역량과 함께 정책 차원에서도 성 주류화 이슈가 가시화되어야 비로 소 시너지 효과가 발생할 것이다(European Commission, 2010: 9-10). 세 번째 접근법 은 전략적으로 중요한 분야에 만연한 성 불평등에 초점을 맞추어 성 평등을 효과적 으로 강조하는 구체적인 활동을 수행하는 것이다(European Commission, 2010: 10). 전 략적으로 중요한 분야는 거버넌스, 고용 및 경제 활동, 교육, 보건, 젠더기반폭력 등이 있으며, 이 분야에서는 여성과 여아의 상황을 개선하는 활동들을 우선순위로 설정하고 있다. 이러한 접근법을 취하는 경우를 예를 들면, 협력국 정부 차원의 역량개발 훈련활동의 성 주류화, 성별 데이터 수집·분석·공유를 위한 국가 통계청 지원, 여성관련 정부부처, 의회 및 다양한 단체의 여성 대표들간 의견 교환을 위한 장 마련 등의 구체적인 활동을 찾아볼 수 있다. 이외에도 여성과 여아/남성과 남아 모두를 대상으로 하는 프로젝트를 할 때(성 범죄, 성 차별, 여성의 정치적 역량강화 등), 또는 협력국이 정치적으로 의미 있는 정책 대화를 할 수 없는 상황일 때(문화적으로 젠더이슈를 정책 대화에 제안할 수 없을 때, 국가가 전쟁 등으로 취약할 때 등) 해당 접근법을 취할 수 있다(European Commission, 2010: 10-11).

다. 여성 및 여아에 대한 폭력 및 모든 형태의 차별 철폐에 관한 유럽연합 지침

유럽연합은 여성 및 여아를 대상으로 하는 사업 수행을 권장하기 위해 2008년 '여성 및 여아에 대한 폭력을 포함한 모든 형태의 차별 철폐에 관한 유럽연합 지침'을 수립하고, 이 지침을 통해 유럽연합은 인권의 보편성을 전제로 하고 있음을 명백히 명시하였다. 또한 여성 폭력 및 차별 철폐를 위해 폭력 예방, 피해자 보호 및 지원, 가해자 고발을 세 가지 불가분의 목표로 설정하고, 이를 바탕으로 총 네 가지의 운영목표를 수립하였으며 그 내용은 다음과 같다(EU, 2008: 1-2). 첫째, 여성이 사회·경제·정치적 권리를 보장받지 못하면 폭력에 노출될 위험이 높아지기 때문에 폭력 예방을 위해서 여성 및 여아를 차별하는 법률 및 정책을 시정하고, 성 고정관념에 의해 발생하는 차별을 철폐하기 위해 노력한다. 둘째, 여성폭력에 관한 정확하고 비교가능한 양질의 정보를 수집하고 지표를 개발한다. 셋째, 유럽연합 및 회원국에 공동으로 적용할 수 있는 효과적인 전략을 고안하고, 이를 잘 이행하기 위해 지역·국가 차원의 강제적인 제도적 메커니즘을 구축한다. 넷째, 여성폭력 가해자 처벌 및 피해자들의 사법권한을 강화한다(EU, 2008: 2-4).

유럽연합은 정기적으로 대상국가에서 발생하는 여성폭력 및 차별 철폐 문제를 제기함으로써 대상국가의 관련법과 제도들이 국제표준의 어느 수준에 도달했는지, 얼마나 효과적으로 이행하고 있는지를 점검하고, 협력국에 UN CEDAW 승인 및 보고서 제출을 권고하고 있다(EU, 2008: 5-6).

라. 아프리카, 캐리비언, 태평양 국가들과의 코토누 협정(ACP: The Cotonou Agreement with Africa, the Caribbean and Pacific countries)

코토누 협정(Cotonou partnership agreement, 2000)[12)]은 EU와 ACP 국가들 사이의

협력을 다루는 것으로, 성 평등에 대한 강력한 책무를 포함한다. 여기서는 남녀간의 평등을 주요한 인권문제로 인식하고 있으며 여성에 호혜적인 긍정적인 활동들을 요구한다. 협정은 또한 정치·경제·사회적 삶의 모든 영역, 모든 수준의 개발협력에서 남성과 여성들의 동등한 참여를 향상하고 보장하며 확장하는 정책·전략·프로그램의 강화를 요구하며, 이는 거시경제 정책·전략·운영도 포함한다(DG Development and Cooperation-EuropeAid, 2007: 29).

젠더와 관련하여 협정에서 가장 중요한 조항은 31번 조항인 "젠더문제(Gender Issues)"이다. 이 조항의 내용은 다음과 같다. '협력은 정치·경제·사회·문화적 삶의 모든 영역에서 남녀간 동등한 참여를 증진하고 보장하며 확대하는 정책 및 프로그램 강화에 도움을 줄 것이다. 협력은 더 많은 여성들이 여성의 기본적인 권리를 완전히 이행하는 데 필요한 모든 자원으로 접근할 수 있도록 도움을 줄 것이다. 더욱 구체적으로 협력은 다음과 같은 적절한 프레임워크를 형성할 것이다.' 좀 더 구체적인 설명을 덧붙이자면, 거시경제 정책·전략·운영을 포함한 모든 수준의 개발협력에서 성 인지적 접근 및 성 인지적 문제들을 통합하고, 다음과 같이 여성에게 호혜적이고 긍정적인 세부 활동들을 장려한다고 한다. 그 세부 활동의 내용은 국가 및 지방 정책에의 참여, 여성 단체 지원, 기본적인 (특히 교육훈련, 보건 및 가족계획과 같은) 사회서비스로의 접근 지원, 생산자원(특히 토지, 신용 및 노동시장)으로의 접근에 대한 지원이다(DG Development and Cooperation-EuropeAid, 2007: 29).

마. 유럽 주변국과 파트너십(ENPI: European Neighbourhood and Partnership Instrument)

유럽 주변국가 및 파트너십 제도(ENPI)[13]는 유럽공동체의 원조를 다루며 해당 국가는 알제리, 아르메니아, 아제르바이잔, 벨라루스, 이집트, 조지아, 이스라엘, 요르단, 레바논, 리비아, 몰도바, 모로코, 팔레스타인 자치정부, 러시아, 시리아, 튀니지, 우크라이나이다(DG Development and Cooperation-EuropeAid, 2007: 27).

ENPI에 관한 규정의 2번 조항에서는 규정의 범위와 함께 사회 발전·사회 통합, 성 평등·비차별 정책의 지원, 교육, 훈련 증진을 위한 정책 지원, 여아와 여성을 위한 생식 및 영아 보건을 포함하는 활동 지원, 여성과 아동의 권리를 포함한 인권 및 기본적인 자유 촉진 및 보호의 활동을 촉진한다는 원칙을 설명하고 있다(DG Development and Cooperation-Europe Aid, 2007: 27).

유럽 근린 정책 중, 유럽－지중해 파트너십은 지중해 국가들과의 협력을 위한 지역 프레임워크를 제공하고 있으며, 특히 성 평등 보호 및 증진을 위한 여성들의 요구와 권리에 집중한다. 1995년 11월 바르셀로나 선언은 개발에서 여성의 중요한 역할뿐만 아니라 경제·사회적 삶과 고용 창출에서 여성들의 적극적인 참여를 촉진하고자 하는 요구를 인식하였고, 이를 성 평등 관련 글로벌 정책에 대한 지중해 국가들의 요구로 해석하였다(DG Development and Cooperation-EuropeAid, 2007: 28).

2006년 35개의 유럽－지중해 파트너국가들은 이스탄불에서 열린 여성의 역할 강화를 위한 장관급 회의에서, 일반적이든 또는 조약, 정책 실행 계획 및 각종 프로그램 및 프로젝트의 프레임워크 같은 공식적으로든 여성의 정치적·시민적 권리, 여성의 사회·경제적 권리와 지속가능한 발전, 문화 영역에서 여성 권리 및 대중매체의 역할의 세 영역에서 여성의 권리와 평등이 보장되어야 함에 동의하였다. 이러한 내용을 담고 있는 '이스탄불 결의안(Istanbul Conclusion)'은 지역 내 활동에 대한 공유된 프레임워크를 제공하고 EU가 성 평등을 발전시키기 위해서 그들의 파트너십과 재정적 제도가 어떻게 동원되어야 하는지 보여주는 하나의 예가 되고 있다(DG Development and Cooperation-Europe Aid, 2007: 28).

4) 유럽연합의 개발협력에 있어서 성 평등 원조를 위한 수단

가. 유럽연합의 젠더와 개발 예산

유럽연합의 예산은 자체수입원인 관세, 회원국의 부가가치세, 회원국의 기여금으로 구성된다(김종섭 외, 2012: 86). 개발협력 관련 예산의 종류도 다양하며 크게 EDF(European Development Fund), DCI(Development Cooperation Instrument), ENI(European Neighbourhood Instrument), IPA(Instrument of Pre-Accession), EIDHR(European Instrument for Democracy and Human Rights), IcSP(Instrument contributing to Stability and Peace)로 총 6가지가 있다. 이 중 가장 큰 부분을 차지하는 예산은 EDF와 DCI로 2014~2020년 동안 각각 305억 유로, 197억 유로로 책정되어 있다(CONCORD, 2014: 5).[14]

대표적인 두 예산에는 젠더와 관련된 특징적인 내용이 포함되어 있다. 먼저, DCI(Development Cooperation Instrument)는 지역별 프로그램과 주제별 프로그램으로 나뉘는데, 지역별 프로그램 중 라틴아메리카의 경우 성 평등 및 여성의 역량강화를, 아시아 및 중동은 성 평등을, 남아프리카는 성 범죄 및 젠더 기반 폭력과 보건의 중요성을 언급하고 있다(Hansson, 2013: 4). 한편, 주제별 프로그램 중 하나인 GPGC (Global Public Goods and Challenges) 프로그램15)에서는 '인간개발' 목표하에 성 평등 및 여성 역량강화를 우선순위로 두고 있으며, 특히 여성의 경제·사회·정치적 역량강화에 초점을 두고 있다(Hansson, 2013: 5). 인간개발에 투입되는 예산의 5~7%를 성 평등 및 여성 역량강화에 할당하고 있으며 이는 약 6,140~8,600만 유로에 해당한다(CONCORD, 2014: 18). 이외에도 보건 분야에서는 모성보건, 성 및 재생산 보건 및 권리, 가족계획 등에서 젠더를 언급하고 있으며, 교육에서는 여성 및 여아의 교육으로의 동등한 접근성에서 젠더가 포함되어 있는 것을 확인할 수 있다(Hansson, 2013: 5).

한편, 가장 큰 규모의 예산을 보유한 EDF는 79개의 ACP국가에 지원되는 예산으로서 코토누 협정의 목표 및 기조를 따른다. 코토누 협정에서는 명백하게 성 평등 및 여성의 역량강화를 고려할 것을 언급하고 있으며 특히 성 및 재생산 보건과 권리, 젠더 기반 폭력 철폐에 초점을 맞추고 있다(Hansson, 2013: 5). 그러나 문서상으로는 성 평등 및 여성 역량강화를 강조하고 있으나, 실질적인 예산 집행에 있어서는 이에 기여하는 바가 거의 없다는 평가도 있다(Hansson, 2013: 5).

나. 유럽연합 개발협력 사업의 성 주류화 과정

유럽연합이 개발협력 사업 수행시 활용하는 성 주류화를 위한 주요 수단들로는 젠더 분석, 성 인지 지표, 사업 실행계획의 성 주류화, 젠더이슈가 포함된 TOR (Terms of Reference), 성 평등 심사 체크리스트, 성 인지 예산16) 등이 있다. 성 평등 원조의 주요 수단이기도 한 사업 실행계획의 성 주류화 과정에 다른 주요 수단들이 어떻게 활용되는지를 살펴보고자 한다.

사업의 예비 조사 단계(identification stage)는 사업에 관한 아이디어가 협력국 및 유럽연합의 개발 우선순위에 적합한지, 실현가능성이 있는지를 판단하고 확인하는 단계이다(European Commission, 2009: 55). 판단을 위한 수단으로 젠더이슈 및 성 불평등에 관한 예비 타당성 조사(젠더 분석)를 실시하며 이를 통해 사업이 성 평등 및 여성 역량강화 증진에 기여할 수 있을지 여부를 판단한다. 주요 활동 내용으로는 TOR에 젠더이슈를 반영하는지, 과제관리자가 사업 확인 단계에서 활용하는 성 평등 심사 체크리스트를 적용하고 있는지를 살펴보고, 과제관리자는 어떤 젠더이슈가 사업과 연관이 있는지, 어느 정도의 범위에서 젠더이슈를 고려해야 하는지 등을 확인하고 이를 실행하기 위한 구체적인 활동들을 제안한다(European Commission, 2009: 55).

확인 단계에서 실시한 검토 및 평가를 바탕으로, 사업 형성 단계(formulation stage)에서는 타당성 조사의 한 부분으로 전 범위의 젠더 분석을 실시하고 이러한 젠더 분석 결과는 사업 실행계획에 포함된다(European Commission, 2009: 59). 구체적인 활동을 살펴보면, 과제관리자는 사업 형성 단계에서 활용하는 성 평등 심사 체크리스트를 기준으로 사업 제안서를 검토하고, TOR 작성에 필요한 젠더 분석이 만족스럽게 완료되었는지 또는 추가적인 작업이 필요하지는 않은지 확인하며, 성 평등 이슈를 강조하는 TOR을 작성한다. 이로써 사업비 계획서에도 성 평등 심사 체크리스트를 적용하고, TOR 및 이행조항 등을 성 주류화 한다(European Commission, 2009: 60-62).

사업 이행 단계(implementation stage)에서는 성 주류화 된 사업목표들이 잘 달성되고 있는지 지속적으로 검토하고, 활동 및 결과를 모니터링하며, 성인지 지표를 활용하여 결과를 관리한다. 이러한 활동들을 통해서 운영 계획 및 모니터링 보고서도 자연스럽게 성 주류화하고 이행 보고서(implementation report)도 최신 정보로 갱신한다(European Commission, 2009: 63-64).

마지막으로 사업 평가 단계에서는 OECD/DAC의 5대 평가 기준[17])을 적용하고 있으며, 성 인지 평가를 위해 전문가를 투입하고, 평가 보고서에 성 평등 이슈를 완전히 반영하도록 하고 있다. 이를 통해 성 인지 최종 평가 보고서를 발간한다(European Commission, 2009: 64-65).

이상에서 유럽연합의 성 평등 원조 현황과 성 평등 원조에 대한 구체적인 정책들을 살펴보았다. 다음 절에서는 유럽연합 아시아 국가들에 대한 성 평등 원조사업의 몇 가지 사례를 살펴보도록 한다.

3 EU의 성 평등 원조사업의 사례

1) 캄보디아: 법적 갈등에 놓인 여성들을 위한 사법 지원[18]

구분		내용
프로젝트 명		Justice for women in conflict with the law in Cambodia
분야/주제		governance
기간		2009~
지원액/비율		197,079유로/63.42%
국가/지역		캄보디아/Battambang, Banteay Meanchey, Kampong Cham, Kampong Thom, Prey Veng
시행기관	파트너 기관	Legal Aid of Cambodia
	재정 및 기술지원	European Commission(EC)

'법적 갈등에 놓인 여성들을 위한 사법' 사업은 '여성 사법 프로그램(WJP: Women's Justice Program)'하에 시행되고 있는 3개의 사업[19] 중 하나이다. WJP의 목표는 법적으로 취약한 여성들에게 법적 도움을 제공하고, 여성의 권리를 교육하며, 여성 관련 법률 실행방법에 대해 정부 당국을 훈련하고, 지속적인 변화를 달성할 영향력이 있는 소송을 맡음으로써 여성들이 사법체계에 접근할 수 있도록 하는 것이다.

EU가 지원한 WJP의 '법적 갈등에 놓인 여성들을 위한 사법' 사업의 주요 활동들은 다음과 같다. 첫째, 대상 지역에서 법적 갈등에 놓인 여성들의 법적 대리를 수행하였다. 법적 도움을 제공함으로써 2012년 12월 31일까지 총 45개의 소송이 시작되었고 2012년 동안에 24개의 소송이 완료되었다. 또한 같은 해 동안 73명의 여성들의 법적대리인으로서 소송에 참여하였다. 공정한 판결에 따라 승소 8번, 패소 14번을 하였으며, 하나의 소송은 불공정한 판결에 따라 패소하였다.

둘째, Kampong Thom과 Banteay Meanchey 지역에서 사법 경찰을 대상으로 사법 경찰의 역할, 관련 법 토론, 경찰 조사 및 범죄의 유형 등을 주제로 한 네 차례의 사법 훈련을 실시하였다. 훈련을 완료한 후 실시한 만족도 조사에서 참가자들의 85%가 교육받은 법률을 충분히 이해했다고 언급하였다. 이외에도 Battambang,

Banteay Meanchey, Kampong Cham, Kampon Thom에서 교도관들에게 9번의 법적 훈련을 제공하였다.

셋째, 7차례에 걸쳐 이해당사자 회의를 주선하였다. 사건을 맡은 지역의 검찰관들은 사건 관련 이해당사자들과 의무적으로 매월 만남을 가졌다. Legal Aid of Cambodia는 이 회의를 여성 및 아동 관련 아젠다를 상정하는 기회로 활용하였다. 이는 경찰, 판사, 교도관 등을 포함한 이해당사자들이 그들의 생각과 경험을 교환하는 자리를 마련하고 관련 이슈에 대한 인식을 증진시키는 계기가 되었다.

마지막으로, Kamong Cham과 Battambang에서는 관련 주제로 라디오 토크쇼를 진행하였다. 라디오 토크쇼는 지역주민들에 대한 적극적인 지원 활동을 유도하기 위해 실시한 것으로 총 18회에 걸쳐 진행되었다. 토크쇼의 주제로는 폭력과 성폭행의 위협, 폭력, 법적 갈등에 놓인 여성과 아동 보호, 인신매매와 성적 착취 억제, 마약의 위험성, 교도관의 역할, 인신매매의 위험과 예방 등이 다루어졌다.

2) 캄보디아: WLSN I – 지역 여성 지도자 역량강화[20]

구분		내용
프로젝트 명		WLSN I–Empower Cambodian women leader at sub-national level
분야/주제		governance
기간		2011~2013
지원액/비율		–
국가/지역		캄보디아/Prey Veng, Kampong Cham, Kampong Thom
시행기관	파트너 기관	Silaka Association, Committee to Promote Women in Politics
	재정 및 기술지원	European Commission(EC) (EC)

캄보디아 여성정치인들은 정치·경제·사회·문화 등 모든 분야에서 취약한 일반 캄보디아 여성들을 대변하는 중요한 역할을 수행할 수 있는 위치에 있다. 그러나 여성 인권에 대한 인식과 권리 보호를 위한 역량의 부족으로 여성 지도자가 여성을 대표하는 역할을 수행하는 정도는 미미한 수준이다. 따라서 그들이 캄보디아 여성들의 인권 및 성 평등을 위해 의사결정을 할 수 있도록 역량을 강화하는 것이

필요하다. 이에 여성정치참여위원회(CPWP: Committee to Promote Women in Politic s)[21]는 해당 지역의 여성 정치가들을 대상으로 '지역 여성 지도자 역량강화'사업을 수행하였다.

사업의 목적은 앞서 언급했듯이 지역 여성 지도자들의 역량을 강화하여 캄보디아의 대다수 취약계층(여성)들에게 필수 사회서비스를 제공하고 그들의 권리를 보호하기 위한 의사결정 과정 및 활동에 참여할 수 있도록 하는 것이다. 사업의 대상은 지역의 여성 부지사, 여성 의원, 여성부 부서 및 사무소, 젊은 여성 활동가들로 선정하였다.

사업의 세부 목표는 ① 지역 여성 지도자들의 역량강화, ② 여성 지도자들간 네트워크 강화, ③ 여성 인권에 대한 인식 제고 및 여성 지도자에 대한 신뢰 증진, ④ 여성과 아동 권리 관련 정책과 법의 실행을 위한 자원 및 예산 분배로 나눌 수 있다.

사업의 세부 활동으로서 CPWP와 Silaka는 역량강화를 위한 훈련을 리더십 기술 및 로비 활동, 옹호 활동, 여성 권리문제에 대한 지식 획득에 초점을 맞추었다. 또한 네트워크 구축을 통해 그들의 업무와 훈련을 통해 배운 지식 및 경험들을 공유하고 연대 활동을 하기 위해 연락을 주고받을 수 있도록 하였다. 이외에도 WPAN(Women's Political Activists Network)과 협력하여 각 공동체 마을별로 모자사망률과 여아의 교육 접근성 및 여성과 아동의 인신매매 등을 모니터링하였다. 또한 공동체 차원의 포럼 개최를 통해 캄보디아의 개발 및 거버넌스에 있어 여성 지도자의 참여에 대한 중요성을 인식하도록 하고, 정책 및 법률입안자들을 대상으로 중요 여성 이슈들을 정책 및 법률 입안시 포함시키도록 옹호 및 로비활동을 하고자 하였다.

사업 수행 결과, 지역의 여성 지도자들의 역량강화는 물론 그들의 여성 권리를 지지하는 활동 참여가 증가하였다. 여성 지도자들간 네트워크가 수립·강화되었고, 공동체 내에서 여성 리더십을 인식하고 받아들이는 분위기가 조성되었다. 또한 공동체 및 국가 차원에서는 공개적으로 여성 권리에 대한 문제를 논하는 자리가 더욱 많아졌다.

3) 베트남: HEMA 프로젝트-빈민을 위한 보건서비스 질 향상[22]

구분		내용
프로젝트 명		Health Care Support to the Poor of the Northern Uplands and Central Highlands Project-Bringing quality health care to Vietnam's poorest people
분야/주제		Health care and training
기간		2006~2012
지원액/비율		18,000,000유로/93%
국가/지역		베트남
시행기관	파트너 기관	Ministry of Health, World Bank
	재정 및 기술지원	European Commission(EC)

2008년 베트남에서 제정된 건강보험법은 빈곤층에 무료 의료서비스를 제공할 것을 명시하고 있지만 의료서비스의 질이 표준에 미치지 못하고, 특히 먼 지역의 경우 이마저도 접근이 어려운 상황이다. 이러한 환경에서 9개 구역(district)의 411,000명의 주민을 대상으로 실시된 HEMA 프로젝트는 산악지역의 빈곤층에게 양질의 보건서비스를 보장하고, 보건서비스 보급률을 높이는 것을 그 목적으로 하였다.

사업의 활동은 정보, 교육, 교류(IEC: Information, Education and Communication)에 초점을 두고 실시되었다. 먼저 소수민족의 보건서비스에 대한 인식 교육을 위해 마을 보건 직원들을 투입하여 다양한 언어로 교육을 제공하였다. 의료 패키지의 경우, 공동체 기반 안전한 모성 실천[23] 및 5세 이하 아동의 영양실조 치료,[24] 찾아가는 예방주사서비스, 빈곤층 및 소수 민족들에게 음식 및 교통비 제공, 진찰 병원 대상 의료비 일부 지원 등을 포함하고 있다. 또한 보건부의 요구에 따라 선정된 지역에 한해 마을 보건소가 치료를 제공할 수 있도록 보건소에 의약품을 공급하고, 고혈압 모니터링과 치료, 천식 관리, 의약품 공급 검사 및 관리 활동 등의 시범 활동이 수행되었다.

사업을 실시한 결과는 다음과 같다. 첫째, 의료서비스, 프로젝트 관리 등에 관한 훈련 및 교육을 통해 마을 보건직원들의 기획 및 관리 역량이 강화되었다. 둘째, 881명의 산모 대상 파상풍 예방 접종, 691명의 산모 대상 산후관리 제공, 2,029명의 산모 대상 충분한 영양 공급 조치 등 분만과 관련한 모든 서비스 지표가 향상되었다. 셋째, 먼 지역에서 생활하는 소수민족 및 사회 취약계층의 산모들을 대상으로 자택 내 출산 및 산전·후 관리와 건강보험카드 사용법 교육 등을 제공하여, 산모들이 안전한 출산시설의 중요성을 깨닫고 주민들의 보건서비스에 대한 인식을 향상시켰다. 마지막으로, 본 사업의 긍정적인 변화들로 인해 보건부는 표준 훈련 매뉴얼을 만들어 타 지역 마을 보건직원 훈련 활동에 이를 활용하는 등 사업의 효과가 국가 전체로 확대되었다.

4) 인도네시아: 친 빈곤 및 성 인지 예산 이니셔티브를 지원하기 위한 정부, 의회, 시민사회간 파트너십 개발[25]

구분		내용
프로그램 명		Building partnerships among government, parliament and civil society in support for pro-poor and gender-responsive budget initiatives in South Sulawesi
분야		성 주류화
기간		2008.12~2010.1
예산		약 18만 유로
국가/지역		인도네시아(South Sulawesi: Makassar, Bantaeng, Tana Toraja, Luwu Timur)
시행기관	이행 주체	Yayasan Komite Pemantau Legislatif(KOPEL) Sulawesi
	재정 및 기술지원	유럽연합(EU)

본 사업은 친 빈곤 및 성 인지 예산을 기획하기 위해 지역정부, 의회 및 시민사회가 역량을 강화하고 파트너십을 형성하여 대화를 증진하고자 하였다. 사업 수혜자는 대상 지역의 시민사회, 지방의 입법기관, 지방정부이다.

사업 초기 단계에서 지방정부, 의회 및 시민사회는 기초조사를 통해 얻은 정보 및 예산 수립 규칙과 관련한 문서들을 공유하고 소통함으로써 친 빈곤 및 성 인지 예산의 중요성을 인식하였다. 더불어 마을 지도자, 여성 지도자, 청년 대표자들과 연속적으로 회의를 실시하여 이 중 참여도가 높은 마을 구성원을 모아 의회단체를 설립하였다. 네 개의 지역에 총 74개의 단체가 설립되었으며 총 구성원은 891명(여성 334명, 남성 557명)에 달한다. 이들은 지역의 예산 수립 과정에 적극적으로 참여하였는데, 특히 교육과 보건 분야에서의 그들의 권리를 주장하였다.

다양한 훈련도 실시되었는데, 의회단체를 대상으로 실시한 공동체 조직 훈련을 통하여 친 빈곤 및 성 인지 예산 수립 과정 참여에 있어 인식 개선 및 연대의 중요성과 역량 개발의 필요성을 강조하였다. 또한 기자들을 대상으로 예산 조사 훈련을 실시하여 예산 수립 및 집행과정에서 흔히 나타나는 문제점, 예산 조사와 잠재적인 부정부패를 확인하는 기술들을 다루었다. 이외에도 의회단체 및 170개 시민단체와 함께 한 친 빈곤 및 성 인지 예산에 관한 훈련 워크숍, 지방정부 및 입법기관을 대상으로 각각 실시한 역량개발 워크숍 등이 있다. 이러한 워크숍을 통해 의회단체, 지방정부, 입법기관의 역량이 강화되어 성 인지 이니셔티브와 빈곤 감소 프로그램과 관련한 예산 할당액이 증가하게 되었고,[26] 지방 입법기관들은 친 빈곤 및 성 인지 이니셔티브를 위한 예산 조정 과정 및 예산 분석, 개정, 재할당과 관련한 역량을 강화하였다.

또한 예산 검토를 위한 정기 회의를 개최하여 지역별 중기개발계획의 초안과 일반적인 예산 정책을 분석하였으며, 이 과정에서 시민단체의 참여가 증가하였다. 시민단체는 지방의 개발예산에 대한 문서를 검토하고 친 빈곤 및 성 인지 개념에 대해 지방정부 및 지방 입법기관에 조언을 제공하는 역할을 하였다.

마지막으로 친 빈곤 및 성 인지 기획과 예산을 모니터하기 위해 의회 당직자 회의를 개최하고 활발한 자문이 이루어졌다.

사업 결과, 지방 예산 계획과 관련한 모든 과정에서 여성의 참여도가 2008년 20.7%에서 2010년 36.7%로 향상되었다. 모든 회의 개최시 여성이 남성들에 비해 참여자 수가 매우 저조한 것이 심각한 문제점이었는데, 이를 극복하기 위해 지방 정부들은 개발계획회의에 여성들을 반드시 초청할 것을 강력히 요구하였다. 따라서 여성들은 개발계획회의에서 동등하게 그들의 목소리를 낼 수 있게 되었다. 예산 관련 문서에서 성 인지 이슈 통합이 우선순위 프로그램으로 선정되고, 교육, 보건 및 사회 분야 등에서 여성의 역량을 강화하는 프로그램의 시급성 또한 점점 대두되고 있는 것으로 나타났다.

4 EU의 성 평등 원조의 특징과 젠더 관점 확산을 위한 과제

이상에서 살펴본 바와 같이, 유럽연합의 성 평등 원조 현황은 공여기관 중 최고 수준이었으며, 국제개발협력의 성 평등 정책 역시 여성과 여아를 대상으로 한 정책부터 성 주류화에 이르기까지 포괄적인 정책을 갖추고 있다. 성 평등과 여성의 역량강화를 위해, 사회경제 분야 전반에서 젠더이슈를 강조하고 있고, 실행계획의 중점 전략 분야인 거버넌스, 고용 및 경제, 교육, 보건, 젠더기반 폭력 분야에서는 특히 여성·여아를 대상으로 한 정책을 펼 것을 정하고 있다. 그럼에도 불구하고, 성 평등 정책에 두드러지게 나타나는 특징은 여성에 대한 폭력철폐를 위해 여성 차별적인 법률과 정책의 개선이 필요함을 강조하고, 폭력에 대한 정량적 지표개발이나 이를 철폐하기 위한 강력한 제도적 메카니즘의 필요성이나 사법권 강화에 집중하고 있다는 점이다.

유럽연합 국제개발의 또 하나의 특징은 협력국가들 및 주변 국가들과의 협력 파트너십을 맺고, 여기에서 협력국가들과 성 평등을 위한 협력을 공동으로 펼치기 위한 정책을 마련하고 있다는 점이다. 유럽연합 자체가 여러 국가들의 연합체 성격이기 때문에 그러한 기관 자체의 특성이 이 같은 협력국 및 주변 국가들과의 협력 관계 형성에도 영향을 미치고 있는 것으로 보인다.

그러나 유럽연합의 성 평등 원조가 회원국가인 북구유럽국가의 성 평등 원조 비율에 크게 미치지 못하고 있었다는 점은 한계로 지적할 수 있겠다. 원조액을 기준으로 한 절대적인 규모 자체는 독일과 함께 1, 2위를 차지하는 수준이지만, 이 규모가 유럽연합 전체 원조의 약 20% 수준이라는 점을 감안한다면, 유럽연합이 성 평등 원조를 좀 더 적극적으로 실행할 경우 국제사회의 성 평등 원조 수준이 크게 향상될 수 있었을 것으로 기대된다.

유럽연합과 같이 국제개발협력에 있어서 성 평등 원조를 선도하는 기관들이 있으나, 앞에서 살펴보았듯이, 성 평등 원조를 많이 하는 국가들이라 해도 그 원조 규모는 전체 원조 규모에 비하면 아직까지 미미한 수준이다. 특히 성 평등을 목적으로 하는 사업의 수는 훨씬 적고, 일반 원조사업에 젠더 관점을 통합한 형태의 사업들이 대부분을 차지하고 있어서, 개발도상국가의 성 평등을 위한 진전이 느릴 수밖에 없는 한계도 있다.

    일반 원조사업에 젠더 관점을 통합한 성 주류화 사업의 중요성도 매우 크지만, 한 기관의 어떤 정책에 성 주류화가 제대로 실행되기 위해서는 실무자들의 젠더 인식과 역량이 갖추어져야 하며, 성 주류화를 수용하는 조직문화가 뒷받침되어야 한다. 한국의 국제개발협력 담당기관의 성 주류화 역시 마찬가지여서 이 두 가지 요소는 필요충분조건이라 할 수 있겠다.

    국제개발에 있어서 성 평등 수준을 향상시키기 위한 노력은 협력국과 함께 많은 공여기관이 해오고 있으나, 국내외적으로 국제개발 분야의 전문가나 실무자들간에 개발과 젠더의 관련성에 대해 아직까지 공감대를 많이 얻지 못한 수준에 있다. 젠더 관점의 정책이나 사업에 대한 분석은 궁극적으로 그 사업을 통해 사람들의 삶의 질을 개선하기 위한 것이라는 점에서, 국제개발과 젠더는 결코 여성들만을 위한 것이 아니며 차별과 소외된 계층에 대한 관심인 것이고, 나아가 차별과 불평등을 해소하는 지속가능한 발전의 필수 불가결한 요소인 것이다.

▌미주

1) 이 글에서는 일반적인 개념을 설명할 때는 개발도상국, 개도국으로, 유럽연합과의 파트너십 관계에서 설명할 때는 협력국이라는 용어를 사용한다.

2) MDGs 달성을 위한 원조효과성을 제고하기 위한 고위급 회담의 마지막 회의로 2011년 11월 20일부터 12월 1일까지 대한민국 부산에서 개최되었다.

3) 국제개발협력에 있어서 개발도상국 또는 수원국이라는 표현과 함께, 수원국과의 협력 관계를 강조하는 의미에서 협력국이라는 표현을 사용한다.

4) OECD DAC (2014), http://www.oecd.org/dac/stats/documentupload/ODA%202013%20Tables %20and%20Charts%20En.pdf (접속일: 2015.4.7.).

5) 〈그림 4−3〉에서 제시하고 있는 원조액은 2012~2013년의 원조액의 평균치이며, 〈표 4−1〉에서 제시하고 있는 원조액은 2013년 원조액을 기준하였다.

6) '개발에 관한 유럽의 합의'에서는 공동 가치로 인권 존중, 기본적인 자유, 평화, 민주주의, 선정(good governance), 법치주의, 연대, 정의 그리고 성 평등을 제시하고 있다.

7) 개발에 관한 유럽합의의 다섯 가지 공동 기조는 ① 주인의식과 파트너십, ② 심도 있는 정책 대화, ③ 시민사회 참여, ④ 성 평등, ⑤ 국가 취약성(state fragility) 강조이다.

8) 유럽합의는 특별히 새롭고 구체적인 내용을 담고 있기 보다는 기존의 원조 정책, MDGs, 수원국과의 다양한 협정들에서 다루는 내용과 유사하나, 유럽연합과 회원국들이 원조에 대한 공동 정책을 추구하고 원조 정책의 일관성을 유지할 것을 최초로 표명했다는 점에서 그 의의가 있다.

9) 일곱 가지 방안으로는 빠르게 변하는 세계에서 빈곤 감소, 선정을 위한 인권·민주주의 및 다른 주요 요소, 인간개발을 위한 포괄적·지속가능한 성장, 사회보호·보건·교육 및 일자리, 비즈니스 환경, 지역 통합 및 세계시장, 지속가능한 농업 및 에너지, 차별화된 개발 파트너십, 유럽연합 공동 활동, 유럽연합 정책간 일관성 개선, 변화를 위한 아젠다 수용이 있다.

10) 개발협력에서의 성 평등 및 여성 역량강화에 대한 유럽연합위원회의 커뮤니케이션 문서는 2005년 11월에 UNIFEM과 함께 "Owning Development: Promoting Gender Equality in New Aid Modalities and Partnerships"라는 주제로 개최한 국제회의의 결과 및 '개발에 관한 유럽의 합의' 정책문서를 바탕으로 작성되었다.

11) 정기적인 정책대화는 유럽연합 및 협력국간의 관계 지속을 도모하고, 관련 사안에 대한 달성도를 점검할 수 있다. 정책대화의 주요 파트너들은 개발전문가, 협력국 정부 공무원, 대표단, 외교공관, 그리고 여성 인권 단체 등이 있다.

12) ACP−EC, Cotonou partnership agreement, 23 June 2000.

13) Regulation (EC) No 1638/2006 of the European Parliament and of the Council of 24 October laying down general provisions establishing a European Neighbourhood and Partnership Instrument.

14) 그 외 ENI는 154억 유로, IPA는 117억 유로, EIDHR은 13억 유로, IcSP는 23억 유로로 각각 책정되어 있다.

15) GPGC 프로그램에서는 환경 및 기후변화, 식량·영양 안보 및 지속가능한 농수산업, 인간개발, 이주 및 망명 그리고 지속가능한 에너지를 주요 전략 분야로 선정하고 있다.

16) 성 인지 예산의 목표는 남녀 모두의 목소리를 예산 형성 단계에 반영하고, 예산을 할당하기 위해 성 평등 목표를 예산의 내용에 반영하는 것이다.

17) OECD/DAC의 5대 평가기준의 성 주류화 내용은 다음과 같다. ① 관련성(적절성): 관련성 있는 성 평등 이슈가 목표에 반영되었는지, 프로젝트 전체 성 평등 이슈를 논리적이고 일관성 있게 다루었는지, 외부적인 요인들로 인해 젠더 역할 및 관계에 발생한 변화가 프로젝트에 잘 조정되었는지 등을 확인, ② 효율성: 남성과 여성 모두에게 합리적인 비용으로 프로젝트 결과를 달성하고 동등하게 혜택을 받았는지 등을 평가, ③ 효과성: 특정 이해당사자 및 프로젝트 대상들에게 미치는 긍정적인 영향에 대해 성별 분리하여 구체적으로 평가, ④ 영향력: 성 평등과 관련하여 사회 환경·정책 및 분야 목표에 한 기여도를 평가, ⑤ 지속가능성: 프로젝트를 통해 남성과 여성의 전략적인 니즈가 얼마나 강조되었는지, 성 주류화를 위한 역량이 얼마나 개발되었는지 등을 평가(European Commission, 2009: 64).

18) European Union (2011), European Instrument for Democracy and Human Rights Compendium 2007~2010, p. 201, https://ec.europa.eu/europeaid/sites/devco/files/publication−eidhr−compendium−2007−2010_en_0.pdf (접속일: 2015.1.26.).
Legal Aid of Cambodia 웹사이트. http://lac.org.kh/?page_id=150 (접속일: 2015.1.27.).
Legal Aid of Cambodia (2013), Annual Report 2012, pp. 9-12.

19) 3개의 프로젝트 제목은 각각 Justice for Women in Conflict with the Law in Cambodia, Access to Justice for Women in Siem Reap and Kampong Thom, Commune Conversation Enhancement이다.

20) Silaka Association 웹사이트. http://silaka.org/?our_projects=wlsn−1 (접속일: 2015.1.27.). "Empowering Cambodian Women in politics at sub−National Sary Kong," http:// rcswww.urz.tu−dresden.de/~ast/Alumni/Beitraege_SS2012/Beitrag%20Sary.pdf (접속일: 2015. 2.13.).

21) 캄보디아 CPWP는 캄보디아 여성정치참여 확대를 위한 주요 여성단체의 연합체로서, 대표적인 단체로는 GADC, WFP, SILAKA, COMFREL 등이 연합체에 포함되어 있다.

22) World Bank(2012), "Implementation completion and results report (TF-91328)," No. ICR 1405, http://www−wds.worldbank.org/external/default/WDSContentServer/WDSP/IB/2013/01/08/000350881_20130108083948/Rendered/PDF/NonAsciiFileName0.pdf (접속일: 2015.2.13.).

23) 세부적으로 가정에서의 산전 건강관리, 파상풍 예방접종, 훈련된 직원에 의한 가정 분만, 산후관리, 미량영양소 보충 등의 주제가 포함된다.

24) 세부적으로 가정에서의 관리, 영양 보충 등의 주제가 포함된다.

25) 아래 출처의 내용을 참조하여 요약하였으며 자세한 내용은 아래 출처를 참고하면 된다. Delegation of European Union Indonesia (N. A.), "Non-State Actors and Local Authorities in Development Programme (NSA-LA), http://eeas.europa.eu/delegations/ indonesia/documents/eu_indonesia/nsala_en.pdf p. 1 (접속일: 2015.4.17.).

KOPEL (2011), "Final Narrative Report-Building Partnership among Government, Parliament and Civil Society in Support for Pro-Poor and Gender-Responsive Budget Initiatives in South Sulawesi" http://www.google.co.kr/url?sa＝t&rct＝ j&q＝&esrc＝s&source＝web&cd＝4&cad＝rja&uact＝8&ved＝0CDEQFjAD&url＝ http%3A%2F%2Fkopel－online.or.id%2Ff_narative%2FFinal%2520Narrative%2520R eport%2520－%2520final%25206%2520Juni%25202011.doc&ei＝qqcwVc3BAcTZm gWzxIEg&usg＝AFQjCNFzDB2kjdFqSJYBwb59AGEM2Vo2XA&bvm＝bv.91071109, d.dGY (접속일: 2015.4.17.).

26) 각 지역별로 성 인지 이니셔티브와 빈곤 감소 프로그램과 관련한 예산 할당 증가분은 Makassar는 20.49%, Bantaeng는 36.28%, Tana Toraja는 9.46%, Luwu Timur는 34.58%이다.

▌참고문헌

김경애. (2012). "우리나라 공적개발원조(ODA)와 젠더."「젠더연구」, 제17호. 동덕여자대
　　　학교.

김양희·이수연·김인순·김은경. (2004).『성 인지 정책 지침 개발』. 서울: 여성부.

김은경·김영혜·윤현주·김정수·이태주·조영숙. (2011).『제4차 부산 세계개발원조총회
　　　(HLF-4) 논의주제에 대한 젠더관점의 의제 개발』. 서울: 한국여성정책연구원.

_____ ·김경주·이영인. (2012). "한국과 인도네시아의 농촌개발 과정에 나타난 여성참여
　　　사례 분석."「여성연구」, 82(1): 209-245.

_____ ·이수연·김둘순·김동식·김정수. (2014a).『성인지적 관점에서의 ODA 사업 평가
　　　연구』. 서울: 한국여성정책연구원.

_____ ·장은하·이미정·김영택·곽서희·조영숙. (2014b).『Post-2015 개발체제에서 젠더
　　　의제 분석』. 서울: 한국여성정책연구원.

_____ (2014c). "젠더와 개발."『국제개발협력 해설서』. 국제개발협력학회.

_____ (2015a). "젠더와 개발에 있어서 WID/GAD, 성 주류화 접근방식에 대한 고찰."「아
　　　시아여성연구」, 54(2): 137-172.

_____ ·이수연·김둘순·김동식·김정수. (2015b). "한국 주요 ODA 사업에 대한 성 인지적
　　　관점의 평가와 필요성에 관한 연구."「여성연구」, 88(1): 281-325.

_____ ·장은하·김정수·이나라. (2015c).『양성평등 ODA 활성화 방안』. 서울: 여성가
　　　족부.

김종섭 외. (2012).『유럽의 ODA 정책과 한·유럽 개발협력』. 서울: 한국대외경책연구원.

남영숙. (2009). "개발원조기구의 성 주류화 정책 경험에 대한 비판적 고찰."「여성학 논집」
　　　26(2): 223-255.

임은미. (2013).『개발협력과 젠더-DAC 성평등 원조의 현황과 문제점』, 세계정치, 19(단일
　　　호): 135-186.

Brown, Lynn R et al. (1995). "Gender and the Implementation of Structural Adjustment
　　　in Africa: Examining the Micro-Meso-Macro Linkages." International Food Policy
　　　Research Institute, Washington DC.

Bunch, Charlotte. (2009). Women's Rights and Gender at the United Nations: The
　　　Cause for a new Gender Equality Architecture, To be published in Vereinte
　　　Nationen: German Review on the United Nations.

Chhay Kim Sore. (2007). "Engaging Men to End Men's Violence Against Women: A

Cambodian Case." Regional conference on Men as Partners to End Violence Against Women (EVAW). UN Conference Center, Bangkok, Tailand, p. 2, Cambodian Men's Network. http://www.endvawnow.org/uploads/browser/files/ Cambodia%20Mens%20Network.pdf (접속일: 2015.2.13.)

Commission of the European Communities. (2007). Gender Equality and Women Empowerment in Development Cooperation. Brussels, 8.3.2007 COM(2007) 100 final.

CONCORD. (2014). Guide to EuropeAid funding instruments 2014~2020: CSO engagement in EU development cooperation. Brussels: CONCORD Europe.

Delegation of European Union Indonesia. (N.A.). "Non-State Actors and Local Authorities in Development Programme (NSA-LA), http://eeas.europa.eu/delegations/indonesia/ documents/eu_indonesia/nsala_en.pdf p. 1 (접속일: 2015. 4. 17)

DG Development and Cooperation-EuropeAid. (2007). EU Toolkit on Mainstreaming Gender in development cooperation: Handbook on concepts and methods for mainstreaming gender equality EU: European Commission. http://www.enpi-info.eu/ library/content/eu-toolkit-mainstreaming-gender-development-cooperation-han dbook-concepts-and-methods-mainst (접속일: 2015.1.6.)

European Commission. (2009). Toolkit on mainstreaming gender equality in EC development cooperation. Third edition (First edition 2004). Brussels: European Commission.

_____. (2010). EU Plan of Action on Gender Equality and Women's Empowerment in Development 2010~2015. Commission of Staff Working Document, Brussels, 8.3.2010 SEC(2010) 265 final

_____. (2011). Communication from the Commission to the European Parliament, the Council, the European Economic and Social Committee and the Committee of the Regions-Increasing the impact of EU Development Policy: an Agenda for Change, Brussels: European Commission.

European Union. (2008). EU guidelines on violence against women and girls and combating all forms of discrimination against them.

_____. (2011). European Instrument for Democracy and Human Rights Compendium 2007~2010.

Hansson, Hanna. (2013). The EU Aid Budget 2014~2020 – Fit to Ensure Human Rights, Gender Equality and Women's and Girls' Empowerment? CONCORD: Sweden.

Hill M. Anne and Elizabeth M. King. (1995). "Women's Education and Economic

Well-Being." *Feminist Economics*, Vol. 1, No.3.

Hyndman, J. (2008). "Feminism, conflict and disasters in post-tsunami Sri Lanka." Gender, *Technology and Development*, 12(1): 101-121.

Klassen, Stephan. (2000). "Does Gender Inequality Reduce Economic Growth and Development? Evidence from Cross-Country Regressions." *World Bank Policy Research Working Paper*, No. 7.

KOPEL. (2011). "Final Narrative Report-Building Partnership among Government, Parliament and Civil Society in Support for Pro-Poor and Gender-Responsive Budget Initiatives in South Sulawesi" http://www.google.co.kr/url?sa=t&rct=j&q=&esrc=s&source=web&cd=4&cad=rja&uact=8&ved=0CDEQFjAD&url=http%3A%2F%2Fkopel-online.or.id%2Ff_narative%2FFinal%2520Narrative%2520Report%2520-%2520final%25206%2520Juni%25202011.doc&ei=qqcwVc3BAcTZmgWzxIEg&usg=AFQjCNFzDB2kjdFqSJYBwb59AGEM2Vo2XA&bvm=bv.91071109,d.dGY (접속일: 2015. 4. 17)

Legal Aid of Cambodia. (2013). Annual Report 2012. pp. 9-12.

Michel, L. (2006). The European Consensus on Development. Brussels: European Commission.

OECD. (2011). "Busan Outcome Document." High Level Forum 4 on Aid Effectiveness, Busan, Korea.

_____. (2015). Aid in Support of Gender Equality and Women's Empowerment-Donor Charts. Paris, OECD.

Satio and Spurling. (1992). "Developing Agricultural Extension for Women Farmers." World Bank Discussion Paper 156, Washington DC.

SDC. (2003). Gender Analysis. HYPERLINK "http//www.oecd.org/dac/gender-development/44896186.pdf"http://www.oecd.org/dac/gender-development/44896186.pdf

World Bank. (2001). "Engendering Development: Through Gender Equality in Rights, Resources and Voice." A World Bank Policy Research Report.

_____. (2012). "Implementation completion and results report (TF-91328)", No. ICR1405, http://www-wds.worldbank.org/external/default/WDSContentServer/WDSP/IB/2013/01/08/000350881_20130108083948/Rendered/PDF/NonAsciiFileName0.pdf (접속일: 2015.2.13.)

웹사이트

EU, http://ec.europa.eu/
IOM Vietnam, http://www.iom.int.vn/
Legal Aid of Cambodia, http://lac.org.kh/
OECD Statistics, http://stats.oecd.org/
Silaka Association, http://silaka.org/
UN WOMEN, http://www.unwomen.org/

제5장

인권에 기초한 개발

제5장

인권에 기초한 개발*

김 영 완 (한국외국어대학교)

우리와 동시대를 살아가고 있는 지구상의 인구 중 대략 6분의 1에 해당하는 8천 9백만명은 1.9달러 미만으로 하루의 생계를 꾸린다.[1) 그러나 선진국에서는 수많은 음식과 자원이 쓰레기로 버려지고 있다. 이스라엘에서 휴가를 보내고 있는 사람들이 수영장에서 한적한 오후를 보낼 때, 국경을 맞대고 있는 팔레스타인에 살고 있는 사람들은 식수조차 부족할 만큼 생계에 어려움을 겪고 있다. 이와 같이 전 지구적 차원에서 불평등 문제가 심각하게 대두되자, 국제사회는 전 세계의 재분배 문제에 관심을 가지고 이 문제를 시정하기 시작했다.

국제사회의 다양한 행위자들은 가난한 나라의 경제적 성장을 지원하기 위해 국제개발협력이라는 명목하에 다양한 정책을 시행하고 있다. 경제개발협력기구 개발원조위원회(Organization for Economic Cooperation and Development, Development Assistance Committee, 이하 OECD DAC)에 속해있는 선진국들은 물론, 다양한 국제기구들도 지구상의 빈곤과 기아를 퇴치하기 위한 방안을 이론적으로 모색함과 동시에, 많은 예산과 자원을 투입하여 실천에 나서고 있는 상황이다. 특히 OECD DAC 회원국들은 매년 공여국들의 원조노력과 정책방향에 대한 연차보고서(Development Cooperation Report)를 발간하여 공적개발원조(Official Development Assistant, 이하 ODA)에 관한 정보를 공유하고 있다. 즉 개발협력과 개발원조는 더 이상 시혜의 차원이 아닌 국제사회의 책임 있는 일원으로서의 의무로 여겨질 정도로 발전되어 왔다.

개발도상국의 경제개발에 대한 관심이 나날이 높아지는 이 시점에서 우리는 한 가지 질문을 던져볼 필요가 있다. 이는 빠른 경제성장을 이룩하도록 원조를 지원하는 것만이 국제사회가 개발도상국에게 해 줄 수 있는 전부일까에 대한 문제제기이다. 다시 말해, 개발도상국의 국민들에게 진정으로 행복한 삶을 누리기 위해서는 무엇이 필요할 것인가에 대한 성찰이 필요한 것이다. 예를 들면, 한국을 포함한 동아시아 국가들은 빠른 경제성장을 이룩하였음에도 불구하고, 부의 편중을 고착화하는 사회구조가 지속되는 어려움을 여전히 겪고 있다. 따라서 본 장은 단순히 경제개발이라는 한 가지 목표만을 중심에 두고 정책을 추진할 때 생기는 사회적 문제는 무엇이 있으며 이를 극복할 수 있는 새로운 차원의 접근법에 대하여 살피고자 한다.

본 장에서는 개발도상국 국민들의 삶의 질을 높이고 진정으로 행복한 삶을 보장하기 위해서는 개발을 인권 실현의 과정으로 인식하는 '인권에 기초한 개발'이라는 접근법이 필요함을 역설하고자 한다. 이를 위해, 먼저 국제사회가 협의한 인권이라는 원칙을 기존 국제개발협력의 한계가 무엇인지를 중심으로 살펴본다. 그리고 인권에 기초한 개발에 대해 자세히 논의한다. 보다 구체적으로, 먼저 이론적 차원에서 역사와 개념에 대한 논의를 진행한 이후에, 유엔, 유럽연합, 비정부기구들(Nongovernmental Organizations, 이하 NGOs)의 인권에 기초한 개발협력 프로그램 사례를 살펴봄으로써 인권에 기반한 국제개발의 실제를 논의하려고 한다. 결론에서는 인권에 기초한 개발이 부딪히는 한계점을 세계화라는 맥락에서 짚어볼 것이며, 향후 과제와 실천적 함의를 도출한 후 마무리 할 것이다.

1 기존 국제개발협력의 한계

개발에 있어 인권에 기초한 접근이 필요한 이유가 무엇인가를 먼저 생각해볼 필요가 있다. 국제개발협력 분야에 자신의 미래를 걸고 참여하는 사람들의 숭고한 사명감과 책임감을 생각하면 참 놀라운 일이지만, 개발의 현장에서 기본적 인권이 침해되고 있는 상황은 지금 이 순간에도 존재하고 있다. 다시 말해, 긍정적인 결과를 낳은 수많은 국제개발협력 사업들이 존재함에도 불구하고, 부정적인 측면도 여실히 존재하고 있다는 점을 무시할 수 없다. 특히, 개발도상국에서 도시개발을 위해 많은 이들의 인권이 침해되고 희생자가 발생하는 일은 인권을 고려하지 않는 개발의 문제점을 여실히 보여준다. 국민의 생명과 재산을 보호해야 하는 국가와 국제사회의 의무가 개발이라는 이름하에 외면되고 있는 현실은 국제개발협력 정책에 있어 인권의 원칙을 견지해야 한다는 접근법의 중요성을 설명하기 위해 반드시 짚고 넘어가야할 문제인 것이다. 본 장에서는 국제개발협력의 어두운 그림자를 보여주는 사례들을 살펴보고자 한다.

가장 대표적으로는 세계 각지에서 개발협력에 기여하고 있는 기업들의 사회공헌 활동이 가지는 한계를 살펴볼 수 있다. 오늘날 국제개발협력에 참여하는 집단의 다양성이 증가하고 민관협력이 보편적으로 이루어지고 있는 추세이다. 해외원조와 국제개발협력을 전담하기 위해 설립된 비영리기구들과의 협력은 물론 영리기업들과의 협력도 빈번하게 발생한다. 기업은 단순히 이익만을 창출하는 조직이라는 기존의 패러다임이 있었지만, 최근에는 기업의 사회적 책임(CSR: Corporate Social Responsibility) 등의 개념이 도입되어 기업들이 국내외적으로 사회적 가치를 증진시키고자 하는 활발한 활동을 전개하고 있다.

이와 같은 추세가 지속되는 이유는 기업들의 사회적 가치 창출이 영리활동 극대화와 무관하지 않기 때문이다. 즉 기업의 사회공헌 행위를 통한 국제 정치, 경제, 생태, 사회적 환경의 개선은 해당 기업의 이미지를 긍정적으로 제고하며, 이는 상당히 큰 홍보효과로 이어지기에 기업의 영리추구전략에 큰 도움이 된다. 또한 기업들의 사회공헌 형태는 개별기업에서 스스로 활동모델을 개척하는 적극적인 방식에서부터 각급 정부들이나 국제기구, 비영리기구들과의 파트너십을 형성하여 활동하는 경우에 이르기까지 매우 다양하다. 기업들은 국제개발협력의 영역에 있어서도 학교 및 도서관 설립과 같은 교육부문은 물론, 문화예술과 사회복지, 기술이전 등 다양한 분야에 활발하게 참여하고 있다.

하지만, 기업들의 국제개발협력 분야로의 진출이 장밋빛 미래를 온전히 보장하지는 않는다. 다양한 분야에서 거둔 화려한 성과의 이면을 들여다보면, 오히려 기업 내부에 어두운 그림자가 드리워져 있는 현실을 발견할 수 있기 때문이다. 예를 들면, 인건비 절감을 염두에 두고 개발도상국에 진출한 기업들은 사회적 인프라를 건설하지만, 노동력을 제공하는 사람들의 최저 임금까지 보장해주지 않으며, 이와 같은 노동착취로 인하여 소요사태가 발생하는 경우도 심심치 않게 발생한다. 모기업이 속한 국가의 인권기준을 지키지 않는 것은 물론, 개발도상국의 턱없이 낮은 기준마저도 무시하는 인권선진국에서 온 기업들도 사회공헌이라는 이름으로 일정 정도의 기부활동을 진행하기도 한다. 개발도상국의 정부와 협력하는 경우, 현지 국민들에 의해 설립된 기업이 가질 수 없는 자원을 활용해 시장에 진출함으로써 자생적 산업의 발전을 저해하거나, 부패한 정부 관료들과 결탁하여 법체계를 교란시키는 등의 문제가 발생하기도 한다. OECD는 이를 방지하기 위해 기업의 사회공헌과 관련하여 공정한 경쟁, 법률 준수, 차별 없는 고용, 노동권 보호, 환경보호, 기업시민권 등의 기준을 만들었다. 이는 1976년에 이미 채택하여 발전시킨 다국적 기업의 사회공헌과 관련된 규범(OECD Declaration on International Investment and Multinational Enterprises)에서도 강조되고 있는 내용이기도 하다.

한편, 국제개발협력에 있어서 선진국에서 설립된 다수의 개발 NGOs의 역할은 매우 중요하다. NGOs가 개발도상국에서 빈곤퇴치, 경제개발을 목표로 다양한 활동을 활발하게 전개한다는 것은 잘 알려져 있다. 이들은 기술원조와 개발협력 사업을 진행하는 것은 물론, 조사연구를 토대로 한 정책자문, 캠페인, 교육활동 등도 전개하고 있다. 그러나 NGOs의 공급 중심 개발원조의 문제점 역시 제기되고 있다. 수혜국 상황에 맞는 개발원조정책, 개발 과정에 주민들의 참여를 강조하는 방식이 필요하다는 것이다. 그럼에도 불구하고 NGOs는 가용한 자원의 제약이라는 현실적인 문제에 봉착하기 때문에, 가시적인 성과 중심의 사업에 더 많은 관심을 가질 수밖에 없는 상황에 처하기도 한다. 놀라운 점은 이러한 문제가 국가적 차원의 개발협력에서도 발견된다는 것이다. 정부가 추진하고 있는 개발협력의 사례를 보면, 단발성 선심공세로 독재국가들의 정부 유력인사들과의 친분을 고려해 자원을 배분하거나, 수원국의 상황을 고려하지 않은 사업을 집행하는 일도 허다하다. 대한민국의 경우, 세계가 주목할 만한 경제개발의 성과를 거두었다는 자부심이 빠른 경제성장의 화려함 뒤에 감춰진 불평등의 심화, 심각한 인권침해 등의 문제를 고려하지 않은 무조건적인 성장지향형 개발모델을 이식하는 결과를 낳기도 한다. 이와 같이 개발의 다양한 가치 가운데 효율성이 가장 우선적으로 고려되는 실정이다.

요컨대 이상에 서술한 것과 같은 문제점들은 개발이 여러 차원을 지닌다는 점을 인식하지 못하기 때문에 발생한다고 할 수 있다. 즉 경제개발이 전부가 아니라 사람들의 사회, 문화, 정치적 잠재력을 꽃 피울 수 있도록 돕고, 인권과 자유의 확대까지 고려해야 한다는 점을 이해할 필요가 있다. 경제적 지원과 협력사업이 수원국 국민들의 자립의지를 북돋고, 사회 전반의 발전을 돕는 방향으로 진행될 때, 국제개발협력의 목적이 성공적으로 달성될 수 있을 것이다. 국제사회는 이미 이와 같은 문제의식을 공유하고 있으며, 인권에 기초한 개발협력이라는 개념을 고안하고 학문적인 차원은 물론, 실천적 차원의 논의를 활발하게 진행해 왔다. 〈표 5-1〉은 기존 개발협력 사업과 인권에 기초한 국제개발협력 사업을 간략하게 비교하여 보여준다.

표 5-1   기존 개발협력 사업과 인권에 기초한 국제개발협력 사업 비교

프로젝트 요소	인권에 기초한 국제개발 프로젝트	기존의 프로젝트
커뮤니티 중심의 발전 (Community-centered development)	정책분석, 미디어관계, 연합구축 (Alliance building)과 지지(advocacy)의 역량강화 중심	기술역량강화 중심(예: 관계수로사업, 제안서를 쓸 수 있는 조직적 능력, 기부자를 위한 계좌 및 펀드 개설, 기술과 input 강조)
의무부담자의 역할 (Role of duty-bearers)	시민사회에서 지방정부 요소가 강화된 프로젝트, 책무성과 대표성, 민주적 실현의 강조	없음
권리옹호 (Advocacy)	정책, 구조, 시스템의 변화를 위한 커뮤니티 조직 지원	커뮤니티 중심의 발전 또는 양자간 혹은 다자간 원조기부자를 위한 지원
연합 (Alliance)	노동조합, 단체교섭, 로비 및 감시단체와 시민사회 연계강화	없음
개입의 정도 (지방, 국내, 국제)	국내적, 국제적 정책과 프로그램의 영향력을 강화하는 커뮤니티 그룹과 국내/국제 독립체들간의 연계추구	주로 배타적으로 개별적인 가장과 커뮤니티 레벨에서 개입
타겟과 개입의 초점	취약계층의 주요 관심사 중심(예: 소수민족, 가난한 커피재배자 등)	주어진 구역이나 슬럼의 선별된 하나의 특정 타겟 그룹 중심
문제 프레임	정보와 법적 대표성의 부족, 정부 참여 부족, 차별, 보호이슈 등의 권리(rights) 중심의 프레임으로 문제를 직시	신용, 고용, 위생, 식량, 식수, 서비스 등 필요(needs)의 프레임으로 문제 직시

2 인권에 기초한 개발협력의 이론적 논의

1) 인권과 개발권 논의의 역사적 배경

인권과 개발에 대한 논의는 1948년 세계인권선언 채택 이후부터 끊임없이 진행되고 있는 주제이다. 1986년 유엔총회에서 개발권 선언2)이 채택되기까지 개발도상국들의 개발권에 대한 요구는 만연해 있었다. 당시의 개발도상국들은 국제경제체제에 만연해 있던 경제적 불공정을 최소화하기 위한 국제협력과 새로운 국제질서를 요구하였다. 이와 같은 요구는 개발권은 물론, 다른 인권의 목록들에 관한 상호 관계성에 대한 논쟁으로 이어졌다. 즉 시민적·정치적 권리가 경제개발을 위해 희생될 수 있는지, 혹은 경제개발이 인권을 존중하는 정치 시스템보다 우선적인 권리에 해당하는지 등에 대한 논쟁이 지속되었다. 이는 냉전기에 이르러 대립의 축으로 작용하였다. 권위주의 국가들은 인권 개념이 국가주권에 도전하는 것이라고 주장하였고, 개발과 관련하여 인권문제를 거론하는 것을 자본주의적 음모라고 여기기도 하였다. 이 같은 논쟁은 당연히 정치적인 수사와 깊은 연관이 있다. 그럼에도 불구하고 당시의 사회권이나 개발권에 대한 논쟁은 인권과 개발간의 뿌리 깊은 갈등이 표출된 것이었다. 사실 1980년대에는 개발과 인권이 각각의 영역으로 분리되어 있었다고 보아야 할 것이다.

그러나 1986년 개발권 선언의 채택이후 최근까지 개발과 인권의 통합현상이 발생하고 있다. 개발권 선언은 세계인권선언과 유엔헌장에 근거하여 국제사회의 질서를 정의롭게 하고 불공평한 전 지구적 자원분배 상황을 교정함으로써 인권을 실현하고자 하는 집단적 의무를 규정한 것이다. 이는 특히 단순한 선언에 그친 것이 아니라 법적으로 개발권을 양도할 수 없는 인권으로 인정하였다는 데에 의의가 있다. 이는 개발과 인권을 재통합하고, 인간이 개발의 핵심 주체이자 개발권의 능동적인 참여자이며 수혜자여야 한다는 점을 명시하고 있다. 이를 보장하기 위한 주요한 행위자는 국가이며, 국제사회의 의무 역시 상당히 강조되고 있다. 1980년대 후반, 냉전의 붕괴로 인해 이전 시기와는 전혀 다른 형태의 국제질서가 등장하자 국제협력과 민주화, 참여 등의 가치가 더욱 강조되기 시작하였으며, 이는 인권을 국제정치의 전면에 등장시키는 계기로 작용했다. 1990년대에는 개발협력이 경제성장 자체에 목적을 두고 있지 않다는 점을 규범화 하고자 새로운 개발목표가 설정되었다. 특히, 1993년 비엔나 선언[3]은 경제적·사회적·문화적 권리와 시민적·정치적 권리가 동등한 가치를 지니고 있다는 점, 인권과 개발이 상호의존적 관계라는 점을 명확히 인정하고 있다는 점에서 큰 의의가 있다. 2000년 유엔새천년총회에서는 그 내용을 정교한 용어로 명시하여 새천년개발목표라는 이름으로 채택하였다. 여기에는 인권에 기초한 접근법이 반영되어 있으며, 유엔기관들은 이를 활발하게 사용하기 시작하였다. 1998년에 유엔에서는 개발권에 관한 민간전문가가 임명되어 개발권을 명확하게 정의하는 임무를 부여받기도 하였다. 2002년에는 새천년개발목표와 사회권에 관한 유엔인권이사회 특별보고관과 공동으로 성명을 발표하여 빈곤퇴치와 지속가능한 인간개발전략을 위한 새천년개발목표에 인권을 통합할 것을 요구하였다.[4] 2005년 개발권에 관한 유엔의 실무그룹 보고서에는 개발권의 이행이 공평한 성장을 필수적으로 요구하기 때문에 국제개발협력도 사회정의와 함께 다루어져야 한다는 내용이 등장한다. 보고서는 경제성장과 개발을 위한 개발권 실현은 인권에 기초한 접근법으로만 가능하다고 명시하였다.[5] UN개발계획(UNDP)도 경제성장을 중심으로 한 개발 개념이 가지고 있는 문제점을 지적하며, 고용창출을 하지 않고 빈민층을 외면하는 성장이 지양되어야 한다고 강조한다. 균등한 경제성장이 장기적인 인간개발로 이루어진다는 기본적인 아이디어를 공유하고 있다.

　　유엔 차원의 노력과 함께, 협약기구들에서의 개발과 인권의 통합을 위한 노력도 지속되었다. 일반적으로 국가들은 아동권리협약(Convention on the Rights of the Child)이나 사회권 규약(International Covenant on Social, Economic, and Cultural Rights) 등과 같은 인권협약에 가입함으로써 인권과 관련된 국제협력의 의무를 받아들이고 있다. 인권 규약이 회원국이 국제적 원조와 협력에 나서야 한다는 점을 분명하게 언급하고 있기 때문이다. 즉 전 지구적 차원의 인권을 보호하기 위한 국제협력이 규약에 가입한 회원국들의 의무로 제시되고 있는 것이다. 이 중에서 특히 개발권과 밀접한 관계를 가지고 있는 사회권 규약 위원회는 1998년에 세계화 문제를 논의하는 가운데, 각국 정부는 물론, 국제기구들도 엄중하고 지속적인 책임을 가지고 있음을 강조하였다. 보다 구체적으로, 세계은행(World Bank)과 국제통화기금(International Monetary Fund), 세계무역기구(World Trade Organization)가 사회권을 분명하게 인정할 것을 요구하기도 하였다.[6] 이처럼 인권과 개발의 관계는 국제정세가 빠르게 변화하기 시작한 1990년대를 거치며 학문적 차원을 넘어 실천적 의지로 반영되기 시작하였

고, 이러한 추세는 유엔과 각 국가들은 물론, 국제기구 차원에서까지 다양하게 발
견된다.

2) 인권에 기초한 접근법의 정의

개발협력의 목표가 인권을 중심으로 변한 것은 기존의 복지와 개선이라는 접근
법과 차별화되는 점이다. 2009년 호주의 원조개발국(Australian Aid and Development
Sector)에서 발간한 "밀레니엄 발전권리: 어떻게 인권에 기초한 접근이 새천년개발
목표를 이룰 수 있는가?"는 인권에 기초한 국제개발이라는 접근이 어떻게 다른지를
〈그림 5-1〉과 같이 설명한다.

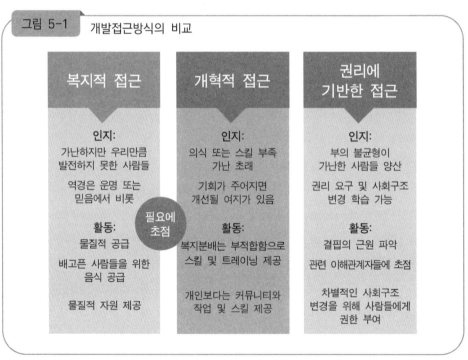

그림 5-1 개발접근방식의 비교

복지적 접근	개혁적 접근	권리에 기반한 접근
인지: 가난하지만 우리만큼 발전하지 못한 사람들 역경은 운명 또는 믿음에서 비롯	**인지:** 의식 또는 스킬 부족 가난 초래 기회가 주어지면 개선될 여지가 있음	**인지:** 부의 불균형이 가난한 사람들 양산 권리 요구 및 사회구조 변경 학습 가능
활동: 물질적 공급 배고픈 사람들을 위한 음식 공급 물질적 자원 제공	**활동:** 복지분배는 부적합으로 스킬 및 트레이닝 제공 개인보다는 커뮤니티와 작업 및 스킬 제공	**활동:** 결핍의 근원 파악 관련 이해관계자들에 초점 차별적인 사회구조 변경을 위해 사람들에게 권한 부여

(필요에 초점)

출처: Millennium Development Rights: How Human Rights-Based Approaches are Achieving the
    MDGs; Case Studies from Australian Aid and Development Sector (ACFID, 2009)를 기반으로
    번역.

복지 중심의 접근은 식량이 필요한 배고픈 사람들에게 우선적으로 물질적인
자원과 식량을 제공해주는 것을 주요 목표로 한다. 개선 중심의 접근은 복지 중

심의 접근이 지속적이지 못하므로, 기술과 훈련을 통해 개인들이 아니라 지역사회(community)와 함께 일하면서 그들에게 기술을 전해 주는 것을 핵심 목표로 하고 있다. 인권에 기초한 개발협력의 핵심은 "(권리)박탈의 근본 원인"을 찾아내는 것에 있다. 사람들이 지속적인 기아상태에 있게 되는 근본구조와 그 상황을 바꿀 힘을 가진 이들에게 초점을 맞추는 것이다. 그리하여 사람들로 하여금 차별적인 사회구조를 바꾸고, 사람에게 권리를 주는 것(empower)을 목표로 한다. 인권에 기초한 국제개발의 핵심은 기존의 자선과 필요 또는 욕구에 기반을 두었던 개발접근에서 권리에 기초한 접근으로 그 근본적 프레임이 변화되었다는 것이다.

자선에 기반한 개발협력은 결과가 아닌 투입을 강조한다. 부자들의 가난한 자에 대한 도덕적 책임인식에서 그 근거를 찾는다. 이 경우 개인들은 피해자로 여겨지며 불쌍한 사람들을 부자가 도울 책임이 있다는 것으로 인식의 범위가 한정된다. 이 같이 자선에 기반한 국제협력은 점차 투입과 결과 모두를 강조하는 필요/욕구(needs) 기반으로 그 방향을 전환했다. 여기서 개인들은 개입의 대상이 되며 개인의 필요를 충족시켜주는 것이 핵심이다. 그러나 권리에 기반한 국제협력은 권리의 실현 그 자체가 가장 강조되며 과정과 결과를 모두 강조한다는 근본적 변화를 동반한다. 인권에 기초한 개발에서는 개인과 집단의 권리를 법적/도덕적 의무부담자들에 대한 요구/주장으로 인식하며 개인과 집단들은 모두 자신들의 권리를 요구할 수 있게 된다. 개인들은 지원을 받을 권리가 있으며 권리 인식을 통해 구조적인 근본 원인들을 찾아가는 데 그 목표가 있다.

인권에 기초한 국제개발협력에서 핵심적인 개념들은 책무성(Accountability), 권한부여(Empowerment), 참여(Participation)로 정의할 수 있으며 인권과 인간의 존엄성에 대한 자각(Realizing human rights and human dignity), 권리를 주장할 수 있는 권리보유자(Rights-holders claiming their rights), 의무를 다하는 의무책임자(Duty-bearers meeting their obligations), 근본 원인과 다양한 단계에서의 권력분석(Requires root causes/power analysis at multiple levels) 등이 핵심 요소라고 할 수 있다.

3 인권에 기초한 개발협력 사례

본 장에서는 인권에 기초한 개발을 시행하고 있는 국제기구들을 소개한다. 유엔(United Nations)과 유럽연합(European Union)을 중심으로 한 국가간 기구와 국제 NGOs의 사례를 간략하게 다루고자 한다. 인권의 원칙과 기준을 지침으로 삼아 개발정책을 수립하고 프로그램을 운영하는 과정이 어떻게 진행되어 왔는지, 어떠한 법적, 행정적, 정치적 제도를 보장함으로써 취약계층을 고려하는 개발정책이 가능할 수 있는지에 대해 알아보기 위하여 다양한 행위자들의 국제개발협력 사례들을 살핀다.

1) 인권에 기초한 개발과 유엔

UN에서 인권에 관련된 업무를 담당하는 부서는 크게 유엔총회에 소속된 인권이사회(Human Rights Council, 47개국)와 유엔 프로그램 및 전문기구인 유엔난민기구(UNHCR), 유엔개발계획(UNDP), 국제노동기구(ILO), 세계보건기구(WHO) 등이 있다. UN헌장에 기반한 사무국에는 인권고등판무관실(OHCHR)도 인권과 관련된 일을 담당하는 주 부서이다. 인권고등판무관실에는 총 9개의 인권조약에 기반한 위원회가 포함되는데 사회권 규약 위원회(ICESCR), 자유권 규약 위원회(ICCPR) 고문방지위원회(CAT), 인종차별철폐위원회(CERD), 아동권리위원회(CRC), 이주노동자위원회(CMW), 장애인권리위원회(CRD), 강제실종위원회(CED), 그 외 국제형사재판소(ICC)가 인권과 관련된 제반 업무를 담당하고 있다. 인권 관련 업무를 담당하는 유엔기관들은 현재 인권에 기초한 개발협력의 가치는 〈표 5-2〉와 같은 부가가치를 인식하고 개발협력 패러다임의 전환기를 맞이하고 있다.

인권에 기초한 개발이 국제개발협력의 주요 아젠다가 됨에 따라 유엔에서 진행하는 사업들도 기존과는 다른 차별성을 보이고 있다. 기존의 프로젝트와 인권에 기초한 개발 프로젝트의 차이를 정리하면 다음과 같다. 기존 개발사업과 달리 인권에 기초한 개발접근은 커뮤니티 중심의 발전, 의무책임자의 역할, 지원과 연합, 다양한 레벨의 개입, 권리 중심의 프레임으로 문제해결이라는 주요 요소들을 가진다. 이 중에서도 현지 지방정부와의 연계나 현지 조직과의 연계성은 기존 프로젝트에서는 개발협력의 주요 관심사가 아니었기 때문에 찾기 어려운 부분이었다.

표 5-2	인권에 기초한 개발협력의 원칙

1. 인권에 기초한 국제개발은 모든 주체들이 자신들의 의무를 다하고 서로에게 보다 책무성을 보이려는 의지(willingness)와 능력(ability)을 증가시킨다.
2. 인권에 기초한 국제개발은 시민과 국가 모두가 개발 과정에서 보다 높은 자율성과 주인의식을 갖게 한다.
3. 인권에 기초한 국제개발은 분권화(decentralization)를 달성하기 위한 수단을 제공할 수 있다.
4. 인권에 기초한 국제개발은 지속적이고 긍정적인 변화를 이룰 가능성을 높인다.
5. 권력 불평등에 개입함으로써, 인권에 기초한 국제개발은 빈곤의 근본 원인을 제거하는데 성공적일 수 있다.
6. 인권에 기초한 국제개발은 사회적 배제를 감소시키고 보다 포용적인 사회를 만들려는 노력에 가치를 더해준다.
7. 인권에 기초한 국제개발은 든든하고 우호적인 환경(sustaining and enabling environments)을 만들어주며, 정책 의제에 영향을 끼쳐서 성공적인 모델이 확산될 수 있게 한다.
8. 인권에 기초한 국제개발은 새천년개발목표 달성에 필요한 환경을 만들 수 있다.
9. 인권에 기초한 국제개발은 사람들이 충격(shocks)을 견뎌낼 수 있는 가능성을 높이고, 긍정적인 위험 관리(risk management)를 지원한다.
10. 인권에 기초한 국제개발은 취약성이 감소되는 방식에 부가가치를 더한다.

출처: The Impact of Rights-based Approaches to Development (UK Interagency Group on Human Rights Based Approaches, 2007).

인권에 기초한 국제개발의 주요 프로젝트들은 현지의 역량강화를 주요 목표로 한다는 점에서는 기존의 프로젝트와 큰 차별점이 없지만, 방법적인 차원에서 단순한 기술 전수를 넘어 정책을 분석하고 현지 매체와 현지 조직의 연계를 고민한다는 점에서 본질적인 차이가 있다. 이를 통해 현지인들이 스스로가 보다 거시적인 문제의 프레임을 찾고 해결할 수 있는 역량을 강화할 수 있는 것이다. 인권에 기초한 국제개발에서는 의무책임자의 역할이 강조되기 때문에 지방정부와의 연계와 정책의 실현과정에서의 민주성이 주요한 사업목표가 된다. 앞서 언급한 바와 같이 지방정부와의 연계는 기존의 프로젝트 접근법에서는 찾기 어려운 부분이다. 이와 더불어 노동조합과 현지 감시단체 및 이익단체와 시민사회를 연계하는 방식 역시 기존의 프로젝트에서는 찾아보기 어렵다. 이와 같은 연계적 접근은 인권에 기초한 국제개발 방식이 가지는 주요 특징이다. 일부 지역만을 대상으로 특정적으로 선발된 주민들에게만 프로젝트를 실시하던 기존의 방식과 달리 주요 개입 대상을 심도 있게 분석하고 취약계층으로 확실하게 명시한 것도 인권에 기초한 국제개발 방식의 주목할 만한 점이다.

2) 인권에 기초한 개발과 유럽연합

근대적 의미의 국제인권 개념이 유럽에서 경험한 2차 대전과 같은 참혹함을 방지하기 위한 노력에서 시작되었다는 사실에서도 알 수 있듯, 유럽의 국가들은 국제사회에서 인권 의제를 가장 적극적으로 주도해나가고 있다. 유럽헌장 제2조는 유럽이 추구해야 할 가장 중요한 가치로 인권을 제시하고 있으며, 유럽연합에 가입을 희망하는 국가들에게도 이를 조건으로 내세우고 있다. 그만큼 유럽연합 내부의 국가들에게 인권에 대해 엄격한 기준을 적용하고, 다양한 지역적 차원의 인권 레짐을 통해 이를 실천하고 있는 것이다. 이와 같은 인권에 대한 강조는 대외정책에도 반영되고 있다. 민주주의와 인권을 위한 유럽기구(EIDHR: European Instrument for Democracy and Human rights)가 2006년에 설립된 이후, 매년 약 1억 6천 유로에 해당하는 예산을 인권과 민주주의의 증진을 위해 사용하고 있다. 예를 들면 보스와나 여성인권보호(Women Against Rape in Botswana), 중앙아프리카공화국의 고문피해자를 위한 외상후장애 극복 훈련(Trauma Training for Torture Victims in Central African Republic), 캄보디아 폭력 종식(Ending Domestic Violence in Cambodia) 등과 같은 프로그램을 운영하고 있다. 이와 더불어, 유럽연합은 유엔과 파트너십을 맺고 난민의 인권보호를 위해 다양한 권익보호 활동에 참여하고 있다.

또한, 유럽연합은 외교관계에서 개발협력 정책을 중요한 주제로 다루고 있기도 하다. 유럽은 전 세계 공적개발원조(ODA)의 약 55%를 담당하고 있으며, 유럽연합 차원의 다자적 개발원조도 활발하게 이루어지고 있다. 유럽연합은 국제사회에서 유럽이 담당할 책임을 강조하며 설립되었다. 즉 유럽연합 헌장 제177조에 개발협력 조항을 새로 추가하였는데, 이는 개발도상국들이 극심한 빈곤상태를 벗어날 수 있도록 지속가능한 경제발전을 돕는 역할을 유럽연합이 담당하겠다고 국제사회에 공표한 것으로 해석할 수 있다. 개발도상국에서 유럽연합의 정치적, 경제적 영향력을 공고화함과 동시에 인도주의적 목표를 달성하는 전략적 외교를 실천하고 있는 것이다. 유럽연합은 2005년 12월, 개발과 관련된 유럽의 합의(The European

Consensus on Development)를 발표하였고, 이는 유럽연합 차원에서는 물론, 각 회원국 내에서도 서로 동의할 수 있는 원칙과 시행 방식에 관한 합의를 담고 있다. 유럽연합은 2011년에 유럽원조협력국(Europe Aid Cooperation Office)을 개발협력총국(Europe Aid: Directorate General for Development and Cooperation)으로 확대하여 출범시켰는데, 이는 유럽연합 차원의 다자원조가 보다 효과적이고 일관성 있게 진행될 수 있게 하기 위한 장치로 이해할 수 있다.

요컨대, 유럽연합은 대외정책 및 외교정책적으로 '규범권력(Normative Power)'을 추구하고 있으며, 개발협력과 인권 정책을 통합적으로 전략화하여 운영하고 있다. 인권, 자유, 평화, 민주주의, 법치, 환경, 에너지, 복지 등의 유럽적 가치 지향이 개발협력 분야에 반영되어, 개발도상국에서의 무분별한 개발이 아닌 사회적 인프라에 대한 개발협력 지원으로 나타나고 있다. 보다 구체적으로 교육과 보건에 대한 강조가 특징적인데, 이는 인간의 생존은 물론 사회적 삶을 지원하기 위한 것으로 보인다. 시민 교육의 강조는 인권을 억압하는 독재자와 부패한 권력자들에 대항할 수 있는 사회적 자원을 제공하고, 경제적 자활을 지향한다. 유럽연합은 이와 같은 가치와 지향점 위에서 각 협력국에 맞는 개발협력 전략을 다변화하여 구사하고 있다.

보다 구체적으로, 유럽연합은 선거 지원과 감시, 시민사회 플랫폼 설립, 인권활동가에 대한 지원, 반부패 및 사법개혁 등과 같은 프로그램을 지원하고 있다. 특히, NGOs과 시민사회단체들과 협력하여 유럽연합의 인권에 기초한 개발 정책을 추구하고 있다. 특히, 앞서 언급한 EIDHR은 수혜국의 정부가 동의하지 않아도 정치적으로 민감한 주제에 대해 원조를 제공할 수 있는 채널을 구축하였다는 점을 주목할 만하다.

2000년에서 2010년까지 진행한 유럽연합의 인권에 기초한 개발협력 프로젝트와 프로그램을 분석해 보면, 다음과 같은 현상을 발견할 수 있다.[7] 첫째, 인권을 목표로 하는 경제원조의 비율이 2000년도의 1억 5천만 유로에서 2010년에 8억 유로로 눈에 띄게 증가하였다. 유럽연합은 인원과 관련된 직접적인 재정지원 금액을 증가하기로 결의하였고, 이에 따라 EIDHR의 예산은 더욱 증가하여 2014년에서 2020년까지의 증가폭이 20%에 이를 것으로 보인다.

둘째, EIDHR은 새로운 재정 지원 메커니즘을 수립하였고, 이는 구체적인 지역과 정책의제로 연결될 것이다. 유럽의 NGOs과 시민사회 단체들은 물론, 수혜국의 민간단체들과 보다 체계적으로 협력할 것으로 기대된다. 실제로 유럽연합이 진행하는 프로젝트와 프로그램들은 국제기구, 특히 UNDP와 같은 유엔기구들과 협력하는 가운데 이루어지는 것이 많으며, 이는 인권과 관련된 유럽연합 재정지출의 절반에 해당하는 금액을 차지한다. 시민사회 단체들과의 협력은 32% 정도를 차지하지만, 국제기구를 통한 재정지원이 시민사회 단체들에게 낙수 효과로 전달되는 부분이 많다는 사실을 고려하면 그 비율은 더욱 크게 증가할 것으로 보인다. 유럽연합과 협력하고 있는 시민사회 단체들은 서구권에서 시작된 국제인권기구들, 정치 및 사회 이슈들과 관련하여 수혜국에서 활동하고 있는 현지 단체들, 특정한 소수민족 집단과 연계된 취약계층을 대표하는 단체들이 있다. 또한 유럽연합은 이와 같은 단체들은 물론, 개인적으로 인권 관련 활동을 수행하고 있는 인권활동가들과도 협력한다. 이 밖에도 수혜국가와 지방정부와도 활발한 협력을 진행하며 이들에 대한 재정지원 비율은 2000년에서 2010년까지 평균 10.5%를 보이고 있다. 아프리카 연합(African Union)과 같은 지역기구에 대한 지원도 9.6%를 차지하고 있다.

인권에 기초한 접근법은 유럽연합에서 전략적 선언과 비전으로 채택되었지만, UN기구들과 같은 정도의 구체적인 매뉴얼을 수립하는 단계에 이르렀다고 볼 수 있다. 이에 따라 유럽연합은 UNDP가 제공하는 인권에 기초한 접근법의 체크리스트와 지표 등을 참고로 하여 사업들을 진행하고 있다. 유럽연합은 인권에 기초한 개발협력 접근법을 미시적인 차원의 프로그램 혹은 프로젝트의 기획은 물론, 국가적 차원의 국제개발정책에서도 적극 활용할 것으로 보인다. 유럽연합은 수혜국에 대한 재정 지원에 있어 인권상황을 더욱 적극적으로 고려하는 동시에, 인권 원칙들을 개발협력에 투영시킬 수 있는 보다 구체적인 매뉴얼을 개발할 것이라고 천명하였다. 이와 같은 원칙을 유럽연합이 추구하고 있는 원조 프로그램을 통해 구체적으로 실행해 나가고, 새로운 프로젝트와 프로그램을 개발하게 될 경우 그 영향력이 엄청날 것으로 기대된다.

3) 인권에 기초한 개발사업 사례

유럽연합은 유럽과 전 세계의 인권과 법치를 증진시키고자 하는 뚜렷한 목표를 가지고 다양한 국제협력 사업을 진행해 왔다. 또한 다양한 형태의 국제개발협력과 인도주의적 지원사업을 실행해 왔다. 최근에는 인권을 존중하는 국제개발협력 사업이라는 개념을 새롭게 도입함으로써, 기존에 유럽이 중시했던 인권이라는 가치와 개발도상국 지원을 통합하기 시작했다.

흥미로운 점은, 유럽연합이 향후 회원국이 될 가능성이 있는 이웃국가들에 대한 협력사업들을 활발하게 진행하고 있다는 것이다. 국제협력의 일환으로 진행하는 Euromed Police Ⅲ 프로젝트는 유럽연합이 지원하여 2011년부터 2014년까지 진행된 사업이다.[8] 프랑스 Civipol의 주도하에 유럽의 다양한 기관들이 참여하였으며, 프로젝트의 목표는 유럽연합 국가들과 알제리, 이집트, 요르단, 레바논, 모로코, 튀니지 등을 포함하는 ENPI(European Neighbourhood) 남부 국가들간의 이주 문제에 대한 협력을 증대시키는 것이었다.[9] 이 프로젝트는 해당 국가들의 법치와 인권을 증대시키고자 하는 개발협력 사업의 일환에서 진행되었다.

유럽연합은 수혜국 정부는 물론, 다양한 비정부기구들과 협력하여 프로젝트를 진행하고 있다. 예를 들면, Kindernothlife는 유럽연합의 지원을 받아 1997년부터 아프리카, 아시아, 남미 등지에서 인권에 기초한 개발협력 사업을 다양하게 진행하고 있다.[10] 케냐에서는 아동 인신매매 방지 프로젝트를 진행했고, 부룬디에서는 식량안보 관련, 방글라데시에서는 아동 인권 관련 프로젝트를 진행하였다. Kindernothlife가 유럽연합의 "비국가행위자들과 지방정부(Non-state Actors and Local Authorities)" 프로그램에 참여하여 과테말라의 세 지역에서 진행한 프로젝트는 35,000명의 아동과 청년들이 처한 열악한 환경을 바꾸고 있다. 청년들은 지역 정치에 직접적으로 참여하는 방법을 배우고, 적극적인 시민으로 성장하고 있다. 그 지역에서는 아동친화적인 사회를 만드는 방향으로 세금을 활용하게 되었으며, 이들은 성장하여 가정을 부양할 수 있는 정도의 수입을 갖는 동시에 자신들의 권리를 주장할 수 있게 된다.

이와 같이 유럽연합에서 지원하는 비정부기구들의 프로젝트는 유럽연합이 명시한 가이드라인을 비교적 충실하게 따르도록 되어 있다. 유럽연합은 인권에 기초한 개발이라는 개념과 함께, 인권적 가치를 반영하여 개발사업을 잘 수행한 각종 NGOs의 기존 프로젝트를 사례로 소개하여 가이드라인을 제시하고 있다. 따라서 본 장에서는 이와 같은 국제개발사업의 실제 사례를 소개하여 인권에 기초한 개발에 대한 구체적인 이해를 돕고자 한다.

가. Save the Children 방글라데시 사례: 빈곤과 근로아동 프로그램[11]

인권에 기초한 개발 프로젝트와 일반 개발협력 사업의 극명한 비교는 Save the Children의 1990년대 방글라데시 구호와 2000년대 사례를 통해 살펴볼 수 있다.

1980년대 큰 재난을 겪은 방글라데시는 끊임없는 기아상태로 주민들이 고통을 받고 있었다. 위험에 처한 영양실조 아동을 지원하겠다는 목표로 투입된 Save the Children은 모자 건강을 최우선순위로 하면서 마을 지역사회의 보건 상태 개선, 물질적 인센티브와 동기부여를 통해 아동의 교육을 증진/지원, 가난한 사람들의 생계를 위한 기회 향상(신용 및 수입 창출) 등을 활동개요로 하는 리버 프로젝트(River Project: 1975~1996)를 실행했다. 주민들의 "필요(needs)"에 기반한 이 구호사업은 농촌지역사회 지원사업, 긴급 구호 제공과 보건서비스를 통한 영양보충, 주민들의 수입창출과 기초교육을 주요 프로젝트로 실행했지만 방글라데시의 본질적인 변화를 동반하지는 못했다. 결국 1996년 이 사업은 다른 파트너에게 넘겨주게 된다.

Save the Children이 인권에 기초한 개발을 한 사례의 대표적인 프로젝트는 빈곤과 근로아동 관련 프로그램(Poverty and Working Children program, 이하 PWC)이다. 새우잡이 산업현장에 아동들이 투입되는 것을 막기 위해 시작된 이 프로젝트는 "불쌍한 아이들"이란 접근법에서 "법의 저촉을 받는 아동들(Children in conflict with law)"이라는 접근법으로 문제의 프레임을 변경하였다. 고용주 및 다른 주요 이해관계자들과의 협상과 협력을 통해 새우잡이 산업에 종사하는 아동들의 근로 환경을 개선하려고 했으며 이 과정에서 아동의 직접적인 참여를 증진하였다. 뿐만 아니라, 다양한 이해관계자들과 협력하여 소년원(juvenile correctional centers)의 여건을 개선하고 그곳을 아동개발센터(child development centers)로 바꾸어 아동의 직접적인 참여를 증진시켰다. PWC 프로그램의 이 두 가지 부분은 "아동보호 프로그램"이라는 커다란 카테고리 안에서 ① 일터에서의 폭력 부분과 ② 가계경제안전 프로그램하의 아동노동예방이라는 두 개의 세부 프로그램으로 진행되었다. Save the Children이 진행한 두 가지 사업의 본질적인 차이는 전체 커뮤니티 발전의 각도에서 본 빈곤아동 보호(Tackled child protection from the perspective of whole community development)라는 관점과 필요에 기초한(Needs-based) 개발협력이라는 기존의 프레임에서 벗어나, 아동 권리이행의 측면에서(From the perspective of fulfillment of child rights) 어린이 중심의(Child-focused) 참여와 권리로 문제의 핵심을 달리 인식하고 접근했다는 것이다. 이 과정에서 이들이 주요한 전제로 사용한 것은 1990년에 체결된 아동권에 대한 협정(Convention on the Rights of the Child, 1990)이었다. 무엇보다 프로그램의 진행과정에서 단순한 수혜자로서 피동적이었던 대상이 직접적으로 "참여"하여 당연히 가져야 할 권리를 요구한다는 입장으로 인식의 전환을 가져온 것은

PWC 프로그램의 가장 큰 성과이자, 인권에 기초한 개발사업의 지향성이다.

Save the Children이 진행한 가난과 근로아동 프로그램의 핵심은 서비스와 재화의 수동적 수혜자라는 개념의 파괴, 상황 분석에서 구조적인 근본 원인 규명, 이해관계자들의 책무성(accountability) 강화로 정리될 수 있다.

빈곤아동보호라는 프레임에서의 아동은 서비스와 재화의 수동적 수혜자라는 개념을 극복하지는 못한 상태였다. 이 경우 방글라데시의 아이들은 개발의 주체성을 가지는 능동적인 존재라기보다는 보호를 받아야 하는 피동적인 존재이다. 그러나 아동권리의 입장에서 문제에 접근한 경우(PWC program) 과거 개발의 주요 수혜자는 곧 개발의 주요 행위자와 주체로 변화하여 그들 스스로의 능동적인 참여를 이끌게 된다. 이 경우 참여는 프로그램의 수단인 동시에 목적이 된다. Save the Children은 전략적으로 "권리의 옹호(advocacy)"를 프로그램의 진행의 주요 동기로 사용하였다. 이렇게 되면 과정과 결과가 별개의 평가를 받는 구조가 아니라 프로그램의 수혜자 스스로가 주체가 되어 과정을 진단하고 평가하며 결과에도 책임을 지는 구조로 변하게 된다.

빈곤아동보호라는 프레임에서 아동문제의 원인은 재난으로 인한 긴급 기아상태였다. 여기서 직면한 위기상황에 대한 일시적 원인은 예기치 못한 재난이었으며 이 과정에서 수많은 긴급 구호 물품이 지급되었다. 하지만 외부에서 공급하는 긴급 구호품은 자원의 한계가 있었다. 따라서 구조적 원인을 진단하지 못하고 처방한 이 프로그램은 결과적으로 내부적인 선순환 시스템으로 정착하지 못한 채 몇 년 후에 다른 파트너 NGO에 넘기는 상황을 만들게 되었다. 반면, 아동의 권리측면에서 새우잡이 아동노동의 문제를 해결하려고 한 경우는 현지 국가에서 아이들을 고용하는 고용주의 인식의 변화와 아이들의 권리인식이라는 두 마리의 토끼를 모두 잡으면서 내부의 지속적인 변화를 만들었다는 점에서 그 변화는 실로 엄청나다고 할 수 있다. 프로그램의 지속가능성을 만드는 것은 문제의 원인을 어떻게 인지하느냐에 있다. 인권에 기초한 개발협력적 접근은 권리옹호라는 입장과 전략 속에서 문제를 바라보기 때문에 현지 주민의 인식변화를 끌어내어 보다 본질적인 변화를 가능하게 함을 알 수 있다.

Save the Children에서 진행한 가난과 근로아동 프로그램(PWC program: Poverty and Working Children)은 다양한 이해관계자들과 협력하여, 소년원(juvenile correctional centers)의 여건을 개선하고 그곳을 아동 개발 센터(child development centers)로 바꾸

어 아동의 직접적인 참여를 증진시켰다. 이것은 이해관계자의 책무성을 강화하는 인권에 기초한 개발의 접근방법을 그대로 적용한 사례이다. 사실 새우잡이 아동노동여건 개선이라는 목표만 본다면 소년원을 아동개발센터로 개선한 사례와의 연계성은 쉽게 생각하기가 어렵다. 그러나 이것은 "아동의 권리"라는 측면에서 문제에 접근했기 때문에 아동의 권리를 보호하는 모든 영역, 즉 가정과 일터에서의 아동노동 예방, 범죄아동의 노동문제까지로 확대될 수 있었던 것이다. 그리고 이 과정에서 연계된 이해관계자들의 책무성을 강조함으로써 이 문제가 나오는 별도의 문제가 아님을 커뮤니티 전체 구성원들에게 인지시킬 수 있었다. 또한 이와 같은 접근법은 이해관계자가 중심이 된 하향식(Top-down) 방식과 아동들 자신이 주체가 된 상향식(bottom-up) 접근을 동시에 가능하게 함으로써 문제해결에 시너지를 만든다는 장점을 가진다.

나. CARE International 페루 사례

안전한 식수와 위생은 지구상의 모든 인간의 생존에 필요한 중요한 수단이다. 따라서 국내외 수많은 NGO와 국제기구에서 생존 수단이 부족한 국가에게 필요한 물을 제공하는 것을 주요 사업으로 진행하였다. 그러나 지금까지 안전한 식수와 위생이 인간의 생존에 필요한 수단이라는 인식은 있었지만 그것이 인간이 누려야 할 당연한 권리라는 인식은 없었다. 생존에 필요한 수단이 부족해서 부족한 물품을 돕는다는 인식과, 식수는 인간이 누려야 할 당연한 권리이기 때문에 어떤 방식으로든지 제공되어야 한다는 전제는 어떤 차이가 있을까. 식수에 대한 인식의 변화를 근원적으로 가져온 것은 2010년 9월 UN인권이사회에서 만장일치된 관련 결의안이다. 이 결의안은 "역량과 자원이 부족할 경우에도 정부가 즉각적으로 우선시해야 할 핵심 의무들(core obligations)"을 상정했는데, 그 의무 안에는 질병을 예방하기 위해 개인용 그리고 가정용으로 필요한, 안전하고 충분한 물의 최소 필수량에 대한 접근을 정부가 반드시 보장해야 한다고 명시하고 있다. 특히, 이 결의안에서는 소외되고 혜택 받지 못한 그룹의 사람들을 위해서 물과 물 관련 시설 및 서비스에 대한 접근에 차별이 없어야 하며, 물에 직접적인 접근에 개인적 안전이 보장되어야 한다고 기술되어 있다. 충분하고, 안전하며, 규칙적인 물을 제공받을 권리, 엄두도 못 낼 만큼의 긴 시간을 기다리는 것을 방지하기 위해 충분한 물 공급시설이 있으며, 집에서부터 합리적인 거리에 있는, 물 관련 시설 및 서비스에 대한 직접적인 접근을 보장받을 권리에 대해 성문화한 결의안이 의미하는 바는 매우 크다. 이것은 기존에 우리가 식수와 위생에 대해 가지고 있던 국제개발협력 접근의 변화를 알리고 있기 때문이다.

이 같은 변화를 보여주는 대표적 것은 UN 새천년개발목표(MDGs) 프로그램의 지원을 받아 진행된 세계적인 NGO단체 CARE International의 케어페루(CARE Peru) 프로그램이다. 케어페루(CARE Peru)는 안전한 식수와 위생서비스 제공을 목표로 농촌 식수와 커뮤니티 건강(Rural Drinking Water and Community Health)사업을 시작했다. 페루에 중점 2개 지역의 4개 구역 내의 24개 지역사회에 사는 6,345명에 접근하여 안전한 식수와 위생서비스를 제공했으며, 기본 위생 및 위생시설에 관한 교육을 했고 지역사회가 시스템을 관리하도록 했다. 이 고전적인 방식의 식수위생 프로젝트는 식수와 위생의 관리권한을 커뮤니티의 오너십(community ownership)에 두는 방식으로 프로젝트를 진행했다. 같은 프로그램이 인권에 기반한 접근으로 다시 재정비된 것은 2002년부터 2005년 사이에 진행된 농촌 식수와 위생 파일럿 프로젝트(Rural Water and Sanitation Pilot Project)를 통해서 였다. 이 시기에는 3개 지역의 6개 구역 내의 21개 지역사회에 사는 7,906명에게 접근했는데 주요 핵심은 다자간-이해관계자(multi-stakeholder) 관리 능력의 강화를 통해, 정부의 의무 이행을 증진하는 것이었다. 물과 위생에 대한 지속가능한 접근을 위해 현지 지역사회에 의한 참여적 관리에 초점을 두었다. 지역사회주민들을 중심으로 한 식수 관리체계에서 정부와 지방정부, 지역사회가 모두 합쳐진 관리체계(Combined government-citizen management of water services)로 범위를 확장하고 식수서비스 이용 방식에 변화를 준 것이다.

케어페루(CARE Peru)에서 진행한 농촌 식수와 커뮤니티 건강(Rural Drinking Water and Community Health)사업은 전략적 파트너십의 구축과 유지, 격차(disparity) 감소/해소를 목표, 페루 모성 사망률 감소 방안과 같은 특징을 가지고 있다.

케어페루(CARE Peru)에서 진행한 농촌 식수와 커뮤니티 건강(Rural Drinking Water and Community Health)사업은 사업을 진행하는 기관이 모든 것을 책임지고 전달하는 방식에서 벗어나서, 식수와 위생을 공급받는 지역주민간의 파트너십을 유지했다. 사업을 추진하고 진행하는 기관이 식수제공과 서비스, 관련 교육을 모두 제공하는 경우 그 중심 대상은 식수를 공급받는 커뮤니티로 한정될 수밖에 없다. 이렇게 되면 식수를 공급하는 커뮤니티를 제외한 남은 지역은 여전히 안전한 식수로부터 멀어질 수밖에 없으며 무엇보다 공급사업의 주체가 그 지역을 떠날 경우 이후의 사업성과를 보장할 수가 없게 된다. 이와 달리, 정부와 지방정부, 지역사회가 모두 합쳐진 관리체계는(Combined government-citizen management of water services) 지역 사회 내부의 연대를 강화하여 과정과 결과를 평가하고 모니터링하는 전 과정에서 지역사회 전체의 참여를 유도하게 한다. 이 과정을 통해 식수와 위생 사업은 더욱 더 철저하게 현지 주민 중심(locally owned)의 형태로 틀을 갖추게 되는 것이다.

정부와 지방정부, 지역사회가 모두 합쳐진 관리체계는 현지 주민 중심의 사업 형태로 틀을 갖추게 되는데 이 과정에서 인권에 기반한 개발사업이 강조하는 것은 안전한 식수와 위생을 제공받는 대상의 격차 감소이다. 식수관리를 제공하는 NGO 에서 관리체계를 전담하는 방식은 NGO가 현지 지역에서 빠져나감과 동시에 무너 지게 된다. 이 같은 문제를 해결하기 위해 현지 지역주민들을 중심으로 식수체계 관리방법을 교육한 것이 인권에 기반하지 않은 접근이었다. 이와 달리 인권에 기반 한 방식에서는 보다 광범위한 식수체계 관리방법 교육을 실시한다. 식수제공 대상 지역주민은 물론, 그 지역의 지방정부와 관련 이익단체 나아가 중앙정부까지 연계 하는 방식으로 교육을 확대시켜, 하나의 시범지역 케이스를 확대하여 점점 불이익 을 받는 대상이 줄어들고 그 격차를 해소하는 방식을 사용하고 있다. 이러한 관리 체계는 안전한 식수를 마실 권리보유자와 의무부담자(지방 및 중앙정부 관리) 모두의 역량을 강화하여 인권 기준과 원칙에 따라 상호 평가하고 과정과 결과에 있어서도 현지인을 중심으로 지속적인 책임을 강화하는 방식이다.

케어페루(CARE Peru)에서 인권에 기발한 개발사업으로 진행한 또 하나의 프로 젝트는 "모성 사망률 감소방안"이다. 전 세계 매년 500,000명이 넘는 여성들이 임신 과 출산 관련 문제들로 인해 사망하고 있다. 이것은 매일 1,370명이, 매 시간 57명, 매분 거의 1명이 죽는 것과 마찬가지다. 1987년 'Safe Motherhood Initiative'가 선언 된 이래로 지금까지 25년이 흘렀지만 큰 진전은 없었다. 중요한 것은 이 안타까운 사망이 단순한 의료기술 부족이나 영양문제가 아닌 여성과 소녀에 대한 인권문제를 포괄하고 있다는 점이다. 그 중에서도 페루의 모성 사망률은 미주에서 가장 높은 편 이다. 이는 연간 1,250건 정도이며 부유한 지역과 가난한 지역 사이의 격차는 더더 욱 커서 Puno와 Huancavelica의 산모사망률은 각각 출생 100,000건당 361과 302에 육박한다. 2006년 페루의 보건부에서는 문화적 적합성(cultural appropriateness)을 갖 춘 수직 분만(vertical birth delivery)에 대한 접근을 증진하기 위해 국가 차원의 가이드라인을 발표했지만 농촌 보건시설들에서는 존중되지 않았다. 또한 보건부에서는 공공의료보험(Public Health Insurance)을 실행하여, 가난한 이들을 위한 환불(reimbursement)제도를 12년간 시행해 왔지만 여전히 많은 여성들은 효과적인 보건서비스에 접근하지 못하고 있다. 자원을 갖추지 못한 공공보건서비스 제공자, 보건시설에 대한 환불 지연, 가난한 농촌 여성들과 보건서비스 제공자들 사이의 불평등한 권력관계 등이 그 이유로 지목되고 있다.

이 문제를 해결하기 위해 케어페루(CARE Peru)에서는 인권에 기반한 접근의 프로젝트를 실행했다. 행위자 중심 접근(actor-oriented approach)으로, 2008년부터 시작된 "Participatory Voices 프로젝트(DFID-CARE International UK)"의 연장선상에서, 시민 감독 이니셔티브(Citizen Surveillance Initiatives)를 강화했다. 주로 모성사망률이 가장 높은 Puno의 안데스 산악지역의 두 지방(Azangaro와 Ayaviri)에서 사업을 실시했으며, 역량강화 워크숍, 기술적 지원, 연대 구축을 통해 지역 시민사회 네트워크가 효과적인 시민 감독 메커니즘을 실행할 수 있도록 장려했다. 또한, 시민 감독의 결과 내용과 개선안들을 가지고 커뮤니티 지도자들과 대화를 하도록 독려했는데 이는 인권에 기반한 접근에서 강조하는 의무부담자들의 책무성 강화를 위한 하나의 수단이었다. 문화적으로 적용 가능한 사회 커뮤니케이션 전략을 사용하기 위해 여성의 보건권에 대해서 농촌 여성들에게 계속해서 정보를 제공했다. 구체적인 프로젝트의 실행과정은 다음과 같다.

첫째, 페루의 주된 시민사회 네트워크, 풀뿌리 조직들(예: 자경단(vigilante), 옴부즈퍼슨) 등을 전략적 동맹으로써 우선적으로 접근했다. 둘째, 풀뿌리 조직의 농촌 지도자들이 역량강화 워크숍에 참여하게 하고, 시민참여, 성/생식 보건, 보건서비스 이용자 권리, 보건시스템 내에서의 권리 주장 방식 등에 대한 교육을 실시했다. 교육을 받은 후에는 옴부즈퍼슨으로부터 인증을 받고 자경단으로 활동을 시작하면서 자연스럽게 보건시설을 방문하도록 독려했다. 셋째, 지역 당국에 자경단 활동의 취지와 실행 방식을 설명했다. 지역주민들이 스스로 조직하여 그 지역의 질서를 만드는 자경단이 두 명씩 짝을 이뤄, 주 2~3회 보건시설들을 방문하도록 했다. 보건시설을 방문하며 트레이닝 과정에서 합의한 기준에 따라 직접적인 관찰을 실시하고, 환자들과 현지어로 대화한다. 이 과정이 끝나면 정기적인 보고서 작성을 하고 두 달에 한 번 분석 회의를 통해 "대화 아젠다(dialogue agenda)"를 작성하게 된다. 이렇게 작성된 대화 아젠다는 보건 케어 네트워크 혹은 병원 의사와 의료 팀들에게 제공되어 보건서비스 이용자와 제공자 사이의 지속적인 대화를 가능하게 만든다. 넷째, 이런 활동과 더불어 라디오 프로그램 등을 통해 농촌 여성들에게 여성의 권리를 알리고 정보를 제공하는 활동을 지속한다.

케어페루(CARE Peru)의 인권에 기반한 접근은 기존의 정부에서 모성사망이라는 위기에 대응하는 방식의 틀을 전환하여, 궁극적으로 지역사회, 정부, 개발 파트너, 그리고 다른 주요 이해관계자들과 협력할 방안을 찾고 변화를 위해 필요한 권력의 재배치를 요구했다. 책무성 메커니즘(accountability mechanisms)을 만드는 방식으로 지역사회의 참여를 유도하고 기존의 보건 시스템을 "권리에 기반한 접근"으로 변화시킨 것이 가장 핵심 사안이다. 이 과정에서 정부의 동의와 지지를 얻는 것이 개발 파트너의 주요 임무이기도 하다. 또한 인권, 공공보건, 여성 권리 그룹들간의 연계를 만들어 개발 파트너가 사업을 종료하고 떠나더라도 지속적으로 모성사망감소를 위한 권리기반 접근들을 모니터링하고 평가할 수 있는 체계를 만든 것이 주요 특징이다.

4) 인권에 기초한 개발협력의 특징

앞서 본 아동권리와 식수, 모성사망률 감소 사례를 모두 분석해 볼 때 국제개발에서 인권에 기초한 개발협력 방식이 가지는 기본적인 특징을 정리하면 다음과 같다. 첫째, 서비스와 재화의 수동적 수혜자라는 개념 대신 개발의 주요 행위자와 주체라는 인식의 전환 속에서 시작한다. 둘째, 현지인의 참여는 프로젝트 목표를 달성하기 위한 수단인 동시에 그 자체로 목적이 된다. 셋째, 프로젝트 실행시의 전략은 "권리옹호(empowering)"에 있다. 넷째, 프로젝트 실행의 과정과 결과 모두 현지 조직의 연계 속에서 모니터하고 평가할 수 있는 체제를 지향한다. 다섯째, 프로그램 초점은 소외되고 배제된 사람, 혜택 받지 못한 그룹을 우선하며 프로젝트는 반드시 "현지인을 중심(locally owned)"으로 상향식과 하향식의 동시 접근을 주축으로 한다. 프로젝트의 성공을 위해서는 문제의 원인에 대한 구조적인 접근을 실시하여 측정가능한 목표 안에서 이해관계자들의 책무성에 기반한 전략적 파트너십을 구축한다.

위와 같은 다양한 강점을 가지고 있기 때문에 오늘날 많은 국제 NGO단체들과 국제기구들은 인권에 기초한 국제개발 접근법을 활용하고 있다. 인권에 기반한 접근으로 국제개발협력 사업을 추진하고 있는 대표적인 국제 NGOs은 〈표 5–3〉과 같다.

표 5-3 인권에 기반한 국제개발협력 사업 추진 국제 NGOs

1. The Fred Hollows Foundation (The Socio−economic impact of cataract surgery in Vietnam)
2. Caritas Australia (Food-the fundamental right in Uganda)
3. Habitat (Slum upgrade in Cambodia)
4. World Vision (Anti-trafficking support in Burma)
5. Water Aid Australia (Citizen's Action: Rural sanitation and water mapping in Bangladesh)
6. Disability inclusive education in Cambodia (Educating disabled persons)
7. Act for peace (Promoting rights for refugees on the Thai Burma border)
8. Australian Council for International Development (Millennium Development Rights project)
9. ADRA Australia (Women's empowerment in Nepal)
10. Plan (Community managed nutrition in Indonesia)
11. Oxfam (Health and housing in Sri Lanka)
12. Save the Children (Sayaboury Primary Health Care Project, Laos)
13. Amnesty International (Making pregnancy and childbirth safer in Sierra Leone)
14. Actionaid (Supporting women and girls living with HIV and AIDS)

4 결론: 인권에 기초한 개발의 기회와 한계 - 세계화와 인권

인권에 기초한 개발은 이론적으로나 실천적으로나 국제사회에서 중요한 아젠다임이 분명하다. 과거의 패러다임은 빈곤과 개발의 문제를 한 국가의 문제로 여겼으나, 국경을 넘은 자본과 상품, 사람들간의 교류 증대는 개발과 인권의 문제를 국제사회 공동의 책임으로 인식하게 하였다. 이는 세계화가 국제사회의 빈부격차 문제를 확대시키면서 동시에 축소시키기도 하기 때문이다. 교류와 협력의 증대가 인간의 존엄성에 긍정적인 영향을 미치는 방향으로 진행될 수 있다는 기회의 측면과 정반대로, 매우 불평등한 형태의 개발을 통해 인간의 가능성을 오히려 저해하는 한계의 측면을 동시에 지니고 있다는 것이다. 보다 구체적으로, 앞서 살펴본 UN이나 유럽연합은 물론, 인권과 관련된 국제기구와 개발협력기구, 금융기구와 같은 다자간 기구들은 인권에 기초한 개발이라는 접근법을 실현하기 위한 역할과 책임을 명백하게 천명하고 있는데 이들의 규범적 지향은 다국적기업의 이윤 추구와 상충하는 측면이 있다. 따라서 국가와 기업, 국제기구간의 이해를 조정하는 다소 복잡한 역할이 이들에게 부과된다.

유럽연합은 국제사회에서 인권 규범의 확산을 주도하고 있을 뿐만 아니라 지역 통합과 협력의 가장 선구적 사례로 여타 지역들에 교훈을 주고 있다. 이는 전통적으로 인권존중과 형평성의 관점을 경제개발의 효율성과 효용 논리와 조화시키기 위해 노력해 왔기 때문에 가능한 것이다. 이상의 이론적, 실천적 논의가 개발을 시혜나 도움의 관점에서 접근하고, 수원국의 현지 환경과 인권에 어떤 중장기적 영향을 미칠지에 대해 고민하지 않는 구시대적 패러다임으로 여전히 국제개발사업을 추진하고 있는 이들에게 귀감이 되기를 바란다. 특히, 국제협력과 인권 분야에서 국제기구, 국가, NGOs, 시민사회의 협력은 그 원칙을 실현시키는데 있어 매우 중요하기 때문에 더 많은 이들이 인권과 개발의 통합에 더욱 적극적으로 협력하기를 기대해 본다.

▌ 미주

* 이 논문은 2015년 대한민국 교육부와 한국연구재단의 지원을 받아 수행된 연구이다 (NRF-2015S1A3A2046224). 위 공동지원을 허락해준 연세-SERI EU 센터에 감사드린다.

1) 세계은행의 데이터 참조 (http://www.worldbank.org/en/topic/poverty/overview).

2) 유엔총회 개발권 선언 (UN Doc. A/RES/41/128. 1986/12/04).

3) UN Doc. A/CONE157/23. 1993/07/12).

4) The Millennium Development Goals and Economic, Social and Cultural Rights, 2002/11/29. Margot E. Salomon (2010)에서 재인용.

5) UN Doc. E/CN.4/2005/25. Report of the Working Group on the Right to Development.

6) CESCR, Decision on Globalization and its impact on the Enjoyment of Economic, Social and Cultural Rights, E/1999/22.

7) David D'Hollander, Axel Marx, Jan Wouters. "Integrating Human Rights in EU Development Cooperation Policy: Achievements and Challenges" Working Paper No. 134-April 2014.

8) European Commision, "Operational Human Rights Guidance for EU External Cooperaton Actions Addressing Terrorism, Organized Crime and Cyber Security"

9) http://www.civipol.fr/en

10) http://www.kindernothilfe.org/

11) Save the Children과 CARE의 사례는 2007년에 UK Interagency Group on Human Rights Based Approaches에서 발간한 The Impact of Rights-based Approaches to Development 를 참조하였음 (http://resourcecentre.savethechildren.se/sites/default/files/documents/4009.pdf).

▌참고문헌

구정우·김대욱. 2012. 국제개발협력과 인권. 『한국사회학회 사회학대회 논문집』. 369-387.
국가인권위원회 정책교육국 인권정책과. 2014. 인권과 국제개발협력: 유엔과 개발원조기관의 정책 소개. 『국가인권위원회 발간자료』.
김경아·강공내. 2013. 국제사회의 인권에 기반을 둔 개발(RBA) 논의와 한국에의 시사점. 『국제개발협력』, 2013(1): 111-159.
김경학. 2011. 개발과 인권. 『남아시아연구』, 16(3): 21-50.
김대인. 2010. 개발과 인권의 조화 관점에서 본 토지법제 -캄보디아의 토지법제를 중심으로-. 『법학논집』, 15(2): 103-121.
박흥순. 2012. 유엔의 개발권 논의 동향과 북한 인권에서의 시사점. 『통일연구원 기타간행물』. 245-305.
손혁상. 2011. 국제통상 ; 국제개발협력의 인권적 접근과 캐나다 ODA책무법. 『국제지역연구』, 15(2): 403-425.
양영미. 2011. 인권을 생각하는 국제개발협력의 새로운 패러다임. 『국제개발협력』, 2011(1): 11-26.
장복희. 2000. 국제법상 개발권에 관한 연구. 『국제인권법』, 3(0): 95-137.

Alston, Philip. 1988. "Making Space for New Human Rights: The Case for the Right to Development." Harvard Human Rights Yearbook.
Forsythe, David. 1997. "The United Nations, Human Rights, and Development." *Human Rights Quarterly*, 19(2).
Gneiting, Uwe, Tosca Bruno-Van Vijfeijken and Hans Peter Schmitz. 2009. "Setting Higher Goals: Rights and Development." *Monday Development*, 27(12): 19-20.
Hamm, Bridgitte. 2001. "A Human Rights Approach to Development." *Human Rights Quarterly*, 23(4).
Harris-Curtis, Emma. 2003. "Rights-Based Approaches: Issues for NGOs." *Development in Practice*, 13(5).
Jacob, F. G. 1978. "The Extension of the European Convention on Human Rights to Include Economic, Social, and Cultural Rights." *Human Rights Review*.
Nelson, Paul and Ellen Dorsey. 2003. "At the Nexus of Human Rights and Development: New Methods and Strategies of Global NGOs." *World Development*, 31(12).
Nelson, Paul J. 2007. "Human rights, the millennium development goals, and the future

of development cooperation." *World Development*, 35(12).

Nussbaum, Martha, and Amartya Sen. 1993. The quality of life. Oxford England New York: Clarendon Press Oxford University Press.

Nussbaum, Martha. 1998. "Capabilities and Human Rights." *Fordham Law Review*, 66(2).

Nussbaum, Martha. 2000. Women and human development: the capabilities approach. Cambridge New York: Cambridge University Press.

Offenheiser, Raymond, and Susan Holcombe. 2003. "Challenges and Opportunities in Implementing a Rights-Based Approach to Development: An Oxfam America Perspective." *Nonprofit and Voluntary Sector Quarterly*, 32(2).

Pogge, Thomas. 2005. "World Poverty and Human Rights." *Ethics and International Affairs*, 19(1).

Sen, Amartya. 1989. "Development as Capability Expansion." *Journal of Development Planning*, 19.

Sen, Amartya. 2004. "Elements of a Theory of Human Rights." *Philosophy and Public Affairs*, 32(4).

제6장

EU 환경 – 에너지 개발협력

제6장

EU 환경 – 에너지 개발협력

이 태 동 (연세대학교)

환경 – 에너지 공적개발원조(ODA: Official Development Assistance)는 지속가능발전이라는 커다란 틀 안에서 이루어지고 있다. 선진국들은 현재 환경문제의 역사적 책임이 산업화를 먼저 시작한 국가들에 있음을 공감하고, 개발도상국에 대한 환경 – 에너지 개발협력을 추진하고 있다. 선진국이 보유한 환경 – 에너지 관련 기술과 금융지원이 이루어진다면, 개발도상국도 현재 경험하고 있는 환경오염과 자원고갈 문제를 완화시킬 수 있다. 특히 EU는 환경 – 에너지, 기후변화 개발원조에 적극적인 주체로 인식되고 있다.

본 연구는 EU의 환경 – 에너지 ODA 역사, 추진체계, 주요 특징을 살펴봄으로써 ① EU 환경 – 에너지 ODA에 대한 이해, ② 한국 환경 – 에너지 ODA의 발전을 위한 경험과 과제를 도출하고자 한다. 구체적으로, EU의 환경 – 에너지 ODA 배경과 추진체계를 살펴봄으로써, 현재의 추진체계를 가지게 된 동인을 이해하고, 한국의 환경 – 에너지 ODA 추진체계 향상을 위한 함의를 모색할 것이다.

1 환경 - 에너지 ODA 개념

개발도상국의 환경을 위한 ODA는 1980년대 상하수도 및 농림수산업 분야에서 실시되었지만, 환경보전과 관련한 ODA 인식은 개발원조위원회(DAC: Development Assistant Committee)가 환경보전과 관련된 ODA를 정리하여 공표한 1980년대 말부터 시작되었다. 이러한 DAC의 발표는 환경과 관련한 국제적인 관심을 반영한 것이다 (박진희·안병옥, 2014: 41).

DAC는 1997년 수여국의 환경 ODA에 관하여 다음과 같이 정의하였다. 환경 ODA는 "환경보호 관련 ODA로 분류되는 분류 외에 협력국, 지역 또는 대상 집단의 물리적 환경, 생물 환경의 개선, 또는 개선이라고 생각되는 것을 생산하려고 하는 일련의 활동과 제도 구축과 역량강화를 통한 환경보전이 개발 목적으로 수렴되는 구체적인 활동"이다(박진희·안병옥, 2014: 41). 즉 ODA에 있어 환경주류화(mainstreaming) 개념 정립 및 도입이 진행된 것이다. 환경주류화의 개념은 "개발사업의 결과로 발생한 환경문제에 사후적으로 대처하는 것이 아닌 개발과정에서 야기될 수 있는 환경적인 악영향을 사전에 고려하여, 개발효과를 높임과 동시에 지속가능개발을 도모하기 위한 전략"이다(임소영·손혁수 2012; 박진희·안병옥, 2014: 79).

선진국은 현재 환경문제의 역사적 책임이 산업화를 먼저 시작한 국가들에 있음에 공감하고, 개발도상국에 대한 환경-에너지 개발협력을 추진하고 있다. 환경과 개발 통합을 위한 이니셔티브는 2005년 빈곤과 환경의 연계성을 개발계획에 고려해야 한다고 보는 UNDP-UNEP 빈곤-환경 이니셔티브(PEI: Poverty-Environment Initiative)와 세계은행의 국가별환경분석(CEA: Country Environmental Analysis)에서 찾아볼 수 있다(정지원 외, 2012: 21-25). PEI에서는 빈곤-환경주류화를 국가 정책결정, 예산수립, 이행과정에서 빈곤 감소와 환경의 연계를 통합적으로 고려하는 반복적 행위로 보고 있다. CEA는 기존 1990년대의 국가환경프로파일(CEP: Country Environmental Profiles)의 심화 작업이다. 유럽위원회(EC: European Commission)의 경우 국가별전략문서(CSP: Country Strategy Paper) 작성시 CEP를 필수적으로 참고한다. 특히 EU는 환경-에너지, 기후변화 개발원조에 적극적인 주체로 인식되고 있다.

EU의 환경-에너지 ODA 역사를 통하여 EU의 대외원조정책 중 환경협력과 관련된 정책기조를 통해 보면, EU 개발원조 정책에서 환경을 통합한 환경주류화 방향은 유효하며, 특히 EU 정책에서 가장 잘 드러난다. 그러나 EU에서는 환경-에너지 ODA로 대표되는 환경협력이라는 표현보다는 지속가능개발이라는 표현이 더 많이 쓰이고 있다. EU는 특정 환경 분야에서의 협력도 중요하게 생각하지만, 그보다는 환경주류화에 정책역량을 더 많이 동원하고 있다(정성춘, 2010: 291).

구체적으로, 1999년 헬싱키에서 열린 EU 정상회의에서 각국 정상은 EC에 2001년 6월 정상회의까지 지속가능개발 정책을 위한 역내 전략을 주문하였다. 이에 2001년 EU는 '지속가능개발전략(EU Sustainable Development Strategy)'을 채택했다. 또한 2002년 EC는 '지속가능한 개발을 위한 글로벌 협력(Towards a global partnership for sustainable development)'이라는 보고서를 통해(European Commission 2002) EU 역내정책과 대외정책의 조화를 꾀한다. 여기서 환경자원의 지속가능관리 등이 논의되었다(정성춘, 2010: 291-293).

지속가능개발은 현재 EU 역내정책뿐만 아니라 개발정책에서 가장 중요시되고 있으며, EU는 이런 지속가능개발에 있어 핵심적 역할을 수행해왔다. 2006년 유럽감사원 보고서는 EU의 개발원조에 있어서 환경통합 수준에 대한 평가를 발표하였다. 그러나 해당 보고서는 다양한 정책과 제도에도 불구하고, EU가 개발원조정책과 프로그램에 환경을 성공적으로 주류화하지 못했다고 평가했다. 이에 EU는 2007년 '개발협력을 위한 환경 통합 핸드북'을 발표하고 원조실시 방식에 따른 환경주류화 과정과 사업단계별 이행지침을 마련했다. 해당 지침에서는 환경평가의 핵심 도구인 전략환경평가(SEA: Strategic Environmental Assessment)와 환경영향평가(EIA: Environmental Impact Assessment) 적용 방안을 제시하고 있다(정성춘, 2010: 294). 2009년에는 2007년에 발표된 지침을 개정한 '개발협력에 있어서 환경 및 기후변화 통합에 관한 지침(Guidelines on the Integration of Environment and Climate Change in Development Cooperation)'이 발표되었다(정성춘, 2010: 294).

2 EU 환경 – 에너지 ODA 역사

유럽연합(EU: European Union)의 환경-에너지 공적개발원조(ODA: Official Development Assistance)의 역사를 살펴보기 위해서는, ODA의 역사, EU ODA 역사, 환경-에너지 ODA 역사를 각각 간략하게 살펴볼 필요가 있다.

해외원조가 국제적 협력의 의제로 본격적으로 다루어지기 시작한 시점은 기존의 개발원조그룹(DAG: Development Assistance Group)이 OECD 산하 개발원조위원회(DAC: Development Assistance Committee)로 재편되면서부터이다. ODA라는 개념의 등장은 DAC가 1969년 ODA를 개발도상국의 경제사회 개발을 증진할 목적으로 이루어지는 공적거래와 양허적 성격(concessional)으로 이루어지는 자금으로 설정하면서 정립되었다(KOICA 홈페이지). DAC는 ODA 수여국을 대표하는 협의체로서, 3년마다 원조를 지원받을 수원국 목록을 발표하는데, 2015년 현재 DAC는 29개 회원국이 활동 중이다. EU는 1961년, DAC가 창립될 당시 11개의 창립회원 중 하나였다(OECD DAC 홈페이지). 11개의 창립회원은 네덜란드, 독일, 미국, 벨기에, 영국, 이탈리아, 일본, 캐나다, 포르투갈, 프랑스, EU이다.

다른 DAC회원과 달리 EU가 특별한 점은 EU자체는 국가가 아니지만 DAC의 회원이며, EU의 개발원조정책은 EU 차원의 개발원조와 회원국 차원의 개발원조가 함께 진행되는 이원체제(Two-tracks)의 모습을 띈다(정성춘 외, 2010: 269)는 것이다. 국가별로 각기 다른 형태의 정책이 용인되지만, EU자체의 정책과 회원국간의 정책을 완전히 분리하여 생각하기는 어렵다(European Commission, 2006).

EU로 대표되는 유럽 대륙은 다른 대륙과는 달리 ODA라는 개념의 등장 이전에도 식민지경영시기부터 구축해온 네트워크와 인프라를 갖고 있었다(김종섭 외, 2012: 6). 즉 상대적으로 EU는 이미 시행착오를 겪은 후 역사적으로 ODA 분야에 대한 경험과 전문적 지식을 갖고 있다는 것이다.

EU ODA 역사를 시기별 특성으로 나누는 방법은 다양하다. 대표적인 예로 2차 대전 이후 아프리카·카리브·태평양(ACP: African, Caribbean and Pacific) 지역에 집중되었던 EU ODA의 수여국은 1980년대가 되어서야 아시아·라틴아메리카(ALA: Asia and Latin America) 지역으로 확대되었다(Jora, 2009: 11-19).

EU의 개발총국(DG Development)의 디에터 프리쉬(Dieter Frisch)는 EU의 ACP 지역을 중심으로 하는 원조의 역사를 시기별로 자세하게 기술하고 있다(김종섭 외, 2012: 73; Frisch, 2008). ACP지역은 과거 EU지역의 식민지였던 국가가 많았기에 유럽의 오래된 수원국이었다. 해당 지역에 대한 EU의 ODA정책은 1975년의 로메 협정과 2000년의 코토누 협정과 같은 지역협정을 통해 시작되었다(김종섭 외, 2012: 72-75; Frisch, 2008).

ACP지역 자체의 정치적·경제적 변화와 EU회원국의 구성원의 변화는 EU 원조

정책의 전환을 가져왔다(김종섭 외, 2012: 75-76). EU의 ODA정책은 1990년대 말까지 운영적인 측면에서 성공적이지 못한 것으로 평가되었다. 특히 1990년대 말까지 ODA의 개방성과 투명성 부족, 사회 및 환경 분야에서 지원 부족 등이 문제점으로 지적되었다. 즉 EU ODA정책의 질적 특성의 변화는 EU의 긴 ODA 역사 중 최근에 진행되었다고 할 수 있다. 이에 2000년의 EU 개발정책개혁안(European Commission, 2000), 2005년 채택된 유럽개발컨센서스(European Commission, 2006), 2015년까지 새천년개발목표(MDGs: Millennium Development Goals)를 달성하기 위해 채택된 EU의 개발정책일관성(PCD: Policy Coherence for Development; European Commission, 2005), EU의 개발정책의 상호보완 및 역할분담을 위한 행동강령: 원조분업(European Commission, 2007c)와 같은 보고서가 출판되었다. EU 집행위원회가 2010년에 채택한 'Europe 2020 Strategy'와 해당 전략 이행을 위한 12개의 EU 이행계획(European Commission, 2010) 등을 통해 계속해서 EU의 ODA 정책은 변화하고 있다(정성춘 외, 2010: 283-290, EuropeAid 홈페이지). 추가적으로 EU는 2009년 12월 리스본조약의 출범과 함께, 기존에 ODA를 분산하여 담당하였던 부서들을 통합하여 2011년 개발정책을 전담하는 새로운 유럽개발·협력총국(DG for Development and Cooperation)을 신설하는 기구개혁도 실시하였다(김종섭 외, 2012: 84).

구체적으로 EU ODA정책 변화를 환경－에너지의 아젠다를 대표적으로 연관시켜 살펴보면, 유럽개발컨센서스(European Commission, 2006)에 제시된 중점 지원 분야 총 9개 중에는 환경 및 자연자원의 지속가능한 관리, 수자원 및 에너지 분야라는 이름 아래 2개가 존재한다. 이는 EU와 회원국 모두의 공통된 지원 분야로서 환경－에너지가 고려된 것이라고 할 수 있다(정성춘 외, 2010: 287). 또한, 'Europe 2020 Strategy'와 해당 전략 이행을 위한 12개의 EU 이행계획에서는(European Commission, 2010) 개도국의 지속가능개발을 위해 기후변화 분야가 유일하게 환경－에너지 분야의 전략으로 제시되었다(정성춘 외, 2010: 290).

환경－에너지 ODA 역사는 위에서 제시된 것처럼 ODA 기조에서 환경－에너지 분야가 얼마나 많이 다루어지고 중요하게 다루어졌는가를 통해 알 수 있지만, 근본적으로는 1987년 브룬트란트위원회가 발표하고, 1992년 리우 정상회의에서 구체적인 행동이 제시된 지속가능발전이라는 커다란 틀 안에서 이루어지고 있다(정지원 외, 2012: 18).

3 EU 환경 – 에너지 ODA 특징

1) 원조 분야 및 규모: 주요 사업과 규모

EU 환경–에너지 ODA 원조 분야 및 규모 역시 EU ODA자체 규모와 그 하위 분류로서 환경–에너지 ODA를 살펴봄으로써 확인할 수 있다. 이는 다양한 자료를 통해 알 수 있지만(OECD DAC 보고서, Eurostat 데이터 등), 본 장에서는 EC의 Europe Aid의 최근 보고서 '2013 유럽연합의 개발과 대외원조 정책과 이행에 관한 2014년 연간보고서(Annual report on the European Union's development and external assistance policies and their implementation in 2013; EuropeAid, 2014)'와 OECD사무국에서 제공하는 '환경친화적 원조(Aid in Support of Environmen; OECD, 2013)'와 OECD의 개발 협력보고서(Development Co-operation Report) 중 지속가능성과 발전을 연결 중심으로 살펴본 2012년 보고서를 중심으로 살펴본다(OECD, 2012).

개발협력에서 환경 분야에 대한 투자를 살펴보기 위해서는 환경–에너지 ODA (환경친화적 요소를 지닌 ODA와 유사한 개념으로서 한국에서는 녹색 ODA라 표현함)의 정의 및 분류가 필요하다. 녹색 ODA는 '자연훼손과 환경오염을 최소화하고, 이를 다시 경제성장의 동력으로 활용'하며 '에너지·자원의 효율적 이용 및 기후변화 대응 역량 배양을 통한 지속가능발전을 도모하는 ODA'를 말한다(이택근, 2011: 196). 일반적으로 환경–에너지 ODA의 정의 및 분류를 위해서는 매년 OECD DAC에서 통보하는 건별실적보고(CRS: Creditor Reporting System)통계를 살펴볼 수 있다. 하지만 환경–에너지 ODA 자체가 지니는 교차이슈(cross-cutting issue)적 성격으로 인해 그 경계가 명확하지 않아 실적 집계가 쉽지만은 않다(이택근, 2011: 195).

현재 EU의 대외원조(external assistance) 예산은 전체 EC 예산에서 10%를 차지한다(2013년 기준, 137,639백만 유로/152.501백만 유로) (EuropeAid, 2014: 19).

〈그림 6–1〉은 EU의 대외원조(ODA)의 규모가 최근 4년 동안 증가하고 있는 추세임을 보여준다.

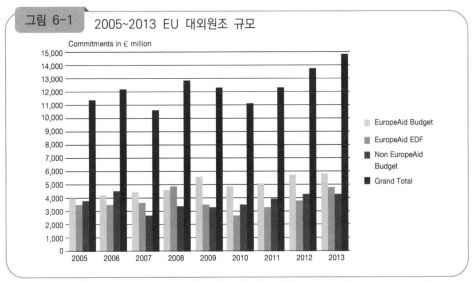

그림 6-1 2005~2013 EU 대외원조 규모

* 전체 EU 대외원조(Grand Total)는 EC예산 중 개발·협력 총국(EuropeAid) 예산과 그 외 다른 예산
과 EC예산에 속하지 않는 유럽개발기금(EDF: European Development Fund)으로 구성.
출처: EuropeAid, 2014: 19.

한편, 최근 CRS 통계를 이용한 보고서에 의하면 OECD DAC 회원국에 의해 진
행한 환경친화적 원조의 섹터별 분포는 〈그림 6-2〉와 같다(OECD, 2013).

〈그림 6-2〉의 바깥 원은 2010~2011년 약정액(commitment) 평균 약 863억 미국
달러만큼의 원조가 섹터간 분배되었음을 보여준다. 안쪽 원은 2010~2011년 약정액
평균 약 254억 미국달러만큼 환경마커가 부여된 환경친화적 요소를 지닌 ODA가 이
용되었다는 것을 보여준다. 구체적으로는 일반적인 환경보호(General Environment
Protection)가 21%로서 가장 높은 비율을 차지하며, 다음으로 에너지(Energy), 물 공급
과 위생(Water Production and Sanitation), 농업, 산림, 수산(Agriculture, Forestry, Fishing)
등의 순으로 이어진다.

환경마커(environmental marker)란 환경의 지속가능성이 주된 또는 부수적 목적
이 된 사업으로서 이는 위에서 언급한 CRS 통계를 통해 구분되어 진다. 해당 구분
은 섹터로서 환경(Environment as a Sector)인 것과 다른 활동이지만 환경이 주된
(Principal) 목적인 것과 부수적인(significant) 목적인 것으로 세 부분으로 나누어 판단
할 수도 있다.

추가적으로 리우마커 부여 사업은 따로 존재한다. 이는 리우협약의 목적 달성
이 주된 목적, 혹은 부수적인 목적이 된 사업을 의미하며, 그 안에는 생물다양성

(Biodiversity), 사막화(Desertification), 기후변화 완화(Climate Mitigation), 기후변화 적응(Climate Adaptation)으로 나눠진다.

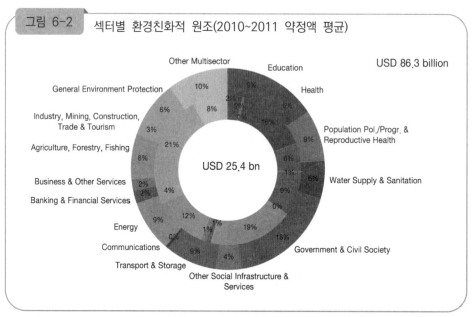

그림 6-2   섹터별 환경친화적 원조(2010~2011 약정액 평균)

* 바깥 원: 환경마커를 통해 가려낸(screened) 총 섹터 분류가 가능한 원조의 섹터별 분포도(total sector-allocable Aid screened against the Environment marker).

** 안쪽 원: 환경친화적 원조의 섹터별 분포도(Aid focused on Environment).

*** 해당 보고서의 원조(aid)라는 표현은 양자 ODA로 이해하면 됨.

출처: OECD, 2013: 2.

DAC의 수여국을 기준으로는 〈표 6-1〉의 차트를 통해 비교할 수 있다.

〈표 6-1〉은 OECD DAC의 회원국의 환경-에너지 ODA를 보여주는데, EU는 환경친화적 원조의 양을 봤을 때(표에서 d에 해당), 그 규모면에서 일본, 독일 이후 세 번째로 많다. 그 밖에도 EU회원국이자 OECD DAC의 회원국인 14개의 유럽 국가 중 독일, 프랑스 등은 그 규모면에서 많은 환경친화적 원조를 하고 있었으며, 독일, 스웨덴, 핀란드는 전체 원조 중 환경친화적 원조 비율이 50%가 넘었다.

| 표 6-1 | 수여자별 환경친화적 원조 규모 및 비율(2010~2011 약정액 평균) |

	Environment as a sector	Other activities scored as "principal objective"	Activities scored as "significant objective"	Sub-Total: environment focused	as % of screened aid	Not targeted	Total: aid screened	Not screened	Memo: Sector allocable, total
	a	b	c	d = a + b + c	d / f	e	f	g	h
Australia	68	47	394	509	16%	2 699	3 208	386	3 594
Austria	6	19	32	56	15%	331	387	2	389
Belgium	25	126	268	419	36%	753	1 172	0	1 172
Canada	35	418	633	1 086	42%	1 516	2 602	82	2 684
Denmark	112	57	278	447	36%	801	1 248	46	1 295
EU Institutions	560	393	1 932	2 884	27%	7 955	10 840	0	10 840
Finland	54	105	228	387	50%	393	780	0	780
France	1 064	438	344	1 846	33%	3 834	5 680	505	6 185
Germany	559	1 706	2 637	4 902	55%	3 969	8 872	1 292	10 163
Greece	3	0	0	4	3%	123	126	0	126
Ireland	2	10	20	32	8%	362	395	2	397
Italy	15	21	103	138	34%	272	410	105	515
Japan	615	2 612	3 130	6 358	54%	5 339	11 697	1 848	13 545
Korea	15	56	166	237	15%	1 342	1 579	0	1 579
Luxembourg	3	4	40	46	34%	90	136	47	184
Netherlands	58	77	130	265	7%	3 675	3 940	0	3 940
New Zealand	3	4	94	101	37%	170	271	0	271
Norway	245	114	488	847	33%	1 688	2 535	0	2 535
Portugal	1	33	9	43	24%	136	179	13	192
Spain	181	43	600	825	31%	1 814	2 638	60	2 699
Sweden	107	130	650	886	52%	803	1 689	43	1 732
Switzerland	66	0	243	309	28%	781	1 090	0	1 090
United Kingdom	490	4	159	652	29%	1 593	2 245	1 103	3 348
United States	958	6	1 113	2 076	9%	20 491	22 567	0	22 567
Total DAC Members	5 242	6 421	13 694	25 357	29%	60 929	86 286	5 536	91 822

  * 단위: 백만 미국 달러 (2010년 기준 가격).
  ** 해당 보고서의 원조(aid)라는 표현은 양자 ODA로 이해하면 됨.
  출처: OECD, 2013: 3.

〈그림 6-3〉은 2002년부터 2011년까지 EU의 환경-에너지 ODA의 규모를 보여준다. 해당 기간 환경·에너지 ODA 규모는 2008년경 세계 경제위기로 잠시 주춤하였으나, 다시 원상태를 회복하였다. 2013년 현재 역시 환경마커에서 부여한 원조 규모는 4,258.62백만 달러로서 2008년 이후 계속해서 증가추세이며, 2008년 이전 최고점이었던 2006년의 규모를 추월하였다.

〈그림 6-3〉에서 알 수 있는 한 가지 특징적인 면은 섹터로서 환경의 비율이 계속해서 증가하고 있다는 것이다. 다만, 2012년까지 증가하다 최근 2013년 데이터에서는 한풀 꺾이는 모습을 보인다(2011년: 610.31백만 달러, 2012년: 720.72백만 달러, 2013년: 650.11백만 달러) (OECD CRS 통계).

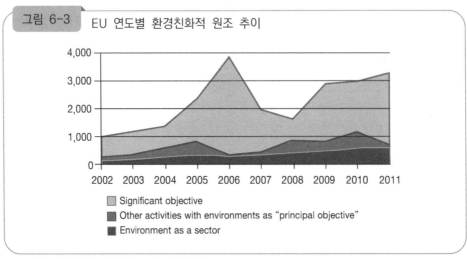

그림 6-3 EU 연도별 환경친화적 원조 추이

Significant objective
Other activities with environments as "principal objective"
Environment as a sector

* 단위: 백만 미국 달러 (2010년 기준 가격).
** 해당 보고서의 원조(aid)라는 표현은 양자 ODA로 이해하면 됨.
출처: OECD, 2013: 9.

　　환경마커와 리우마커의 부문(Sector)을 중심으로 EU의 환경－에너지 ODA 특징을 살펴보면 다음과 같다. 우선 환경마커를 보면, EU는 섹터로서 환경의 비율이 높다. 이는 환경 그 자체의 보호를 위한 ODA가 다른 나라에 비해 많다는 것을 의미한다(약 38%, 2010~2011년 평균 기준). 이는 〈표 6-1〉을 통해서도 확인할 수 있다. 다만 최근 환경마커 중 경제 인프라(Economic Infrastructure)의 비율은 증가 추세인데, 이는 에너지 원조의 증가에서 기인한다(2005년부터 2010년까지 약 평균 400백만 달러 정도에 불과하던 2011년 이후 2013년까지 계속해서 2,000백만 달러를 넘어섰다; OECD CRS 통계).

　　리우마커를 중심으로 보면, EU ODA에서 특징적인 것은 기후변화 완화와 기후변화 저감의 비율이 높다는 것이다. 이는 환경마커의 에너지 원조와 겹쳐진(overlapped) 것으로 해석하는 것이 바람직하다. 특히, 2012년 지속가능성과 발전의 OECD 개발협력보고서에는 특별히 2002년부터 EU가 아프리카 지역의 에너지 접근성 향상을 위해 활동한 ODA를 주목하고 있다는 것을 알 수 있다. EU가 UN 모두를 위한 지속가능한 에너지 이니셔티브(UN SE4ALL: United Nation's Sustainable Energy for All initiative)에서 중요한 역할을 하고 있음을 의미한다(OECD, 2012).

　　EU는 2030년까지 5억명에게 지속가능한 에너지를 제공하기 위한 목표를 설정하고 이를 달성하기 위해 노력 중이다(OECD, 2013: 8). 2013년에 EU는 발전 기금과 자본 수단을 통합해서 에너지 발전 프로젝트를 개발도상세계에 지원했다. 사하라 이남 아프리카(Sub-Saharan Africa)에는 4,000백만 유로의 투자 영향력이 있는 총 400백만 유로가 EU–아프리카 인프라 신탁 기금(ITF: EU-Africa Infrastructure Trust Fund)을 통해 할당되었다(OECD, 2013: 8-9). 구체적으로 EU의 기술지원시설(Technical Assistance Facility)과 같은 이니셔티브는 80백만 유로가 수원국이 지속가능한 에너지를 발전하기 위해 필수적인 민간 투자에 관련한 정책을 발전시키도록 이용되고 있다.

2012년 현재 EU는 환경–에너지 ODA 관련하여, 에너지사업 (예를 들어, AFRETEP: African and Renewable Energy Platform) 이외에도 기후변화를 위한 개발협력과 수자원 개발협력, 사막화 방지, 목재 및 산림 협력 등 다양하게 관여하고 있다.

EU의 전반적인 개발협력 사업은 크게 프로그래밍(programming), 분석(identification), 형성(formulation), 이행(implementation), 평가(evaluation)의 5개의 단계로 이루어진다. 일반적으로 프로그래밍에 관한 분석이 이루어지면, 원조실시방법(aid delivery)에 따라 첫째, 부문별 개발지원(SPSP: Sector Policy Support Programmes), 둘째, 일반예산지원(GBS: General Budget Support) 셋째, 프로젝트(Project)로 구분된다.

2) 부문별 개발지원에서 환경 지원(SPSP: Environment in Sector Policy Support Programs)

국제사회에서 원조효과성(aid effectiveness) 제고 문제는 ODA 사업의 주요 주제가 되어 왔다. DAC는 2005년 원조효과성 제고를 위한 파리선언(Paris Declaration on Aid Effectiveness)을 채택하면서 프로그램형 접근법(PBA: Programme-Based Approach)에 따른 지원 규모를 원조의 66%까지 달성하도록 권고하였다.

PBA 관련 DAC의 원조효과성 보고서(OECD, 2006: 37)는 PBA를 "국가빈곤감소전략(National Poverty Reduction Strategy), 특정 분야별 프로그램(Sector Programme), 주제별 프로그램(Thematic Programme) 또는 특정 기관의 프로그램을 포함한 현지 주도의 개발 프로그램에 대한 조율된 지원을 원칙으로 하는 개발협력의 방법"으로서, ① 수원국 또는 현지 기관의 리더십, ② 하나의 포괄적인 프로그램 및 예산틀 ③ 공여국의 보고, 예산측정, 재정관리 및 조달을 위한 공식적인 공여국 조정 및 조화

절차, ④ 프로그램 설계 및 실행, 재정관리 그리고 감독 및 평가를 위해 현지 체제의 활용을 향상시키기 위한 노력이라는 4가지 특징을 담고 있는 것으로 정의하였다(이현주, 2010: 57-58).

PBA는 기존 프로젝트 중심의 단발성 사업의 문제에 대한 인식에서 비롯되었다. 즉 기존의 프로젝트형 접근방식과 달리 PBA는 거시적 목표 달성을 목적으로 하며, 이에 관련 행정비용의 축소, 현지 시스템의 강화 및 수원국 재원 사용에 관한 유연성 있는 접근의 도입 등을 중요하게 생각한다(이현주, 2010: 58-59).

PBA의 하위개념인 섹터별 접근법(SWAp: Sector Wide Approaches)은 PBA 관련 논의를 주도적으로 이끌어온 원동력이었다(EuropeAid, 2007: 13). EU는 SWAp를 "수원국과 개발 파트너간 협력의 한 방식"으로써 "포괄적이고 일관성 있는 섹터 정책 및 전략, 하나의 통일된 공공지출체계, 그리고 공도의 관리·기획·보고 체계의 점진적인 발전을 필요로 하는 것"으로 정의한다(이현주, 2010: 63). PBA는 2000년 중반 파리선언 전후, 원조 관련 원칙을 더욱 구체적으로 진행하기 위해 진행된 개념이지만, SWAp는 1990년 초반부터 실제 유럽공여국 사이에서 시행에서부터 발전된 개념이다. 그렇기에 관련 개념 및 진행절차가 자연스럽고 구체적으로 정립되어 있다. 따라서 SWAp에 대한 깊은 이해는 역으로 PBA를 이해하는 데 큰 도움을 줄 수 있다(이현주, 2010: 63). 즉 PBA와 SWAp는 원조 방식(Aid Modalities)이 아니라 범국가적 혹은 섹터별 이슈에 관한 수원국과 공여국의 공동 접근 방식이라고 설명할 수 있다. 아래에서는 공여국으로서 EU의 관련 접근방식을 위한 원조방식에 대해 구체적으로 설명할 것이다.

부문정책지원 프로그램(SPSP: Sector Policy Support Programs)은 고전적인 EC 프로젝트와는 달리, 정부에 의해 디자인 되고 함께하는 부문별 접근방식(sector approach)의 일환으로서 진행되는 부문별 프로그램(SP: Sector Programme)을 통해 진행되고 관리되는 원조 도구(aid instrument)를 말한다(EuropeAid, 2007: 12, 44). SP는 특정 섹터에 대한 수원국의 개발 프로그램으로서(이현주, 2010: 64), 정부와 발전 파트너와 같은 다양한 이해당사자가 함께하는 방법이다. 이는 부문 안에서 공공부문 정책과 자원 배분 결정에 관해 정부의 활동영역을 넓히거나, 거래 비용을 줄이면서 정책, 지출, 결과간의 일관성을 높이는 과정이다(EuropeAid, 2007: 12-13).

SP는 부문별 접근방식의 결과로서, 부분 정책 및 전략, 부문별 예산과 이를 위한 중기 지출 전망(medium term expenditure perspective), 부문 조정(coordination) 프

레임워크 라는 3가지 요소로 구성된다. 그 외에도 제도 수립 및 역량, 성과 모니터
링, 거시경제 정책, 공공재정관리(PFM: Public Finance Management)를 합하여 7대 평
가 분야로 활용되고 있으며, 각각의 항목은 분석과 모니터링의 대상이 된다(정성춘
외, 2010: 307).

SP와 실제 상황에서는 구분이 명확하지는 않은 경우도 있지만, 개념적으로 수
원국이 특정 분야에 대해 수립한 SP를 섹터 개발 프로그램(SDP: Sector Development
Programme)이라 한다. SDP는 섹터 정책 및 행동계획 시행을 위해 자체적으로 수립
한 구체적인 실시 전략이다(이현주, 2010: 64).

SPSP는 SP를 도와주기 위한 (공여국의) 수단으로서, 이 과정에서 SEA나 혹은
비슷한 분석을 통하여 환경 평가가 실시된다. 구체적으로 EU는 SPSP라고 명명하지
만, 덴마크, 스웨덴은 섹터 프로그램 지원(SPS: Sector Programme Support)이라고 하
는 등 공여국마다 구성요소와 용어에 대한 약간의 차이가 있다(이현주, 2010: 64-65).
이는 비록 부문별 프로그램이 환경에 끼치는 영향이 간접적인 경우가 많을지라도,
그 영향이 광범위하다는 점에서 중요하다는 것을 보여준다(European Commission,
2007: 49). SEA는 부문 프로그램이 EU 회원국과 EC의 환경 정책 목적과 일치되어
진행되고 있는지를 보는데 중요한 역할을 한다.

〈그림 6-4〉는 SPSP에서 환경주류화 과정이 4가지 단계를 중심으로 어떻게 진
행되는지를 보여준다.

우선, 〈그림 6-4〉의 분석(identification)단계에서는 7대 평가 분야(부분정책 및 전략
부분, 거시경제평가, 부문중기지출체제, 회계책임 및 공공관리지출관리, 공여국협력, 성과모니터링
및 협의과정, 제도 및 역량분석)를 기반으로 부문별 프로그램의 질적 수준에 대한 예비
검토를 실시하게 되는데, 여기서 환경적 고려를 하게 된다(European Commission, 2007:
50). 또한 SEA 수행 여부를 결정하게 되며, SEA 스크리닝(Screening)은 환경적으로 민
감한 분야에 적용된다.

형성(formulation)단계에서는 실행 계획에 대한 파이낸싱과 7대 평가 분야에 대
한 세부검토, SPSP 목표와 이행방식을 결정한다. 이 과정에서 필요한 경우 SEA가
수행 되며, 필요 없는 경우에는 보고서에 환경적 배려가 포함된다.

이행(implementation)단계에서는 SPSP를 이행하며 정기적 평가를 통해 환경 관
련 이슈를 논의하고, 평가한다. 구체적으로 환경주류화는 CEP와 SEA에서 구명된
환경이슈에 대한 논의가 정책대화(policy dialogue)를 통해 진행된다.

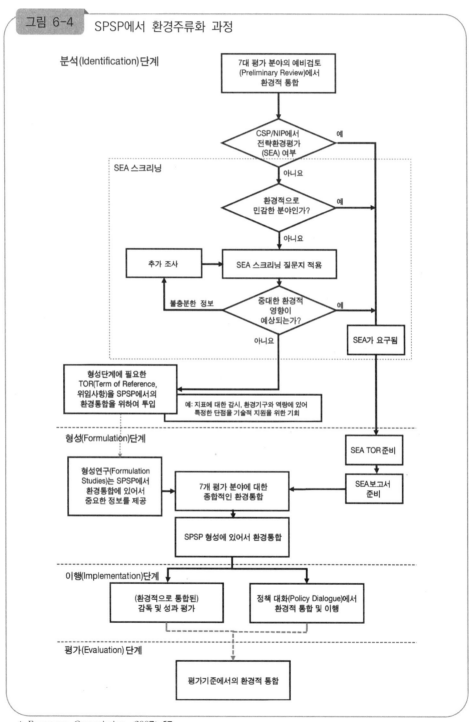

그림 6-4   SPSP에서 환경주류화 과정

분석(Identification)단계

7대 평가 분야의 예비검토
(Preliminary Review)에서
환경적 통합

CSP/NIP에서
전략환경평가
(SEA) 여부
예

아니요

SEA 스크리닝

환경적으로
민감한 분야인가?
예

아니요

추가 조사

SEA 스크리닝 질문지 적용

불충분한 정보

중대한 환경적
영향이
예상되는가?
예

아니요

SEA가 요구됨

형성단계에 필요한
TOR(Term of Reference,
위임사항)을 SPSP에서의
환경통합을 위하여 투입

예: 지표에 대한 감시, 환경기구와 역량에 있어
특정한 단점을 기술적 지원을 위한 기회

형성(Formulation)단계

SEA TOR 준비

형성연구(Formulation
Studies)는 SPSP에서
환경통합에 있어서
중요한 정보를 제공

7개 평가 분야에 대한
종합적인 환경통합

SEA보고서
준비

SPSP 형성에 있어서 환경통합

이행(Implementation)단계

(환경적으로 통합된)
감독 및 성과 평가

정책 대화(Policy Dialogue)에서
환경적 통합 및 이행

평가(Evaluation) 단계

평가기준에서의 환경적 통합

* European Commission, 2007: 57.

평가(evaluation)단계에서는 부문 프로그램의 적절성, 효율/효과성, 지속가능개발 기여도 등을 평가하고, SPSP가 SP 목표 달성에 기여한 부가가치와 이행방식에 대한 적실성을 평가 받게 된다. 이때 SPSP 운영주기가 순환되는 과정에서 환경 통합이 단계별로 적절하게 이루어졌는지를 평가한다. 프로그램 환경주류화 과정은 프로젝트 환경 지원과는 분명한 차이를 보이는데, 해당 차이는 다음 프로젝트 환경 지원에서 언급하겠다.

3) 일반예산지원에서 환경 지원(Environment in General Budget Support)

예산지원은 ODA 원조 방식 중 하나로서 수원국 정부의 재정(treasury)에 직접 공여국의 ODA 재원을 이전함으로써 수원국의 예산으로 사용하는 방식이다 (EuropeAid, 2012: 11). 근본적으로 프로젝트형이나 프로그램형 지원 방식과는 달리, 공여국은 수원국 정책에 있어 재원의 사용처, 우선순위, 규모 목적 등에 대해 지정하지 않는 것이 원칙이다. 다만 그 내역에 대해서는 절차에 따라 모니터링되고 보고되어야 한다.

예산지원을 통한 원조는 필연적으로 수원국의 공공 재정관리 시스템을 사용하게 되기에 공여국의 자율과 자립에 효과적인 원조 양식이다. 예산지원은 단순한 재원의 이전만을 말하지 않으며 펀드, 정책, 모니터링 등 예산지원의 목표를 효과적으로 달성하기 위한 여러 요소를 포함한다(이현주, 2010: 74). 특히 대화를 위한 장 (Platform for Dialogue)도 구성 요소로서 요구된다(EuropeAid, 2012: 11). 이러한 형태는 수원국과 공여국 사이의 소통을 강조하고 있다는 것을 보여준다.

예산지원은 크게 일반예산지원(GBS: General Budget Support)과 부문예산지원(SBS: Sector Budget Support)으로 구분된다. GBS와 달리 SBS는 특정부문과 관련된 정책 및 전략만을 지원한다. 둘간의 차이는 공여국의 관여 혹은 간섭 권한의 차이가 아니라 목적(objective)의 범위와 결과(result) 측정과 판단 지표(indicator)의 차이라 할 수 있다 (이현주, 2010: 76). 추가적으로 SBS는 위에서 언급한 SWAp에서 수원국이 추진하는 SDP를 재정적으로 지원하는 방식으로 이해할 수 있다.

국제개발협력에서 수원국의 적극적인 참여를 강조해 온 EU는 수원국의 의지와 함께 이에 대한 공여국의 지원을 환경주류화에서도 필요함을 역설하며 일반예산지원에서의 환경주류화 수단을 가이드라인으로 제시하였다(정지원 외, 2012: 31). GBS

에서 환경주류화는 수원국의 국가개발정책이나 빈곤감소전략(PRS: Poverty Reduction Strategy)은 환경영향과 지속가능발전을 위해서 중요하기에 공여국은 예산지원 결정 과정에서 환경과의 연관성을 포함한 환경영향을 고려하게 된다(정성춘 외, 2010: 313).

GBS에서 환경 지원을 한다는 것은 각 국가가 각자의 조건 및 자원을 가지고 발전 전략을 짜게 되고 그 발전 전략이 환경 결과를 만든다는 점에서 중요하다(EuropeAid, 2011: 58). 즉 CSP 작성에 있어 환경적 고려는 필수적이다. GBS에서 환경주류화 역시 프로그래밍 과정과 분석, 형성, 이행, 평가의 5단계를 거친다.

분석(identification)단계에서는 7대 평가 분야(부분정책 및 전략 부분, 거시경제평가, 부문중기지출체제, 회계책임 및 공공관리지출관리, 공여국협력, 성과모니터링 및 협의과정, 제도 및 역량분석)를 기반으로 GBS전반에 걸쳐 평가하게 된다(European Commission, 2007: 63). 예비검토(preliminary review)는 CEP와 SEA를 바탕으로 CSP가 환경이슈를 다루는 방식으로 진행된다(정성춘 외, 2010: 314). 이는 부문이 아닌 전반적인 영역에 걸친 지원이므로 SEA의 초점 역시 전반적인 환경 및 기후변화 위험과 관련이 있다(EuropeAid, 2011: 54-55). 분석단계에서는 분석보고서(IF: Identification Fiche)를 작성한다. 이 단계에서는 ① 국가개발 및 개혁정책 전략(National development or reform policy and strategy) ② 예산 및 중기재정전망(Budget and Medium Term Expenditure Framework), ③ 수원국에 대한 타 공여국과의 협력(Donor Coordination), ④ 성과지표(Performance Measurement), ⑤ 제도 및 역량분석(Institutional Setting and Capacity Analysis) 등을 통하여 환경 이슈를 다루고 있다.

형성(formulation)단계에서는 IF에 대한 점검과 실행 계획에 대한 파이낸싱과 7대 평가 분야에 대한 포괄적인 환경적 검토가 이루어진다. 이행(implementation) 및 평가(evaluation)단계에서는 SEA 완료를 통해 구체적인 정책 대화 및 공여국 협력의 아젠다가 진행된다. 이후 GBS가 수원국의 정책과 전략의 측면에서 지속가능개발에 기여를 하는지 평가한다. 특히 GBS의 원조 수단의 특징을 중점으로 판단한다.

4) 프로젝트에서 환경 지원(Environment in the Project Approach)

국제개발협력 분야에서 EU는 프로젝트를 명확히 제시된 개발목표를 정해진 기간과 정해진 예산 내에서 달성하기 위해 실시되는 활동의 연속으로 본다. 프로젝트는 명확히 규명된 관계자, 명확히 정해진 조율·관리·재원 조달에 관한 합의, 성과 관리를 지원할 수 있는 모니터링과 평가 시스템, 프로젝트의 성과가 투입 비용을 초과한다는 것을 명시하는 적정수준의 재정적, 경제적 분석으로 구성된다(이현주, 2010: 49-50).

기존 프로젝트형 접근방식은 PBA나 예산지원과 달리 개별 프로젝트 결과물을 중시하며, 공여국의 참가와 통제가 높고 공여국간 조정의 제한적인 특징을 지니고 있다(이현주, 2010: 59). 다만, 프로젝트형 역시 수원국-공여국간 조화를 중요시하기 시작했으며, PBS가 불가능한 프로젝트에서도 최대한의 환경주류화의 노력이 진행되고 있다.

프로젝트형 접근방식에서는 특히 프로젝트의 디자인, 활동 그리고 이행 관리가 이루어지는 분석 및 형성 단계에 대한 환경적 고려가 가장 많이 이루어진다 (EuropeAid, 2011: 61). 프로젝트에서 환경주류화 역시 프로그래밍 과정과 분석, 형성, 이행, 평가의 5단계를 거친다. 〈그림 6-5〉는 프로젝트에서 환경주류화 과정이 (프로그래밍 과정을 제외한) 4가지 단계를 중심으로 어떻게 진행되는지를 보여준다.

분석(identification)단계에서는 SPSP, GBS 과정과는 달리 프로젝트 단계에서 환경주류화 과정에서는 SEA 대신 EIA와 CRA가 수행된다(EuropeAid, 2011: 61-64). CRA는 최근 EU가 프로젝트에서 환경적 고려를 추가한 것으로 기후변화에 대한 EU의 체계적 접근을 보여준다. SEA와 EIA의 근본적인 차이는 EIA가 프로젝트 단계에서 개발정책으로 발생할 수 있는 환경영향을 평가하는 반면, SEA는 프로젝트 단계보다 높은 수준인 정책, 계획, 프로그램 단계에서 환경영향을 평가한다는 것이다. 그렇기에 EIA가 더 제한적인 누적영향을 검토하게 되지만, 처음과 끝이 분명하고 명확하다는 특징이 있다(정성춘 외, 2010: 301).

분석단계에서는 로지컬 분석틀 접근 방식(LFA: Logical Framework Approach)을 통해 환경에 대한 고려를 진행한다. 구체적 내용은 2007년 개발협력을 위한 환경 통합 보고서 부록에서 참고 가능하다(European Commission, 2007: 136-141). EIA와 CRA는 각각 카테고리가 3개로 나뉘는데, 해당 평가가 항상 필요한 경우, 매번은 필요하지 않지만 실시여부를 살펴봐야 하는 경우, 마지막으로 평가가 필요치 않는 경우이다. 이는 환경적 부정적 영향의 정도에 따라 분류된다.

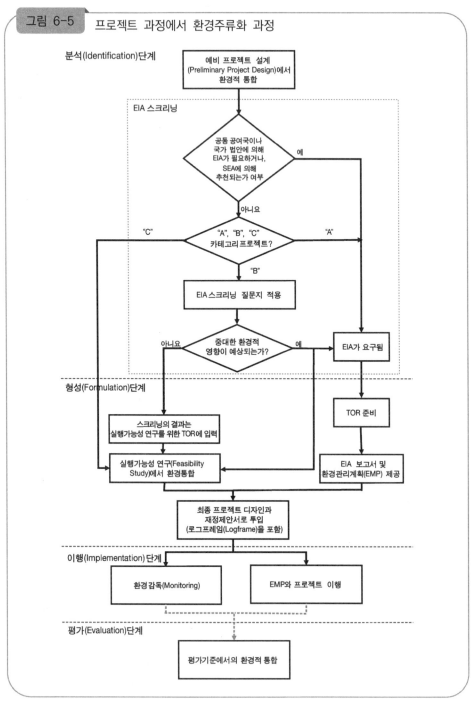

그림 6-5　프로젝트 과정에서 환경주류화 과정

분석(Identification)단계

예비 프로젝트 설계
(Preliminary Project Design)에서
환경적 통합

EIA 스크리닝

공동 공여국이나
국가 법안에 의해
EIA가 필요하거나,
SEA에 의해
추천되는가 여부

예

아니요

"C"　　"A", "B", "C"
카테고리 프로젝트?　　"A"

"B"

EIA 스크리닝 질문지 적용

아니요　중대한 환경적
영향이 예상되는가?　예　EIA가 요구됨

형성(Formulation)단계

스크리닝의 결과는
실행가능성 연구를 위한 TOR에 입력

TOR 준비

실행가능성 연구(Feasibility
Study)에서 환경통합

EIA 보고서 및
환경관리계획(EMP) 제공

최종 프로젝트 디자인과
재정제안서로 투입
(로그프레임(Logframe)을 포함)

이행(Implementation)단계

환경 감독(Monitoring)　　EMP와 프로젝트 이행

평가(Evaluation)단계

평가기준에서의 환경적 통합

* European Commission, 2007: 57.

　　형성(formulation)단계에서는 분석단계에서 분류된 카테고리에 따라 구체적 내용이 나뉜다. 평가가 필요하다고 판단되면, 평가 요소는 구체화되며, 환경적 요소는 충분한 기술적 정보와 현실적인 대안으로 형성단계 동안 일관성 있게 진행된다. 이는 경제분석에 선행하게 됨을 의미한다(정성춘 외, 2010: 301; EuropeAid, 2011: 66-71).

　　이행(implementation)단계에서는 EU 직원과 같은 이행팀이 주요 관심사이며, 환경활동검토(environmental performance review), 기후위험검토(climate performance review)를 시행하게 된다. 수원국 역시 프로젝트의 감독 및 관리에서 환경 감시의 역할을 적극적으로 활용하게 된다(EuropeAid, 2011: 71-73).

　　평가(evaluation)단계는 독립적 컨설턴트에 의해 진행되는데, 그렇기에 EU는 과업지시서를 통해 적합성, 효과성, 효율성, 지속가능성, 영향 측면에서 환경이슈가 어떻게 고려되었는지를 평가한다.

4 EU 환경 – 에너지 ODA의 구체적 사례

　　EuropeAid는 섹터별로 프로젝트를 분류하여 진행하는데, 구체적인 프로젝트 내용은 EuropeAid 홈페이지를 통해 알 수 있다(EuropeAid 홈페이지). 구체적으로 8가지로 프로젝트를 분류한다(Human rights and governance, Food and Agriculture, Economic Growth, Human Development, Infrastructure, Environment, Energy, Migration and Asylum). 이 중 환경-에너지 ODA 관련해서는 환경(Environment) 아래의 하부영역과 에너지(Energy) 섹터에서 핵 안보를 제외한 영역이 넓은 범위에서 포함된다.

- 프로젝트 이름: 홉스골 호수 국립공원의 운영에 의존하는 지역 커뮤니티의 지속 가능한 경제 활성화 통합과 지도(Guide and Integrate a Sustainable Economic Revitalisation of Local Communities Dependent on Long-term Stewardship of Lake Hovsgol National Park)
- 총 비용: 471,585.75(€)
- EU 분담 비용: 353,689.31(€)
- 총 기간: 2012년 8월 1일 ~ 2015년 7월 31일

- 수원국: 몽골
- 관련 분야: 환경과 녹색경제
- 원조수행기관: GLOBAL NATURE FUND(GNF)
- 프로젝트 개요: 몽골의 자랑으로 여겨지는 홉스골 호수는 세계 17개 고대 호수 중 하나이고 아시아에서는 4번째로 깊은 호수이다. 유목 부족은 4000년 전에 처음으로 호수의 경외로움에 감탄하였다. 몽골 사람들은 홉스골 호수를 "어머니의 바다"라고 부른다. 이는 몽골의 70%의 (지구의 1%) 민물을 차지하고 있기 때문이다. 그 면적 규모는 룩셈부르크보다 크다.

  홉스골 호수 국립공원과 주변 커뮤니티를 도와주기 위한 프로젝트는 홉스골 지역을 지속가능한 방법을 통해서 풍부한 자연/문화 환경 유산에 영향을 최소화하면서 관광업의 성장을 돕는다. 포괄적인 트레이닝, 적절한 관리 실행, 증가된 운영 역량을 통해 홉스골 호수 국립공원의 관리를 강화하고자 하였다. 방문객의 양질의 관광을 위해서, 프로젝트는 관광 기회와 관련 인프라를 지원하고, 주민들의 50% 수입 증대와 호수의 가치를 유지하고자 하는 것을 목표로 삼았다.
- 환경-에너지 ODA 영향: 프로젝트 결과, 호수에 방문하는 관광객의 서비스와 자원 운용에 있어 개선이 되었으며, 역량강화, 트레이닝이 개선되었다. 동시에 지속가능성과 관련하여 사회적 인식도 많이 증가하였다. 특히, 관광업과 관련한 고용이 증가하였다. 홉스골이 제공하는 지속가능한 관광업에 대한 국제적인 인지도 상승하였다.

  구체적으로 홉스골 호수 관광자문위원회는 사업을 확장하고 있으며, 매년 25,000명의 방문객에게 관광기회를 제공하고 있다. 20~25%의 가족 수입은 말타기 트랙의 재도입과 안장 렌탈서비스 등으로 인해 25% 소득이 증가하였다. 몽골 관광 분야 10명의 대표자에게 지속가능한 관광에 대한 역량강화를 지원했으며, 12명의 순찰대원이 지원되어서 공원 운영을 위한 기술을 교육받았다.
- https://ec.europa.eu/europeaid/projects/guide-and-integrate-sustainable-economic-revitalization-local-communities-dependent-long_en

---

- 프로젝트 이름: 사하라 사막과 접하고 있는 건조 지대인 몹티의 환경 복원 (Regreening Mopti, an arid region of Mali Bordering the Sahara desert)
- 총 비용: 505,000.00(€)
- EU 분담 비용: 505,000.00(€)

- 총 기간: 2012년 10월 1일~2015년 12월 31일
- 수원국: 말리를 비롯한 주변국
- 관련 분야: 기후변화, 천연자원(지속가능한 산림자원)
- 프로젝트 개요: 최근 몇 십 년간, 인구 성장, 잘못된 농사 방법, 기후변화와 관련된 건조 지대의 증가는 토양 황폐화를 가속화시켰다. 이는 특히 동시에 말리의 식량 생산의 역량을 침식시키고 있다. 이에 대한 대응으로서 말리 정부는 삼림화를 토양/천연 자원 황폐화와 빈곤의 퇴치 수단의 우선순위로 삼고 있다. EU는 16개의 지방 커뮤니티와 함께 지역 산림화 활동을 통해 산림 식생을 개선하기 위해 함께 하였다. 가연성이 높은 화재의 위험이 있는 타기 쉬운 식물과 관목을 제거하고 자연 나무 묘목을 기르는 기술인 ANR(Assisted Natural Regeneration)을 통해서 산림 재생을 돕는 것을 목표로 하였다. 넓은 지역을 작물 덮개와 경작 개선을 통해 농부들과 지역 단체는 함께 농작물과 지역 사람들을 위해 노력한다.
- 환경-에너지 ODA 영향: 프로젝트 결과, ANR의 도입으로 인해 141,000나무가 새롭게 심어졌으며, 700,000나무들이 보호되었다. 30명의 사람들이 물과 토질 보호 기술과 관련하여 교육을 받았으며, 35헥타르의 황폐화된 땅은 회복되었다. 지역 농부와 협동조합, 마을장들의 관여를 장려하기 위해, 나무 자원 관리를 위한 16개의 협약이 적극적인 지역 커뮤니티와 맺어졌다.
- https://ec.europa.eu/europeaid/case-studies/regreening-mopti-arid-region-mali-bordering-sahara-desert_en

- 프로젝트 이름: EU-중국 환경 거버넌스 프로그램(EU-China Environmental Governance Programme(EGP)
- 총 비용: 3,324,000.00(€)
- EU 분담 비용: 3,324,000.00(€)
- 총 기간: 2010년 12월 12일 ~ 2015년 12월 3일
- 수여국: 중국
- 관련 분야: 환경 거버넌스
- 원조수행기관: 중국 환경보호부(MEP: Chinese Ministry of Environment Protection)
- 프로젝트 개요: 환경 이슈에 대한 대중의 인식이 확대되어 가고 있는 가운데, 중국 환경보호부는 시민 참여의 역량과 지지를 지속적으로 늘리고 있다. 환경 거

버넌스 프로그램(EGP)은 국가 레벨에서 정책 개발과 지역 단위의 실제 적용을 통해 시민 참여의 역량을 키우는 데 도움을 준다. 해당 프로그램은 환경 감시와 의사결정에서의 시민 참여 법안 초안 작성과 이행, 사법에의 접근, 환경 거버넌스에서 기업·재계 참여에 대한 조언을 해준다.

이에 중국 정부의 환경에 대한 노력, 일반 대중의 환경 보호 노력에 도움을 주고 시민 참여와 책임감을 통해 대중에게 도움이 되는 지역의 지속가능한 개발을 가능하도록 하는 것이 본 프로그램의 목적이 된다.

- 환경-에너지 ODA 영향: 2010년부터 프로그램 이행을 통해, EU는 중국의 19개 지방에 유럽의 경험을 소개함으로써 중국의 환경 거버넌스에 도움을 주었다. 중앙 레벨의 노력은 주로 유럽의 시민 참여의 경험을 강조하는 유럽 경험을 바탕으로 중국의 환경 법안 개발을 도와주는 것이었다. 지방 레벨에서는 15개의 파트너십 프로젝트가 역량강화와 정책 제언 등의 다양한 결과물을 도출했다. 대기 질 모델링과 예측, 환경 감정사 교육, 환경 조사 위원회 설립, 환경 정보 공개, 시민 참여, 사법에의 접근, 기업의 환경 CSR 등의 모범 실무를 모은 핸드북 발간 등이 구체적인 성공 프로젝트이다.

- https://ec.europa.eu/europeaid/case-studies/eu-china-environmental-governance-programme_en

- 프로젝트 이름: 우간다 지방지역 전력 수급 프로젝트(Uganda Rural Electrification project)
- 총 비용: 55,500,000.00(€)
- EU 분담 비용: 8,300,000.00(€)
- 총 기간: 2014년 ~
- 수여국: 우간다
- 관련 분야: 에너지와 기후 변화
- (주요) 원조수행기관: EU-Africa Infrastructure Trust Fund(ITF)
- 프로젝트 개요: 평균 75kWh/년으로 우간다는 아프리카에서 일인당 전력 소비가 가장 적다. 우간다의 인구는 전력에 있어 접근성이 낮고, 국가의 전력 공급 비율은 약 14%이다. 지방의 경우 그 비율은 더 낮아, 7% 정도에 불과하다. 전력 부족은 우간다의 경제성장에 가장 큰 장애 중 하나로 꼽힌다.

해당 프로젝트의 주요 목적은 국가 전력망에서부터 현재 경제·사회적으로 지속가능한 발전을 저해하고 있는 청정 에너지 사용이 어려운 지역 커뮤니티까지 전기를 확대시키는 것이다. 해당 프로젝트는 시스템에 꼭 필요한 총 고압선(MV: Medium Voltage) 1,500km와 저압선(LV: Low Voltage) 1,300km에 대한 설비 투자와 REA(Rural Energy Agency)를 이용한 긴급 조달을 통해 접근을 높이는 전략을 포함한다. 총 비용 55,500,000유로 중에서 42,100,000유로는 고압선과 저압선 설치를 위해 지불될 예정이며, 나머지는 연결을 위한 설비 비용이다. 특히, EU의 '아프리카 인프라스트럭쳐 신탁 기금(AITF: Africa Infrastructure Trust Fund)'은 마지막 구간에 적용되는 근거리 통신을 말하는 마지막 마일(Last Mile) 연결을 위해 사용될 예정이다. 이는 적어도 38,000가구의 전력 연결을 돕는 것을 목표로 한다. 기술 지원 기금 역시 전력 수급 프로젝트를 위해 진행될 예정이다.

• https://ec.europa.eu/europeaid/blending/uganda-rural-electrification-project_en

▌ 환경과 에너지를 포함한 천연자원의 지속가능한 관리

환경보호, 기후변화, 지속가능한 발전은 2012년에도 여전히 유럽위원회의 주요 토픽이다. 유럽위원회는 해당 이슈들을 환경과 에너지를 포함한 천연자원의 지속가능한 관리(ENRTP: Environment and sustainable management of natural resources) 테마 프로그램(thematic programme)에서의 기금과 GCCA, FLEGT, EU Water Facility와 같은 혁신적인 이니셔티브의 기금을 활용하여 지리적 원조(geographic support)를 다루기 위해 노력하고 있다.

위원회는 리우마커 시스템을 이용하여 세 가지의 리우 회의의 목적에 부합하는 원조를 측정하고 있다(생물다양성, 사막화, 기후변화). 이 시스템은 OECD DAC(OECD 산하 개발원조위원회)와 해당 건별실적보고(CRS) 데이터베이스와 연관되어 있다. 데이터베이스에 의하면, 2012년 기후변화와 환경관련 활동에 5억에서 6억 유로가 쓰였다. 이는 기후변화 대처를 위해 "빠르게 시작하는 조달"을 하기 위한 유럽위원회(5,500만 유로)와 회원국(860만 유로)에 의해 새롭게 추가된 기금을 포함한다.

추가적으로, 많은 지리적인 프로젝트와 프로그램이 해당 테마를 간접적으로 다루고 있다. 환경과 기후변화 이슈는 프로젝트 준비단계와 평가단계에서 상당부분 통합되고 주류화 되고 있다. 지속가능한 발전을 위해 배당된 총 금융 자산은 상당히 많다.

2014년부터 2020년까지 지속되고 있는 프로그램 '변화를 위한 아젠다(Agenda for Change)', '리우 플러스 20'는 관련 과정의 방향과 긴밀히 연결되도록, 물 섹터의 정책 발전은 물에 대한 접근과 위생에서부터 물(에너지와 농업)의 경제적인 면도 고려한 보다 통합된 형태로 변화하고 있다. 2012년에 출판된 European Report on Development은 물, 에너지, 농업의 연결을 강조하였다.

지속가능한 에너지 발전 분야에서도 많은 이니셔티브가 나타났다. UN 모두를 위한 지속가능한 에너지 이니셔티브(SE4ALL)의 도움을 받은 위원회의 '공동 연구 센터(JRC: Joint Research Centre)'는 아프리카의 재생가능한 에너지원들에 관한 정보를 고질(high quality)의 지리정보를 시스템적으로 수집하였다. 600개의 회원들이 넘는 웹기반 '아프리카 재생가능한 에너지 플랫폼(AFRETEF: African and Renewable Energy Platform)'은 광범위한 재생에너지 연구기관 네트워크의 조성에 도움을 주기 위해 설립되었다. 세 번의 역량강화를 위한 워크숍이 우간다, 부르키나파소, 남아프리카공화국 대학의 협조 아래 트레이너의 양성을 통한 해당 분야의 대륙전체의 지식발전을 위해서 시행되었다. 프로젝트 '아프리카의 지속가능한 에너지 개발을 위한 과학기술 원조: 농촌 지역 전력 공급, 지속가능한 에너지, 커뮤니케이션(RENAF: Rural Electrification, Renewable Energy and Communication)'은 JRC와 EuropeAid에 의해 시행되었으며, 지방 지역 전력 공급 프로젝트와 전력망 확장과 오프그리드(off-grid) 해결책 중에서 선택에 필요한 기준을 규정하는 데에 있어 통합된 기술 사회·경제 기초를 발전시키고 있다. 해당 조사 결과는 2012년 가나의 아크라에서 개최된 고위급 에너지 포럼 "서아프리카 모두를 위한 지속가능한 에너지를 향하여(Towards Sustainable Energy For All in West Africa)"에서 발표되었다.

▌2012년의 주요 하이라이트

- 목재 수출을 위한 협정, FLEGT를 추구하는 더 많은 국가들

2012년, 4개의 국가(라오스, 가이아나, 코트디부아르, 온드라스)는 '산림법 집행 거버넌스와 무역 행동 계획(FLEGT: Forest Law Enforcement Governance and Trade Action Plan)' 협상에 들어가려고 시도하였다. 한 나라와 맺은 각 FLEGT 자발적 제휴계약서(VPA: Voluntary Partnership Agreement)는 산림 섹터와 목재 수출을 위한 법적 토대가 되는 체결과 연관된다. 보증들은 자원에 대한 접근, 프로세싱, 교통세 및 요금,

토착민의 복지후생 및 권리 존중과 관련 있다. FLEGT 프로그램은 세계시장에서 불법 목재를 제외시키고, 산림섹터가 한 나라의 전체 발전에 기여하도록 보장하고자 한다.

가나, 카메룬, 콩고, 라이베리아, 중앙아프리카공화국, 인도네시아는 모두 2013년 현재 FLEGT 협약을 시행하고 있다. 가봉, 콩고민주공화국, 말레이시아, 베트남과는 협상 중이다.

- 주목 받고 있는 EU 물 원조

위원회는 유럽지역 내 국제협력과정에서 코디네이터로서 2012년 3월 마르세유에서 열린 제6차 물 포럼 준비에 긴밀하게 연관되어 있다. EU 위원인 Andris Piebalgs는 포럼의 개최 일에 참석하여 'EU 물 이니셔티브(EUWI: EU Water Initiative)'의 활동들에 대한 업적을 강조하는 세션에서 의장직을 맡았다. EU가 ACP-EU 물기관에 대해 공개 행사를 연 마르세유에서 EU는 새로운 중국-EU 물 플랫폼은 발족되었다. 스톡홀름에서 2012년 세계 물 주간에서 EUWI의 10주년 행사는 여러 관계자가 참여하는 해당 이벤트의 목적이기도 하였다.

- 생물다양성 과열점 보호

2012년, 위원회는 저개발국의 보호 지역의 지속가능한 재정지원을 위한 틀을 발전시키기 위한 계획에 대한 요구를 시작하였다. 2012년, EU는 또한 개발도상국의 생물다양성을 과열점을 보호하는 비정부기구와 민간영역기관에 보조금을 제공해주는 다자수여자 기금, '위기 생태계 협력 기금(Critical Ecosystem Partnership Fund)'에 가입하였다.

- 이니셔티브를 확장하는 지구 기후 변화 연합

2012년, EU는 (EU, 아일랜드, 키프로스를 중심으로 빠르게 시작하는 조달을 통해) 부르키나파소 중앙아프리카 공화국, 레소토, 파푸아뉴기니, 동티모르, 동 캐리비안 지역이 '지구 기후 변화 연합(GCCA: Global Climate Change Alliance)' 아래에서 진행하는 여섯 가지 이니셔티브에 3,660만 유로를 약속하였다. 프로젝트들은 산림 황폐화와 숲 파괴에서 비롯되는 배출 가스를 삼림대 개선, 천연 자원 관리, 에너지 사용과 농업 관행 변화를 통해 줄이고자 한다.

2007년에 발족된 EU이니셔티브인 GCCA는 정책형성에 있어 기후 통합과 관련하여 EU와 개발도상국간 경험 교환과 대화를 위한 플랫폼이다. 이는 가장 기후변화에 의해 영향을 받지만 온실가스 배출에 있어 가장 낮은 책임을 지니고 있는 저개발국과 군소국가들을 위한 저명한 포럼이다. GCAA는 또한 기술 및 재정 원조를 기후변화 정책과 예산에 있어 통합하고 기후변화의 중요한 발전을 장려한다.

이니셔티브가 주는 이득 중 하나는 지구의 한 부분에서 행해진 가장 좋은 시도 와 이를 통하여 배운 교훈들이 공유되고 반복된다는 점이다. 예를 들어, 부탄과 솔로몬 제도의 재정 지원 약속은 레소토의 계획을 설계하는 데 큰 도움이 되었다. 2012년 9월 브뤼셀에서 개최된 GCAA회의에는 EU회원국가와 발전 파트너를 포함하여 수령국과 기관에서 160명의 대표자가 모였다.

- 지구적 숲 수축에 관한 데이터를 보여주는 공동연구센터 / 식량농업기구(JRC/FAO)

UN 식량농업기구(FAO: Food and Agriculture Organisation)에 의해 2012년 출판된 '1990~2005 지구 숲 토지 이용 변화(Global forest land-use change 1990~2005)'는 로마에 위치하고 있는 JRC와의 장기 협력의 결과이다. 200개 이상의 숲에서 실시된 원격탐사로 축적된 데이터와 100개의 국가에서 온 토지이용 전문가는 1990년과 2005년 사이의 지구 숲 지역의 총 감소를 밝혀냈다(가장 많은 손실은 남아메리카였다).

- 물 섹터에서 원조효과성을 증진시키는 공동연구센터

유럽연합의 JRC는 물 섹터 영역에 재정 지원된 프로젝트의 효과성을 개선하기 위한 두 가지 웹 기반 도구를 발전시켰다. '물 에너지 시설 정보 시스템(WEIRS: Water and Energy Facilities Information System)'은 프로젝트 요청의 전반적인 평가에 대한 도움을 제공하고 있다. 이는 앞으로 예정된 계획 요청에 대한 분석과 정보도 향상시킬 것이다. '물 지식 관리 시스템(AQUAKNOW: Water Knowledge Management System)'은 국제 커뮤니티 중 개발도상국의 물 관련 이슈의 정보 공유를 개선하고자 설계되었다. 개개인의 요구에 맞춘 온라인 지리 정보 시스템(GIS) 모듈은 지리 데이터 공유를 쉽게 하며, 지질층의 데이터 베이스를 제공하고, GIS를 사용하지 않는 사용자에게 데이터 분석을 위한 공간 연산 처리와 기술적 프로젝트 데이터를 업로드, 지도와 그래프를 커스터마이즈(customize)를 가능하게 하였다.

- 사하라와 사헬의 '거대한 녹색 벽(Great Freen Wall)'에 힘을 싣는 EU

EU는 160만 유로를 '사하라와 사헬의 거대한 녹색 벽 이니셔티브(GGWSSI: Great Green Wall for the Sahara and Sahel Initiative)'를 보조하였다. 해당 이니셔티브는 아프리카에서 사막화를 막고 기후변화에 적응하며 빈곤을 완화하기 위해서 진행하고 있는 주력 프로그램으로써, 이는 아프리카-EU 전략 파트너십 여섯 가지 중 하나의 주요 활동이다. '환경과 천연자원의 테마별 프로그램(ENTRP: Environment and Natural Resources Thematic Programme)'의 기금은 해당 프로젝트의 초기 이행단계를 도왔다. 2012년의 활동은 다음을 포함한다.

- 2012년 9월 GGWSSI의 이행을 위한 전략을 지역적으로 조화시키기 위한 '환경에 관한 아프리카 장관급 회담(AMCEN: African Ministerial Conference on the Environment)'에서의 준비와 적용
- 여덟 개의 국가적 행동 계획 작성 및 적용(이미 몇은 이미 적용되어 있음)
- 지속가능한 토지 관리를 위한 초 국경 이니셔티브의 형성(세 이니셔티브는 이미 형성되었으며 투자 계획도 준비되었음)
- GGWSSI의 보조를 위한 포괄적인 역량강화와 자원 동원 전략 준비

5 결어

EU는 환경-에너지 분야의 ODA에 적극적인 주체로서 기후변화부터 생물다양성에 이르기까지 다양한 분야에서 활동하고 있다. 또한 환경-에너지 분야의 ODA가 국제적인 개발 아젠다와 맞물려 감과 동시에 EU의 자체적 개발 아젠다도 함께 발전하고 있음을 주목할 필요가 있다. ODA 추진체계에 있어서도 부문별 개발지원, 일반예산 개발 지원, 프로젝트 개발 지원 방식을 유연하게 적용하고 있다는 장점을 가지고 있다. EU의 환경-에너지 ODA는 아젠다의 적합성과 추진체계의 구체성을 바탕으로 물, 기후, 에너지 등 관련 분야에서 개발이 필요한 국가들을 돕는다는 점에서 환경-에너지 분야 개발원조를 준비하거나 진행하는 국가에 많은 시사점을 제공해준다.

▋ 참고문헌

박진희·안병옥. 2014. "환경 분야 ODA 사업 유·무상 연계 방안 연구." 한국국제협력단.

정성춘·김규판·이형근·김균태·오태현. 2010. "일본과 EU의 환경 분야 대외협력 전략과 시사점." 대외경제정책연구원.

김종섭·박명호·이영섭·김종법·박선희·정재원·이은석·김희연. 2012. "유럽의 ODA 정책과 한·유럽 개발협력." 대외경제정책연구원.

정지원·오태현·송지혜. 2012. "환경과 개발: ODA 정책 개선과제." 대외경제정책연구원.

윤덕룡·박복영·강유덕·권율·강은정. 2012. "유럽의 경험을 활용한 한국 ODA 정책의 개선 방안." 대외경제정책연구원.

European Commission. 2000. The European Community's Development Policy. COM (2002) 212 final.

European Commission. 2006. The European Consensus on Development.

European Commission. 2007. Environmental Integration Handbook for EC Development Co-operation.

European Commission. 2010. A Twelve-point EU Action in Support of the Millenium Development Goals. COM (2010) 159 Final.

Frisch, Dieter. 2008. The European Union's Development Policy: A Personal View of 50 Years of International Cooperation.

Jora Sliviu, 2009. ODA as a Soft Power Instrument. SNU-KIEP EU Centre.

OECD. 2006. Applying Strategic Environmental Assessment: Good Practice Guidance for Development Cooperation.

OECD. 2007. DAC Peer Review of the European Community.

OECD. 2010a. Aid in Support of Environment: Statistics based on DAC Members' Reporting on the Environment Policy Marker, 2007-2008.

웹페이지

경제협력개발기구 개발원조위원회 (OECD DAC) 홈페이지 (http://www.oecd.org/dac/)

유럽위원회 (EC) 개발·협력 총국(EuropeAid) 홈페이지 (https://ec.europa.eu/europeaid/)

한국국제개발협력위원회 홈페이지 (http://www.odakorea.go.kr)

한국국제협력단(KOICA) 홈페이지 (http://www.koica.go.kr/)

제7장

EU의 국제개발협력 정책

제7장

EU의 국제개발협력 정책*

고 주 현 (연세대학교)

EU는 세계 최대의 공여국이자, 국제개발협력 분야의 선도주자로 EU의 공적개발원조(Official Development Assistance, 이하 ODA)는 전 세계 개발원조 비율의 55%를 차지한다. EU 개발협력 정책은 빈곤 감소를 핵심목표로 2005년 "개발협력에 관한 유럽합의(The European Consensus on Development Cooperation)"를 발표하였다. 또한 새천년개발목표가 제시한 2015년까지 GNI 대비 원조비율 0.7% 달성을 위해 2010년까지 GNI 대비 0.56% 달성이라는 자체 목표를 세우기도 했다. 하지만 유럽의 재정위기로 인해 2013년 기준, EU 회원국 전체 ODA의 GNI 비율은 0.49%에 그쳤다 (2010년 0.44%). 그럼에도 이는 전체 개발원조위원회(Development Assistance Committee, 이하 DAC) 회원국 평균 0.31%와 비교해 높은 수준이다.[1] 특히 2013년 개발협력 분야 예산비율이 EU 총 예산의 10%로 2012년 보다 9% 증가한 것은 EU 회원국들이 어려운 재정상황에도 불구하고 ODA 활동에 적극적인 참여의 필요성에 공감하고 있음을 보여준다.[2]

집행위원회는 Post-2015에 관한 논의를 위해 2014년 "모든 이들을 위한 제대로 된 삶"이라는 제안서를 유럽의회와 각료이사회에 제출한 바 있다.[3] 이 제안서에는 빈곤 감소, 불평등 해소, 식량안보와 지속가능한 농업, 보건, 교육, 양성평등과 여성인권 증대, 식수와 지속가능 에너지 확보, 모든 이들을 위한 완전고용과 제대로 된 삶, 지속가능한 소비와 생산, 도시, 해양과 숲의 생물다양성, 사막화 감소, 인권과 법치, 굿거버넌스와 제도의 효율화, 평화적 사회를 주요 정책 영역으로 분류하고 각 분야별 3~6개의 세부 목표를 제시하였다. EU가 제시한 이 같은 아젠다들은 새천년개발목표에 이어 2016년부터 2030년까지 글로벌 빈곤 종식과 지속가능개발을 위해 전 세계 정부와 기업, 시민사회가 합의한 지속가능발전목표(SDGs: Sustainable Development Goals)의 17가지 분과들과 큰 유사성을 보인다. EU는 이와 같이 국제개발협력에 관한 국제사회의 흐름과 요구에 발맞추고 있을 뿐 아니라 오히려 국제개발협력의 패러다임을 이끄는 선도적 역할을 하고 있다.

EU 개발협력 정책은 1957년 유럽개발기금(European Development Fund, 이하 EDF)의 설치로 시작되었다. EDF는 각 회원국이 기여한 예산을 가지고 아프리카, 카리브해, 태평양 연안 국가들(African, Caribbean and the Pacific, 이하 ACP)과 해외영토들(Overseas Countries and Territories, 이하 OCTs)을 대상으로 한 개발지원에 주로 투입되어 왔다.[4] 그러나 EDF가 공동체 차원의 일관된 정책목표하에 운영되기는 쉽지 않았으며 오히려 각 회원국의 개별 이해관계에 따라 과거 식민국가였던 수원국에 특혜 관세나 무역 혜택을 주는 차원에서 사용되어졌다. 또한 양자간 이루어지는 개발협력은 전략적 이해관계 속에 과거 식민지배 유산처리의 성격을 띠고 있으며 이에 따라 수원국의 필요나 원조효과성에 관한 측면은 크게 고려되지 못했다.

1990년대 초 국제안보환경의 변화로 EU의 개발협력 정책은 ACP 국가를 넘어 중·동유럽과 인근지역 국가들로 확대되는 제도적 변화를 겪었다. 이는 중소득 국가의 전환 경제와 연관되며 최빈개도국을 대상으로 하는 기존의 순수한 개발협력 지원과는 차이를 보였다. 특히 이 시기 지정학적 변화로 인해 지원효과성과 전략적 이유에 있어 정치안보적 요소와 개발협력적 요소가 통합되기 시작했다.[5]

이후 유럽연합은 2000년 UN 밀레니엄 회의를 통해 결의된 새천년개발목표 달성을 위해 그동안 파편화되어있던 개발협력 정책의 목표와 조직들을 보다 응집력 있게 구성하고자 시도했다. 2005년 유럽집행위원회, 유럽이사회 및 유럽의회는 "개발협력에 관한 유럽합의"를 공동으로 발표하고 개발정책에 관해 유럽연합과 회원국들간의 정책조화 및 조정을 증진시키기 위한 개발협력의 공동의 틀과 원칙 및 이행수칙들을 규정하였다. 또한 '빈곤 퇴치'를 EU 개발협력의 우선적이고 종합적인 목표로 규정하였다.[6] 2009년 발효된 리스본 조약은 EU의 개발협력 정책 및 활동의 주요 법적 근거를 제공한다.[7]

현재 유럽연합 개발협력 정책의 원칙과 목적, 활동 영역 등을 정의하고 있는 핵심적인 주요 법적·정치적 근거는 상기한 리스본 조약과 유럽 합의 그리고 코토누 협정으로 볼 수 있다. 이 조약과 협정들을 토대로 유럽연합은 회원국들과 더불어 국제개발협력 분야에 적극적으로 참여하고 있다.

유럽연합이 이 분야의 국제적 노력에 적극 동참하며 주도적인 역할을 하는 이유는 크게 세 가지이다. 우선 경제적 이익의 측면에서 ACP 국가들에 제공했던 무역혜택과 과거 식민국가들과의 특별한 관계 유지를 위해서라고 볼 수 있다. 다른 하나는 스웨덴과 같은 선진 공여국의 입장에서 빈곤 퇴치와 국가불평등 해소 등을 인류보편적 가치로 보고, 인간 존엄성 존중에 대한 강한 연대의식을 통해 국제협력에 적극적으로 기여할 수 있었다는 것이다. 마지막 원인은 개발협력 정책 분야가 EU의 주요 대외정책에 해당하기 때문이라는 것인데 유럽연합이 대외적인 행위자로 그 존재감을 확고히 하기 위한 전략의 일환이라는 주장이 가능하다.

ODA는 서로 다른 경제발전 단계에 있는 국가간 관계에서 사용되는 수단이다. 따라서 국제사회에서 권력 구도와 연관될 수 있고 대외정책으로서의 ODA는 국제사회에서 세력 확대를 위한 수단이 될 수 있다. 특히 유럽연합은 공동의 군사력과 하드파워가 부재하기 때문에 ODA와 같은 소프트파워를 활용하여 국제사회에서 영향력을 확대하고자 한다. 소프트파워로서의 ODA에서는 특히 정치적 거버넌스 조건들을 중요시한다. 예컨대 코토누 협정은 인권, 민주주의, 법치주의와 같은 원조 지원을 위한 필수 조건과 개발지원 중단 요건을 포함하고 있다.

이와 같은 EU ODA 특성들을 중심으로 본 장에서는 유럽연합 ODA의 배경과 특징 및 정책방향성 등에 대해 살펴보고자 한다. 특히 유럽연합의 정책적 권한이 강화됨에 따라 개발협력 정책의 기조 역시 변화되어 온 역사적 발전과정에 주목한다. 나아가 유럽연합 차원의 ODA 운영구조를 검토하고, ODA 정책 운영에 있어 유럽연합과 회원국들과의 정책 조율 및 다양성의 측면을 살펴보고자 한다.

1 EU 국제개발협력의 배경

유럽연합의 개발협력에 관한 동기로 정치경제적 요인들이 제기되기도 하지만 최근 가치지향적 사고에 근거한 설명이 점차 증가하는 추세다.[8] EU 개발협력은

2000년 이후부터 빈곤 종식을 크게 강조해왔고 특히 안보전략적 관점에서 점차 그 중요성이 커지고 있다. EU의 주요 외교 전략 지역인 아프리카, 발칸 및 중동 지역의 경우 개발과 안보이슈는 보다 밀접히 연관된다.9)

이미 유럽연합은 민주주의, 법치, 인권의 보편성, 자유, 인간 존엄성 존중 등을 리스본 조약 등을 통해 기본적 가치로 제시하고 있으며 이러한 가치는 개발협력의 원리와 실천을 통해 확인할 수 있다. 실제로 유럽연합의 인권정책, 인도주의 원조, 인도주의적 개입 등은 규범적 또는 윤리적 측면에서 설명 가능하다. 또한 한편으로 유럽연합은 국제관계의 변화 속에 일정 부분 선도적인 위치를 점하기 위해 빈곤 극복의 문제를 그들의 가치 지향적 방법으로 해결할 수 있도록 개발협력 정책을 실행해왔다.10) 즉 유럽연합의 가치지향적 접근은 그들의 대외관계 정책에 투영되고 있는 것이다.

1993년 마스트리히트 조약의 발효로 유럽연합은 보다 영향력 있는 글로벌 행위자로 자리매김하고자 했다. 냉전종식과 세계화의 심화로 대두된 개발도상국의 시장경제편입 문제가 전 지구적 과제로 대두되면서 유럽연합은 UN을 중심으로 전개된 국제사회의 저개발국 빈곤 감소 노력에서 적절한 역할을 맡아야 한다는 공감대를 형성하게 되었다. 전지구적 차원의 문제들에 대해 국가들의 공동 대처가 필요하다는 인식이 증가하였고 대외관계에 대한 이러한 새로운 인식은 개발협력이 단순한 경제적 이익의 차원을 넘어 보다 근본적인 공동 문제 해결을 위한 대안이 될 수 있을 것이라는 발상으로 확대되었다.11)

유럽연합의 규범적 가치는 리스본 조약을 통해 구체적으로 드러난다. 특히 인권, 자유, 평화, 민주주의, 법치 등 유럽의 가치지향적 사고는 개발협력 정책에 관한 유럽합의를 통해서도 확인할 수 있다. 유럽연합이 공유한 가치는 각 회원국들과 공동체 차원의 개발협력 정책이 일관성 있게 유지될 수 있게 도움을 준다. 회원국들은 상이한 능력과 정책 우선순위를 가질 수 있기 때문에 정책 운영시 충돌이 발생할 가능성이 있다. 따라서 초국가적 수준에서의 가치의 공유는 이러한 도전에 효과적으로 대처할 수 있게 한다. 나아가 규범적 가치를 통해 유럽연합이 대내외적으로 존재감을 강화하는 효과를 기대할 수 있다. 유럽연합은 그동안 여러 공식문서들을 통해 유럽연합의 존재감(presence) 강화에 대해 언급해왔다. 진정한 존재감은 명확한 정체성과 자체적인 정책결정 시스템을 갖추고 정책에 영향을 미칠 수 있는 실질적인 능력을 가지고서 다른 행위자들과의 관계에서 단일한 방법으로 행동할 수 있어야만 획득 가능하다. 예컨대, 유럽연합은 그동안 제도적인 측면에서 단일한 행위자로 활동하여 왔다. 유럽연합은 오랜 기간 공동의 통상정책을 운영하여 왔을 뿐만 아니라 개발정책 분야에서도 대외관계청과 집행위원회(개발총국과 인도적 지원총국)가 유럽연합을 대표하면서 다양한 활동을 해온 경험적 사실에 주목할 필요가 있다. 즉 유럽공동체는 통일된 목소리로 여러 국가들과 다양한 협상을 체결하고 있다.[12] 어떤 체제가 공유된 가치에 대해 책임감을 공유하고 대외정책 우선순위와 결정 과정에 대한 국내에서의 정당성을 확보하며 무엇을 우선순위에 둘 것인가 하는 능력과 정책을 형성할 능력, 그리고 경제적 도구 및 군사적 수단 등을 가지고 있을 때 그 행위자가 존재감을 갖는다고 얘기할 수 있다. 즉 행위자의 결속력과 자원 및 운영 능력이 어떤 체제가 존재감을 갖는지를 판단하는 중요한 기준이며, 유럽연합이 국제무대에서 독립된 행위자로 자신의 정체성을 드러내는 요소들이다. 이와 같이 경험적 사실들로 인해 유럽연합이 국제무대에서 중요한 능력을 발휘하고 있고 영향력 있는 존재감을 가지고 있음을 확인할 수 있다. 규범적 권력으로서 유럽연합은 국제관계 속에서 시민적·민주적 원리를 전파하고 국제문제를 공동으로 책임지며 정책에 참여하는 초국가적 실체이다.[13]

2 EU 국제개발협력의 정책

1) EU ODA 정책의 기조변화

가. 마스트리히트 조약 이전

1957년 로마조약부터 1993년 마스트리히트 조약 발효 이전까지 유럽공동체의 개발협력 정책은 무역 증진과 공동의 경제·사회적 개발노력을 추구하기 위해 공동체와 특별한 관계를 갖는 비유럽 개도국과의 협정을 통해 운영되었다. 당시 공동체는 관세동맹, 단일시장 등의 경제적 분야에 대해서만 배타적 권한을 가졌으므로 개발협력 정책에 있어서도 공동체적 접근보다는 개별 회원국들에 의한 정책실행이 주를 이루어왔다.

로마조약 132조는 공동체 역내 무역조건을 특별관계에 있는 비유럽 개도국에도 동일하게 적용하고 나아가 이들 국가들의 점진적 발전과정을 지원한다고 규정하고 있다. 따라서 이 조약은 공동체 회원국이 역사적 관계를 가진 과거 식민지 국가였던 개도국에 원조를 제공할 근거로 해석될 수 있다. 그러나 로마조약을 통한 공동체의 개발협력 정책은 구 식민지 국가에 대한 일방적인 식량지원과 무역특혜를 제공하는 등 단편적인 수준에 머물렀다.

1963년에는 공동체와 ACP국가를 결합하는 제1차 야운데 협정이 체결되었다. 야운데 협정과 이후 로메협정을 통해 ACP 국가의 수는 71개국에 이르렀다.[14] 1970년대에 들어와 유럽공동체는 지중해연안국가들과도 로메협정에 기초한 협력협정을 체결하였다. 이는 단순한 무역관계를 넘어 경제적·기술적·재정적 협력과 인력 분야의 사회적 협력을 포함하였다.[15] 1974년에 공동체는 아시아, 라틴아메리카 지역(Asia and Latin America, 이하 ALA)의 최빈개도국을 대상으로 협력정책을 발표했다. ALA국가에 대한 협력체제는 무역특혜, 식량원조, 긴급원조, 프로젝트 원조 및 NGO를 통한 원조를 포함한다.

나. 마스트리히트 조약 이후

1993년 마스트리히트 조약의 발효로 유럽연합은 공동체 차원의 개발협력 정책의 목표와 법적 근거를 제시했다. 조약은 유럽연합 개발협력 정책의 목표를 개도국의 지속적인 경제적·사회적 개발을 촉진하고 개도국을 점진적이고 조화롭게 세계경제로 통합해 나가면서 개도국의 빈곤 문제를 해결하자는 것임을 명시하고 있다.[16] 또한 개발협력 분야에 정치적 목표를 추가하였는데, EU 개발협력 정책이 개도국 내 민주주의, 법치, 인권과 기본적 자유를 발전, 강화시키는데 기여해야 함을 규정하고 있다. 나아가 이와 같은 개발협력 정책의 목표가 공동체의 여타 정책들, 예컨대 통상, 농업 정책 등의 이행시에도 고려되어야 함을 명시하고 있다.

그러나 마스트리히트 조약하에서도 EU의 개발협력 정책은 독점적인 것이 아니며 회원국도 자국의 개발정책을 수행할 수 있는 권한을 보유하고 있다. 즉 EU의 정책이 회원국의 정책을 보완할 수 있도록 하였으며 이는 보조성의 원칙(Subsidiarity Principle)에 근거하고 있다.[17] 이를 근거로 현재까지 유럽연합 회원국은 기본적으로 자국의 양자간 개발협력 프로그램을 유지하고 있다.

2005년 EU 집행위원회, 이사회 및 유럽의회가 공동으로 발표한 '개발협력에 관한 유럽합의'는 빈곤 퇴치를 개발협력의 종합적인 목표로 규정하고 있다. 특히 EU 개발협력의 목적과 회원국들간의 정책 조화 및 조정에 관한 공동 원칙을 수반하고 있으며, 인권, 자유, 평화, 민주주의, 법치 등 유럽의 가치지향적 사고를 포함하고 있다. 그러나 유럽합의는 EU 및 회원국들에 개발협력에 대한 정치적 근거는 제시하지만 법적 구속력은 없는 한계를 노정하고 있다.

다. 리스본 조약: 현 EU 개발협력 정책의 주요 법적 근거

현재 EU 개발협력 정책의 법적 근거는 2009년 발효된 리스본 조약에 기반한다. 상기하였듯이 EU의 핵심적 규범 가치 역시 리스본 조약을 통해 드러난다. 특히 리스본 조약 서문에는 자유, 민주주의, 평등, 인권과 법치를 인류의 보편적 가치이자 유럽의 내재된 규범적 가치로 표현하고 있다. 리스본 조약 제208조는 개도국의 빈곤 감소 및 퇴치를 최우선 목표로, 개발협력 정책이 공동체와 회원국간에 상호보완되고 강화됨을 명시하고 있다. 또한 개도국에 영향을 미칠 수 있는 여타 정책의 운영시 개발협력의 목표를 우선 고려하도록 하고 있다. 동 조약 제214조를 통해 인도적 지원이 EU의 대외적 행동 원칙 및 목표의 범위 내에서 실시되어야 함을 확인할 수 있다.

리스본 조약으로 인해 EEAS가 신설되고 개발협력 분야에 다양한 공여주체들이 등장하였다. 또한 아랍의 봄과 같이 수원국 국제정세와 구조적 환경이 변화함으로 인해 새로운 대응체제 마련의 필요성이 대두되었다. 2011년 EU 집행위원회는 이에 대한 대응으로 보다 전략적인 접근을 포괄하는 "변화를 위한 아젠다(Agenda for Change)"를 발표하였다. 이의 주요 내용은 인권, 민주주의와 정치체제 개선을 위한 지원, 보건, 교육 등 인적개발의 포괄적이고 지속가능한 성장지원, 수원국에 대한 차등적 지원, EU 개발협력 정책과 여타 EU 정책들의 조화 및 EU 개발정책의 투명성 그리고 국제원조투명성 이니셔티브 가입 등이다.

표 7-1	EU 개발협력 정책의 시기별 정책변화		
	1957~1992	1992~2009	2009~2014
정책목표/ 내용	· 수원국 개발지원, 무역특혜(구 식민 지역 등 특별관계 국가 위주) · 시장개방/개도국 세계시장 편입	· 빈곤 감소 · 정치적 근거 제시 · 인도적 지원	· 빈곤 감소 · 원조효과성 · 개발을 위한 정책일관성 · 인도적 지원+선제적 예방 활동, 민간보호 포함 · EU 가입후보국에 대한 특정 기술적 원조, 목표 지향 재정지원
정책 근거	· 로마조약(1957) · 유럽개발기금 (1957) · 야운데 협정 (1963, 1969) · 로메협정(1975, 1979, 1984, 1989)	· 마스트리히트 조약(1993) · 인도적 지원 규정 (Humanitarian Aid Regulation, 1996) · 해외개발원조 관리개혁에 관 한 집행위 결정 (decision 2000.5) · 개발에 관한 유럽합의(2005)	· 리스본 조약: Ch. 1, 10항, TEU21조, TFEU 208조, 214조(2009) · 개발에 관한 유럽합의 (2005) · 변화를 위한 아젠다 (2007) · 코토누 협정(2000)[18]
담론	구 식민관계 개도국 무역증진 및 사회경 제적 개발을 위한 공 동의 노력	외교정책과 개발협력의 조화, 영향력 있는 글로벌 행위 자, 양극체제 붕괴 등 구조환경 변화에 따른 개도국의 세계시 장 편입, 저개발국 빈곤 감소	인권, 자유, 민주주의, 평 등, 법치 등 윤리적 요인, 규범적 가치
제도 (개발협력 담당 EU 조직/기구) [19]		· DG Relex · DG AidCo · DG Dev · European Community Humanitarian Office	· DG EuropeAid · EEAS · EIB · DG ECHO · DG Enlargement

* 저자 작성

2) 유럽연합 개발협력의 현황

가. EU ODA 규모

2013년 한 해 동안 EU와 28개 EU 회원국의 ODA 지원 규모는 총 565억 유로로 같은 해 미국이 240억 유로, 일본이 90억 유로 그리고 캐나다가 40억 유로를 지원한 것과 비교했을 때 매우 큰 규모임을 알 수 있다.[20] EU 회원국 전체 ODA의 GNI 대비 비율은 2013년 기준으로 0.41%로 2012년 0.39%에 비해 다소 상승하였다. 이는 유럽재정위기에도 불구하고 EU 회원국들이 2015년을 목표로 한 GNI 0.70% 목표를 달성하기 위해 적극적으로 노력하여 왔음을 보여준다.

표 7-2 EU ODA 2013~2015[21]

Member State	2012 EUR Million	2012 % of GNI	2013 EUR Million	2013 % of GNI	2014 EUR Million	2014 % of GNI	2015 EUR Million	2015 % of GNI	2015 commitment EUR Million	2015 commitment % of GNI	2015 financial gap EUR Million	2015 financial gap % of GNI
Austria	860	0.28	882	0.28	1393	0.43	1386	0.42	2,328	0.70	942	0.28
Belgium	1,801	0.47	1,718	0.45	1,731	0.44	1,745	0.43	2,843	0.70	1,099	0.27
Bulgaria	31	0.08	37	0.10	46	0.11	56	0.13	140	0.33	83	0.20
Croatia	15	0.03	32	0.07	26	0.06	27	0.06	217	0.33	190	0.27
Cyprus	20	0.12	19	0.11	19.5	0.13	19.5	0.13	51	0.33	32	0.20
Czech Republic	171	0.12	160	0.11	156	0.12	156	0.11	458	0.33	302	0.22
Denmark	2,095	0.83	2,206	0.85	2,181	0.82	2,181	0.79	2,748	1.00	567	0.21
Estonia	18	0.11	23	0.13	28	0.15	30	0.15	66	0.33	36	0.18
Finland	1,027	0.53	1,081	0.55	1103	0.55	1069	0.52	1,448	0.70	379	0.18
France	9,358	0.45	8,568	0.41	10327	0.48	10,588	0.48	15,428	0.70	4,840	0.22
Germany	10,067	0.37	10,590	0.38	10,779	0.37	10,971	0.37	20,996	0.70	10,025	0.33
Greece	255	0.13	230	0.13	198	0.11	170	0.09	1,293	0.70	1,123	0.61
Hungary	92	0.10	91	0.10	90	0.10	94	0.10	322	0.33	228	0.23
Ireland	629	0.47	619	0.45	600	0.43	554	0.38	1,015	0.70	461	0.32
Italy	2,129	0.14	2,450	0.16	2,618	0.17	3,152	0.20	11,306	0.70	8,154	0.50
Latvia	16	0.08	18	0.08	18	0.07	19	0.07	87	0.33	68	0.26
Lithuania	40	0.13	39	0.12	40	0.11	41	0.11	125	0.33	84	0.22
Luxembourg	310	1.00	324	1.00	316.37	0.96	324	0.93	348	1.00	24	0.07
Malta	14	0.23	14	0.20	13	0.19	14	0.19	24	0.33	10	0.14
The Netherlands	4,297	0.71	4,094	0.67	3,816	0.61	3,990	0.62	4,499	0.70	509	0.08
Poland	328	0.09	357	0.10	224	0.06	232	0.06	1,346	0.33	1,114	0.27
Portugal	452	0.28	365	0.23	353	0.22	341	0.21	1,163	0.70	822	0.49
Romania	111	0.08	101	0.07	134	0.09	139	0.09	500	0.33	362	0.24
Slovak Republic	62	0.09	64	0.09	71	0.10	77	0.10	249	0.33	172	0.23
Slovenia	45	0.13	45	0.13	43	0.12	44	0.12	118	0.33	74	0.21
Spain	1,585	0.16	1,656	0.16	1,341	0.13	1,085	0.10	7,306	0.70	6,220	0.60
Sweden	4,077	0.97	4,392	1.02	4,348	1.00	4,557	1.00	4,557	1.00	-	-
UK	10,808	0.56	13,468	0.72	14,304	0.70	14,961	0.70	14,961	0.70	-	-
EU15 Total	49,749	0.42	52,643	0.44	55,408	0.45	57,074	0.44	92,238	0.72	35,164	0.27
EU13 Total	964	0.10	1,000	0.09	908	0.09	948	0.09	3,704	0.33	2,756	0.25
EU28 Total	50,713	0.39	53,643	0.41	56,316	0.42	58,022	0.42	95,942	0.69	37,920	0.27
EU Institutions ODA	13,669		11,995									
of which:												
Imputed to Member States	9,125		9,122									
Not imputed to Member States	4,544	0.04	2,873	0.02	3,249	0.02	3,675	0.03				
Collective EU ODA (1)	55,257	0.43	56,517	0.43	59,566	0.44	61,697	0.44				

(1) Including EU Institutions ODA not imputed to Member States

Gap between 2013 collective EU ODA and collective 2015 target 0.7%
Target in EUR Million 97,830
Gap in EUR Million 41,314

출처: European Commission 2014, Publication of preliminary data on 2013 Official Development Assistance, http://europa.eu/rapid/press−release_MEMO−14−263_en.htm

그림 7-1 주요 공여국의 ODA 지원 규모, 2013

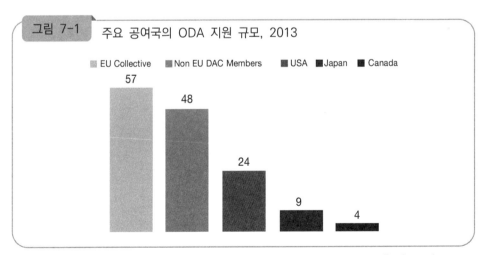

■ EU Collective   ■ Non EU DAC Members   ■ USA   ■ Japan   ■ Canada

57 / 48 / 24 / 9 / 4

출처: European Commission 2014, Publication of preliminary data on 2013 Official Development Assistance, http://europa.eu/rapid/press−release_MEMO−14−263_en.htm

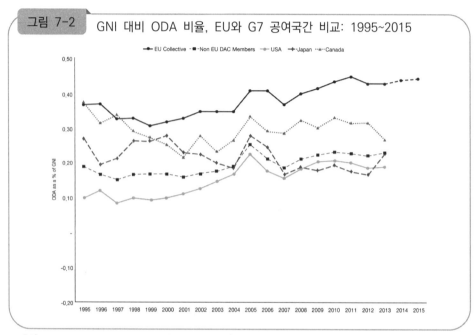

그림 7-2 GNI 대비 ODA 비율, EU와 G7 공여국간 비교: 1995~2015

출처: European Commission 2014, Publication of preliminary data on 2013 Official Development Assistance, http://europa.eu/rapid/press−release_MEMO−14−263_en.htm

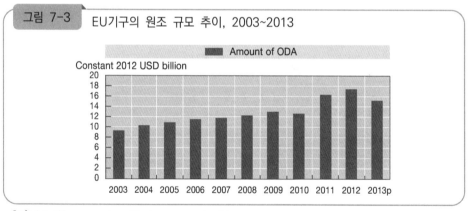

그림 7-3 EU기구의 원조 규모 추이, 2003~2013

출처: http://www.oecd.org/dac/europeanunion.htm
Statistics from the Development Co-operation Report 2014.

〈그림 7−3〉는 2003년부터 2013년까지 EU 기구의 원조 규모 추이를 보여준다.22) 유럽재정위기로 인해 2013년 EU 원조 총액은 159억 달러로 2012년 대비 다소 감소하였지만, 2003년부터 2012년까지의 기간 동안 최고 175억 달러를 기록하며 꾸준히 증가해왔음을 확인할 수 있다. 이는 전체 EU 예산을 기준으로 약 10%가

대외원조를 위해 사용되고 있다는 것을 의미한다.

2003년부터 2012년까지 EU는 최빈개도국을 대상으로 한 원조 규모를 지속적으로 늘려왔다. 〈그림 7-4〉에서 중소득 국가에 대한 EU ODA 지원이 2010년 이후 급격히 증가한 것은 EU 가입후보국인 동유럽 국가들을 대상으로 한 개발지원이 원인이었다.

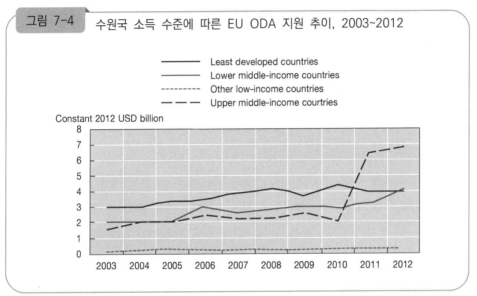

| 그림 7-4 | 수원국 소득 수준에 따른 EU ODA 지원 추이, 2003~2012 |

출처: OECD(2014), "European Union Institutions", in Development Cooperation Report 2014: Mobilising Resources for Sustainable Development, OECD Publishing. http://dx.doi.org/10.1787/dcr-2014-34-en

나. 지역별 지원 현황

EU 개발협력 지원의 대상지역별 원조 규모를 살펴보면, 2011년부터 2012년까지 EU ODA의 가장 많은 예산지원이 주로 EU 가입후보국들을 대상으로 한 유럽지역에 집중(31%)되었음을 확인할 수 있다. 사하라 이남 최빈개도국에 대한 지원 규모는 그 다음으로 총 ODA 예산의 28%를 차지했다.

그림 7-5 EU ODA 제공 지역별 분포, 2011~2012 평균

출처: OECD(2014), "European Union Institutions", in Development Cooperation Report 2014: Mobilising Resources for Sustainable Development, OECD Publishing. http://dx.doi.org/10.1787/dcr−2014−34−en

〈그림 7-6〉은 EU ODA 수원규모면에서 터키가 1위라는 점과 뒤를 이어 세르비아, 이집트, 튀니지아, 모로코, 보스니아 헤르체고비아 등의 순서로 많은 예산을 지원받고 있음을 보여준다. 이를 통해 EU 개발협력 지원에 있어 전체적인 외교목표 및 전략적 이해관계가 작용하고 있음을 확인할 수 있다.

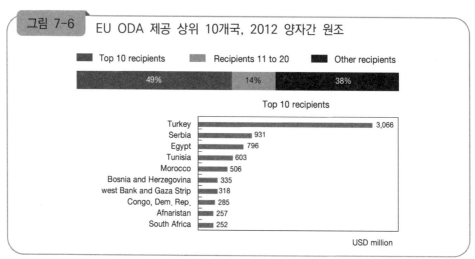

그림 7-6 EU ODA 제공 상위 10개국, 2012 양자간 원조

출처: OECD(2014), "European Union Institutions", in Development Cooperation Report 2014: Mobilising Resources for Sustainable Development, OECD Publishing. http://dx.doi.org/10.1787/dcr−2014−34−en

3) 유럽연합 개발협력 정책의 방향

ODA 공여주체의 증가와 원조피로[23] 등 국제 ODA 환경의 변화로 원조 규모가 크게 확대됨에 따라 원조의 질에 대한 제고가 함께 이루어져야 한다는 주장이 EU 차원에서 제기되었다. 이로 인해 최근 EU의 개발협력 정책은 원조효과성과 개발협력 정책 및 여타 정책들과의 정책적 조화를 도모하기 위한 정책일관성 제고와 인도주의적 가치에 기반한 지원정책을 위주로 논의 및 운영되고 있다. 특히 원조효과성 제고를 위해 수원국의 주인의식, 공여국간 원조조정, 수원국 원조체제와의 조화 및 결과지향적 정책 운영 등에 초점을 맞추어 프로그램을 구성하고 있다.

가. 원조효과성[24]

개발협력에 관한 공여주체 수 증가와 수원국 개발 프로그램의 다변화를 넘어 유럽 재정위기는 EU를 통한 개발원조 사업의 성과와 효과성에 관한 비판적 논의를 촉발시켰으며 이를 극복하기 위한 원조효과성 제고 방안을 모색하게 했다.

EU는 초국가적인 법적 실체에서 비롯되는 내재적인 제약으로 인해 개발원조 정책의 분절화와 중복화에 따른 부작용을 경험해온 것이 사실이다. 따라서 EU는 이러한 문제점을 해소하는 것이 원조효과성을 제고하는 핵심적인 방안이라는 인식 하에 개별 EU 회원국과의 공동 프로그램을 실시함으로써 개발원조 정책 입안단계부터 집행에 이르기까지 조화를 위한 노력을 적극적으로 추진해오고 있다.

EU 집행위의 원조효과성에 대한 접근 방식은 2005년 이사회, 유럽의회, 집행위원회 등 EU 주요 기관들이 공동으로 EU 개발정책에 대한 비전을 제시한 개발에 관한 유럽합의에 처음 반영되었다. 이를 통해 EU와 28개 회원국간에 상보적인 차원에서 각자의 개발 정책을 이행하는 공통 원칙의 틀을 설정하였다. 특히 개발원조 정책의 질적 제고를 위해 회원국의 주인의식, 공여국간 조정 및 조화, 수원국 체제와의 부합, 결과지향을 원조효과성의 핵심 원칙으로 제시하고 있다. 또한 선정(good governance)과 인권존중이 EU의 공동 가치라는 점을 강조하면서 빈곤 감축의 근본적인 목표는 이 두 가지 상호보완적인 원칙과 밀접하게 연관되어야 한다는 점을 강조하고 있다. 나아가 수원국의 주인의식과 공여-수원국간 파트너십 및 심도 있는 정치대화, 시민사회 참여, 양성평등 및 국가취약성을 예방하기 위한 약속이라는 개발협력 정책의 공통 원칙을 천명하였다.

EU는 또한 2006년 개발정책의 효과성과 일관성 및 파급 효과를 제고할 목적의 행동계획을 발표하였다. 이 행동준칙은 빈곤 감축, 분업을 통한 거래비용 감축 등 전반적으로 개발 성과 제고 차원에서 개발협력 상보성에 관하여 EU 공여국에 대한 운영 원칙을 제시하고 있으며 모든 공여국이 활용가능한 포용적인 접근 방식을 제시하고 있다.[25]

유럽이사회가 채택한 원조효과성에 대한 운영 프레임워크는 EU 공여국들이 원조효과성 제고를 위해 그동안 기울인 노력을 평가하기 위해 분업, 수원국 체계 활용, 개발역량 제고를 위한 기술협력 분야에서 추가 이행이 필요한 조치 및 회원국과의 상보성과 분업에 관한 준칙들을 포함하고 있다. 이 준칙은 회원국과의 분업 시, 수원국 우선순위 및 필요와 장기적 관점 등을 기준으로 이행해야 함을 강조하고 있다. 또한 EU 공여국의 경우 공통의 개발목표, 비전, 가치 및 원칙 공유 등을 규정함으로써 EU 차원의 개발협력에 관한 원칙과 규범적 가치를 회원국 정부들이 순응하도록 한 측면을 엿볼 수 있다. 나아가 공여국간 분절화를 줄이고 조화를 증진시키기 위해 실제 관행과 사례들을 기초로 EU Toolkit을 개발하였으며 EU 차원의 원조 정보 수집 시스템인 TR-AID를 도입하였다.

나. 정책일관성

EU는 대외적 영향력이 점차 증가하는 현실을 감안하여 EU의 비개발정책들이 개발 목적에 기여하는 시너지 효과를 강화하고자 한다. 2005년 개발협력을 위한 유럽합의를 통해 정책일관성 개념을 발전시키면서 관련 정책을 체계적으로 추진해오고 있다. 개발을 위한 정책일관성 개념은 리스본 조약에도 반영되어 EU가 개발정책과 여타 정책간의 일관성을 확보하고 개도국에 영향을 미치는 정책 수행에 있어 개발목표를 고려하도록 규정하고 있다. 2009년 11월 각료이사회는 정책일관성을 보다 효과적으로 추진하기 위해 새천년개발목표와 밀접한 연관이 있는 5개 분야(무역과 금융, 기후변화 대응, 식량안보, 이주, 안보)를 선정하였다. EU 집행위는 2010년 상기 5개 분야에 대한 개발을 위한 정책일관성 관련 실무지침을 작성하고, 개발을 위한 정책일관성 보고서를 격년으로 발간하고 있다. 나아가 EU는 개발을 위한 정책일관성 이슈에 대한 국제적 논의를 진흥시키고, 개발파트너국과의 협력을 강화하는 측면에서 2007년 아프리카·EU 공동전략(Joint Africa EU Strategy)을 체결하였다.

특히 EU 내부적으로도 부처간 정책일관성 제고를 위한 노력이 이루어지고 있다. 특히 개발협력총국의 PCD(Policy Coherence for Development) 팀이 핵심부서로 해당 정책을 담당하는 여타 총국간에 정책조정을 담당하고 있다. PCD팀은 개발협력총국 이외 분야의 정책제안에 대해서 부처간 협의를 통해 개발정책에 대한 영향을 평가하고 필요시 해당 총국에 의견을 개진한다.

이외에도 유럽연합은 인도주의적 원칙하에 인도적 지원(Humanitarian Aid)과 시민보호 메커니즘(CPM: Civil Protection Mechanism)을 운영하고 있다. 2010년 시작된 CPM은 유럽의 연대의식과 결속을 표현하기 위해 공동체 차원에서 이루어지는 활동이다. EU는 취약한 위기상황에 처한 사람들을 지원하는 것을 국제사회의 도덕적 의무로 규정하고 인도지원을 담당하는 DG ECHO를 통해 인류애, 중립성, 공평성, 독립성이라는 네 가지 규범적 원칙에 의거한 지원활동을 펼치고 있다.

4) 유럽연합 개발협력조직

현재 EU 개발협력을 담당하는 주요 부서는 유럽대외관계청(EEAS: European External Action Service)과[26] EU 개발협력총국(DG Europe Aid)이다. EEAS 설립 이전까지만 해도 집행위원회 내의 3개 부서, 개발총국, 원조총국, 대외관계 총국이 EU의 개발정책에 관한 프로그램 수립 및 이행을 담당하여왔다.[27] 리스본 조약 이후 EU 조직 개편으로 2011년 1월부터 원조총국과 개발총국이 현재의 개발협력총국(DG Europe Aid)으로 통합되었다. 개발협력을 담당하는 부서가 단일총국으로 통합됨에 따라 집행위원회 내부에서 EU 대내외의 개발협력 행위자들에 대한 단일 접촉창구의 역할을 수행하게 되었다. 이와 같은 조직의 통합은 EU 개발협력에 관한 정책일관성을 제고시키고 개발협력 및 대외원조의 연속성을 보장하는 데 목적이 있었다.

하지만 여전히 EEAS와 집행위원회 및 개발협력총국간의 불명확한 책임 분담, 절차와 활동 중복 등이 비판받고 있다. 또한 '빈곤 감소'라는 본래의 목적에서 벗어나 정치·외교적 수단으로 전락할 수 있다는 지적을 받고 있으며 이를 극복하기 위해 현재 EU는 개발협력 담당기구 간뿐만 아니라 회원국들과의 정책조화를 추구하기 위한 노력을 기울이고 있다.

2005년 유럽합의에 근거하여 EU 개발협력총국은 EEAS와 공동으로 EU 개발협력 및 대외원조에 관한 중장기계획을 수립하고 연례 행동 프로그램, 분야별 개발정책 수립을 주도한다. 수원국의 개발협력에 관한 실질적인 집행기구는 136개 EU 대표부로 2000년 집행위의 결정(decision)에 따라 개발협력 사업의 효율성 증대, 지역별 요구에 대한 대응성, 공여국과의 협조 등을 위해 제3국에서의 ODA 집행 등 EU의 원조 이행이 전 세계 EU 대표부로 위임되었다. 이와 같은 EU 대표부로의 위임을 통한 분권은 수원국 상황에 대한 현지 대표부의 보다 나은 이해와 이행의 효율성이 고려되어 이루어졌다. 현재 EU가 추진하는 대외원조사업의 약 74%가 136개 수원국 내 EU 대표부를 통해 집행되고 있다.

표 7-3   EEAS 출범 전후 EU 개발협력 담당기구 및 역할

(전) 기구 (후)	DG Relex+DG AidCo+DG Dev		EU Delegation	European Investment Bank
	EEAS	DG EuropeAid		
역할/ 기능	EU 전체 차원의 개발협력 및 대외원조에 관한 중장기 계획 수립	조정, 통제, 기술적 지원, 작업개선 등 행정업무 담당	프로젝트 확인, 평가, 계약, 기금 집행 등의 이행업무 수행	EU 유상원조 담당, ACP국가들, EU 인접국들, EU 가입후보국 등을 지원대상으로 하고 EU이사회 및 EU의회로부터의 권한부여

3 EU와 회원국 ODA 정책의 다양성 및 수렴성

정부의 결정에 따라 이루어지는 단일화된 ODA 정책을 운용하고 있는 다른 국가와 달리 EU의 ODA 정책은 복잡한 메커니즘에 따라 이루어지고 있다. EU에서 ODA 정책은 회원국 ODA 정책의 다양성과 EU차원의 ODA 정책 조율 시도가 갖는 수렴성이 함께 전개되고 있다.

또한 EU ODA는 각 회원국의 주권 영역과 EU차원의 대외정책 영역이 중첩된 부분에서 작동한다는 점에 주목하여야 한다.

유럽연합은 유럽전체 차원에서 개발협력 정책의 방향성을 제시하고 구체적 도달 목표를 제시한다. 2절에서 살펴보았듯이 개발협력 정책에 있어 유럽 차원의 가치지향적 사고와 윤리적 고려가 반영됨으로 인해 회원국과의 개발협력 정책일관성

유지를 도모한다. 특히 EU 원조는 EU 집행위원회가 관할하는 공동체 차원의 지원
형태와 EU 회원국들이 자국의 ODA 정책에 따라 수원국을 지원하는 형태로 나뉘
어 검토할 수 있다.[28] 개발협력 분야에서 EU는 배타적 권한을 갖고 있지 않기에
회원국별 ODA 정책 유형 및 결과는 상이하게 나타난다. 예컨대 선진 ODA 공여국
으로 분류되는 스웨덴과 덴마크를 비롯한 북유럽국가들은 이상주의적 목표하에 최
빈국을 위주로 개발원조를 진행하고 있다. 반면 독일, 프랑스, 영국과 같이 ODA
지원에 있어 전략적 이해관계를 우선적으로 고려하는 현실주의적 지원 성향을 갖는
국가들도 있다. 또한 이탈리아는 큰 경제규모에도 불구하고 ODA 규모는 다른 공여
국들과 비교해 작은 편이다.

〈그림 7-7〉은 2013년도 기준, 주요 DAC 회원국들의 GNI 대비 원조비율을
보여준다. EU 회원국 중 스웨덴(1.02), 룩셈부르크(1.0), 덴마크(0.85)와 영국(0.72)의
경우는 2015년 달성 목표치인 0.70%를 이미 초과 달성하였고 네덜란드(0.67), 핀란
드(0.55), 벨기에(0.45), 아일랜드(0.45), 프랑스(0.41)의 경우 DAC 전체 평균인 0.40%
이상의 원조비율을 보여준다. 반면 포르투갈(0.23), 스페인(0.16), 이탈리아(0.16), 그
리스(0.13) 및 동유럽국가들은 각각 재정위기의 여파와 EU 기존 15개 회원국과의
차별적인 정책 달성 목표치로(2015년 기준 0.33% 목표) 인해 상이한 원조비율을 보여
준다.

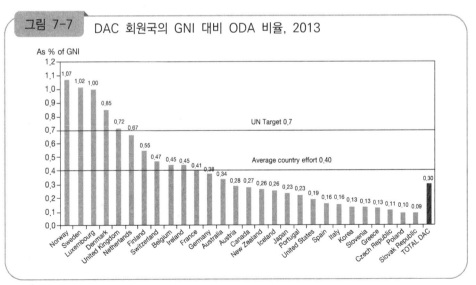

그림 7-7 DAC 회원국의 GNI 대비 ODA 비율, 2013

출처: OECD, 8 April 2014.

1) EU ODA 기금과 회원국 재량권

EU의 개발원조 재원은 회원국들이 부담하는 예산에서 충당된다. 납부규모는 회원국별로 다르지만 국가별 개발지원액의 18~20% 정도가 EU 기구에 납부되고 있다.

개발지원에 관한 EU 예산은 공동체가 자체적으로 입안과 시행을 선도하고 관리하는 기금(ENI: European Neighbourhood Instrument; DCI: Development Cooperation Instrument)과 더불어 EU 기관을 통해 집행되지만 계획단계에서는 여전히 회원국의 권한이 더 크게 부여되는 기금(EDF: European Development Fund)[29]으로 나뉜다.

두 기금의 가장 큰 차이는 예산 조달 방식에 있다. 예컨대 ENI와 DCI가 공동체 예산에 의해 조달되는 반면, 유럽개발기금(EDF)은 회원국들이 자발적인 재량과 목적에 의해 납부한 기금으로 운영된다. 따라서 EDF는 ACP 지역과 해외관할령 등의 개발원조지원에 사용되며 회원국의 권한이 강하게 남아있는 반면,[30] ENI와 DCI는 EU가 자체 책임하에 지출한다. ENI는 EU 주변 국가들에 대한 지원 예산으로 유럽근린정책(European Neighbourhood Policy) 활동을 지원하고 이행하는 데 사용된다. DCI는 아시아, 남미 등 EDF, ENI의 지원대상이 아닌 지역들에서 EU가 개발협력 사업에 사용하는 예산이다. ENI 규모는 2007~2013년간 120억 유로에서 2014~2020년 기간 동안 154억 유로로 증가하여 EU가 근린정책을 통한 주변국 개발협력 정책에 부여하는 중요성을 확인할 수 있다. 한편 DCI는 원조효율개선을 위해 2006년 EU가 새롭게 도입한 개발기금으로 남미, 아시아, 중앙아시아, 중동, 남아프리카 개발원조 사업에 사용되며 빈곤 퇴치, 교육보건, 사회통합 및 고용, 민주주의, 인권 증진 등의 사업에 주로 사용되고 있다.

대부분의 ODA 정책 운용에 있어 각 회원국이 최종결정권한을 지니고 있기에[31] EU 회원국들은 각기 다른 ODA 전략지역과 정책적 우선순위를 두게 된다. 하지만 EU 차원의 조율 역시 중요성을 가지고 각 회원국의 ODA 정책에 반영되고 있다. EU의 ODA 조율기능의 사례로 EU 차원의 공동 목표 설정을 들 수 있다. 예컨대, 2002년 선진국과 개도국간의 '몬테레이 컨센서스'에 대한 EU 차원의 후속조치를 마련한 것을 들 수 있다. 컨센서스를 이행하기 위하여 EU는 2006년까지 GNI 대비 0.39%까지 ODA 제공을 늘리는 조치를 취할 것에 합의하였다. 2007년 이후 가입한 루마니아, 불가리아, 크로아티아를 제외한 EU 25개국의 평균 ODA 지원 규모는 2006년 EU 목표치인 0.39%를 초과달성하여 0.41%에 달하였다.[32]

그림 7-8   European Neighbourhood Instrument, 2014~2020

출처: http://www.enpi-info.eu/ENI

　가시적인 목표치를 달성하는 것 이외에도 EU는 개발도상국에서 빈곤을 초래하
는 외부효과를 감소시키고 개발도상국에 대한 원조를 더욱 예측 가능하도록 만드는
데 노력하고 있다. 나아가 조세부문 거버넌스의 개선, 세관협력, 부패 및 불법적인
자금 흐름에 대한 투쟁, 해외송금을 통한 개발효과 등에 대해 EU 차원의 조치를
확대해 나가고 있다.

　EU는 또한 ODA 수혜국가에 대한 지원의 효율성을 증대시키기 위해 수원국
대상 전략보고서를 발간하고 있으며 각국별 자금수요와 지원전략 등 EU 차원의 방
향성을 설정하는 데 중요한 역할을 하고 있다. ODA 목표 및 아젠다 도출 이외에도
ODA 실무 협력을 위해 EU는 회원국과의 정책조율을 발전시키고 있다. 예컨대 프
랑스의 프랑스 개발청(AFD: Agence Française de Dévelopment)과 같은 EU 회원국 ODA

담당기관은 EU 집행위원회, 유럽의회 등과의 의견조율을 위해 브뤼셀에 사무국을 두고 있다.

이와 같이 EU 기구는 공동체 차원의 공동목표를 설정하여 EU회원국의 ODA 지원확대를 고무하고, ODA 관련기관을 운영하며 유럽 차원의 ODA를 집행하고 있다.

4 결론

유럽연합 개발협력의 가장 큰 특징은 회원국과 집행위원회가 권한을 공유한다는 것과, 원조분절화 극복을 위한 노력과 회원국간 및 회원국과 EU 기관간 원조조율이라고 볼 수 있다. EU ODA는 네트워크 거버넌스가 작동하는 분야로 초국가기구와 각 회원국이 ODA 예산 지원과 운영 측면에서 수평적 네트워크를 구성한다. EU는 각 회원국의 정책 운영에 대한 자율성을 최대한 인정하는 동시에 그들간의 정책 조율을 강조한다. 또한 빈곤 감소를 최우선 정책목표로 각 회원국이 공유된 신념을 바탕으로 개발협력에 관한 정책일관성을 유지할 수 있도록 한다.

유럽통합의 초기, 공동체의 원조지원이 ACP 및 OCT 지역에 집중되는 것에 대해 일부에서 과거 식민지에 대한 영향력 유지를 위한 전략수단이라는 비판을 하기도 했지만, 1993년 마스트리히트 조약을 통해 유럽연합 차원의 개발협력 정책에 대한 정치적 목표가 가시화되고, 2005년 마련된 개발협력에 관한 유럽합의에 의거하여 EU와 회원국들은 빈곤 퇴치와 UN의 MDGs 목표달성을 최우선 목표로 상정하고 대개도국 개발지원 사업을 추진해나갔다. 나아가 2009년 리스본 조약을 토대로 유럽연합 차원의 개발협력 정책의 법적 근거가 마련됨과 동시에 유럽연합은 국제사회의 원조 관련 논의와 이행에 적극적으로 동참하고 있다. 유럽연합은 국제사회의 개발협력 아젠다를 선도하고 있으며 여러 회원국들의 상이한 개발협력 목표와 동기에도 불구하고 초국가적 차원에서 일관된 목소리를 유지해 나가고 있다. 현실주의적 입장에서 ODA에 접근하는 회원국들이 있는 반면, 북유럽국가들과 같이 이상주의적 관점에서 접근하는 국가들도 있다. 그러나 실제로 EU 차원의 ODA 정책의 면면을 살펴보면 현실주의와 이상주의적 측면의 정책들이 혼합적으로 실행되고 있음을 발견할 수 있다. 예컨대 EU 개발원조 사업의 목적은 대외적으로는 개도국 빈곤 감소와 새천년개발목표에 대한 수렴을 강조하지만 실제 예산집행 및 지역별 원조 현황에 있어 여전히 ACP 국가들과 유럽지역 등에 지원이 집중되고 있는 것을 확인할 수 있다. 이는 EU 개발협력 정책이 정치적 전략과 외교적 목표라는 큰 전략적 틀 안에서 수립 및 집행되기 때문이다.

한편, 최근 EU 집행위원회는 개발협력에 있어 민주주의, 인권, 평등, 법치 등의 규범적 가치를 강조하며 ACP 지역을 제외한 여타 지역에 대한 개발협력 추진을 점차 증진시키는 등 초기 단점들을 보완하면서 대개도국 개발협력 지원 사업을 전개해나가고 있다. 이는 유럽연합이 대외적 행위자로서의 역할을 강화하고 국제사회에서 존재감 있는 규범권력이 되고자 하는 의지로 해석할 수 있다. 또한 EU 차원에서 개발협력에 관한 원칙을 제시하고 정책을 조율하려는 노력은 회원국들로 하여금 합의에 기반하여 협상을 제도화함으로써 빈곤 감소와 규범적 가치의 측면에서만큼은 가급적 일관된 목표하에 ODA 정책을 운영하고자 하는 노력을 엿볼 수 있다. 이를 통해 수혜국가의 효율성과 ODA 지원 규모를 확대시키는 데 기여하고 있는 것으로 보인다.

본 장에서 유럽연합의 개발원조는 EU 차원에서의 종합적인 전략하에 회원국과의 관계 등이 복합적으로 고려되어 연계·추진되고 있다는 것을 확인할 수 있었다. 향후 유럽 재정위기로 인한 개발협력 재정 확보의 어려움을 극복할 새로운 재원 확충 방안의 모색이 과제로 남아 있다.

▌ 미주

* 이 장은 유럽연합의 이해와 전망(안병억·이연호·고주현 외, 높이깊이 2014) 중 ch. 4 "유럽연합의 개발협력 정책: 규범적 권력으로서 EU와 ODA"의 내용을 수정, 보완하였음을 밝힌다.

1) http://iif.un.org/content/brussels—eu—target—2015—oda

2) http://ec.europa.eu/europeaid/documents/mdg—brochure—2013_en.pdf
   2013년 EU의 대외원조 예산은 562억 유로였다.

3) https://ec.europa.eu/europeaid/decent—life—all—vision—collective—action_en

4) ACP 국가들을 대상으로 한 EU 차원의 개발협력은 일련의 특별협정들 〈야운데 협정(Yaoundé Ⅰ~Ⅱ: 1963, 1969), 로메 협정(Lomé Convention Ⅰ~Ⅳ: 1975, 1979, 1984, 1989), 코토누 협정(Cotonou Agreement, 2000)〉을 통해 운영되어 왔다.

5) 1993년 마스트리히트 조약 발효로 EU는 공동체 차원에서 ODA 제공의 법률적 기반을 갖게 되었다. 조약 177조는 EU가 개발도상국에서 지속가능한 경제·사회발전을 지원할 것과 특히 EU와 회원국간 "상호보완성(Complementarity)", "일관성(Coherence)", "정책조정(Coordination)"을 지켜나갈 것을 강조하고 있다. 이를 통해 개도국들의 세계 경제 편입을 촉진시키는 것을 유럽의 역할로 강조하며 유럽연합이 세계가 공동으로 직면한 문제들에 주도적으로 전략적 계획을 수립해나가는 선구적인 역할을 하고자 하였다.

6) 유럽합의는 개발협력에 관한 EU 및 회원국의 정치적 근거는 될 수 있어도 법적 효력은 부재하여 강제성은 없다.

7) 리스본 조약 제5부 중 'EU의 대외적 행동(Part Ⅴ. External Action By the Union) 제3편(Title Ⅲ) 제3국과의 협력 및 인도적 지원(Cooperation with Third Countries and Humanitarian Aid),' 제1장 개발협력: 208조, 209조 및 214조 참조.

8) Bonaglia et als. 2006; Birchfield, 2011; 도종윤 2013, pp. 149-150.

9) Silviu Jora, ODA as a Soft Power Instrument, Korea Institutue for International Economic Policy, 2009, p. 20.

10) Smith 2001; Belfour 2006; Lee 2012; 도종윤 2013, pp. 155-156.

11) 규범적 권력 개념은 민족국가가 자신의 존재를 유지하기 위해 일방적으로 문제를 전담할 수 없게 된 새로운 시대에 필요한 국제적 거버넌스의 새로운 형태라고 볼 수 있다.

12) Hill and Wallace, 1996.

13) 유럽연합은 중립적이고 비국가적인 이미지를 이용하여 회원국보다 더 효율적으로 접근할 수 있는 민주주의 지원이나 거버넌스 개선과 같은 분야에서 적극적인 활동을 펼쳐왔다. 이는 마스트리히트 조약의 "보조성의 원칙(Subsidiarity Principle)"으로 표현되는 마스트리히트 조약 상의 원칙에 기반한다. Jora 2009, p. 21; 도종윤 2013, pp. 155-159.

14) 현재 ACP 국가의 수는 총 79개로 확대되었다.

15) 김채형, 2000, pp. 3-4.

16) 마스트리히트 조약 제17편 제130U조의 1항.

17) 보조성의 원칙은 공동체의 배타적 권한에 속하지 않는 분야에서 실시할 행동의 목표가 회원국에 의해 충분히 달성될 수 없고 실시할 행동의 규모나 효과를 고려해 보아 공동체에 의해 더 효과적으로 이행될 수 있을 경우, 공동체가 해당 정책을 실시해야 한다는 것이다.

18) 유럽연합기구 중 집행위원회 산하 다양한 정책 분야를 담당하는 각각의 부서를 총국(DG: Directorates-General)이라 한다.

19) 코토누 협정(Cotonou Agreement)은 ACP국가들과 1975년 체결한 로메협정이 네 차례 연장되어 2000년까지 지속된 이후, EU회원국 및 79개 ACP국가들이 2000년 6월 코토누에서 향후 20년을 기간으로 체결한 협정이다. 내용은 로메협정과 마찬가지로 ACP국가들의 경제·문화·사회적 측면의 발전을 도모하고 평화와 안보에 기여하며 안정적이고 민주적인 정치 환경을 조성하는 것을 목적으로 한다. 또한 WTO 규정의 도입과 EU 시장에 대한 접근성 강화를 강조하고 그동안 ACP국가에 대해 제공하던 일방적인 특혜조치를 EU와 ACP국가간의 자유무역협정으로 대체한 것이 특징이다.

20) EU의 개발원조 재원은 회원국들이 부담하는 예산에서 충당되며 국별 지원액의 약 18~20%가 EU기관에 납부된다.

21) 〈표 7-2〉의 Collective EU ODA는 EU 자체 예산과 EU 28개 회원국의 ODA를 포함한 금액이다.

22) EU ODA 예산은 EU의 다년간재정계획(Multi-annual Financial Framework)을 기반으로 한다.

23) 원조의 지속적인 증가에도 불구하고, 개도국의 빈곤 문제가 개선되지 않아 선진 공여국들이 느끼게 되는 기존 원조방법의 효율성에 대한 의구와 피로감(Aid Fatigue)을 의미한다.

24) 2006년 EU는 개발에 관한 유럽합의에 이어 개발정책의 효과성과 일관성 및 파급효과를 제고할 목적으로 이행 기한이 설정된 9개의 조치로 구성된 행동계획을 발표하였다.

25) EU와 EU 회원국은 개발에 관한 유럽 합의에서 지속가능한 개발이라는 차원에서 빈곤 감축이 이루어져야 한다는 것이 EU 개발정책의 가장 중요한 목표로 설정된 점을 인식하고 2015년까지 UN 회원국이 달성해야 하는 새천년개발목표 달성을 추진하여 왔다. 즉 개발협력 분야에 있어서 유럽연합이 국제사회의 여타 다른 공여주체들보다 더욱 선도적인 규범적 가치를 내세움으로써 외교적으로는 대외적 행위자로서의 존재감을 과시할 수 있었고 내적으로는 회원국들의 지지를 얻을 수 있었다.

26) EEAS는 EU 공동외교안보정책, 개발협력, 통상, EU 확대, 근린정책, 에너지, 기후변화 등 집행위 업무 중 대외정책 분야에 대한 전반적인 전략수립 및 집행위 부서간 업무 조정 역할을 수행한다.

27) 리스본 조약 이후 EU 조직 개편으로 2011년 1월부터 원조총국과 개발총국이 현재의 개발협력총국(DG Europe Aid)으로 통합되었다. 개발협력을 담당하는 부서가 단일총

국으로 통합됨에 따라 EU 대내외의 개발협력 행위자들에 대한 집행위 내 단일 접촉 창구의 역할을 수행하게 되었다. 이와 같은 조직의 통합은 EU 개발협력에 관한 정책 일관성을 제고시키고 개발협력 및 대외원조의 연속성을 보장하는 데 목적이 있었다.

28) EU가 공동체 차원의 ODA 제공이라는 측면에서 법률적인 기반을 갖게 된 시점은 1993년 11월 1일 마스트리히트 조약이 발효되면서부터이다. 동 조약 177조는 EU와 회원국들간 원조사업의 중복을 방지하기 위한 상호보완성과 EU 개발정책의 일관성 및 업무조화, 협조를 중심으로 개도국 개발 프로그램의 원칙들을 설정하였다. 1997년 암스테르담 조약은 EU의 모든 대외활동의 상호연결성을 추가하였다. 이선필·안상욱 (2012), pp. 165-177.

29) 2014~2020년 기간 동안의 11차 EDF 예산규모는 305억 유로이다.

30) EDF는 회원국들이 해당 사업별로 직접 결정하여 납부하는 예산으로 구성되며 그 특징상 여타 EU 예산과는 달리 회원국의 권한이 절대적이다. 다만 관리의 효율성과 투명성을 위해 집행위가 일정 부분 집행에 참여하고 있다.

31) 그럼에도 불구하고 회원국들이 유럽연합을 통해 개도국 지원에 나서는 이유는 다음과 같이 요약할 수 있다. 첫째, 다수의 적은 공여자들의 원조보다는 EU를 통한 원조가 보다 효율적이라는 효율성과 일관성 측면이다. 둘째, 새천년개발목표에 대한 개별 회원국 차원의 이행 약속을 원활히 준수하기 위해서는 EU와의 협업이 필수이다. 셋째, ODA 기금 및 집행관리의 용이성 및 다른 회원국으로부터 정책학습이 가능하다. 넷째, EU의 적극적인 대외정책 행위자로서의 권한 확장 노력에 포섭되는 측면을 들 수 있다.

32) http://europa.eu/rapid/press-release_IP-14-388_en.htm

▎ 참고문헌

고주현. (2014). "한국 ODA와 수원국 거버넌스: 수원국 부패에 따른 원조 변용성을 중심으로." 『한국부패학회보』, 제19권 3호. pp. 87-110.

김채형. (2000). "유럽연합의 개발협력 정책." 『한국EU학회』, 제5권 2호. pp. 133-159.

도종윤.(2013). "유럽연합의 개발협력 전략: 대아시아 정책을 중심으로." 『동유럽발칸연구』, 제37권. pp. 143-176.

안병억·이연호·박상준·박채복·장선화·고주현. (2014). "유럽연합의 이해와 전망." 높이깊이.

안상욱·이선필. (2012). "EU회원국 ODA 정책의 다양성과 EU의 역할." 『EU연구』, 제32호. pp. 162-188.

Belfour, Rosa. (2006). "Prnciple of Democracy and Human rights," in Sonia Lucarelli and Ian Manners (eds.), Values and Principles in European Foreign Policy. London and New York: Routledge.

Birchfield, Vicki. (2011). "The EU's Development Policy: Empirical Evidence of 'Normative Europe?" in Richard Whiteman (ed.), Normative Power Europe. Palgrave. pp. 141-160.

Bonaglia, Federico and Andrea Goldstein, Fabio Petito. (2006). "Values in European Union development cooperation policy," in Sonia Lucarelli and Ian Manners (eds.), Values and Principles in European Foreign Policy. London and New York: Routledge. pp. 164-184.

Hill and Wallace, William. (1996). "Introduction: Actors and actions," in The Actors in Europe's Foreign Policy, by christoper Hill (ed.), London: Routledge.

Lee, Moosung. (2012). "A Step as normative power: the EU's human rights policy towards North Korea." *Asia Europe Journal*, Vol.10 Issue 1 (December, 2012). pp. 41-56.

Manners, Ian. (2002). "Normative Power Europe: A Contradiction in Terms?" *Journal of Common Market Studies*, Vol. 40 Issue 2 (June 2002). pp. 235-258.

Silviu Jora. (2009). ODA as a Soft Power Instrument. *Korea Institutue for International Economic Policy.* p. 20.

Smith, Karen, E. (2001). "The EU, Human Rights and Relations with Third Countries: Foreign Policy with an Ethical Dimension?" in M. Light and K. Smith, Ethics and Foreign Policy. Cambridge: Cambridge University Press.

Todaro, M. P. and S. C. Smith. (2003). Economic Development. London: Addison Wesley.

웹사이트

http://iif.un.org/content/brussels-eu-target-2015-oda
http://ec.europa.eu/europeaid/documents/mdg-brochure-2013_en.pdf
http://dx.doi.org/10.1787/dcr-2014-34-en
http://europa.eu/rapid/press-release_MEMO-14-263_en.htm
(European Commission 2014, Publication of preliminary data on 2013 Official Development Assistance)
http://www.oecd.org/dac/europeanunion.htm
(Statistics from the Development Co-operation Report 2014)
http://europa.eu/rapid/press-release_IP-14-388_en.htm
(OECD(2014), "European Union Institutions", in Development Cooperation Report 2014: Mobilising Resources for Sustainable Development, OECD Publishing)

제8장

독일의 국제개발협력

제8장

독일의 국제개발협력*

김 주 희 (경희대학교)

독일은 8,260만의 인구를 보유하고 있으며[1] 2014년 총 국내생산 대비 세계 4번째 경제대국이다. 세계적인 경제대국으로서 독일은 G8과 G20과 같은 많은 영향력 있는 국제적 모임에 참여하여 국제적인 개발규범의 준수를 통해 세계무대에서 지속가능한 발전을 촉진하고자 하는 EU의 주요 국가이다. 특히 2015년 G7을 개최하며 2030개발의제와 기후변화의제에 있어 적극적인 참여의지를 피력했으며 이를 위해 원조를 넘어서는 포괄적인 개발노력은 독일 정부 내 개발협력체계의 조정과 실행 속에 반영되고 있다.

2014년 말 현재 독일의 공적개발원조(ODA)는 총액 대비 유럽국가들 중 영국에 이어 2위를 차지하고 있으며, 독일의 GNI 대비 ODA 규모 또한 2005년부터 상승하기 시작하여, 2014년 현재 지금까지 중 가장 높은 수준인 GNI 대비 0.41%에 이르렀다. 국제사회에서 독일은 주요한 공여국으로서 개발협력 분야에서 리더십을 발휘하고 있다.

따라서 본 장은 최대 원조 공여국 중 하나인 독일의 국제개발협력의 현주소와 변화된 환경에 발맞춘 독일 국제개발협력 정책의 방향성에 대한 제시를 통해 독일의 개발협력 정책에 대한 정보를 제공하고 아울러 원조 공여국으로서 시작 단계에 있는 한국에게 적절한 개발협력 과제를 설정할 수 있도록 독일의 경험을 공유하고자 한다.

독일의 개발협력의 사례를 소개하기 위해 2절에서는 1950년대부터 시작된 독일의 국제개발협력 정책의 역사를 시기별로 살펴보고 어떠한 가치에 바탕을 두고 어떠한 이념적·전략적 비전과 목표를 추구하며 어떠한 방식으로 실행되었는지 살펴보고자 한다. 독일 개발협력의 현재, 즉 독일 개발협력의 법적·제도적 측면과 이행체계를 이해하기 위한 배경이 될 것이다.

3절에서는 독일의 ODA 정책 현황을 수치로 파악하고자 한다. 독일 ODA 재원 활용의 특성과 동향을 소개하여 독일의 국제개발협력 현황을 구체적으로 파악하게 될 것이다.

4절에서는 현재 독일의 개발협력 정책의 추진체계에 대한 이해를 돕게 될 것이다. 독일의 개발협력의 주요 행위자는 누구이며, 어떠한 이행 조직과 체계를 구축하고 있는지 살펴보고자 한다. 독일의 국제개발협력체계는 견고하게 정착되어 있으며 거대하고 복잡하다. 40여개 이상의 행위자, 즉 여러 부처와 연방주, 이행 조직과 기관 등을 아우르며 거대하고 복잡한 모습을 보여주고 있다. 따라서 독일의 다수의 개발정책 수행 행위자와 구조의 복잡성은 독일의 특수한 문제로 제기되며 누누이 개혁요구에 직면해 왔으며(OECD 2005; 2010; 2015a; 2015b) 지난 15년여간의 개혁 노력은 2011년 그 모습을 드러내게 되었다. 따라서 독일 개발협력 정책의 주요 행위자이자 관련 기관들인 독일경제협력개발부(BMZ), 독일환경부(BMUB), 독일국제협력공사(GIZ), 그리고 독일재건은행(KfW)의 독일의 개발협력 정책 속에서의 역할과 일련의 개혁 과정을 통해 어떠한 변화를 맞이하게 되는지 2011년부터 시행된 독일 개발협력의 제도적 개혁을 기점으로 검토하여 독일 개발협력 정책에 대한 이해를 돕게 될 것이다. 또한 독일 개발협력의 법적·전략적 틀과 그러한 규범들이 지역, 국가, 분야별 전략 속에서 어떻게 반영되고 있는지, 그리고 독일의 개발협력 정책에서 다자간 협력은 어떻게 이루어지고 있는지 특히 EU의 개발협력 정책체계 속에서 독일의 전략과 역할은 무엇인지 알아보고자 한다.

마지막으로 결론에는 독일 국제개발협력의 주요한 특징을 구별하여 새롭게 재편될 국제개발협력 지형도를 구축하는데 있어 한국적 ODA 전략의 구축뿐만 아니라 국제무대에서 새로운 의제의 실행을 위한 개발협력 이행의 세부사항의 결정에 적극적으로 참여할 수 있는 방안을 마련하기 위한 논의에 공헌하고자 한다.

1 독일 국제개발협력의 역사

독일의 국제개발협력 정책은 50년대와 60년대 이미 독립적인 정책 영역으로 자리잡기 시작했다. 2차 대전에 대한 책임으로 국제적 협력과 지원은 독일이 다른 국가들과 정상적인 관계를 맺는 데 필수적이었다. 또한 이 시기는 식민지배가 끝나고 남－북관계가 새롭게 재정립되던 때로 아프리카와 아시아에서 새롭게 독립하던 국가들을 지원하고 발전의 장애요소를 극복할 수 있도록 하는 것은 식민지배국가들의 새로운 과제였다(Eckert, 2015).

1952년 독일은 처음으로 UN의 저발전국가와 지역을 위한 지원 프로그램에 참여함으로써 개발정책이라는 명확한 정책 영역에 발을 들여놓게 되었다. 그 후 단계적으로 독일의 국제개발협력 정책은 국가적인 과제로 자리잡기 시작했고 1961년 독립적인 개발협력을 위한 부처인 경제협력부처가 설립되었다. 이 시기 외교정책으로써 개발협력 정책은 냉전이라는 견고한 구조 속에서 동서의 체제경쟁에 동참하는 방식으로 이루어졌다. 예를 들어 공산진영의 영향력 확산을 막기 위해 할슈타인독트린을 따라 동독과 외교관계를 맺고 있는 국가들과는 협력관계를 중단하기도 했다. 1960년대 BMZ의 정책은 경제적 지원, 개발도상국이 세계시장으로 통합할 수 있도록 역량강화를 위한 지원과 통상적 이익의 유지라는 관점에서 이루어졌다. 당시 지배적 담론이었던 근대화이론에 근거하여 경제적 성장은 결국 가난한 이들이 중산층이 될 수 있는 기반이 되어 더 민주적이고 참여적인 정치적 변화를 이끌 수 있다는 믿음을 가지게 되었다.

그러나 1970년대에 들어서며 단지 경제적 성장에 중점을 둔 개발모델이 가지는 한계를 인식하게 되며 독일 사회 속에서 "제3세계 운동"의 붐이 일었다. 이는 부국과 빈국사이에 형성된 주고받는 관계에서 벗어나 동등한 파트너십을 구축하기 위한 움직임으로 이해할 수 있다. BMZ는 당시 식량, 교육과 보건과 같은 인간의 기본적 필요에 집중했으며 그동안 관심을 두지 않았던 개발에 공헌할 수 있는 여성의 잠재력에 대한 지원에 관심을 갖기 시작하며 새로운 분야로 개발협력의 영역을 확대하려는 시도가 있었다. 그러나 개발도상국 파트너 국가들의 민감한 내정에 개입하게 될 가능성을 배제하고자 했다. 또한 이 시기부터 다자간 협력이 큰 의미를 갖기 시작했다. EU에 적극 협력하여 아프리카, 캐리비안 그리고 태평양 도서 국가들과 맺은 로메협정에 근거하여 재정과 무역에 대한 지원에 적극 참여하고 있으며 IMF와 World Bank가 주도하는 고 채무국가에 대한 구조적응 프로그램에 대해 독일정치권은 긍정적인 입장을 보여 주었다. 또한 1980년대 중반부터 체르노빌의 원전사고를 계기로 BMZ는 개발협력 분야의 새로운 이슈로 환경문제에 중점을 두기 시작했다.

동유럽의 급격한 변동, 즉 구소련의 해체와 그로인한 동서갈등의 종결, 그리고 다른 한편으로는 아파르트헤이트의 종말은 독일의 개발협력 정책에 있어 전략적 그리고 이념적인 제한을 해제해버렸다. 물론 유고내전과 소말리아의 국가실패 그리고 르완다의 민족학살과 같은 새로운 갈등이 새로운 도전으로 다가오기도 했다. 국제사회는 이러한 문제에 어떻게 대처해야 하는가에 대한 문제에 직면했고 문제해결을 위한 기준점으로 BMZ은 기본적으로 불간섭의 원칙을 고수함과 동시에 가치지향적인 정책을 채택했다. 민주주의, 굿거버넌스, 그리고 인권과 같은 가치의 수호는 파트너 국가와의 협력에 있어 중요한 요소로 자리잡았다.

1990년대에는 전 세계 규모의 중요한 국제회의들이 많이 개최되었다. 1992년 리우 환경회의, 1993년 빈 인권회의, 1994년 카이로 인구회의, 1995년 코펜하겐 세계사회정상회의와 베이징에서 열린 세계여성회의 등을 들 수 있는데 이러한 회의들은 세계화로 인해 발생한 문제들은 모든 국가들의 협력을 통해서만 해결이 가능하다는 인식의 확산에 기여했다. 또한 독일이 개발협력 정책을 글로벌 구조정책으로 이해하고 이를 기반으로 정책을 수행하는 규범적 근거로 작용했다.

전 세계는 공통의 인식을 바탕으로 빈곤, 기아, 아동 사망률, 열악한 교육수준과 전염성 질병과 같은 긴급한 세계적 문제들을 해결하고자 새천년선언과 이를 위한 8가지 명확한 목표를 달성하고자 새천년개발목표(MDGs)에 합의했다. 그 이후 MDGs는 독일의 개발협력 정책의 목표로 설정되었다.

정치·문화적 갈등, 식량위기, 점점 현상으로 나타나고 있는 기후변화와 글로벌 경제 금융위기라는 새로운 도전에 직면하여 지속가능한 발전이라는 원칙에 기반을 둔 문제를 해결방식에 동의했고 지속가능한 발전은 독일 BMZ의 개발협력 정책의 기본 원리로 설정되었다. 즉 모두를 위한 영구적인 평화와 번영을 위해 경제적으로 효율적이며, 사회적으로 공정하며 생태적으로 지속가능하도록 실행되어야 한다는 것이다. 목표는 사회적이고 생태적인 시장경제를 통해 개발도상국가의 국민들 또한 세계화를 통한 이익을 얻어야 한다는 것이다. 연방정부는 지속가능한 발전을 외교, 경제, 환경, 그리고 안보정책의 중첩과제로 이해하고 있다. 따라서 BMZ는 각 연방부처들의 입장차이를 조정하여 효율적이고, 효과적인, 투명하고 가시적인 개발협력 정책을 개선할 임무를 담당하고 있다. 지속가능발전 목표에 부합하기 위해 독일은 국제개발협력체계의 구조개혁을 단행했다. 이행구조의 분절화를 해결하기 위해 기술협력이행조직들을 GIZ으로 통합했고 또한 시민사회와 지역의 활동을 Engagement Global이라는 기관의 설립을 통해 장려하고 독일의 개발협력 정책은 독립적인 M&E 기관인 DEval을 통해 분석 평가되고 있다.

개발협력 정책은 많은 재원이 필요하고 많은 부분 공공재원을 통해 실행된다는 점에서 독일 국민들, 비영리단체와 재단, 교회, 학계와 기업 등 모든 참여자들의 동의를 통한 적극적 참여가 필수적이다(VENRO, 2010). 따라서 BMZ는 이러한 배경에서 합의의 창출을 위한 사회적 대화를 시작하고 이러한 과정에 많은 가치를 부여하고 있다. 이러한 대화의 대표적인 예로 2014년 BMZ는 "Zukunftscharta EineWelt−unsere Verantwortung(하나의 세계를 위한 미래헌장−우리의 책임)"이라는 토론 포럼을 구성했으며, 대중들은 이 포럼을 독일의 개발협력 정책의 미래에 대한 고민과 아이디어를 공유할 수 있는 기회의 장으로 활용했다.

2015년부터 전 세계는 앞으로의 개발정책은 어떻게 설정되어야 하는가에 대한, 즉 새천년 목표의 기한이 지나며 "Post 2015"에 대한 집중적인 논의를 해오고 있다. 개발협력을 위한 새로운 계획들은 2000년 이후 쟁점화 되고 있는 새로운 도전들을 고려해야 한다. 즉 기후변화와 다양한 경제, 에너지 그리고 식량위기 등은 새로운 국면에 접어들었으며 선진국과 개발도상국간의 상호의존성은 상당한 수준에 이르고 있다. 따라서 Post 2015 개발의제는 지속가능발전목표(SDGs)를 포함해야 하며 모든 국가에 적용되어야 함을 강조하고 있다.

독일은 미래의 개발의제에 대한 토론의 장에 적극적으로 참여하고 있으며 발전을 위한 과정의 올바른 전개에 대한 책임을 느끼고 있다. 독일 개발정책의 중점 분야는 농촌개발과 식량안보, 인권수호와 굿거버넌스, 평화, 사회와 환경기준의 준수뿐만 아니라 에너지와 기후변화대응 등을 들 수 있다.

2 독일 국제개발협력의 현황

국제사회에서 독일은 공여국으로서 개발협력 분야에서 리더십을 발휘하고 있으며, 2014년 말 현재 독일의 공적개발원조(ODA) 총액은 약 162억 달러로 유럽국가들 중 영국에 이어 2위에 해당하며, 독일의 GNI 대비 ODA 규모는 2005년부터 상승하기 시작하였고, 2014년 현재 지금까지 중 가장 높은 수준인 GNI 대비 0.41%에 이르렀다. 독일의 GNI 대비 ODA 규모는 28개 OECD DAC 회원국 중 비교적 상위권인 10위에 해당하나 UN의 목표인 GNI 대비 0.7%에는 미치지 못하고 있으며 전체 평균을 겨우 상회하고 있다(〈그림 8-1〉과 〈그림 8-2〉 참조).

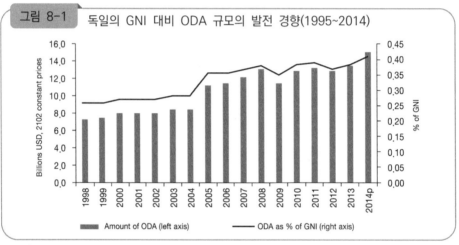

그림 8-1   독일의 GNI 대비 ODA 규모의 발전 경향(1995~2014)

출처: http://dx.doi.org/10.1787/888933244524

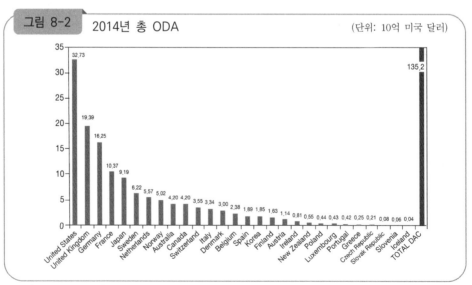

그림 8-2   2014년 총 ODA   (단위: 10억 미국 달러)

출처: OECD, 2015년 4월 8일.

GNI 대비 ODA 규모는 2013년 대비 12% 증가했는데 이것은 특히 중소득국에게 양자적 대출이 늘었기 때문이며, 총 ODA의 증여상당분은 2013년 86.9%로 2012년 88.4%보다 다소 하락했다. 그러나 독일의 원조 총액의 측면에서 원조 규모는 2014년 말 현재 미국과 영국에 이어 세계 3위에 해당한다(〈그림 8-2〉 참조). 앞에서 언급한 가치의 준수가 독일 원조 정책의 중요한 방향이라는 점에서 다른 DAC국가에 비해 조건부 원조의 수준이 높은 편이다. 즉 독일의 비조건부 원조는 2013년 80.1%(2012년 79.2%)로 DAC 평균인 83.2%보다 낮은 수준이라고 할 수 있다(OECD, 2015).

독일의 경우 지속가능한 발전을 위한 다른 영역의 재원 조달을 위해 ODA를 사용하고 있다. 개발도상국의 조세제도를 지원하면서 국내 재원을 동원하는 데 도움을 주고 있는데, 2013년 파트너 국가의 조세관련 활동에 ODA 210만 달러를 약속했으며 개발도상국의 무역 성과를 향상시키고 세계경제로 통합시키기 위해 무역을 위한 원조(Aid for Trade)를 증진시키고 있으며 50만 달러를 할당했는데 이것은 분야별 할당 가능한 ODA의 40%에 해당하며, 2010년 처음 증가하기 시작하여 2012년 대비 43% 증가했다(BMZ, 2011a; 2011b). 또한 파트너 국가들이 그들의 개발 목표를 모니터 할 수 있도록 국가 통계 역량과 체계를 설립하는 데 투자하고 있으며, 이러한 노력의 일환으로 2013년 134만 달러를 할당했다. 극빈국과 소도서 개발 도상국의 기후적응에 투자하고 있는데, 식수, 농업, 생물다양성, 에너지와 쓰레기 관리 분야를 포함하는 환경보호와 도시개발에 중점을 두는 기후문제 경감을 지원하고 있으며, 녹색기후기금에 10억 달러를 지원하고 개발도상국들에게 재원을 제공하며 기후금융을 촉진하는 데 주요한 역할을 하고 있다(OECD, 2015).

독일은 ODA를 통해 지속가능한 발전을 위한 재원의 효과적인 사용을 증진시키고자 하고 있다. 첫째, 개발도상국 스스로 원조 사용을 계획할 수 있게 해 주인의식의 고취를 가능하게 하는 것이다. 2013년 독일 원조의 48%는 정부간 협력을 통해 파트너 국가의 예산을 지원하고 있으나 2015년 합의된 최소 목표는 최소한 85%이며 45%는 파트너 국가의 공공 재정운영과 조달체계를 통해 이루어졌다(〈그림 8-3〉 참조). 둘째, 결과를 프로그램에 적용하는 방식을 채택하고 있는데, 양자간 프로그램의 목적과 결과를 모니터링하기 위한 구속력을 가지는 평가체계를 도입하여 파트너국가에서 합의된 각 프로그램의 목표가 국가전략을 반영하게 하고 그 결과는 파트너국가의 통계체계에 근거하여 측정되도록 하는, 결과에 근거한 원조 접근방식을 시도하고 있다. 마지막으로 예상 가능한 원조를 추구하고 있는데, 2013년 독일

개발협력의 연간 예측가능성은 87%에 달했다.

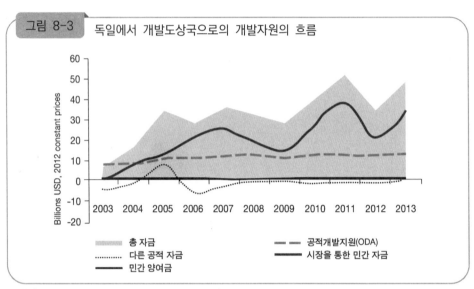

그림 8-3 독일에서 개발도상국으로의 개발자원의 흐름

출처: http://dx.doi.org/10.1787/888933244516

3 독일 국제개발협력의 추진체계

독일은 개발협력을 위한 제도적 발전을 위해 지속적인 노력을 경주하고 있다. 주요 체계는 여전히 변하지 않고 유지되고 있다(〈그림 8-4〉 참조). 개발협력 정책의 전담 부처로 BMZ가 정부를 대표한다. 다양한 이해당사자들이 독일의 개발협력 정책의 이행에 참여하고 있는데 두 이행조직인 GIZ과 KfW를 중심으로 다른 정부 부처들, 연방의 각 주들, 정치 재단들과 교회기반 기관들과 NGO 단체들 그리고 연구와 연수기관들을 들 수 있다. 금융협력과 기술협력은 각 각 예산이 할당되고 KfW와 GIZ이 이행하고 있으며 협력국에서는 BMZ가 대사관에 파견한 직원을 통해 대표역할을 담당하며 다른 주요한 이행기관인 GIZ과 KfW 또한 자체 대표부를 운영하고 있다. 2010년 OECD DAC 동료검토의 제안을 통해 독일은 2011년 개발협력 추진체계의 개혁을 단행했다. 지금까지는 BMZ의 역할을 강화시키면서 정책이 이루어지고 3개의 기술협력조직을 GIZ으로 통합하여 이행되는 방향으로 제도적 개혁이 이루어지고 있다.

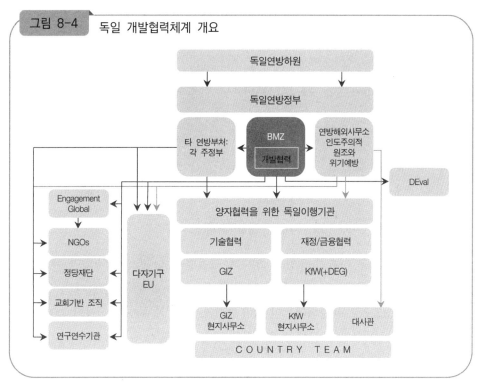

그림 8-4 독일 개발협력체계 개요

출처: OECD (2015b: 53).

1) 독일 개발정책의 제도적 특성

독일 개발정책은 독특한 제도적 특성을 가지고 있으며 그 하나는 많은 국가들의 개발협력 정책이 외교부에 의해서 수행되는 반면 독일에서는 독립적인 독일 개발협력부가 개발협력 정책의 정책방향을 설정하게 된다. 두 번째 특징은 개발정책의 정치적 책임과 실행의 책임이 구분된다는 것이다. 즉 정치적으로 설정된 목표는 조직적으로 독립된 여러 개의 기관에게 위임되어 실행된다.

가. 개발협력 정책을 위한 단독 부처의 존재

독일에는 독일 개발협력부(BMZ: Bundesministerium für wirtschaftliche Zusammenarbeit und Entwicklung)라는 개발협력 정책을 수행하는 단독 부처가 존재한다. BMZ는 통일 이전 구서독의 수도였던 본(Bonn)에서 통일 이후 현재의 수도인 베를린으로 위치를 옮겼지만 여전히 BMZ 종사자의 4분의 3은 본에서 근무하고 있다(BMZ, 2014a).

연방정부 안에서 BMZ는 우선 조정의 역할을 수행한다. 초기 독일 국제개발협력 정책의 기술적인 지원과 자문과 재정적 지원은 외교부와 경제재정부의 책임이었으나 1970년대 이후 기술과 재정협력에 대한 책임은 최종적으로 BMZ에게 주어졌다. EU의 개발정책에 대한 주도 역시 1998년 처음으로 BMZ로 이양되었다.[2]

BMZ는 대상 파트너국가들과 조약을 체결하고 개발협력 정책을 수행하는 데 있어 재정적인 부분을 책임진다. 독립적인 부처의 존재는 외교통상 정책으로부터 개발정책의 독립성을 높일 수 있게 하지만, 부처간 결정을 위한 지루한 협상과정이 수반되고 국제무대에서 일관된 입장을 취하기 어렵게 만들기도 한다.

나. 개발협력의 이행기관: 기술과 금융 협력의 구분

기술협력의 경우 기술적 조언과 (지속적) 교육을 통한 역량의 강화가 목표가 되며 오랫동안 네 개의 서로 다른 조직이(GTZ, CIM, DED, InWEnt) 담당하고 있었으나 2011년 이후 GIZ으로 통합되었으며 금융협력의 경우 KfW가 자회사인 DEG와 함께 대출과 보조금, 그리고 일부 금융지원을 담당하고 있다.

재정협력과 기술협력의 제도적 분리는 금융과 기술조언이 필요한 상황은 각각 다르며 따라서 다른 역량이 요구된다는 논리를 따른 것이다. 그러나 금융과 기술협력이 동시에 필요한 경우 상당한 조정노력이 뒤따른다는 단점이 존재한다.

GIZ(Deutsche Gesellschaft für Internationale Zusammenbarbeit)은 파트너 국가와의 기술협력에 대한 책임을 지며 현지 국가의 정부와 조직들에게 자문을 제공하며 개발협력 프로젝트를 수행하는 대상을 지원하며 결과에 대한 연구와 평가를 제공한다. 또한 전문 인력과 개발협력 자원봉사자들을 파트너국가로 파견하는 임무를 수행하고 있다.

KfW(KfW Entwicklungsbank)는 파트너국가와의 금융/재정 협력을 수행하며 재정적 보조금, 차관, 저리의 대출 등을 제공하며 자매은행인 DEG를 통해 개발도상국과 성장국가들의 기업에 투자를 통해 재정적 협력을 수행한다.

2) 독일 개발정책의 제도 개혁의 특징

15년간의 길고 긴 개혁의 과정과 협상을 통해 결정된 2011년 독일 개발정책의 제도 개혁에 따른 특징은 다음과 같이 두 가지로 요약할 수 있다.

가. 정책일관성의 제고: 개발정책의 조정을 위한 GIZ의 통합

1998년부터 독일 이행기관들의 결합에 대한 논의는 꾸준히 제기되었고, BMZ는 범지구적 구조정책과 정책일관성의 제고를 독일 개발정책의 우선과제로 논의하기 시작했다. 제도개혁 이전에는 독일기술협력공사(GTZ)가 개발프로젝트에 대한 지원의 책임을 국제이민센터(CIM)는 협력국에 필요한 전문가를 중개하는 역할을 담당했으며, 독일개발서비스(DED)는 전문적으로 개발협력에 종사하지 않는 단기 자원봉사자들에 대한 관리를 관리했으며, 마지막으로 국제교육과 개발(InWEnt)은 협력국의 전문가와 정책 지도자들의 교육을 담당했다. 이러한 다양한 조직이 존재하기에 협력국의 요구에 적절한 맞춤형 협력을 수행할 수 있으나 목표를 달성하기 위해 위의 기술협력이 동시에 수행될 경우 분리된 조직으로 인한 높은 수준의 조정과 행정비용이 수반되는 문제가 발생했다(Faust/Messner, 2012).

국제적으로 독일의 개발협력은 높은 수준의 전문성으로 인정받고 있지만 너무 많은 조직으로 인한 단점이 존재했다. 예를 들면 다른 나라들의 경우 공여국 모임에서 각 국이 한 소리를 내지만 독일의 경우 대개 BMZ, GTZ, 그리고 KfW의 대표들이 한 팀으로 참여하여 각 기관의 입장을 대변하는 경우가 많아 독일의 입장이 명확하지 않은 경우가 종종 발생했으며, 또한 각 기관간 관할의 영역이 명확하지도 않았다(DIE 2009b; OECD 2015a).

공여국의 조정에 대한 OECD의 목표는 분절화된 실행기관의 조정에 대한 관심을 불러 일으켰으며 관심을 모았던 GTZ와 KfW의 통합은 여러 가지 법적·정치적 어려움으로 인해 무산되었고, 결국 "소규모"의 제도적 개혁으로 이어져 2011년 1월 1일 4개의 독일의 개발정책 실행기관들(GTZ, CIM, DED, InWEnt)은 GIZ으로 통합되었다(Rauch 2015).

나. 독립적인 M&E기관의 설립: DEval

2011년 개혁의 결과물로 개발협력에 대한 독립적인 평가기관의 설치를 들 수 있다. 독일개발협력평가연구소(DEval)는 독일 개발협력에 대한 독립적인 평가를 제공하게 되는데, BMZ, GIZ, KfW와 다른 개발관련 기관들의 개발 프로젝트들에 대해 다음 세 가지, 즉 증거에 기반을 둔 평가를 수행하며, 결과를 투명하게 발표하고, 평가를 통해 미래의 정책형성을 지원하게 된다.

DEval의 설립을 통해 독립적이고 외부적 관점으로 전체를 조망하며 평가의 방법론과 기준을 검토하여 평가의 질 향상에 기여할 것이라 기대하고 있다. 또한 독일 개발협력 정책의 수행을 통제하며 정책을 형성하고 예산 집행을 결정하는 독일 연방하원이 독일의 개발협력 정책을 근거에 기반을 둔 정책을 입안할 수 있도록 지원하는 것을 목표로 하고 있다.

독립적인 평가의 수행을 위한 주요한 방법론과 기준을 점검하고, 기존의 방법론을 정교하게 하며 이를 바탕으로 평가결과와 방법론에 근거한 연구를 실행하고 확산시키는 것, 국내외에서 교육 프로그램을 가동하고, 국내외 협력 네트워크에 참여하여 협력국의 평가역량을 개발 지원하는 기능을 수행한다.

독일연방정부의 결정에 따라 DEval의 평가 범위는 BMZ가 책임지고 있는 모든 영역으로 설정하고 있다. DEval의 2014년 평가 프로그램을 살펴보면, 2011년 개혁에 대한 평가의 예로는 DED의 GIZ으로 통합에 대한 평가로 협력국의 다양한 맥락을 고려하여 7개의 개발협력 수행에 대한 사례연구를 수행했다. 또한 기술협력이행 조직의 통합의 영향에 대한 평가를 수행 중이며, DEval 자체에 대한 평가와 독일 개발협력 조직의 평가 방법론의 실태에 대한 연구 등을 수행하고 있다.

이외에 보건영역에 대한 BMZ의 포트폴리오와 르완다 사례와 농업 분야, 무역을 위한 원조(AfD), 사하라 이남 지역에 재정지원과 미얀마 사례연구로 지속가능한 경제의 촉진 등에 대한 평가가 진행되었다.[3] 기술협력과 금융협력의 이행조직으로서 GIZ과 KfW는 각각 수행한 프로젝트에 대한 독립된 평가를 위한 M&E 조직을 운용하고 있다. DEval이 설립된 지 얼마 되지 않았다는 점에서 커버할 수 있는 평가의 영역과 평가 결과가 아직은 미미한 상황이기 때문에 DEval에 대한 평가는 이후의 과제가 될 수 있을 것이다.

3) 독일 개발협력 정책의 특징

가. 법적·전략적 틀

2013년 이래로 독일의 연정조약은 독일의 개발협력 정책을 주도하고 있는 데 목적과 가치를 보여주고 있다(CDU/CSU/SPD, 2014). 또한 미래헌장은 BMZ가 2014년 11월 발간한 것으로 각계각층의 광범위한 조언을 바탕으로 포괄적인 비전을 제공하고 있다(BMZ, 2014b). 이 헌장은 광범위하게 독일 국내와 해외에서 파트너 국가의 주인의식을 바탕으로 지속가능한 발전에 공헌하는 것을 목표로 하고 있다. 미래헌장의 8가지 우선순위는 변화를 유도하는 의제로 다양한 이익관계자들과의 소통을 위한 플랫폼을 제공하며 나아가 2030 의제를 준비하게 한다. 또한 연정조약의 목적에 두 가지 작동을 위한 우선순위를 더하고 있는데 혁신과 파트너십을 통한 개발협력의 수행을 강조하고 있다. 마지막으로 BMZ의 세 가지 특별 이니셔티브는 절실한 필요에 대한 대처로 다른 우선순위에 우선한다(〈표 8-1〉 참조).

표 8-1	독일 개발협력의 목적과 전략적 비전

연정 조약의 목적(2013)	미래 헌장의 우선 영역(2014)
1) 기아와 빈곤의 근절 2) 민주주의와 법치의 강화 3) 평화, 자유와 안보의 수호 4) 인권의 존중과 준수 5) 환경의 보호 6) 사회생태지향적 시장경제 7) 굿거버넌스의 장려와 시민사의의 참여강화	1) 전 세계인의 존엄한 삶의 보장 2) 천연자원의 보호와 지속가능한 운용 3) 경제성장, 지속가능성과 양질의 일자리의 결합 4) 인권과 굿거버넌스의 장려와 보장 5) 평화 구축과 인간안보의 강화 6) 문화와 종교적 다양성의 존중과 보호 7) 혁신, 기술과 디지털화를 통한 혁신적 변화의 추동 8) 새로운 글로벌 파트너십의 구축과 지속가능한 발전을 위한 이해관계자 파트너십의 개발
세 가지 특별 이니셔티브 (2014) 1) 하나의 세계 – 기아근절 2) 난민의 근본원인에 대한 대응과 난민의 재통합 3) 중동과 북아프리카 지역의 안정과 발전	

출처: Koalitionsvertrag (CDU/CSU/SPD, 2014); Zukunftcharta (BMZ, 2014b) OECD (2015b: 35).

나. 범지구적 구조정책

독일 개발협력 정책의 수행에 있어 일련의 프로젝트들의 미시적인 나열에 대한 반성으로 개발정책 수행의 방향성이 범지구적인 구조적 접근으로 변화를 가져오게 된다. 남측, 특히 극한 빈곤에 고통 받으며 개발의 혜택에서 소외된 사람들을 위한 근본적인 조건의 향상에 대한 관심이 고조되고 국제적 개발협력의 담론이 지속가능한 발전으로 이동함에 따라 자유무역 일변도의 국제질서에서 벗어나 지속적인 발전을 위한 통상, 환경, 기후와 인권 전반에 대한 국제적 협약을 통해 사회적·환경적 규제를 포함하게 되었다. 원조효과성에 대한 논의는 독일 개발협력의 목표를 달성할 수 있는 기본조건에 대한 강조를 가져왔고 이러한 목표의 실행을 위해 협력 파트너의 국내 정치적·행정적 조건의 향상을 위한 굿거버넌스(Good Governance) 실현이 선결요건으로 접근되고 있다. 독일의 조건부 원조의 비율이 다른 나라에 비해서 높다는 점이 이러한 변화를 반영하고 있다고 볼 수 있다. 결국 독일 개발협력 정책의 실제는 국제적－지역적－국내적 단위에서 이러한 목표를 위한 프로그램의 형성과 재정 부담, 그리고 실행이 이루어지는 글로벌 거버넌스의 맥락으로 이해하게 되었다.

다. 지역별·국가별 전략: 선택을 통합 집중

1990년대 독일은 약 120여 개발도상국가에 원조를 제공했었지만 1998년 이후 원조효과성을 위해 독일정부는 지원대상국의 수를 70~75개국 사이로 축소했다. 즉 소수의 협력국에 집중하고 지역에 중점을 두는 접근법을 통해 집중을 통한 효율성을 추구하고자 하였다. 2012년 협력 대상국은 이전 120개 국가에서 50여개 국가로 축소되었다(협력국 명단은 〈표 8-2〉과 〈표 8-3〉 참조). 협력대상국에서 제외되는 국가들의 경우 지역 프로그램 혹은 특별 영역을 지원하는 프로그램, 즉 HIV/AIDS 퇴치, 기후와 삼림의 보호 혹은 위기 예방 프로그램을 통해 지원을 받을 수 있다.

양자 ODA는 기본적으로 사하라 이남 아프리카와 남아시아, 중앙아시아에 집중되어 있으며, 2013년 21억 달러가 사하라 이남 아프리카에, 그리고 19억 달러가 남아시아와 중앙아시아에 할당되었다(〈그림 8-5〉 참조).

그림 8-5 독일 지역별 양자 ODA 평균 총지출(2012~2013)

유럽 6%

중/동부/ 북아프리카 11%

남아시아와 중앙아시아 17%

남미와 캐리비안 12%

구외 아시아와 오세아니아 13%

사하라 이남 아프리카 21%

　독일의 개발협력 협력국은 국가 프로그램에 따라, 그리고 지역적 구분과 주제 관련 프로그램에 따라 〈표 8-2〉와 〈표 8-3〉과 같이 구별할 수 있다. 50개국과 파트너 관계를 통해 양자 프로그램을 운영하고 있으며, 또한, 지역별·주제별 프로그램으로 29개국에 추가적으로 지원하고 있다.

표 8-2　독일의 양자 개발협력 협력국(국가프로그램)

Region	Partner Country
Asia	Afghanistan, Bangladesh, India, Indonesia, Cambodia, Kyrgyzstan, Laos, Mongolia, Nepal, Pakistan, Tajikistan, Uzbekistan, Viet Nam
South Eastern Europe/Caucasus	Albania, Kosovo, Serbia, Ukraine
Latin America and the Carribean	Bolivia, Brazil, Ecuador, Guatemala, Honduras, Colombia, Mexico, Peru
Middle East	Egypt, Palestinian Territories, Yemen
Africa	Ethiopia, Benin, Burkina Faso, Burundi, Ghana, Cameroon, Kenya, D. R. Congo, Mali, Malawi, Morocco, Mauritania, Mozambique, Namibia, Niger, Rwanda, Zambia, South Africa, South Sudan, Tanzania, Togo, Uganda

출처: http://www.bmz.de/en/what_we_do/countries_regions/laenderkonzentration/tabelle_neu.html

표 8-3　일의 양자 개발협력 협력국(지역/주제관련 프로그램)

Region	Partner Country
Asia	Myanmar, Timor Leste, Philippines, Sri Lanka, Multi-country cooperation with Central Asia (including Kazakhstan and Turkmenistan)
South Eastern Europe/Caucasus	Bosnia and Herzegovina, Caucasus Initiative (Armenia, Azerbaijan, Georgia), Moldova
Latin America and the Carribean	Carrivean Programme (Dominican Republic, Haiti, cuba), Costa Rica, El Salvador, Nicaragua, Paraguay
Middle East	Jordan, Syria
Africa	Algeria, Fragile States in West Africa programme (Côte d'Ivoire, Sierra Leone, Liberia, Guinea), Madagascar, Nigeria, Senegal, Tunisia

출처: http://www.bmz.de/en/what_we_do/countries_regions/laenderkonzentration/tabelle_neu.html

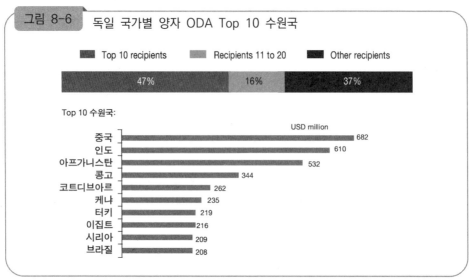

그림 8-6 독일 국가별 양자 ODA Top 10 수원국

■ Top 10 recipients   ■ Recipients 11 to 20   ■ Other recipients

| 47% | 16% | 37% |

Top 10 수원국:

USD million

중국	682
인도	610
아프가니스탄	532
콩고	344
코트디브아르	262
케냐	235
터키	219
이집트	216
시리아	209
브라질	208

출처: http://dx.doi.org/10.1787/888933244574

독일의 양자 ODA의 47%가 Top 10 수원국에 집중되고 있다(《그림 8-6》참조). 2013년 취약국에 대한 지원이 32억 달러, 즉 총 양자간 ODA의 28.1%에 달한다.

라. 지속가능한 발전: 독일 개발협력의 주요 분야

독일의 원조할당전략은 협력국의 수를 줄여 집중하는 방향으로 그리고 협력영역과 분야 또한 협력국의 필요를 파악하고 실행하는, 즉 중점 분야에 집중하는 경향을 보이고 있다.

독일의 개발협력은 명확하게 빈곤의 초점을 맞추고 있는데 이러한 정책의 중점은 모든 이해관계자들, 관계 부처와 이행기관의 대표부, 협력국들에게 명확한 진술과 분명한 지침을 통해 분명하게 드러나고 있다. BMZ는 빈곤 감축을 개발협력의 중심에 두고 중첩 분야 전략으로 설정하고 있으며 GIZ과 KfW 또한 그들의 전략 지침을 통해 이러한 전략을 확실하게 언급하고 있다.

따라서 삶의 존엄성을 위한 기반을 확고히 하기 위해 교육, 지속가능한 경제발전, 농촌개발과 농업 그리고 식량안보, 보건과 사회적 안정성, 에너지에 대한 접근성, 그리고 식수와 위생 등의 영역에 대한 지원을 하고 있다.

인권, 굿거버넌스, 정치적 참여, 여성의 권리와 평등 그리고 성 주류화(gender

mainstreaming)와 같은 가치의 증진을 위한 노력을 하고 있다. 독일의 정책 틀은 국제적인 목적과 우선순위를 따르고 있는 특히 굿거버넌스를 지속가능한 발전을 위한 선결과제로 이해하고 있다. 또한 금융거버넌스에 중점을 두고 있는데 세금과 국내 재원의 동원 등을 주요 요소로 이해하고 있다. 이러한 접근은 양자적·다자적으로 모두 적용되고 있으며 독일은 Post-2015 회담 중에 효과적인 제도의 확립과 역량 강화를 위한 글로벌 대화를 이끌고 있다. 또한 국제 조세 협약을 위한 모임을 주도하며 효율적이고 공정하고 투명한 조세체계 확립을 목표로 지원하고 있으며 이러한 노력을 실현할 수 있는 국내재정의 확보에 적극적이고 성공적으로 대처하고 있다 (DIE, 2009a).

마. 중첩 분야의 통합적 접근: 기후관련 분야

개발협력 담론 속에서 혁신적 변화(Transformational Change)의 개념은 일반적으로 지속가능한 발전의 목표가 내포되어 있으며 진정한 의미의 지속가능한 발전으로의 전환은 오직 혁신적인, 즉 방대하고 구조적인 변화를 통해서만 가능하며, 이러한 변화는 기술적인 단계를 넘어서 정치적, 사회적, 그리고 관념적 단계의 전환을 포함하는 포괄적인 변화를 의미한다. 아울러 혁신적 변화 개념은 패러다임의 이동 (Paradigm Shift)과 같은 의미로 사용되고 있다(Mersmann and Wehnert 2014; Steinbacher 2015).

지구온도 상승 2℃ 제한을 통한 저탄소 개발방식이 점차 규범적 동의를 얻고 있는데 BMUB 관계자에 의하면, 현재 독일의 환경·기후관련 분야의 전체적인 실행의 방향성을 설정하고 있다. 이러한 목표는 패러다임 이동과 같은 혁신적인 변화를 통해서만 달성될 수 있기 때문에 단순히 현 체계의 부분적 수정과 향상을 통해 이룰 수 있는 제한적 탄소발생의 감소로는 충분하지 않으며 혁신적인 변화를 통해서만 가능하다고 보고 있다(BMUB, 2015).

이러한 목표의 실행을 위해 독일정부는 전 지구적 기후변화의 도전에 대응하기 위해 포괄적인 프로젝트인 "Energiewende(에너지체계의 혁신적 변화 혹은 지속가능한 에너지로의 전환)"로 대응하고 있다. 후쿠시마 원전 사고 발생으로 가속화되고 있는 핵의 단계적 폐지와 재생에너지 기술의 장기적 장려를 통해 새로운 기술이 확산되었으며 새로운 행위자들과 사업모델이 형성되었다. 또한 재생에너지에 대한 대중의 인식 변화, 예를 들어 20년 전만 해도 태양광에너지는 미성숙 분야로 고려되었으나 현재는 에너지 생성을 위한 현실적 대안으로 인식되고 있다. 그러나 저탄소 사회를 향한 목표 달성을 위해 더 포괄적이고 혁신적인 변화, 재생 메커니즘의 장려를 넘어서는 법적 체계의 변화가 필요하며 온실가스(GHG)의 배출과 관련된 전력 분야를 넘어서는 사회적·경제적으로 좀 더 근본적인 변화가 요구된다고 할 수 있다.

초기 "Energiewende" 정책은 에너지 사용이 새로운 시기로 접어들었음을 인식하고 국내 단계에서 에너지 전환을 실행하기 하고 있으며, 또한 이러한 혁신적 변환은 지역적, 그리고 범세계적 맥락에서 독일의 경험을 바탕으로 개발협력의 맥락에서 다른 나라 특히 신흥경제국가 혹은 개발도상국가에서의 에너지 전환을 돕는 것으로 확대되고 있다. 접근방식으로는 재생에너지원과 에너지 효율적인 기술의 확산을 통해 모든 사람들이 지속가능한 에너지에 접근하는 것을 가능하게 하는 것을 목표로 하고 있다(Steinbacher, 2015).

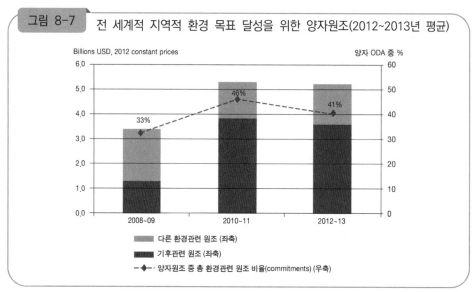

그림 8-7 전 세계적 지역적 환경 목표 달성을 위한 양자원조(2012~2013년 평균)

출처: http://dx.doi.org/10.1787/888933244618

양자간 ODA 중 57억 원을 2013년 환경 분야의 지원에 사용했는데, 독일의 경우 환경 분야 중 기후변화 경감과 적응, 생물다양성 보전, 천연자원의 지속가능한 발전에 중점을 두고 있다. 2013년 독일의 양자 ODA 중 환경에 중점을 두고 지원된 규모는 40%에 도달하며, 다른 DAC국가 평균이 23%인 것을 고려하면 상당한 수준이라고 할 수 있다. 독일의 기후변화 경감과 적응에 대한 금융지원 약속은

2008년 20억 달러에서 2013년 40억 달러로 최근 거의 두 배가 증가했다. 이는 독일의 ODA의 28%로 2013년 DAC국가들의 평균이 16%라는 것을 고려하면 상당히 높은 수준이라고 할 수 있다(OECD 2010). 기후변화는 점차 독일의 중점영역이 되어 가고 있다. 2013년 GIZ 프로젝트의 약 3분의 1이 기후변화와 관련되어 있으며 KfW의 2014년 새로운 약속의 64%가 기후와 환경금융과 관련된 것이었다(OECD, 2015b).

독일은 협력국이 환경과 기후관련 위험의 원인을 구별하고 그것을 해결하기 위한 거버넌스 구조와 정책을 강화하며 지역협력을 증진시키는 것을 지원하고 있다. 역량강화와 기술이전이 독일의 지원의 주요 요소라고 할 수 있다. 또한 독일은 공적개발재원을 민간영역의 투자와 참여를 이끌어내는데 사용하고 있다(Betz, 2015).

4) 다자간 기구와 EU 개발협력 정책체계 속에서 독일의 전략과 역할

2010년 OECD 동료검토(2010)의 제안으로 독일은 전략적으로 다자간 기구와의 협력에 임하고 있는데 BMZ는 다자간 개발정책을 위한 주요 원칙을 발전시켰다(BMZ, 2014c). 독일은 다자간 협력체제의 개혁과정에 적극적으로 참여하고 있는데 다자간 기구의 이사회에서 효과적인 임무수행을 위해 적극적으로 관여하고 있다. 주도적으로 유럽연합과 회원국들의 공동 프로그램의 형성, UN조직의 이행단위로 그리고 세계은행의 신용기금활동의 개혁을 돕고 있다(Klingebiel, 2014).

앞에서 언급했듯이 독일이 적극적으로 주도하고 있는 기후변화 접근에서 독일은 다자간 기구에 대한 중심−비중심 재원의 할당에 중첩된 다양한 부처간 활동을 조정하고 지속성을 유지하고자 한다(OECDb, 2015).

독일이 적극적으로 참여하고 있는 EU의 개발정책의 법적 근거는 2009년 12월 1일에 효력이 발생한 리스본조약이며, EU의 개발협력 정책에 대한 조항은 주요 목표로 "빈곤과의 싸움−장기적인 목표로−빈곤의 근절"을 명확하게 기술하고 있다(BMZ, 2008; CEU, 2005).

독일이 EU의 개발정책 형성에 기여할 수 있는 방식은 여러 가지로 나타날 수 있으나 독일정부가 유럽연합의 관련 조직들을 통해 적극적으로 추구하고 있는 목적은 다음과 같다.[3)]

- 빈곤 감축을 위한 전반적인 모든 활동의 추구
- 개발협력의 지원에 있어 효율성과 효과성의 달성
- 유럽연합 집행위원회와 회원국간의 자문, 조정 그리고 분업관계의 향상과 다른 유럽연합의 정책과 개발협력 정책의 정합성의 향상
- 자유롭고 공평한 무역의 증진, 이것은 도하개발의제의 무역협상 속에서 개발도상국들을 지원하는 것을 포함
- 갈등예방의 측면에서 개발협력의 추구, 유럽연합의 개발정책은 외교안보정책의 일부로 간주되어야 하지만 그 개발협력 정책의 목표를 상실해서는 안 되며,
- 난민발생원인의 제거와 유럽의 이민과 난민정책의 일관성을 위한 노력을 들 수 있다.

독일정부는 EU의 개발협력 정책의 이행의 모든 단계에 참여하고 있다. 준비와 실행 그리고 모든 정책수단의 통제는 유럽연합조직을 포함하여 회원국들과의 협의를 통해 이루어지고 있다(BMZ, 2008).

4 결론: SDGs와 독일 국제개발협력의 함의

독일의 연정조약과 미래헌장은 독일의 개발협력을 위한 광범위한 법적·제도적 기반이 되고 있다. 2013년 총선을 통해 기민당/기사당이 승리했으나 기존 연정파트너였던 자민당이 의회입성에 실패함에 따라 사민당과 대 연정을 이루게 되었다. 2013년 12월에 연정협정은 독일 개발협력 정책의 비전과 목표를 설정했다. 독일은 개발을 글로벌 구조정책으로 이해하여 세계화를 지속가능하고 모두에게 공정하게 이루어가기를 원한다. 따라서 적극적으로 포괄적인 2030의제를 촉진하며 국내적으로 또한 국제적으로 적용하고 있다. 또한 독일은 UN의 공동 목표인 ODA를 GNI 대비 0.7%에 아직 근접하고 있지 못하나 노력을 경주하고 있다.

다음 단계는 협력국가들에게 방향성과 예측성을 제시할 수 있는 전략적 메시지를 담고 있는 개발협력 정책의 이행을 지원하는 것이다. 독일 개발협력 정책의 명확한 지침을 통해 독일이 설정하고 있는 우선순위를 명확하게 해줄 수 있다. 결국 독일은 이러한 목표와 비전을 이행할 수 있는 새로운 전략적 틀을 설정하게 될 것

이다.

SDGs가 범세계적으로 적용되어져야 한다는 것과 따라서 전통적인 협력방식을 넘어서는 추가적인 ODA 재정협력을 넘어서는 새로운 수단을 필요로 하게 될 것이라는 점에서 독일의 조정노력은 더욱 요구된다고 할 수 있다. BMZ가 전체 정부를 아우르는 역할을 잘 수행할 수 있을 때 독일의 개발협력 정책은 효과성을 얻게 될 것이고 발전을 위한 미래헌장은 정부 부처의 중첩영역을 조정할 수 있는 BMZ의 행동반경을 넓혀주는 유용한 기반으로 작용할 수 있다.

독일은 금융협력과 기술협력을 제도적으로 분리하여 운용하고 있으며 그 논리는 금융과 기술조언이 필요한 상황은 각각 다르며 따라서 다른 역량이 요구된다는 것이다. 그러나 금융과 기술 협력이 동시에 필요한 경우, 즉 현재 독일이 추구하고 있는 중첩 분야의 실행시 상당한 조정노력이 뒤따른다는 단점이 존재한다. 2011년 독일의 개발협력 관련 기관의 제도 개혁 이후 정부 부처간의 통합된 정책이 형성되어 기술협력과 금융협력을 구별하여 실행하던 GIZ와 KfW이 몇몇 중첩 분야에서 통합된 실행을 시행하는 형태의 협력이 증가하고 있으나 이러한 통합모델에 대한 평가는 상이하다. 제도 개혁 이후에도 독일의 개발협력 무대에서 고질적이었던 분절화의 심화는 여전히 크게 달라지지 않은 것으로 평가되고 있다. 2015년 동료평가가 제안하고 있듯이 조정역할을 수행하는 BMZ는 전체 구조 속에서 원활한 소통체계의 구축과 교류비용을 축소시키며 전체를 조망할 수 있는 역량을 갖추어야 할 것이다(OECD, 2015b).

독일과 유사하게 분절화된 개발협력 수행체계를 갖추고 있는 한국으로서는 이렇게 분절화된 조직이 어떻게 서로 협력하고 조정해 가는지 또한 어떠한 개혁을 이루고 그 방향은 어떠한지를 살펴봄으로써 한국의 개발협력 이행체계의 선진화를 위한 함의를 도출하는 것이 다음의 연구과제가 될 수 있을 것이다.

또한 기후변화 분야에서 주도적인 역할을 하고 있는 독일의 경험과 협력체계에 대한 분석이 좀 더 심도 있게 이루어져야 할 것이다. 이 분야가 개발협력에 있어서 중요한 역할을 하고 있는 점은 2015년 12월 12일 195개국이 파리에서 모여 새로운 신 기후변화체제인 파리협정을 체결하였는데 이 협정이 이전의 협정들과 큰 차이를 보였다는 것이다. 이는 이번 협정이 선진국과 개도국 모두에게 적용되며 각 분야에 개도국들의 이행을 도울 수 있는 재원마련 이슈 등이 타결되었다는 점이다. 큰 틀에 대한 합의가 이루어졌고 구체적인 이행방안에 대한 후속조치에 대한 협의가 필요한 상황이다. 전 세계가 합의한 신 기후체제는 세계적인 산업구조와 생활방식 전반에 큰 변화를 불러올 수 있는, 독일의 수사처럼 "혁신적인 변화"를 통해 대응이 가능하다는 점에서 준비되지 않은 후속조치가 가져올 문제점들을 인지하고 주도적으로 접근해야 할 필요가 있다.

▍미주

* 이 논문은 2015년 대한민국 교육부와 한국연구재단의 지원을 받아 수행된 연구이다 (NRF－2015S1A3A2046224). 위 공동지원을 허락해준 연세－SERI EU 센터에 감사드린다.

1) 2015년 12월31일 자료. DESTATIS(Statistisches Bundesamt)
   https://www.destatis.de/DE/ZahlenFakten/GesellschaftStaat/Bevoelkerung/Bevoelk erungsstand/Bevoelkerungsstand.html;jsessionid＝E2D4DA3082698F44DE8ABC21D D9AED93.cae3
2) http:// www.bmz.de/de/ministerium/geschichte/index.html.
3) http://www.deval.org/de/about－us.html?file＝files/content/Dateien/Evaluierung /Multi－annual_Evaluation_Programme.pdf).
4) EU 개발협력정책과 독일의 역할: EC 2009; http://www.bmz.de/en/what_we_do/approaches/ european_devel opment_cooperation/index.html
   http:// www.bmz.de/de/ministerium/geschichte/index.html.

▌참고문헌

Betz, J. 2015. "Umbruch in der Entwicklungsfinanzierung?" APuZ, 7(9): 23–28.

BMU/BMZ. 2012. "Sustainable Energy for Sustainable Development: The German Contributions." Berlin: BMU and BMUB.

BMUB. 2015. "Protecting the Climate, Conserving Biodiversity: The Federal Environment Ministry's International Climate Initiative." Berlin: BMUB.

BMZ. 2014a. "Die Deutsche Entwicklungszusammenarbeit." Berlin: BMZ.

BMZ. 2014b. "Zukunftcharta." Berlin: BMZ.

BMZ. 2014c. "Guiding principles for multilateral development policy." BMZ Strategy Paper 7/2013e, BMZ, Bonn, available at: www.bmz.de/en/publications/type_of_publication/strategies/Strategiepapier336_07_2013.pdf.

BMZ. 2013a. 14. "Entwickungspolitischer Bericht der Bundesregierung: Weißbuch zur Entwicklungspolitik." Berlin: BMZ.

BMZ. 2013b. "Dreieckskooperationen in der deutschen entwicklungspolitischen Zusammenarbeit." BMZ–Strategiepapier 5/2013, BMZ, Berlin.

BMZ. 2011a. Aid for Trade(AfT)–Handelsbezogene Entwicklungspolitk: Übersektorales Konzept, BMZ. Berlin.

BMZ. 2011b. Aid for Trade in der deutschen Entwicklungspolitik, BMZ. Berlin.

BMZ. 2008. Europe–a Strong Global Partner for Development, Taking stock of the joint 18-month development policy programme of the German, Portuguese and Slovenian European Union (EU) Council Presidencies (Januanry 2007–June 2008), BMZ. Berlin.

CDU/CSU/SPD. 2014. "Responsibility in the world." Chapter 7 in Shaping Germany's Future – Coalition treaty between CDU/CSU and SPD – 18th legislative period, Berlin, unofficial translation, available at: www.kas.de/wf/doc/kas_36853-544-2-30.pdf?140820093605.

Council of the European Union. 2005. The European Consensus, Joint Statement by the Council and the representatives of the governments of the Member States meeting within the Council, the European Parliament and the Commission on European Union Development Policy, EC, Brussels.

DIE. 2009a. German Partner Country Selection and Aid Allocation: Do Neediness and Democratic Governance Matter? German Development Institute (DIE), Bonn.

DIE. 2009b. "Institutional Reform Needs of Germany's Bilateral Development Cooperation." Briefing Paper 8/2009, German Development Institute (DIE), Bonn.

DIE. 2008. "Implementing the Paris Declaration on Aid Effectiveness: Where does Germany stand?" Briefing Paper 5/2008 of the German Development Institute (DIE), Bonn.

EC. 2009. EU 2009 Report on Policy Coherence for Development, Report from the Commission to the Council. COM (2009) 461 final, 17 September 2009. EC, Brussels.

Eckert, A. 2015. "Geschichte der Entwicklungszusammenarbeit." *APuZ*, 7(9): 3-8.

Faust, J., & Messner, D. 2012. "Probleme globaler Entwicklung und die ministerielle Organisation der Entwicklungspolitik." *Zeitschrift für Außen-und Sicherheitspolitik*, 5(2): 165-175.

Klingebiel, S. 2014. "Multilaterale Entwicklungszusammenarbeit: Strukturwandel und Geberpräferenzen." *Zeitschrift für Außen-und Sicherheitspolitik*, 7(1): 33-47.

Mersmann, F. and Tmon Wehnert. 2014. "Shifting Paradigms: Unpacking Transformation for Climate Action. A Guidebook for Climate & Practitioners." Berlin: Wuppertal Institute for Climate. Environment and Energy GmbH.

Obermeyer, J. L. 2012. Ein Bericht über die Tagung "Neue Wege in der Entwicklungszusammenarbeit. Die Niederlande und Deutschland im Vergleich." *Zeitschrift für Außen-und Sicherheitspolitik*, 5(2): 335-339.

OECD. 2015a. "Germany," in Development Co-operation Report 2015: Making Partnerships Effective Coalitions for Action. OECD Publishing. Paris.

OECD. 2015b. DAC Peer Review of Germany. OECD. Paris.

OECD. 2010. DAC Peer Review of Germany. OECD. Paris.

OECD. 2005. The Paris Declaration on Aid Effectiveness. OECD. Paris.

Rauch, T. 2015. "Zur Reform der deutschen Entwicklungszusammenarbeit." *APuZ*, 7(9): 36-42.

Steinbacher, K. 2015. "Drawing Lessons When Objective Differ? Assessing Renewable Energy Policy Transfer from Germany to Morocco." *Politics and Governance*, 3(2): 34-50.

United Nations General Assembly. 2000a. United Nations Millennium Declaration, available at www.un.org/millennium/declaration/ares552e.htm

United Nations General Assembly. 2000b. United Nations Millennium Development Goals, available at www.un.org/millenniumgoals/

VENRO. 2010. Statement of Civil Society to the DAC Peer Review of Germany 2010, 23 March 2010. VENRO, Bonn.

제9장

영국의 국제개발협력

제9장

영국의 국제개발협력*

신 상 협 (경희대학교)

오늘날 세계에는 약 180여개 국가들이 공존하고 있다. 이들 국가들 중에는 미국, 캐나다, 영국, 독일, 프랑스, 일본과 같은 부강한 국가들이 있는 반면에 대부분의 아프리카, 중앙아시아 국가들과 같이 매우 빈곤한 국가들도 있다.

이런 빈곤국과 부국의 공존으로 인해 생겨나는 문제가 오늘 날 인류가 직면하고 있는 가장 심각한 공통의 문제 중에 하나이다.[1] 이 문제의 심각성은 세계화로 인해 더욱더 심화되고 있다.[2] 즉 지구의 어떤 한 구석에 있는 어떤 국가의 문제가 이제는 더 이상 그 나라만의 문제가 아니라 직접적이고 즉각적으로 그 나라와 관계를 갖고 있는 모든 국가들에게 영향을 미치는 문제가 되었다.

이런 상황에서 부강한 국가들과 빈곤한 국가들을 연결시켜주는 고리 중에 하나가 경제협력이다. 부강한 국가들이 빈곤한 국가들에게 다양한 형태의 경제적 도움을 제공함으로써 두 그룹 국가들간의 협력관계가 시작된다. 이런 관계는 현재 국제 경제관계에서 가장 중요한 관계 중 하나라고 할 수 있다.

영국의 공적개발원조는 과거 영국의 식민지였던 영연방국가들과의 교역을 위해 시작되었다. 영국이 공적개발원조를 시작했을 때는 자국의 경제적 이익과 자국의 번영을 위한 극히 기본적인 투자가 공적개발원조의 중심이었다. 그러나 영국의 공적개발원조는 전 식민지 국가들의 반발과 여러 정치적·경제적인 배경으로 인해 공적개발원조의 규모와 범위를 점차 넓혀서 교역국의 사회후생과 복리증진에 기여하는 바람직한 방향으로 발전되었다.

영국은 2009년에 런던에서 개최되었던 G20 정상회의에서 국제사회가 직면하고 있는 경제위기에 대처하기 위한 방안 중 하나로 개발의 중요성을 강조했다. 특히 원조의 효과성 제고, 분쟁다발 취약국들에 대한 원조, 그리고 인도적 지원, 국제원조체제 개혁 등을 위하여 많은 노력을 하고 있다. 또한 영국은 OECD의 권고에 따라 자국의 개발원조 아젠다를 광범위한 분야로 확대시켰다. 이런 노력을 통해서 영국의 해외개발원조 정책이 MDGs(Millennium Development Goals)에 일치되도록 국제개발부를 중심으로 자국의 개발원조정책을 실행하고 있다.

이렇듯 과거 영국경제 활성화를 위한 교역국가 경제지원에서 시작한 영국의 공적개발원조는 발전을 거듭하여 오늘날 명확한 법적 근거, 일관성 있고 체계적인 접근방법, 분명한 목적과 비전을 가진 국제원조사회의 성공적인 모델이 되고 있다. 특히 영국의 공적개발원조는 집행, 운영, 평가면에서 일관성 있고 체계적인 시스템을 갖추고 있는 것으로 평가되고 있다(KIEP, 1).

따라서 본 장에서는 경제개발협력기구 개발원조위원회(OECD DAC)에서 2006년에 실시한 동료평가[3]에서 가장 모범적인 원조제공국가로 선정되는 등 국제사회에서 대표적인 원조제공국 중의 하나로 인정받고 있는 영국의 개발원조 경험에 대하여 심도 있는 논의를 해 보고자 한다.

1 영국의 공적개발원조 현황

1) 공적개발원조 규모

국제사회에서 공여국으로서 영국은 개발협력 분야에서 강력한 리더십을 발휘하고 있다. 2014년 말 현재 영국의 공적개발원조 총액은 117억 7천 5백만 파운드[4]로 유럽 공여국들 중 최대 규모이다.[5] 또한 영국의 원조 규모는 2014년 말 현재 미국에 이어 세계 제2위의 규모이다(〈표 9-1〉 참조). 2014년 원조 규모는 영국 실질국민총소득(GNI: Gross National Income)의 0.71%로 이는 UN이 정한 실질국민 총소득 대비 국제개발원조기금 목표치인 0.7%를 상회했다. 이 수치는 영국 원조예산편성 사상 가장 높은 수치이며, 또한 국제개발목표치 달성 전인 2012년과 비교했을 때 34.3% 증가한 금액이다(〈표 9-2〉 참조). 사실 영국은 국내외 경제여건 악화에도 불구하고 G8[6) 국가 중 처음으로 2013년에 UN의 권고사항인 실질국민 총소득 대비 공적개발원조 기금 비율 0.7%를 달성하였다.

표 9-1	OECD DAC 회원국들의 ODA/GNI 비율			(단위: 백만 달러, %, 순지출기준)	
국가명	2010	2011	2012	2013	2014
호주	0.32	0.34	0.36	0.33	0.27
오스트리아	0.32	0.27	0.28	0.27	0.26
벨기에	0.64	0.54	0.47	0.45	0.45
캐나다	0.33	0.32	0.32	0.27	0.24
체코	0.13	0.12	0.12	0.11	0.11
덴마크	0.90	0.85	0.83	0.85	0.85
핀란드	0.55	0.53	0.53	0.54	0.60
프랑스	0.50	0.46	0.45	0.41	0.36
독일	0.38	0.39	0.37	0.38	0.41
그리스	0.17	0.15	0.13	0.10	0.11
아이슬란드	0.29	0.21	0.22	0.25	0.21
아일랜드	0.53	0.51	0.47	0.46	0.38
이탈리아	0.15	0.20	0.14	0.17	0.16
일본	0.20	0.18	0.17	0.23	0.19
우리나라	0.12	0.12	0.14	0.13	0.13
룩셈부르크	1.09	0.97	1.00	1.00	1.07
네덜란드	0.81	0.75	0.71	0.67	0.64
뉴질랜드	0.26	0.28	0.28	0.26	0.27
노르웨이	1.10	1.00	0.93	1.07	0.99
폴란드	0.08	0.08	0.09	0.10	0.08
포르투갈	0.29	0.31	0.28	0.23	0.19
슬로바키아	0.09	0.09	0.09	0.09	0.08
슬로베니아	0.13	0.13	0.13	0.13	0.13
스페인	0.43	0.29	0.16	0.18	0.14
스웨덴	0.97	1.02	0.97	1.01	1.10

스위스	0.41	0.45	0.47	0.45	0.49
영국	0.56	0.56	0.56	0.70	0.71
미국	0.21	0.20	0.19	0.18	0.19
DAC 합계	0.32	0.31	0.29	0.30	0.29

표 9-2 영국의 공적개발원조(1970~2014)

연도	ODA 금액 (백만파운드)	ODA/GNI 비율(%)	연도	ODA 금액 (백만파운드)	ODA/GNI 비율(%)
1970	186	0.36	1993	1,945	0.31
1971	231	0.40	1994	2,089	0.31
1972	243	0.38	1995	2,029	0.29
1973	246	0.34	1996	2,050	0.27
1974	307	0.40	1997	2,096	0.26
1975	388	0.39	1998	2,332	0.27
1976	487	0.39	1999	2,118	0.24
1977	638	0.44	2000	2,974	0.32
1978	763	0.46	2001	3,179	0.32
1979	1,016	0.51	2002	3,281	0.31
1980	797	0.35	2003	3,847	0.34
1981	1,081	0.43	2004	4,302	0.36
1982	1,028	0.37	2005	5,926	0.47
1983	1,061	0.35	2006	6,770	0.51
1984	1,070	0.33	2007	4,921	0.36
1985	1,180	0.33	2008	6,356	0.43
1986	1,185	0.31	2009	7,223	0.51
1987	1,142	0.28	2010	8,354	0.56
1988	1,485	0.32	2011	7,223	0.51
1989	1,578	0.31	2012	8,354	0.56
1990	1,485	0.27	2013	11,431	0.70
1991	1,815	0.32	2014	11,775	0.71
1992	1,848	0.31			

출처: Provisional UK Official Development Assistance as a proportion of Gross National Income, 2014.

2012년 영국의 공적개발원조 금액 총액은 83억 5천 4백만 파운드였으며, 실질국민 총소득 대비 원조 규모는 0.56%로 0.7%에 미치지 못하였다. 하지만 다음해인 2013년에는 114억 3천 1백만 파운드를 공적개발원조 예산으로 집행하였다. 따라서 2013년도 영국의 공적개발원조 규모가 2012년과 비교해 36.8% 증가되었고, 실질국민 총소득 대비 원조 규모가 처음으로 국제개발목표치인 0.7%가 되었다.[7]

2010년도 영국의 공적개발원조 규모는 83억 5천 4백만 파운드로 그 당시에 이미 미국에 이어 세계 제2위의 원조 공여국이었다.[8] 영국의 2010년 공적개발원조 규모는 영국 실질국민 총소득의 0.56%로 이는 2009년의 0.51%보다 조금 증가했음을 보이고 있다. 이 수치는 EU가 2010년도 목표로 정한 0.51%를 초과하고 있다.[9] 영국의 2009년도 공적개발원조 금액은 72억 2천 3백만 파운드였다(DFID, statistical release). 이 수치는 UN이 1970년 목표치로 0.7%를 정한 이후 가장 높은 ODA/GNI 비율이다.[10] 2008년도에는 영국의 공적개발원조 금액은 2007년도에 비해 약 25% 증가한 63억 5천 6백만 파운드였다. 2008년도 영국의 ODA/GNI 비율인 0.43%는 경제개발협력기구 개발원조위원회 회원국 중 10번째로 높은 비율이었다(〈표 9-1〉 참조).

영국의 국제개발목표 달성은 영국 정부와 의회의 끊임없는 노력과 성숙한 시민의식이 만들어 낸 결과라고 볼 수 있으며, 그런 이유에서 영국 원조역사 뿐 아니라 국제원조역사에 있어서도 매우 중요한 사건이라 볼 수 있다.[11]

2) 공적개발원조의 분야별 지원 배분

2012년, 2013년 두 해 동안 영국의 공적개발원조는 교육, 건강과 인구(Education, Health & Population) 부문, 기타사회기간시설(Other Social Infrastructure) 부문, 그리고 경제관련 기간시설(Economic Infrastructure) 부문 순으로 집행되었으며 이 세 부문에 전체 영국 공적개발원조의 60%가 지출되었다.[12]

특히 2013년 영국의 부문별 배분가능 양자원조(Bilateral Sector-allocable Aid)[13]의 61%가 젠더(Gender) 부문의 양성평등(Gender Equality) 및 여성 역량강화(Women's Empowerment) 지원에 집중되었다. 범 분야 이슈인 젠더 분야에 대한 영국 정부의 개발지원은 2008년, 2012년에 각 34%, 48% 증가했었다. 하지만 2013년에는 61%까지 증가하면서 OECD 개발원조위원회의 평균인 31%와 비교했을 때도 압도할 만한 수치를 보인다. 2013년은 영국 정부가 젠더 분야의 개발원조에 가장 큰 중요성을 부여한 연도라고 보여진다.[14]

영국의 공적개발원조는 2008년, 2009년에도 교육, 건강과 인구(Education, Health & Population), 기타사회기간시설(Other Social Infrastructure), 그리고 경제관련 기간시설(Economic Infrastructure) 분야에 집중되었다. 2008년, 2009년 동안에 영국 공적개발원조 분야를 분석해 보면, 이 기간에도 영국의 공적개발원조 전 금액의 약 60% 정도가 이 세 분야에 집중되어 있다.[15]

3) 원조의 지역별 및 국가별 배분구조

영국의 공적개발원조의 지역적 분포를 보면, 영국의 원조가 사하라 이남 지역의 아프리카 국가에 가장 집중되어 있고, 그 다음으로 남·중 아시아 지역에 집중되어있음을 알 수 있다. 양자원조의 지역별 분포를 좀 더 자세히 살펴보면, 2013년 사하라 이남 지역 아프리카 국가들에 대한 영국의 지원 금액은 24억 2천 8백만 파운드로 전체 양자원조금 67억 4천 5백만 파운드의 약 36%이며 남·중 아시아 지역 국가들에 제공한 지원 금액은 약 12억 8천 1백만 파운드로 전체 양자원조 금액의 19%였다(〈표 9-3〉 참조). 사하라 이남 지역 아프리카 국가들에 영국의 공적개발원조가 집중된 것은 2010년 이전에도 같았다. 2009년 사하라 이남 지역 아프리카 국가들에 대한 영국의 지원 금액은 25억 3천 5백만 달러로 전체 지원 금액인 78억 3천 3백만 달러의 약 32%이고, 남·중 아시아 지역 국가들에 제공한 지원 금액은 17억 2백만 달러로 약 22%였다(〈표 9-4〉 참조). 한국의 공적개발원조가 아시아 지역에 집중되고[16] 있는 것과는 매우 상이하다는 사실을 알 수 있다. 2009년 말 현재 5억 8천백만 달러의 원조 금액 중 3억천 345만 달러가 아시아 지역에 지원되었다.

2012~2013년 동안 영국의 공적개발원조를 받은 상위 10개 수원국으로는 에티오피아, 인도, 파키스탄, 아프가니스탄, 나이지리아, 방글라데시, 탄자니아, 콩고민주공화국, 케냐, 남 수단 등이다.[17] 이처럼 영국의 양자원조는 사하라 이남 아프리카 지역의 국가들과 영연방 국가들을 중심으로 지원되고 있다.

표 9-3	지역별 원조비중(2013)	(단위: 백만 파운드, %)
지역	원조금액	비중
아프리카	2,341	57.3%
미주	60	41.2%
아시아	1,685	
유럽	0	1.5%
태평양	3	

출처: Statistical release provisional UK ODA (OECD).

표 9-4	지역별 원조비중(2007, 2010)[18]		(단위: 백만 파운드, %)
연도	지역	원조금액	비중
2007*	아프리카	1,227	43.8%
	미주	−304.3	−
	아시아	965.4	34.5%
	유럽	39.4	1.4%
	태평양	2.6	0.1%
2010**	아프리카 −사하라 이남 아프리카	2,057 1,869	38.2% 90.9%
	아시아	1,231	22.8%
	기타 지역	80	1.5%
	비특정 지역	2,111	39.2%

 * 2007년 양자원조총액은 총 28억 1백만 파운드임(2,801,072,000파운드).
** 2010년 양자원조총액은 총 53억 8천 3백만 파운드임.

아프리카 지역에 대한 원조는 20억 5천 7백만 파운드로 이 중 18억 6천 9백만 파운드, 즉 아프리카 지역 원조액의 90.9%가 사하라 이남 아프리카 국가에 집중되어 있다. 2010년 지역별 양자원조비중의 합은 101.7%로 1.7% 오차가 발생하는데 이는 비 특정 지역에 대한 원조액 추가편성으로 인한 것으로 보인다.

이는 영국의 공적개발원조가 전 식민지 국가들에 대한 원조로 시작되었다는 사실과 무관하지 않음을 잘 보여주고 있다. 또한 2013년에는 양자원조액의 약 34%인 37억 달러가 최빈국(LDCs: Least Developed Countries) 예산으로 배정되었는데 이 수치는 OECD 개발협력위원회 회원국 평균인 31%를 넘어서는 수준이다.

4) 영국의 공적개발원조 방식

2014년에 영국의 공적개발원조 총액은 117억 7천 5백만 파운드로 이 중 57.5%인 67억 7천 5백만 파운드는 양자간 원조(Bilateral aid) 방식으로, 42.5%인 50억 파운드는 다자간 원조(Multilateral aid) 방식으로 제공되었다. 2013년에 ODA 총액의 59%(114억 3천 1백만 파운드 중 67억 4천 5백만 파운드)가 양자간 원조에, 41%(114억 3천 1백만 파운드 중 46억 8천 6백만 파운드)가 다자간 원조에 편성되었던 것과 비교해 2014년은 양자원조가 1.5% 감소한 반면, 다자원조는 1.5% 증가했다(〈표 9-5〉 참조).

표 9-5 영국의 공적개발원조 금액(2013~2014)			(단위: 백만 파운드)
	2013	2014	증감률(%)
총 ODA 금액	11,431	11,775	3.00
양자간 ODA	6,745(59%)	6,775(57.5%)	0.50
다자간 ODA	4,686(41%)	5,000(42.5%)	6.70
ODA/GNI* 비율	0.70%	0.71%	0.01
부채 탕감(Debt Relief)	41	3	−92.20
부채 탕감을 제외한 총 ODA 금액	11,389	11,772	3.40
양자간 ODA	6,704(58.9%)	6,772(57.5%)	–
다자간 ODA	4,686(41.1%)	5,000(42.5%)	–
ODA/GNI* 비율(부채 탕감 제외)	0.70%	0.71%	0.01

* GNI 2013: 1조 6천 221억 6천 6백만 파운드, GNI 2014: 1조 6천 698억 2천 3백만 파운드 기준.
출처: DFID, Statistical Release.

이처럼 현재 영국은 양자간 원조방식을 다자간 원조방식보다 우선적으로 사용하고 있다. 2010년도 영국의 총 공적개발원조 중 64.4%가 양자간 공적개발원조 방식으로 제공된 반면 다자간 공적개발원조 방식으로는 35.6%만이 제공되었음을 알 수 있다(〈표 9-6〉 참조).

표 9-6	영국의 공적개발원조 금액(2009~2010)	(단위: 백만 파운드)
	2009	2010
총 ODA 금액	7,223	8,354
양자간 ODA	4,732(65.5%)	5,383(64.4%)
다자간 ODA	2,491(34.5%)	2,971(35.6%)
ODA/GNI 비율	0.51%	0.56%
부채 탕감(Debt Relief)	27	111
부채 탕감을 제외한 총 ODA 금액	7,196	8,243
양자간 ODA	4,705(65.4%)	5,272(64%)
다자간 ODA	2,491(34.6%)	2,971(36%)
ODA/GNI 비율(부채 탕감 제외)	0.51%	0.55%

출처: DFID, Statistical Release.

한 가지 특이한 사실은 영국의 양자간 원조는 저소득 국가, 특히 사하라 이남 아프리카 지역의 국가들과 영연방 국가들을 대상으로 집중 지원되고 있음을 알 수 있다. 이는 영국의 공적개발원조가 전 식민지 국가들에 대한 원조로 시작되었다는 사실과 무관하지 않음을 잘 보여주고 있는 사실이라고 할 수 있다.

또 한 가지 영국의 공적개발원조에서 세계은행, UN, EU 등의 다자기관[19]을 통한 방식, 즉 다자간 원조방식을 통한 해외지원이 증가하고 있다. 〈표 9−6〉에서 볼 수 있듯이, 2009년 영국의 다자간 공적개발원조 금액은 24억 9천백만 파운드, 2010년도 공적개발원조 금액은 29억 7천백만 파운드였다. 1년 동안 영국의 공적개발원조 금액이 약 19% 정도 증가하였음을 알 수 있다. 또한 다자간 공적개발원조가 영국의 총 공적개발원조에서 차지하는 비중도 2009년도 34.5%에서 2010년도에는 35.6%로 증가하였다. 이는 영국 정부와 다자기관 사이의 파트너십(Partnership)에 대한 신뢰를 잘 보여주고 있다고 할 수 있다. 영국은 공적개발원조 백서에 따르면 다자기관에 많은 원조를 할당하는 이유는 다자기관이 국제사회의 빈곤 퇴치에 대한 헌신을 좀 더 증가시킬 수 있고, 다자기관과 양자기관이 공적개발원조에 있어서 상호 보완적이기 때문이라고 설명하고 있다.

영국의 공적개발원조 방식 중 또 다른 한 가지 특징은 영국의 원조가 비구속성 원조라는 것이다. 2001년에 모든 원조를 비구속성(Untied Aid)으로 전환하였으며,[20]

원조의 보편적 가치를 지향하고 있다(〈표 9-7〉 참조). 즉 원조를 외교수단이 아닌 수원국의 빈곤 감축에 초점을 두고 정책을 수립하고 이행하는 것이다.

표 9-7	경제협력개발기구 개발원조위원회 회원국의 비구속성원조 비율(2013)		
국가	비구속성원조 비율(%)		
	2008	2010	2013
호주	98.4	100	100
벨기에	92	93.0	100
캐나다	74.6	98.6	100
덴마크	95.5	95.0	100
아일랜드	100	100	100
노르웨이	99.9	100	100
폴란드	–	–	100
영국	100	99.9	100
룩셈부르크	100	100	98.8
호주	98.4	100	98.7
스웨덴	100	100	98.5
네덜란드	81.1	100	98.3
노르웨이	99.9		98.2
독일	93.4	99.7	97.5
이탈리아	59.8	73	92.9
일본	95.1	100	89.5
스페인	89.1	42.4	89.4
핀란드	90.7	96.4	80.8
미국	68.5	85.2	75.9
한국	24.7	27.1	61.7
오스트리아	86.6	94.7	57.6
체코	–	–	36.6
그리스	42.3	–	26.6
포르투갈	58	34.4	15.5

| 프랑스 | 92.6 | 99.4 | – |
| DAC 평균 | 84.6 | 89.1 | 84.7 |

  * 2012년 우리나라의 양자원조 중 비구속성원조 비중은 55.1%였으며 2013년에는 61.7%로 6.6% 증가함
 ** 영국은 2010년만 제외하고 2006년부터 2013년까지 비구속성원조비율이 100%임.
*** 회원국이 비구속성 원조 현황을 보고하지 않은 경우 "–"으로 표시.
출처: OECD-DAC Creditor Reportig System (CRS).[21]

2 영국의 공적개발원조 정책

1) 공적개발원조 역사

가. 정책의 시작

영국의 공적개발원조의 시작은 이미 앞에서 설명하였듯이 영국의 식민역사와 직접적인 관계가 있다.[22] 영국의 공적개발원조는 영국이 한 때 지배하였던 구 식민지 국가들과의 역사적 유대감을 강화하고 지속·발전시키려는 목적에서 시작되었다. 이렇게 시작된 영국의 공적개발원조의 역사는 구 식민지 국가들에 대한 영국의 책임감에서 시작된 '식민지 개발법(Colonial Development Act)'에서부터 본격적으로 시작되었다고 할 수 있다. 이 법의 원래 목적은 영국의 산업과 무역을 촉진하여 영국의 실업률을 줄이려는 것이었다. 그리고 영국의 산업과 무역을 촉진하기 위해서는 그들의 교역국들의 경제상황이 중요하였다. 전 식민지 국가들이 영국의 주요 교역국들이었다는 점을 고려해 봤을 때, 영국 정부에게는 이들 국가들의 경제개발을 통한 경제 활성화는 매우 중요하였다.[23] 따라서 '식민지 개발법'에 따라서 영국 정부는 식민지 국가들의 경제개발을 목적으로 적은 금액의 지원금을 이들 국가들에게 제공하였다. '식민지 개발법'이 제정되기 전까지 영국 정부는 그들의 수입을 늘리기 위한 사업들에 대한 자금을 투자하는 것은 현지 식민지 정부라고 생각했었고, 식민지 정부들도 영국 정부로 부터의 경제적 지원 같은 것을 기대하지도 않았었다.[24] 이런 점들을 고려해 보면, 이 법이 갖는 의미는 크다고 할 수 있다. 실제로 대부분의 영국 공적개발원조는 과거 영국의 식민지였던 영어권 아프리카를 비롯한 영연방 국가들을 대상으로 시작되었다.

이런 영국 정부의 공적개발원조 정책은 1935년까지 크게 변화하지 않았다. 그러

나 1935년부터 1938년 사이에 영국의 식민지 중 트리니나드, 바베이도스, 자메이카 등지에서 낮은 임금 수준, 높은 실업률, 낮은 주택 보급률 등이 원인이 되어 영국 정부를 상대로 반란이 발생하였고, 이것이 영국의 공적개발원조 정책에 약간의 변화를 가져왔다. 이 사건 이후 영국 정부는 식민지 국가의 복지를 위해서 매년 5백만 파운드 정도를 지원할 수 있다는 내용이 포함된 '식민지 개발과 복지법(Colonial Development and Welfare Act)'을 1940년에 제정하였다.

나. 정책의 변화 그리고 현재

영국 정부는 1945년 2차 대전이 종전된 이후 유럽과 미국을 중심으로 새롭게 형성된 세계의 정치·경제적 상황에 영향을 받아 공적개발원조의 역할과 원조 형태에 대하여 새로운 생각을 갖게 되었다.

1945년 2차 대전이 종전된 이후, 전 세계적으로 공적개발원조의 역할과 지원 형태에 대하여 큰 변화가 있었다. 우선 자금과 기술적인 지원이 같이 지원된다면 비교적 짧은 기간 안에 수원국 경제에 긍정적인 도움을 줄 수 있다는 생각에 많은 국가들이 매우 긍정적으로 받아들이기 시작하였다.

또한 2차 대전 이후, 유럽에서도 독일, 프랑스, 영국 등과 같은 강대국의 영향권을 벗어나서 많은 국가들이 독립국가로서 새롭게 탄생되었다. 이들 국가들의 대부분은 경제적으로 매우 가난한 국가들이었기 때문에 부자 나라들로부터의 경제적 지원을 필요로 하고 있었다.

이런 상황에서 영국 정부는 1958년에 그들의 해외개발지원 대상국을 식민지 국가들뿐만 아니라 기타 국가들에게도 지원할 것임을 선언하였고, 지원 형태도 현금과 기술지원을 같이 제공하기 시작하였다.

1970년대에 구 식민지 국가들이 포함된 가난한 국가들을 돕기 위함[25]이라는 영국 공적개발원조의 기존 목적에 변화가 생겼다. 1970대 초와 후반에 발생한 1차, 2차 석유파동으로 인해 시작된 전 세계 경제위기 속에서 영국은 경제적 어려움에 처하게 되었다. 이런 상황에서 영국은 국제수지 악화를 극복하기 위한 하나의 방법으로 공적개발원조를 이용하기 시작하였다. 즉 영국 정부는 1970년대부터 공적개발원조를 자국의 상업적 이익을 증진시키는 하나의 방법으로 사용하기 시작하였다. 이런 추세는 1980년대에도 지속되었다. 영국 대외원조의 기본을 이루었던 1980년에 제정된 '개발협력법(International Development Act 1980)'은 공적개발원조의 목적을 빈곤 퇴치에 중점을 두지 않았다.[26) 이 법은 영국산 물품과 서비스를 제공하는 형식으로 영국의 공적개발원조를 실행한다는 것, 즉 영국의 공적개발원조는 영국산 물품과 서비스 형태로만 제공한다는 조건을 명시하고 있다.

그러던 중 1990년대에 영국의 공적개발원조가 다시 한번 크게 변화하였다. 우선은 영국 공적개발원조의 목적에 큰 변화가 있었다. 이제까지와는 달리 1997년에 집권한 영국의 노동당 정부는 영국 공적개발원조의 목적이 세계빈곤 퇴치임을 분명하게 하고 있다. 토니 블레어 정부는 〈국제개발에 관한 백서(White Paper on International Development)〉를 발간하였고, 이 백서에서 공적개발원조의 목적을 세계빈곤 퇴치라는 것을 분명히 밝히고 있다.

1997년 노동당 정부가 탄생된 이후 4차례나 개발백서가 공표되었다. 첫 번째 백서는 1997년에 〈세계빈곤 퇴치: 21세기의 도전(Eliminating World Poverty: A Challenge for the 21st Century)〉이라는 제목으로 발간되었다. 이후 2000년도에도 〈세계빈곤 퇴치: 가난한 사람들을 위한 세계화 구상(Eliminating World Poverty: Making Globalisation Work for the Poor)〉이라는 두 번째 백서가 발간되었다. 2006년 7월에는 〈가난한 사람들을 위한 거버넌스 구상(Eliminating World Poverty: Making Governance Work for the Poor)〉이라는 세 번째 백서가 발간되었고, 2009년에는 네 번째 백서인 〈우리의 공동미래의 건설(Eliminating World Poverty: Building our Common Future)〉이 발간되었다.

각각의 백서는 빈곤 퇴치라는 큰 목적 아래 그 목적을 이루는 구체적인 목표들을 잡고 있다. 첫 번째 백서에서는 개발의 도전에 대항하여 파트너십 구축, 더 효과적이고, 튼튼한 원조 행정체계 구축을 위한 정책의 일관성, 대외원조를 위한 대중의 지지 구축을 강조하고 있다.

두 번째 백서에서는 세계화의 도전에 대항하여 효과적인 정부와 효율적인 시장구축, 인간 개발, 인간 자본에 초점을 두었다. 2006년에 발표된 세 번째 백서는 우리 세대의 도전에 대항하여 가난한 사람들을 위해 일하는 국가의 구축, 안전, 일자리와 공공서비스의 제공, 기후 변화를 막기 위한 국제적 협력, 21세기에 맞는 국제시스템 구축 등의 사업에 중점을 두고 있다.

세계적인 경제위기 중이었던 2009년에 네 번째 백서가 공표되었다. 이 백서는 세계빈곤 퇴치를 위하여 영국 정부가 중요하게 고려해야 할 3가지를 제시·강조하고 있다. 다른 국가의 안보와 성공이 영국에 직접적으로 연관되어 있다는 것, 가난한 나라들과는 그들의 상황을 먼저 고려해서 협력해야 한다는 것, 그리고 가난한 국가들에게는 큰 재앙이 될 수 있는 기후 변화를 중단시키는 일에 부자 나라들이 중심이 되어서 노력해야 한다는 3가지 사항이다.[27] 네 차례 공표된 모든 백서에서 영국은 공적개발원조 정책을 개발·실행함에 있어서 파트너십과 공동 행동의 중요성도 지속적으로 강조하고 있다. 이는 영국 정부가 자신들의 국제개발 목표가 국제개발부만으로는 달성될 수 없으며, 국제개발부와 다른 영국 정부부처, 수원국 정부, 국제기구, NGOs, 학계, 민간 부문들과의 광범위한 공동 협력을 통해서만 그들이 추구하고 있는 공적개발원조의 목적, 즉 빈곤 퇴치를 달성할 수 있다는 자각에서 나온다. 파트너십에 대한 영국 정부의 신뢰와 실질적인 행동은 영국의 다자기관을 통한 공적개발원조 이용에서 엿볼 수 있다. 영국은 전체 원조의 약 35% 정도를 세계은행, UN, EU 등의 다자기관을 통해 공여하고 있다(〈표 9-2〉 참조). 영국은 백서에서 다자기관에 많은 원조를 할당하는 이유는, 다자기관이 국제사회의 빈곤 퇴치에 대한 헌신도를 증가시킬 수 있다는 점, 그리고 다자기관과 양자기관이 상호보완적이라는 점을 들었다. 이렇듯 영국 원조 정책의 또 다른 특성은 효과적인 파트너십 구축이라고 할 수 있다. 효과적인 파트너십 구축에 있어서도 영국은 타 공여국의 모범이 된다.

영국 공적개발원조의 목적 변화에 따른 또 다른 하나의 변화는 영국 공적개발원조의 제도적 변화이다. 토니 블레어(Tony Blair)의 노동당 정부는 영국 공적개발원조의 제도적 기반을 1990년대에 본격적으로 마련하였다. 이런 제도적 변화의 시작은 앞에서 이미 설명한 4차례 발표된 백서였다. 이렇듯 공적개발원조의 제도적 변화는 영국 공적개발원조의 목적 변화와도 직접적인 관계가 있다.

토니 블레어 정부는 1997년 집권과 동시에 해외 개발 행정부를 국제개발원조 전담 부처인 국제개발부[28]로 바꾸는 것을 시작으로 영국 공적개발원조 정책의 개혁을 시작하였다. 국제개발부는 다양한 이슈들에 대해서 각 부처들과 긴밀하게 협력하여 일하고, 무역, 분쟁방지, 부채 탕감, 새천년개발목표(MDGs) 실행을 위한 합동 공공서비스 협정(Joint Public Service Agreement)의 목표들도 관계 부처들과 협력하여 정하는 일들을 하고 있다.[29] 이런 노력이 계속되어서 2001년 4월에 영국 정부는 조건부(Tied) 원조를 모두 폐지하고, 비구속성(Untied) 원조를 실시하였다. 영국 정부의 공적개발원조 정책의 이런 변화는 2002년 '국제개발법(International Development Act 2002)'[30] 제정으로 이어졌다. 이 법은 이미 앞에서 언급하였듯이 1980년 제정된 '국제개발협력법(Overseas Development and Cooperation Act 1980)'을 대체하는 것이다.

"국제개발법"에서 영국 정부는 공적개발원조의 목적이 개도국의 지속적 발전과 복리 증진으로 명시하는 등, 영국 대외원조의 목적, 형태, 지원 방법 등을 구체적으로 명시하고 있다. 이 법의 제정은 영국 대외원조의 목표가 경제적 이익 추구에서 빈곤 퇴치로 완전히 변화되었음을 보여 주는 실례라고 할 수 있다.[31]

또한 "국제개발법"은 영국 대외원조의 이러한 목적을 효과적으로 추진하기 위하여 새로운 영국의 공적개발원조 업무를 전담하는 국제개발부의 설립필요성을 강조하고 있다. 1997년, 이 법에 의해서 "국제개발부"가 설립되었고, 이후 지속된 영국의 공적개발정책에 대한 개혁이 완성되었다. "국제개발법"은 현재 영국 공적개발원조 정책의 기초가 되고 있다.

표 9-8	영국 원조체계와 제도 발전 연혁
연도	내용
1929	·식민지 개발법 제정
1940	·식민지 개발과 복지법 제정
1945	·식민지 개발과 복지법 개정
1947	·식민지 개발공사, 해외식량공사 창설
1960	·재무성 첫 개발백서 발간

1961	·기술협력부처 창설
	  − 각 부처별 개발 담당 기술전문가 통합
	  − 비식민지화로 인한 식민지 해외사무국 잉여인력 유입

1964	·해외개발부 설립 − 첫 개발원조 담당 독립기관
1970	·해외개발부 격하 및 외교부 통합편성
1974	·해외개발부 재 독립
1979	·해외개발행정부로 결하 외교부 재통합편성
1980	·국제개발협력법 제정

1997	·국제개발부(DEID) 설립
	  − 개발사안 독립부처
	  − 원조뿐 아니라 포괄적인 개발 관련 사안 총괄
	  − 개발과 관련한 부처간 정책 협력 및 조율
	·개발백서 발간(1997, 2000)

2002	·국제개발법 제정 　- 원조원칙 제정: 최빈국, 개도국의 빈곤 감소, 수원국 필요에 따른 원조 　- 빈곤 감소를 위한 구체적 실천방안 제정 　- 구속성 원조 전면 금지 ·개발 백서 발간(2006, 2009)

출처: DFID 홈페이지와 Owen 참고, 김종섭 외 7인 〈표 6-3〉 재인용.

2) 운영체계와 원조 실시기관

영국 공적개발원조 정책수립과 이행을 총괄하는 부처는 국제개발부(DFID: Department for International Development)로, 2014년 기준 전체 공적개발원조 예산인 117억 7천 5백만 파운드 중 101억 8백만 파운드인 85.8%를 집행하고 있다. 나머지 14.2%의 원조예산은 유럽위원회(EC Attribution) 귀속 3.8%, 외교부(Foreign & Commonwealth Office) 2.9%, 에너지 기후변화부(Department of Energy and Climate Change) 1.9%, 내무부(Home Office) 1.1% 및 기타 기관에서 담당하고 있다(〈표 9-9〉 참조). 국제개발부는 이들 정부 부처 이외에도 의회나 영연방개발공사(CDC)와도 긴밀한 협력관계를 유지하고 있다.

이들 다른 부처들도 일부 원조를 독립적으로 시행하고 있다. 그러나 실제로 이들 다른 부처들의 원조는 국제개발부와의 긴밀한 협조와 지원을 받는 형태로 이루어진다. 이것을 다르게 설명하면, 영국의 국제개발부는 외교부, 재무부, 통상산업부 등과 같은 부처들과 협력하고 있다. 또한 전 세계 67개 지역 사무국들을 통해, '국가주도의(country led), 분권화된(Decentralized), 책임 위임된(delegated)' 공적개발원조 실행체계를 갖고 운영되고 있다.[32]

국제개발부는 1997년 설립되어 중앙부처의 하위 조직이 아닌 독립된 부처로 영국의 개발원조수행에 강력한 입지를 가지고 있다.[33] 국제개발부의 독립적 지위는 유관부처와 동등한 권한을 갖고 있음을 말한다. 동등한 권한을 갖고 유관부처와 정책 조율을 효과적으로 할 수 있고, 결과적으로 영국 원조정책의 일관성과 효과성을 높이고 있다.[34]

표 9-9	영국의 기관별 ODA 지원 규모 및 비중(2014)		(단위: 백만 파운드)	
	2010		**2014**	
	지원 규모	비중	지원 규모	비중
국제개발부	7,386	87.4%	10,108	85.8%
외교부	167	1.98%	1,667	2.9%
에너지기후변화부	255	3.02%	343	1.9%
내무부			225	1.1%
상무부			132	0.7%
환경식품농무부			77	0.4%
영국스코틀랜드 정부	9	0.11%	51	0.1%
보건부			12	0.1%
노동연금부			11	0.1%
수출보험청	54	0.63%	8	0.0%
국방부			3	0.0%
웨일즈(Welsh) 주정부			3	0.0%
문화체육미디어부			1	0.0%
유럽위원회 귀속	110	1.30%	442	3.8%
Conflict Pool	99	1.17%	208	1.8%
기프트에이드(Gift Aid)	47	0.56%	106	0.9%
CDC Capital Partners PLC*	218	2.57%	42	0.4%
식민지연금(Colonial Pensions)	3	0.04%	3	0.0%
부채탕감(양자원조)			0	0.0%
UN 등 다자기관 공여금	72	0.85%		
국경청	12	0.14%		
기타 정부부처	7	0.08%		
행정비용	14	0.17%		
총계	8,453	100%	11,775	100%

* 영국개발금융기관.
출처: Statistical release provisional UK ODA (OECD).

국제개발부 장관(Minister of State for International Development)이 영국 정부 내각에 국제개발부 대표로 참석한다. 국무장관(Minister of State)과 차관(Under Secretary of State)이 국제개발부를 대표해서 영국하원에 참석한다. 국제개발부 장관과 국무장관은 집권당 의원 중에서 총리가 임명한다. 이들은 내각의 일원으로서 국제개발부 업무를 담당한다. 특히 국제개발부 장관은 매년 내각과 영국의회에서 국제개발부 운영, MDG 달성 현황, 국제개발부 예산보고를 한다. 국제개발부 사무차관(Permanent Secretary)은 영국 중앙인사위원장(Head of Home Civil Service)이 공무원 중에서 선택/추천하면 이를 총리가 승인함으로써 임명된다. 사무차관이 국제개발부의 실무를 총괄하고, 그의 관리 감독하에 4개의 부서가 있다. 4개의 부서는 지역 사무국과의 협력과 실무지원업무를 담당하는 국별 프로그램국(Country Programmes), 인도주의적 원조, 안보 및 분쟁지역과 관련된 지원업무를 담당하는 인도-안보-분쟁담당국(Humanitarian, Security and Conflict), 원조정책과 연구 및 공동 무역정책 등을 연구하는 정책 및 글로벌 프로그램국(Policy and Global Programmes), 그리고 마지막으로 재정관련 업무, 기관 성과, 인사업무, 내사 감사업무, 홍보업무를 담당하는 재정-운영국(Finance and Corporate Performance)이 있다(〈그림 9-1〉 참조).

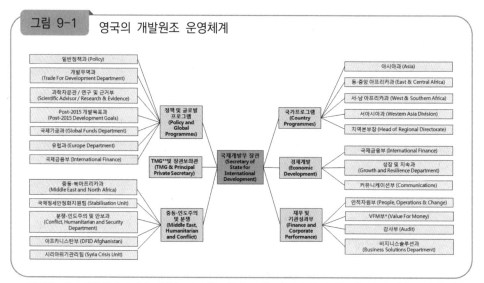

그림 9-1 영국의 개발원조 운영체계

* VFM부: 원조예산의 효과적인 집행을 검토하는 부서로 원조산업의 투명성을 제고하기 위한 노력의 일환으로 생성된 부서임.
** TMG: Top Management Group.
*** Devision(부), Department(과), Unit(팀)으로 번역.
출처: DFID 홈페이지.

영국 원조체계의 또 다른 한 가지 특징은 현지 사무소에게 최대한으로 권한을 부여한다는 것이다. 이는 현지 상황과 필요를 가장 잘 알고 있는 현지 사무소에 예산 편성과 집행 권한을 최대한 부여함으로써 현지에서 가장 필요로 하는 원조를 가장 효과적으로 이행하기 위한 조치이다. 실제로 현지 사무소장들은 현지에서 진행하고 있는 프로그램의 목적에 문제가 있을 경우 적절한 조치를 취할 수 있는 권한을 갖고 있고 최대 2,000만 파운드까지의 예산을 현지 프로젝트에 활용할 수 있는 권한도 갖고 있다.[35] 이렇듯 영국 정부가 현지 사무국에 개발원조 실행에 있어서 상당한 실무권한을 현지 사무소에 부여함으로써 영국의 공적개발원조체계는 파트너 정부의 필요를 잘 반영하고, 보다 효과적이고 실효성이 있는 공적개발원조를 운영하고 있다고 할 수 있다.

가. 영국의 공적개발원조 운영체계

영국 공적개발원조 운영체계의 기본은 공적개발원조를 실행하는 정부기구와 공적개발원조 관련법들이라고 할 수 있다. 이들 공적개발원조 실행 정부기구와 공적개발원조 관련법들은 영국의 공적개발원조의 명확한 목적과 방향성을 명확하게 제시하고 있다. 또한 부처간 또는 정책간 발생할 수 있는 분쟁과 비일관성의 문제 등을 해결하고 시너지효과를 극대화할 수 있는 부처간 업무조정의 지침을 정부기구와 공적개발 관련법들은 명확하고 자세하게 설명하고 있다. 마지막으로 영국 정부기구들과 공적개발 관련법들은 원조프로젝트 결과에 대한 분석, 모니터링, 보고 시스템 등을 도입하여 원조 프로젝트의 효과를 제고하고 있다. 이 세 가지를 영국 정부가 공적개발원조를 실행함에 있어서 중심이 되는 가장 중요한 사항이라고 할 수 있다 (김종섭, 271).

(1) 영국의 공적개발원조 실행 정부기구

이미 앞에서 설명하였듯이 현재 영국의 공적개발원조는 외교부가 아닌 1997년 설립된 국제개발부가 운영하고 있다. 영국의 공적개발원조를 전담하고 있는 독립부처인 국제개발부는 1997년 설립된 이후부터 현재까지 정책의 우선순위를 빈곤 감축에 두고[36] 지속적으로 국제개발협력 사업을 강화해 오고 있다. 실제로 영국은 1997년에 국제개발부를 설립함으로써,[37] 체계적인 공적개발협력체제를 구축할 수 있게 되었다. 또한 공적개발원조를 전담하는 독립부처를 운영함으로써 일관성 있게 공적개발원조를 집행해 오고 있다.

영국 원조 운영체제는 국제개발부라는 단일 창구와 공공서비스협정이라는 정책 조율 시스템, 국제개발부 장관의 정책조율권한 부여 등을 통해 다른 국가들에 비해 일관성 있는 개발 정책 운영체계를 갖추고 있다.[38]

동시에 영국 정부는 공공서비스협정(PSA: Public Service Agreements)을 통해 각 부처간 정책을 조율하는 정책조율 시스템을 설치/운영하고 있다. 공공서비스 협정은 영국 정부가 1998년에 시작한 정책이다. 이 정책은 공공부문서비스 조달에 서 정부 재정소비와 우선순위를 정하기 위해서 시행한 감사원의 종합지출검토서 (Comprehensive Spending Review)에 처음 소개되었다 당시에 소개된 검토서에 약 35개 분야에서 160여 개의 공공정책 목표가 포함되어 있었다. 공공서비스협정은 공공 서비스 분야에서 부처간 협력이 필요한 정책 사안에 대하여 해당 부처들끼리 협의 하여 3년마다 계획수립, 목표설정, 모니터링까지 공동의 정책 협력 및 이행을 하도 록 규정하고 있다. 실제로 이런 범정부적 접근방법(whole-of-government approach) 이 영국의 공적개발원조 분야에서 부처간 협력을 강화하는 데 중요한 역할을 하고 있다.

이런 노력을 통해서 영국 정부는 부처간에 있을 수 있는 상반되는 이해관계와 상이한 정책방향성으로 인한 부처간 갈등을 해소하고, 정책일관성이 저해되는 상황 을 방지하고 있다.

현재의 국제개발부가 설립되기까지 영국도 집권 정당, 즉 정부의 정책에 따라 서 공적개발원조 업무를 담당하는 정부 기구와 조직에 많은 변화를 경험하였다. 지 난 50여 년간 집권하는 정당에 따라서 영국의 해외원조정책은 많은 변화를 경험해 왔다.[39] 영국이 그들의 식민지를 포함한 가난한 국가들이[40] 경제개발을 이룰 수 있도록 영국이 적극적으로 도움을 줘야 한다는 생각을 갖고 있는 노동당이 집권한 시기에는 영국의 해외원조정책 담당 부처의 권한과 지위가 강화되었다. 그러나 이 들 가난한 국가들의 경제개발에 있어서 영국 정부의 역할에 대해서 노동당과는 다 른 생각을 갖고 있는 보수당이 집권한 시기에는 그 권한과 지위가 약화되어 왔다. 보수당이 집권하고 있던 1961년에 원조 프로그램의 기술협력 분야를 위한 기술 협 력부(Department of Technical Cooperation)[41]가 신설되었다. 노동당이 집권했던 1964 년에는 첫 독립기관인 해외개발부(Ministry of Overseas Development)가 생겼다. 해외 개발부는 기술협력부의 기능과 외교부, 식민청, 기타 정부부처의 해외지원 기능과 통합한 기능을 갖고 있었다. 보수당이 재집권한 1970년도에는 많이 약화된 해외 개발부는 사라지고,[42] 외교부로 통합되어 외교부의 기능적 역할을 하는 해외개발행정부(Overseas Development Administration)로 격하되었다. 1974년 5월에 새롭게 탄생된 노동당 정부는 이를 다시 독립 부서인 해외개발부로 바꾸었지만,[43] 1979년에 총선에서 승리한 보수당 정부는 이 부서를 또 다시 외교부 산하의 해외 개발 행정부로 격하하였다. 그리고 1997년 재집권한 노동당정부는 공적개발원조를 전담하는 독립부처인 국제개발부를 설립하였다.

현재의 국제개발부는 영국의 공적개발원조를 전담하는 독립부처로서 빈곤 퇴치를 목적으로 활발하게 활동하고 있다. 또한 무역, 외교 정책 등과 같이 영국의 해외 지원정책에 연관성이 있는 정책결정과정에도 참여할 정도로 영국 정부 내에서 높은 위상과 지위를 갖고 있다.

일반적으로 한 국가의 공적개발원조 시행체계는 다음과 같이 분류될 수 있다. 첫 번째, 그 국가의 외교부가 공적개발원조 정책을 주도적으로 수행하는 유형이다. 두 번째 유형은 공적개발원조 정책실행기능이 분산되어 있는 경우로 관계부처가 참여하는 위원회, 예를 들면 대외원조사업조정위원회 등을 설치하여 운영하고 있다. 마지막 유형으로 공적개발원조 지원체계를 전담하는 독립부처를 신설하여 운영하는 것이다.

첫 번째 유형의 공적개발원조 시행체계에서는 외교적 고려의 중요성을 인식하여 외교부에 개발원조국을 두어 직접 관장하거나 산하기관을 두어 운영하고 있다(미주 11 참조).

두 번째 유형의 경우 공적개발업무에 관련된 부처들이 참여하는 위원회(대외원조사업조정위원회, 원조개발 정책조정위원회 같은)에서 공적개발정책을 시행하는 것이다. 이런 유형 대부분의 경우 외무부가 위원회의 의장을 맡는 등 공적개발정책 실행에 중심적인 역할을 수행하고 있다. 한국의 공적개발원조 운영체계가 이 유형이라고 할 수 있다.

영국은 이미 앞에서 설명하였듯이, 공적개발원조 지원체계를 전담하는 독립부처를 신설하여 운영하는 세 번째 유형의 국가이다. 이런 유형의 지원체계를 운영하는 국가들의 경우 대외원조 정책이 경제적 이해관계는 물론 외교적 고려로부터도 가급적 영향을 적게 받도록 하기 위하여 이런 유형의 공적개발원조 지원체계를 운영하고 있다고 할 수 있다.

대부분의 경제개발협력기구 개발원조위원회 회원국들이 외교부가 중심이 되어 해외원조 정책을 주도하고 있거나,[44] 외교부와 경제부가 협력해서 해외원조/개발 업무를 담당하고 있다.[45] 이런 사실을 고려해 봤을 때, 외교부가 아닌 해외원조를 담당하는 독립부처인 국제개발부가 공적개발원조 정책을 담당하고 있는 영국의 공적개발원조 시행체제는 매우 특이한 사례라고 할 수 있다.

영국 공적개발원조 시행체제의 또 다른 하나의 기본은 공적개발원조 관련법들이다.[46] 현재 공적개발원조의 법적 기초가 되는 법은, 이미 앞에서 설명하였듯이, 1980년 제정된 '국제개발협력법'을 대체하여 2002년에 제정된 '국제개발법 2002(International Development Act 2002)'이다. 이 법에 의하여 영국 정부는 1997년에 공적개발원조 업무를 전담하는 국제개발부를 설립하였고, 이후의 공적개발 정책에 대한 개혁을 지속하였다. 따라서 이법을 현재 영국 공적개발원조 정책의 기초라고 할 수 있다.

영국 정부는 '국제개발법'[47]을 2002년에 제정함으로써 공적개발원조가 빈곤 감축에만 초점을 두어야 한다는 것을 법적으로 명확히 보장하였다. 또한 국제개발법은 국가 개발협력 분야에 원조뿐 아니라 개발문제에 대한 보다 구체적인 방안과 전략에 대해서도 명시하였다.[48] 가령, 양자원조와 자국 회사의 조달(procurement) 계약을 함께 연결시키는 구속성 원조를 포함하는 것과 같이 다른 조건들과 함께 개발원조를 활용하려는 시도를 법적으로 금하고 있다.

무엇보다도 이것은 영국 정부가 빈곤 퇴치가 글로벌 이슈로서의 의미와 중요성을 가지고 있다는 사실을 단지 수사적인 차원을 넘어 제도적인 차원에서 법률적으로 국제개발 문제를 승격시켰다는 의의를 가지고 있는 것으로 볼 수 있다.

(2) 한국과 영국의 차이점

영국은 많은 식민지 경험으로 인하여 긴 공적개발원조의 역사를 갖고 있고 긴 역사만큼이나 공적개발원조 정책에 풍부한 경험을 갖고 있다. 그로 인하여 공적개발원조의 규모가 매우 방대하고 체계적인 원조정책 운영 시스템과 제도를 갖추고 있다. 그리고 경제협력개발기구 개발원조위원회 동료평가[49]에서도 장점으로 지적된 것처럼 영국은 공적개발원조 정책 시행기관이 갖고 있는 분명한 법적 권한과 잘 조직된 행정체계로 공적개발원조 프로그램을 전략적이고 효과적으로 운영하고 있다. 무엇보다도 영국 정부는 구체적인 방법으로 국민들의 공적개발원조에 대한 이해를 증진시켜 공적개발원조 정책을 개발하고 운영하는 데 국민들의 합의와 참여를 이끌어 내고 있다.

한마디로 공적개발원조와 관련하여 영국과 한국에는 많은 차이점이 존재하고 있음을 알 수 있다.

3 영국 사례가 한국에 주는 시사점

영국 공적개발원조의 가장 큰 특징은 다음과 같이 요약된다. 우선 영국은 국제사회에서 가장 활발하게 공적개발원조 활동을 하고 있는 국가 중에 하나이다. 2014년도 공적개발원조 규모는 117억 7천 5백만 파운드로 미국에 이어 세계 제2위 규모이다.

둘째, 영국은 분명한 공적개발원조의 목적을 갖고 공적개발원조 정책을 실행하고 있다. 이제까지와는 달리 1997년에 집권한 영국의 노동당 정부는 영국 공적개발원조의 목적이 세계빈곤 퇴치임을 분명하게 하고 있다.

셋째, 영국은 세계빈곤 퇴치라는 공적개발원조의 목적을 성취하기 위한 포괄적이고 굳건한 정부와 민간간에 파트너십을 갖고 있다.

넷째, 영국은 체계화된 공적개발원조의 제도를 갖추고 있다. 1997년 집권과 동시에 해외개발 행정부를 국제개발원조 전담 부처인 국제개발부[50]로 바꾸는 것을 시작으로 영국 공적개발원조 정책의 개혁을 시작하였다. 영국의 공적개발원조를 전담하고 있는 독립부처인 국제개발부는 1997년 설립된 이후부터 현재까지 정책의 우선순위를 빈곤 감축에 두고 지속적으로 국제개발협력 사업을 강화해 오고 있다. 국제개발부는 다양한 이슈들에 대해서 각 부처들과 긴밀하게 협력하여 일하고, 무역, 분쟁방지, 부채 탕감, 새천년개발목표(MDGs) 실행을 위한 합동 공공서비스 협정(Joint Public Service Agreement)의 목표들도 각 부처들과 함께 정하는 일들을 하고 있다.[51] 이런 노력이 계속되어서 2001년 4월에 영국 정부는 조건부(Tied) 원조를 모두 폐지하고, 비구속성(Untied) 원조를 실시하였다. 영국 정부의 공적개발원조 정책의 이런 변화는 2002년 '국제개발법(International Development Act 2002)'[52] 제정으로 이어졌다.

이렇듯 공적개발원조 분야에 있어서 국제사회에서 모범적인 원조 국가로서 인정받고 있는 영국의 해외원조경험이 한국에 주는 시사점을 다음과 같이 정리·요약할 수 있다.

영국의 경험 중에서 한국이 얻을 수 있는 가장 중요한 교훈이 성공적인 공적개발원조 정책을 개발, 실행하기 위해서는 정부와 민간간의 든든한 파트너십이 필요하다는 사실이다. 한국도 이런 파트너십의 중요성을 인지하고 정부와 민간간의 파트너십을 만들기 위하여 노력하고 있다. 2006년부터 한국국제협력단(KOICA)이 실제로 정부와 민간간의 파트너십을 만들고, 강화하기 위하여 많은 노력을 하고 있다. 하지만, 국가와 시민사회간의 튼튼한 파트너십을 기대하기에는 여전히 부족하다.

둘째, 정부 차원의 국제개발협력체제 구축도 한국이 본받고 따라가야 할 부분이다. 한국 정부는 공적개발원조 지원체제의 '일원화' 필요성에 따라 지난 2006년에 국무총리실 산하에 "국제개발협력위원회"를 신설하고 이를 위한 '실무위원회'를 설치, 운영해 오고 있다. 또한 2010년에 제정된 국제개발협력기본법 제7조에 이 사항을 명문화하고 있다. 그러나 '국제개발협력위원회'가 한국 정부 부처간 공적개발원조 개발과 협의 과정에서 컨트롤타워 역할을 효과적으로 수행하고 있지 못하고 있다.[53] 국제개발협력위원회는 주요 사항을 심의·조정하는 기능만을 담당하고 있기 때문에 이원화되어 있는 한국의 공적개발원조를 효과적으로 통합하는 일에 한계가 있다.

셋째로 영국의 분명한 공적개발원조의 목적 또한 한국이 꼭 배워야 할 교훈 중에 하나이다. 영국은 대외원조를 재경부나 외교부의 경제적·정치적 실익에 의해서 유동적으로 변하는, 시장 개척을 위한 하나의 방법으로 사용하거나, 정치적 목적을 얻기 위한 전략적 방법으로 생각하는 해외 원조 이념에서 벗어나, 국제사회에서 가장 큰 사안으로 떠오른 빈곤 퇴치라는 목적을 가장 효과적으로 달성하기 위한 방법으로 생각한다. 즉 영국은 대외원조의 전반적 목표가 빈곤 퇴치임을 명확히 하고 있다. 영국은 해외개발원조가 필요한 이유를, 세계 인구의 1/5이 절대빈곤 속에 살며 천만의 아이들이 5세 전에 사망하고, 1억이 넘는 아이들이 학교에 가지 못하는 이러한 인류의 고통과 가능성의 낭비가 비단 양심의 문제가 아닌, 영국 자체의 이익에 위반되기 때문이라고 말한다. 영국에 직접적인 영향을 주는 정책, 국제 범죄, 난민, 마약, 에이즈 같은 세계적인 문제들은 가난한 국가들의 빈곤에 의해 심화되기 때문에, 빈곤 퇴치야말로 영국을 포함한 세계 모두를 위한 더 좋은 세상을 만드는 일이기 때문이라고 말하고 있다.

　반면에 한국은 공식적으로는 경제개발협력기구 개발원조위원회의 개발원조의 목적 세 가지인 정치적, 경제적, 인도적 목적을 한국 공적개발원조의 목적으로 그대로 사용하고 있다. 실제로 한국의 해외개발원조 정책은 철저하게 경제적 이익을 대외 원조의 목표로 잡았던 일본의 개발원조 모델을 따라했다. 따라서 한국의 현재 해외개발원조 정책의 실제 목표는 해외개발원조를 통한 경제적 이익의 추구라고 할 수 있다. 한국이 갑자기 해외개발원조 목표를 변경한다는 것은 현실적으로 어렵다. 그러나 이미 많은 시행착오를 겪어 지금에 이른 영국 모델로부터 한국에 유익한 교훈을 보고 배운다면, 짧은 시간에 참된 국익과 세계 시민 사회의 일원으로써의 책임감을 수행하는 한국형 선진 원조 모델을 만드는 데 많은 도움이 될 것이다.

　마지막으로 공적개발원조 정책에 관한 한국 국회의 역할이 강화될 필요가 있다고 생각된다. 앞에서 분석하였듯이 영국의 공적개발원조 정책의 운영에 영국 의회가 직접적으로 참여하고 있다. 반면에 한국의 국회는 일반적인 예·결산 관련 권한 이외에, 국제개발협력 통계를 제출받을 수 있는 권한 정도만을 갖고 있다.[54] 물론 한국은 내각책임제를 채택하고 있는 영국과는 달리 대통령 중심제를 채택하고 있다. 따라서 공적개발원조 개발과 운영을 논함에 있어 다수당이 집권하는 영국의 경우와 분명 차이는 존재한다. 그렇지만 한국의 국제적 위상이 높아지고 민주주의가 심화, 발전되면서, 외교관계에서 국회의 역할이 더욱더 중요시 된다는 점과 국회가 정부의 정책수립과정에 많은 영향을 줄 수 있다는 점을 고려해 봤을 때, 국회가 공적개발정책 운영에 적극적인 역할을 하는 것은 본 정책의 효율적인 운영에 필요하다.

▌ 미주

* 본 연구에 "영국의 공적개발원조(ODA)에 대한 연구: 영국 사례가 한국에 주는 교훈" (신상협, 2011) 중에서 관련 부문을 사용하였음을 밝힌다.

1) Shuja Nawaz, 2005.

2) 세계화로 인해 교통과 통신 기술이 크게 발전하게 되었고, 이는 직/간접적으로 국가와 국가간의 경제관계에 직접적으로 많은 영향을 미쳤다.

3) 2006년 5월 31일 미국과 이탈리아가 주도하여 경제개발협력기구 개발원조위원회 동료평가(Peer Review)를 실시하였다.

4) 약 193억 9천만 달러(USD)이다.

5) OECD 통계자료에 따르면 2014년 미국의 원조 금액은 총 327억 3천만 달러이다.

6) G8 국가들은 G7(미국, 일본, 영국, 프랑스, 독일, 이탈리아, 캐나다)에 러시아가 참여하는 세계경제에 영향력을 미치는 경제대국 정상들의 모임이다. G8이 결성된 계기는 1975년 석유위기로 인하여 세계경제가 흔들리면서 긴급 소집되었던 미국·영국·프랑스·독일·이탈리아·일본의 6개국 정상회담(G6)이 시초며, 이후 1976년 캐나다가 합류하면서 G7이 되었고, 1997년 러시아가 정회원이 되면서 G8이 되었다 [네이버 지식백과] G8 [Group of 8] (시사상식사전, 박문각).

7) GNI 대비 ODA 0.7% 달성 국제개발목표는 1970년 유엔총회결의로 채택되었다. 2014년을 기준으로 동 규모를 충족하는 공여국은 전체 DAC 회원국(29개) 중 5개 국으로 스웨덴, 룩셈부르크, 노르웨이, 덴마크, 영국 등이다. 미국은 원조 총액은 회원국 중 가장 많으나 GNI 대비 ODA 순위는 19위에 그쳤다.

8) OECD의 통계자료에 따르면 2010년도에 미국은 3백 2억 달러의 원조를 제공하고 있다. 이 금액은 2009년에 비해 3.5% 증가한 금액으로 미국정부가 이라크에 대한 대규모 부채 탕감을 한 2005년을 제외하면 단일국가가 제공한 가장 큰 규모의 원조 금액이다. (http://www.oecd.org/documentprint/0,3445,en_2649_34447_4751523)

9) UN이 ODA/GNI 목표 비율을 1970년도에 0.7%로 정했다. 이 목표 비율이 정해지기 전인 1961년도에 영국은 0.59%를 기록하였는데, 이 비율은 영국이 이제까지 기록한 ODA/GNI 비율 중에서 현재까지도 가장 높은 비율로 남아 있다.

10) 1970년에 0.7%라는 목표를 UN이 정한 이후 2005년도에는 15개 EU 회원국들이 (2004년 현재 회원국 중) 이 목표치에 동의하였다. 또한 UN World Summit, EU회의, G8 Gleneagles Summit 등에서 2005년도 해외개발원조 증가 정책의 목표 수치로 사용되었다. (http://www.oecd.org/documentprint/0,3445,en_2649_34447_4553947)

11) 영국 정부의 원조 규모 확대 기조에도 불구하고 상원의 반대 및 국민들의 여론 양분 등 원조 규모 증대의 법제화 마련에 시련도 있었지만, 공여국으로서 선도적 역할에 대한 정부와 시민사회의 공감대 형성을 통해 영국 정부는 2013년 재무연설을 통해 ODA 예산을 증액하기로 결정하였다.

12) 위 세 분야 외에도 프로그램 원조(Programme assistance), 부채탕감(Debt relief), 인도적 지원(Humanitarian aid), 다부문 원조(Multisector) 등이 있다.

13) 특정 분야(sector) 또는 다 분야(multi-sector)에 지원되는 양자원조를 모두 포함한다. 젠더 분야에 양자 금액의 60%가 집중되었다는 것은 앞에서 설명한 교육, 건강과 인구 분야, 기타사회기반시설, 경제기반시설 등의 특정 분야 또는 다 분야 속에 젠더 분야의 원조가 포함되어 있음을 의미한다. Development Co-operation Peer Reviews: United Kingdom 2014, OECD Publishing.

14) Development Co-operation Report 2015(OECD).

15) http://www.oecd.org/dataoecd/42/53/44285551.gif

16) 한국의 2008년도 지역별 공적개발원조 규모를 보면 전체 양자간 공적개발원조 5억 3,920만 달러 중 46.5%에 해당되는 2억 5,080만 달러가 아시아 지역으로 지원되었다. (국회예산정책처, 공적개발원 사업평가, 2010).

17) Official Development Assistance 2014 (OECD Statistics).

18) 2010 values for bilateral spending by region include some spending that has not yet been allocated at a country or regional level.

19) 세계은행, 지역개발은행, UN기구, 유럽위원회, 기타 다자기구 등이다.

20) www.oecd.org/finance/2002959.pdf

21) https://stats.oecd.org/Index.aspx?DataSetCode＝CRS1

22) Owen Barder, 2005, 3쪽

23) 영국 정부는 식민지 국가들의 산업과 농업을 활성화하기 위하여 매년 백만 파운드를 넘지 않는 정도의 '식민지 개발 기금(Colonial Development Fund)'을 마련하여 운영하였다.

24) 영국 정부는 1929년 첫 번째 '식민지 개발법'을 제정하였다.

25) 영국 정부는 1975년 백서 〈The Changing Emphasis of Britain's Aid Policies: More Help for the Poorest〉에서 영국 정부의 해외개발지원은 가난한 나라들을 돕는 데 집중될 것이라는 것을 밝히고 있다.

26) 예를 들면 1980년도 해외개발행정부 장관이었던 Neil Marten은 1980년 2월에 다음과 같이 말하고 있다. The Government would "give greater weight in the allocation of our aid to political, industrial and commercial objectives alongside our basic development objective." Hansard, 20 February 1980 Cols 464-465. The full text of statement is reproduced at: http://www.owen.org/musings/marten.php

27) ODI Blog Posts, July 2009.

28) 자세한 내용은 본 장의 3.2 영국의 공적개발원조 시행체계 부분을 참조.

29) 국제개발부는 공적개발원조를 지원할 뿐만 아니라 영국을 포함한 다른 국가들이 가난한 국가들에 제공한 원조가 미치는 영향까지도 분석을 하고 있다(Owen Barder, 2005, p. 1).

30) 2002년 발표된 '국제개발법은 국제개발부와 함께 영국의 해외개발원조 정책을 뒷받침

하는 핵심적인 제도라고 평가되고 있다. '국제개발법'은 개발원조를 수원국의 지속 가능한 개발과 해당 국가의 복지를 향상시키기 위해 제공되는 자원으로 정의하고 있다. 동 범안에서 주목할 만한 것은 영국의 해외개발원조가 영국의 재화 및 서비스에 연계되어 집행되는 것을 위법으로 규정한 부분이다. '국제개발법'이 영국원조의 목적을 명확히 규정하고 있으며 개발친화적인 원조를 실행할 수 있도록 국제개발부에 법적 권한을 부여한다는 점에서 영국은 동 법안을 통해 비로소 개발원조의 선진화를 이루어 냈다고 평가할 수 있다. (Own Barder, 2005)

31) 박수연, 2007.

32) 민지홍·김철우, 2012, 『주요수원국의 ODA 사업 관리체계 비교분석』 서울: 한국행정연구원.

33) 장관이 내각에 의석을 가지고 있으며, 중앙조직 외 60개 이상의 지역사무소를 두고 있다. 설립 당시 총리는 Tony Blair 수상이었으며, 예산집행을 하는 재무부와 긴밀한 정치적 연대를 가지고 있다. 본 장 〈그림 9-1〉 영국의 공적개발원조 실행 정부기구 참조.

34) 김은미·김지현, 2009, 『한국원조체계의 분절이 원조효과성에 미치는 영향 및 개선 방안』 서울: 한국국제협력단.

35) 현지 사무소 소장들의 활동을 능력평가(capability review)라고 하는 기관업무프레임 워크(corporate performance framework)를 통해서 평가하고 있다.

36) 사실상 국제개발부가 지향하고 있는 목적은 2015년까지 새천년개발목표 달성을 통한 빈곤국의 빈곤 퇴치에 있다.

37) 국제개발부(DFID: Department of International Development)는 런던과 이스트킬 부라이드에 두 개의 본부를 가지고 있다. 또한 전 세계에 64개의 지역 사무소를 운영하고 있다. 국제개발부의 총 직원 수는 2,500명이 넘는데 중요한 사실은 이들 중 절반 이상이 현지에서 일하고 있다는 점이다." (나눔을 국경너머로, 2007)

38) 김종섭 외, 2012, 277쪽.

39) 손혁상, 2010, 317쪽.

40) 영국 정부는 1958년 그들의 해외개발지원 사업을 그들의 전 식민지뿐만 아니라 다른 가난한 나라들에게도 제공한다고 발효하였다.

41) 당시 보수당 정부는 식민지의 감소로 식민청(Colonial Office)에 잉여 기술전문가와 기타 다른 정부 부처에 근무하고 있던 기술전문가들을 기술협력부 한 곳에 모아서 근무하도록 하여, 식민지 국가들에 좀 더 효과적으로 기술지원을 제공하고자 하였다.

42) 해외 개발부는 기대와는 달리 당시의 악화된 경제상황으로 인해 제대로 활약하지 못했다. 1967년 8월부터는 독립 부처의 지위는 유지하였지만, 해외 개발부 장관이 각료회의에도 참석하지 못할 정도로 그 기능과 지위가 이미 크게 약화되었다.

43) 다시 해외 개발부로 부활했지만, 여전히 해외 개발부 장관은 각료의 지위를 갖지는 못했다.

44) 외무부 주도형의 해외개발/원조 시행체계를 갖고 있는 나라들은 네덜란드, 스웨덴, 덴

마크, 스페인, 포르투갈이다. 이들 국가에서는 외교부의 해외공관이 ODA 사업의 제
안, 집행, 사후점검 등 실무업무를 담당하고 있다.

45) 스위스가 이런 해외개발/원조 시행체계를 갖고 있다. 스위스의 경우 외교부 개발협력
청(SDC: Swiss Agency for Development, and Cooperation)과 경제부(SECO: State
Secretariat for Economic Affairs)가 개발협력 업무를 담당하고 있다.

46) 이에 대한 좀 더 자세한 사항은 손혁상, '〈표 1〉 영국의 대외원조체계의 변화과정'
(2010, 43쪽) 참조.

47) 영국은 '국제개발법'에 근거하여 최빈국 지원, 개도국의 빈곤 감소, 그리고 수원국의
필요를 고려해서 원조를 제공하는 것을 원칙으로 하고 있다. 또한 영국 정부는 '국제
개발법'에 따라 구속성 원조를 전면 금지하고 있다.

48) 국제개발법은 개도국의 빈곤 추방을 위한 구체적인 실천방안으로 1) 빈곤국가와의 파
트너십 확립, 2) 지원 국가, 국제기관, 민간, 연구기관과의 연대 강화, 3) 일관성 확보
를 위한 다른 관청과 연대 강화, 4) 안정적인 생활 촉진을 위한 정책, 5) 빈곤층 교
육, 의료시설 개선, 6) 자연환경 보전 및 개선 등을 제시하고 있다. DFID homepage
(2010년 7월 1일 검색)

49) 2006년 5월 31일에 이탈리아와 미국이 경제개발협력기구 개발원조위원회 동료평가
(Peer Review)를 실시했다.

50) 자세한 내용은 본 장의 3.2 영국의 공적개발원조 시행체계 부분을 참조.

51) 국제개발부는 공적개발원조를 지원할 뿐만 아니라 영국을 포함한 다른 국가들이 가난
한 국가들에 제공한 원조가 미치는 영향까지도 분석을 하고 있다. (Owen Barder,
2005, 1쪽)

52) 2002년 발표된 '국제개발법'은 국제개발부와 함께 영국의 해외개발원조 정책을 뒷받침
하는 핵심적인 제도라고 평가되고 있다. '국제개발법'은 개발원조를 수원국의 지속 가
능한 개발과 해당 국가의 복지를 향상시키기 위해 제공되는 자원으로 정의하고 있다.
동 법안에서 주목할 만한 것은 영국의 해외개발원조가 영국의 재화 및 서비스에 연계
되어 집행되는 것을 위법으로 규정한 부분이다. '국제개발법'이 영국원조의 목적을 명
확히 규정하고 있으며 개발친화적인 원조를 실행할 수 있도록 국제개발부에 법적 권
한을 부여한다는 점에서 영국은 동 법안을 통해 비로소 개발원조의 선진화를 이루어
냈다고 평가할 수 있다. (Own Barder, 2005)

53) 국제개발협력위원회가 설립된 2006년부터 2010년 11월 말까지 겨우 7차례의 회의가
개최되었고 심의 안건도 기존 공적개발원 관련 대책의 재확인이나 관련 부처의 현황
보고 등이었다는 평가이다. (국회예산정책처, 2010)

54) 국제개발협력기본법 제18조가 규정.

▮ 참고문헌

예산정책처. 2010.11. 『공적개발원조(ODA) 사업평가』. 서울: 국회.

권율. 2010.12. "우리나라 다자원조정책에 대한 비판적 고찰." 『국제개발협력연구』, 제2권 2호. 서울: 국제개발협력학회.

김은미·김지현. 2009. 『한국원조체계의 분절이 원조효과성에 미치는 영향 및 개선 방안』. 서울: 한국국제협력단.

김종섭 외 7인. 2012. 『유럽의 ODA 정책과 한·유럽 개발협력』. 서울: 대외경제연구원. 247-295

개발협력과. 2005.04.30. 『유럽 주요국의 ODA 정책 사례와 시사점』. 서울: 외교부.

민지홍·김철우. 2012. 『주요수원국의 ODA 사업 관리체계 비교분석』. 서울: 한국행정연구원.

박수연. 2007.04.11. "질 높고, 혁신적인 원조로 유명한 영국의 개발원조 모델." 『나눔을 국경너머로』. 주요 원조 공여국 연재, 서울.

박정연. 2001.01.21. 『영국 ODA 사례』. 파리: OECD 대표부.

신상협. 2011.08.31. "영국의 공적개발원조(ODA)에 대한 연구: 영국 사례가 한국에 주는 교훈." 『아태연구』, 제18권 2호. 서울: 경희대학교 국제학연구소. 171-191

손혁상. 2010. "원조집행기관의 자율성과 제도적 변화: 영국 DFID 사례를 중심으로." 『유럽연구』, 제28권 1호. 서울: 한국유럽학회.

연합매일신문. 2014.12.10. "제7차 한-영 개발협력정책협의회 개최."

조원권·장지순·김홍기·오영삼·남동식. 2014.12. 『한국교육의 해외수출을 위한 정책지원방안』. 서울: 교육인적자원부.

황원규. 2010.06. 『Korea as an Emerging Donor』. Seoul: The ASAN Institute for Policy Studies

DFID. 2010. Provisional UK Official Development Assistance as a proportion of Gross National Income.

Hansard. 20 February 1980 Cols 464-465. The full text of statement is reproduced at: http://www.owen.org/musings/marten.php

Ngaire Woods. 2005.03. "The Shifting Politics of Foreign Aid." 『International Affairs』.

OECD. 2010. The United Kingdom, Peer Review.

OECD. International Development Statistics Online DB.

ODA Korea 홈페이지.

ODA Watch. 뉴스레터 (90호). 서울: ODA Watch.

ODI (Overseas Development Institute). 2009. 07. ODI on … UK Department for International Development 2009 White Paper.

Owen Barder. 2005. Reforming Development Assistance: Lessons from the UK Experience, a working paper published by the Center for Global Development.

Peter Burnell. 1998. "Britain's new government, new White Paper, new aid? Eliminating world poverty: a challenge for the 21st century." 『Thire World Quarterly』, Vol. 19 No. 4. 787-802.

Shuja Nawaz. 2005. "Setting the development agenda, (World Bank Development Committee Chairman Alejandro Foxley." 『Finance & Development』 (HTML) (Digital).

웹사이트

http://blog.joinsmsn.com/media/pop/printPage.asp?uid=mokang21&f (2015년 5월 21일 검색)

http://www.fnnews.com/view?ra=Comm0501p_01A&arcid=092215377.. (2015년 5월 17일 검색)

http://www.odakorea.go.kr/common/file/print.php (2015년 4월 2일 검색)

http://www.oecd.org/documentprint/0,3445,en_2649_34447_4751523 (2015년 5월 21일 검색)

http://www.oecd.org/documentprint/0,3445,en_2649_34447_4553947 (2015년 4월 30일 검색)

http://www.oecd.org/dataoecd/42/53/44285551.gif (2015년 4월 18일 검색)

제10장

스웨덴의 국제개발협력

제10장

스웨덴의 국제개발협력

문 경 연 (전북대학교 지미카터국제학부)

스웨덴의 ODA 모델은 한국뿐만 아니라 많은 공여국이 추구해야 할 모범적 모델로 인식되고 있다. 본 장에서는 스웨덴의 ODA 역사, 추진체계, 주요 특징을 살펴봄으로써 스웨덴이 국제사회의 국제개발협력 논의에서 작금의 위상을 구축할 수 있었던 배경과 역사를 이해하고자 한다. 아울러 이러한 고찰은 한국을 비롯하여 국제사회의 ODA 추진체계 및 정책의 발전에 있어 유의미한 함의를 줄 수 있다는 점에서 본 연구의 의의를 찾고자 한다.

이를 위해, 구체적으로 스웨덴의 ODA 역사와 추진체계의 발전과정을 고찰함으로써, 작금의 선진국형 ODA 정책 및 추진체계를 수립하게 된 배경과 과정을 이해하고자 한다. 다음으로, 스웨덴 ODA의 주요 특징 파트에서는 주요 사업 분야와 대상, 지역 등을 살펴봄으로써 스웨덴 ODA의 전반적 특징을 파악하고, 이어서 1975년 이래로 꾸준히 ODA/GNI 0.7%를 달성할 수 있게 된 배경을 고찰함으로써 이 목표를 달성하지 못하고 있는 국가들에 대한 함의는 무엇인지 살펴보고자 한다. 끝으로, 국제개발협력 분야에서 규범을 선도하고 있는 스웨덴이 원조효과성 제고를 위한 노력의 일환으로써 PCD(개발을 위한 정책일관성)와 GHD(Good Humanitarian Donorship) 논의를 내재화하고 확산시키는 데 있어서의 역할을 고찰할 것이다.

1 스웨덴의 ODA 역사

스웨덴의 대외원조는 선교사에서 시작된 뿌리 깊은 원조 역사와 1962년 정책 법안이 그 기반을 형성하고 있다. 스웨덴은 과거 19세기에 아프리카에서 활동한 스웨덴 선교사들의 활동을 통해서도 알 수 있듯이 취약국, 개발도상국과들과 협력자로서의 전통적인 관계를 유지해오고 있다. 공식적인 정부차원에서의 개발협력은 스웨덴 협력 중앙위원회(Central Committee for Swedish Co-operation)의 관리 아래 1952년부터 시작되었으며 1962년에는 가난한 나라의 시민들이 일반적인 삶을 영위할 수 있도록 하는 스웨덴 방식의 개발협력 목표를 정의한 정부 법안이 의회를 통과하였다. 1962년에 채택된 이 법안의 주된 내용은 가난계층 완화책, 인권, 정의와 평등에 대한 지지 등이었고, 기업 역시 스웨덴 개발협력의 중요한 부분을 담당하게 되었다. 이후 이러한 사회적 합의가 스웨덴 사회에 깊이 내재화되기 시작하였으며 스웨덴 시민사회뿐만 아니라 정당들도 강한 지지를 보여주었다(Oden and Wohlgemuth, eds. 2007: 7-10). 이러한 스웨덴의 노력은 오늘날의 스웨덴식 개발협력 시스템을 이루는 근간이 되었다.

스웨덴은 다국간의 자유 무역이 빈곤국의 경제발전과 빈곤 감소에 기여한다는 데 공감하며 이를 자국의 원조정책에 적극 반영하고 있다.[1] 또한 정부들과 원조 상대국가의 믿음을 쌓기 위한 주된 방법으로 국제적인 대화 창구인 시민사회계약(Civil Society Engagement)을 주창하고 있다. 이와 같은 이유들로 인해, 스웨덴은 국제적인 개발협력 사회에서 국제파트너인 다른 정부들이나 협력자들에게 폭넓은 신뢰를 받고 있다.

아울러, 스웨덴은 유럽연합(EU: European Union)을 포함한 국제사회에서 원조의 효율성 제고와 인도주의적 활동에 대한 참여 확대 등과 같은 노력에 건설적인 역할을 담당해오고 있다. 국제개발협력 시스템의 개혁을 주장하고 있으며 개발과 인도주의적인 활동들에 대해 공동출자금 등을 포함한 새로운 재정기구를 옹호하고 있다. 이러한 옹호 활동과 함께 원조에 대한 국제규범과 인식 확산, 즉 스웨덴이 일찍이 '정의와 지속가능한 발전'의 필요성을 지속적으로 주창하여 왔다.

스웨덴은 EU 멤버국가로서 EU와 국제사회의 규범 창출과 준수 노력에 적극적이다. EU는 1990년대 초반부터 정책일관성의 필요성을 제기하였는데 정책일관성에 대한 EU의 의지는 1992년 EC의 마스트리히트 조약 178조로 거슬러 올라간다. 즉 EU 국가들이 개발도상국에 영향을 미치는 정책을 수행할 때 개발목표를 고려하여야 한다고 명시하고 있다. 또한 EU조약 3조에서 모든 EU의 정책과 대외활동의 일관성을 이야기하고 있으며, 이는 EU의 다양한 영역의 대외활동과 정책들을 개발하고 실행함에 있어 이러한 목표를 추구해야 함을 명시하고 있다. 이러한 EU 차원의 이니셔티브 그리고 스웨덴 원조 역사가 결합되어 스웨덴은 EU 개별 국가는 물론 EU 차원의 정책문서 채택 보다 앞서 2003년 PGD 정책 문서를 채택하게 되었고 이는 역으로 EU의 정책일관성 논의를 가속화시키는 데 기여하였다.

UN 차원에서는 1972년 스톡홀름에서 시작된 'UN 인간환경회의(The UN Conference on Human Environment)' 조직이 시작되었고 지속가능한 발전을 모색하기 위한 국제적 노력에 꾸준히 참여하며 국제규범 창출에 있어 적극적인 행위자로 활동하였다(Ministry of Foreign Affairs, 2002: 8). 또한 '새천년개발 목표(MDGs: Millenium Development Goals)' 달성을 위한 국제사회의 노력에 적극적 참여, 권리에 기반한 개발(A Rights Perspective on Development)', '수혜의 참여(The Perspectives of the Poor)' 등 스웨덴은 국제사회가 이미 채택한 국제규범의 적극적 옹호자일 뿐만 아니라 이행자로 자국의 역할에 대한 인식이 강한 특징을 가지고 있다.

이러한 활동의 배경에는 스웨덴 시민사회가 '동기: 연대책임(Motives: solidarity-shared responsibility)' 다시 말해, 모든 인간이 존엄과 인권을 지닌 평등한 존재라는 것(A Rights Perspective)과 스웨덴이 빈곤국과 맺고 있는 결속이 세계를 위하여 공동으로 책임져야할 것이라는 의무(A Perspective of the Poors)에 대한 인식이 밑바탕에 깔려있기 때문에 가능하였다. 모든 이들에게 존엄한 인권이 있다는 강력한 신념은 가난하고 억압받는 국가와의 결속에 있어 가장 기본적인 근간이라고 믿는다. 결과적으로 이러한 시민사회의 인식과 정부 개발원조 집행기관들의 인식이 스웨덴 정부의 대내외 정책에 있어 개발 효과의 극대화를 위한 정책일관성 제고에 대한 사회적 합의를 가능하게 하였던 중요한 요소가 되었다.

2 ODA 추진체계와 특징

스웨덴의 원조체계는 '별도의 실행기관을 둔 정책부서' 유형으로 외교부(MFA:

Ministry for Foreign Affairs)가 정책적 방향을 담당하고 원조이행기관이나 여러 실행
부처에서 양자 원조의 실행을 맡아 수행하는 모델이다. 이 유형은 독일, 노르웨이,
뉴질랜드 등에 해당하며 스웨덴도 이 유형에 속한다(장현식 외, 2007: 59). 스웨덴의
정부 부처 구분에서 외교부라 함은 외교부장관(Minister for Foreign Affairs), 국제개발
협력부장관(Minister for International Development Cooperation), 통상부장관(Minister for
Trade) 등 세 명의 장관으로 구성된 조직을 의미한다.

　　이러한 전체적 조직체계 속에서 스웨덴 개발협력 및 원조를 시행하는 핵심적
인 정책 방향은 외교부 내 국제개발협력부장관이 담당하며 스웨덴 국제개발협력청
(Sida: Swedish International Development Cooperation Agency)은 외교부가 수립한 거시
적 개발협력 방향 속에서, 구체적인 개발원조 정책을 이행하는 집행기구이다. 즉
국무총리실을 중심으로 하는 정부와 의회는 외교부에 대한 '정부 가이드라인(The
Government Guideline)'을 통해 외교부를 통제하며 산하 Sida의 정책 추진 방향과 목
표를 제시한다. 또한 매년 초 발행되는 '정부 연간 서신(The Government's Annual
Letter of Appropriation)'은 Sida의 한해 사업 방향, 목표, 재정을 제시하는 공식 문서
이다.

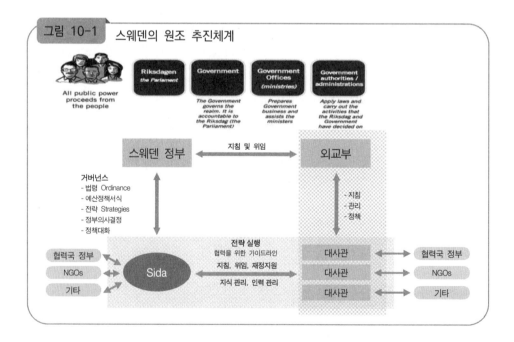

그림 10-1　스웨덴의 원조 추진체계

하지만 최근 스웨덴 정부의 목적에 따라 Sida의 핵심 업무를 조정하기 위한 주요 도구로서 '정부 연간 서신'을 'Ordinances with Instructions'로 대체하는 경향이 생겼다. 이는 의회 및 정부에 의해 수립된 원조의 방향성 및 전략을 효과적으로 수행하는 데 있어 Sida의 권한과 자발성을 확대하고 있는 조치로 평가할 수 있다(MFA, 2013). 실제로 외교부는 스웨덴 정부의 권한 위임을 받아 Sida를 통제하지만 외교부의 단독적인 결정 사항을 Sida에 지시할 수 없도록 되어 있다. 끝으로, 〈그림 10-2〉에서 볼 수 있는 바와 같이 기본적으로 Sida의 사업 관리 기능이 현지사무소로 이관되어 있다. 이 때문에 Sida의 현지사무소가 수원국 대사관에 위치하고 있으며 이러한 구조는 현지 대사관과 Sida간 효율적 협업이 가능한 체계를 만들고 있다.

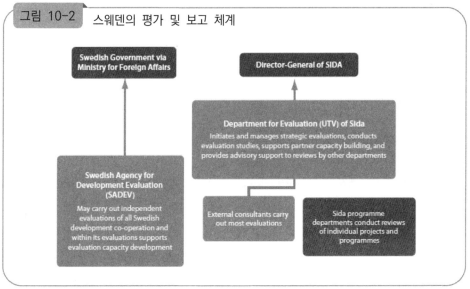

그림 10-2 스웨덴의 평가 및 보고 체계

주: SADEV는 2012년 시점으로 평가 업무를 종료한 것으로 알려짐.
출처: OECD DAC. 2010. "Evaluation in Development Agencies." p. 112.

원조 사업의 평가와 관련하여, Sida 내부의 평가부서인 UTV(Department of Evaluation)이 있으며, 외부 평가체계로는 스웨덴 회계 감사국과 스웨덴 개발평가청(SADEV: Swedish Agency for Development Evaluation)은 Sida를 평가하는 권한을 가진 유일한 기관으로 이 기관들을 통해 나오는 평가 결과물들은 Sida의 과업 수행과 목적달성을 더 용이하게 만들도록 하는 데 목적을 둔다(Sida, 2015). 먼저, Sida의 자체 평가 부서인 UTV는 Sida의 평가 매뉴얼과 체크리스트를 바탕으로 사업 평가를 실시하며, 대부분의 사업 평가는 외부 컨설팅기관이 실시하는 것이 특징이다. 이외에 Sida의 개별 부서가 개개 프로젝트나 프로그램 사업에 대한 검토를 실시하기도 하는데, OECD DAC이 발간하는 Better Aid 시리즈의 "Evaluation in Development Agencies"에 따르면 스웨덴 UTV는 평가를 실시함에 있어 수원국 파트너를 참여시키는 데 있어 어느 OECD DAC 회원 국가들보다도 앞장서고 있다는 평가이다 (OECD DAC, 2010: 42). 외부 평가기관인 감사국은 회계 감사에 초점을 맞추는 반면 2006년부터 활동을 시작한 SADEV는 Sida 사업 전반과 Sida 이외에 개발협력 사업 전반에 대한 평가 권한을 가지고 있다. 하지만 이들 평가기관의 존재와 권한에도 불구하고 Sida는 자체 평가를 주된 평가 방식으로 하며 평가서는 외교부와 의회에 보고한다. 결과적으로 SADEV는 2012년 말로 그 운영에 대한 효과성이 미진하다고 판단되어 단계적 폐지상태에 있는 상황이다.

3 스웨덴 ODA의 주요 특징

1) 원조 목표의 변화: 지속가능한 개발을 향하여

스웨덴 ODA 정책의 기본적 목표는 2003년 발간된 Shared Responsibility: Sweden's Policy for Global Development(PGD)라는 정책 문서를 바탕으로 하고 있다. PGD는 최상위 가치로 '평등하고 지속가능한 개발'을 상정하고 있으며, 이 목표의 달성을 위해 권리 중심(A Rights Perspective)과 빈곤층 중심(A Perspective of the Poors) 접근을 중요한 가치로 설정하고 있다. 이를 위해 3개의 정책 우선순위를 수립하였는데 민주주의와 인권, 환경과 기후변화, 성 평등과 여성의 역할이 그것이며, 세부 분야로 민주주의, 평등과 인권, 경제 발전, 지식, 보건 및 사회개발, 지속가능한 개발, 평화와 안전 등 5개의 분야를 스웨덴 ODA의 핵심 분야로 상정하고 있다.

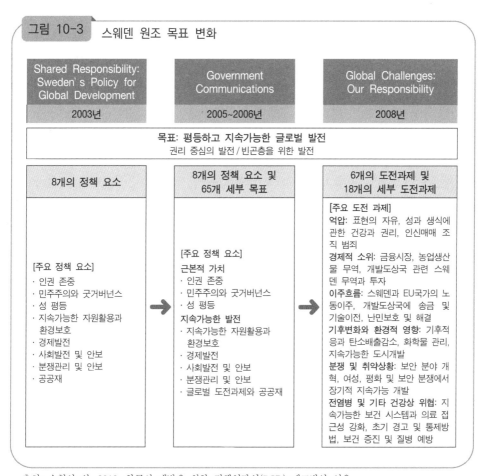

그림 10-3 스웨덴 원조 목표 변화

Shared Responsibility: Sweden's Policy for Global Development	Government Communications	Global Challenges: Our Responsibility
2003년	2005~2006년	2008년

목표: 평등하고 지속가능한 글로벌 발전
권리 중심의 발전 / 빈곤층을 위한 발전

8개의 정책 요소	8개의 정책 요소 및 65개 세부 목표	6개의 도전과제 및 18개의 세부 도전과제
[주요 정책 요소] · 인권 존중 · 민주주의와 굿거버넌스 · 성 평등 · 지속가능한 자원활용과 환경보호 · 경제발전 · 사회발전 및 안보 · 분쟁관리 및 안보 · 공공재	[주요 정책 요소] 근본적 가치 · 인권 존중 · 민주주의와 굿거버넌스 · 성 평등 지속가능한 발전 · 지속가능한 자원활용과 환경보호 · 경제발전 · 사회발전 및 안보 · 분쟁관리 및 안보 · 글로벌 도전과제와 공공재	[주요 도전 과제] 억압: 표현의 자유, 성과 생식에 관한 건강과 권리, 인신매매 조직 범죄 경제적 소위: 금융시장, 농업생산물 무역, 개발도상국 관련 스웨덴 무역과 투자 이주흐름: 스웨덴과 EU국가의 노동이주, 개발도상국에 송금 및 기술이전, 난민보호 및 해결 기후변화와 환경적 영향: 기후적응과 탄소배출감소, 화학물 관리, 지속가능한 도시개발 분쟁 및 취약상황: 보안 분야 개혁, 여성, 평화 및 보안 분쟁에서 장기적 지속가능 개발 전염병 및 기타 건강상 위협: 지속가능한 보건 시스템과 의료 접근성 강화, 초기 경고 및 통제방법, 보건 증진 및 질병 예방

출처: 손혁상 외, 2012, 한국의 개발을 위한 정책일관성(PCD) 제고방안 인용.

2003년 PGD의 채택으로 정부 각 부처가 국제개발협력에서 '평등과 지속가능한 개발'이라는 정책적 목표를 공유하게 되었다. 이러한 정책 목표의 근저에는 그동안 국제사회의 주요 공여국이 견지해온 국익(정치·경제·사회·문화·군사·외교 등) 극대화를 위한 원조가 아닌 수원국 국민의 기본적 인권 및 권리 보호(A Rights Perspective) 그리고 빈곤국 국민들의 삶의 질 향상을 위한 선진국의 당연한 의무(A Perspective of the Poors)라는 패러다임에 대한 합의가 있었기에 가능하였다. 이러한 인본주의적 패러다임의 변화를 바탕으로 기존의 다양한 영역에서 국익의 관점으로 추진되어온 정책들에 대한 대대적 방향 전환을 2003년 PGD 정책문서는 제시하고 있다.

그러나 2003년 정책문서가 다양한 분야에서의 일관성 제고를 바탕으로 원조의 효과성 제고를 핵심 목표로 삼고 있음에도 불구하고 실질적인 조정 메커니즘을 수립하는 데는 한계가 있었다. 다양한 분야간 정책일관성을 추구하기 위해 반드시 요구되는 정책간 네트워크의 중요성에 대해 필요성만 인식하고 있었을 뿐 실제 조직 상에서 적용이 잘 이뤄지지 못했다(OECD. 2009: 51-55). 결과적으로 2003년의 PGD 채택과 이행 노력에도 불구하고 스웨덴은 심화되어 가는 국가간 상호 의존과 세계화의 흐름 속에서 스웨덴 정부 각 부처들은 정책일관성 제고 추진 과정에 있어 주인 의식(Ownership) 결여 문제에 직면하였다(MFA, 2008). 이에 2003년 채택된 PGD를 새로이 대두된 환경에 맞게 개선하여야 함을 인식하였고 2008년 정책목표를 새롭게 설정한 '글로벌 챌린지: 우리의 책임(Global Challenges: Our Responsibility)'을 채택하였다.

글로벌 챌린지는 새로운 도전 의제들을 인식하고 이에 대한 스웨덴의 전략적 대응 방안을 제시하였다는 점에서 정책선언의 의미가 강하다고 할 수 있다. 하지만 2008년 글로벌 챌린지가 갑작스레 채택된 것이 아니었다. 2003년 PGD 채택 이후, 정책일관성 제고를 위한 지속적인 노력을 병행하였고, 그 과정 중에 2005년과 2006년 '정부대화(Government Communications)'를 통해 정책일관성의 측면에서 65개 의제를 설정하였다. 그러나 너무 다양한 목표의 설정이 이행과 조정에 있어 비실효성과 조정 부재의 문제점을 낳았고, 의도된 목표를 달성하지 못하고 있다는 비판적 목소리가 대두되었다. 이러한 문제의식하에 스웨덴 정부는 정부가 추구할 목표를 6개 단위로 축소하고 정부의 역량을 집중하고 조정의 용이함을 증대시킴으로써 궁극적으로 정책일관성 제고를 위한 전략적 접근을 시도한 것이다.

글로벌 챌린지는 2003년 PGD를 통해 확립된 정책일관성이 지속되어야 한다는 기본적인 인식을 견지하면서 새롭게 대두된 의제들에 효과적으로 대처하며 스웨덴의 국제개발 논의를 정책적 실행으로 옮기기 위해 주요 의제들을 여섯 가지 글로벌 도전 과제들로 축약하였다. 글로벌 챌린지가 제시한 여섯 가지 도전과제는 억압(Oppression), 경제적 소외(Economic exclusion), 기후 변화 및 환경 보호(Climate change and environmental impact), 이주(Migration Flow), 전염병 및 기타 건강 위협 요소들(Infectious diseases and other health threats), 그리고 분쟁과 취약기반(Conflicts and fragile situation)이다.

하지만 OECD DAC은 2005년 이후 실시된 두 번의 Peer Review를 통해 스웨덴이 너무 많은 수의 정책과 전략 문서를 가지고 있으며, 이것들이 오히려 일관성 있는 원조 정책을 추진하는 데 있어 어려움이 있다고 지적하여 왔다. 그 결과 2013

년 스웨덴 정부는 새로운 원조 정책 플랫폼(Aid Policy Platform)이라는 정책 문서를
수립한 것으로 알려졌다(홍문숙, 2013).

2) 원조 분야 및 규모: ODA/GNI 0.7% 달성

스웨덴은 OECD DAC의 주요 멤버로서 1976년 이후 UN이 규정한 GNI 대비
원조 비율 0.7%를 초과 달성해 오고 있다(OECD DAC, 2009). 최근 스웨덴의 ODA
공여 규모는 2013년 기준 58억 2,730만 달러였으며 이는 2012년보다 11.2% 증가한
수치이다. 결과적으로 ODA/GNI는 2009년 처음으로 1.12%를 기록하였으며, 이후
2010년 0.97%, 2011년 1.02%, 2012년 0.97%, 2013년 다시 1.01%를 기록하는 등
약간의 부침이 있으나 평균적으로 1% 전후를 기록하고 있다.

스웨덴 양자간 원조의 지리적인 분배(Geographical Breakdown)는 주로 사하라
이남 아프리카에 집중되어 있는데, 최근 몇 년간 양자간 원조의 50%가 이 지역에
집중되었으며 7개의 사하라 사막 이남 아프리카 국가들은 Sida의 주요 협력국이다.
또한 2011년 67개의 협력 국 중 33개국에 대한 집중개발협력을 위한 국가 개편 절
차를 진행하면서 아프리카에 대한 원조 집중 경향을 보여주고 있다.

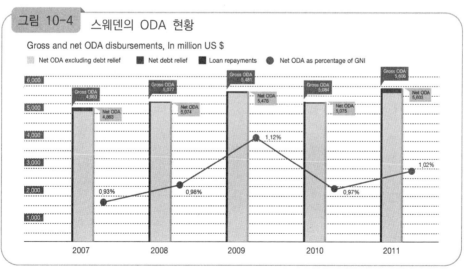

그림 10-4 스웨덴의 ODA 현황

출처: 홍문숙, "타 해외 원조기관 정책 수립 및 사업수행체계 연구," ReDI, 2013 재인용 (원출처: Donor
Tracker, 2013).

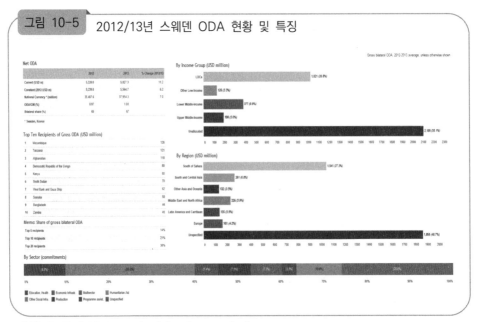

그림 10-5 2012/13년 스웨덴 ODA 현황 및 특징

출처: OECD DAC. International Development Studies.

스웨덴 원조의 주요 부문은 사회인프라 개발에 대한 지원이 주를 이루며, 그 규모는 30%를 차지한다. 그 뒤로 인도적 지원(10.6%), 교육 및 보건의료 지원(9.8%) 분야에 원조가 집중되고 있으며 지원 방식의 약 70%가 양자 지원 방식이다. 또한 원조 수원국 소득그룹에 있어 약 27%가 최빈국에 대한 지원이다. 그러나 DAC의 기준과는 달리 스웨덴만의 특별한 지원 구분이 존재하며 '세 가지 주제별 우선순위 (Three Thematic Priority)'가 있다. 그 내용은 ① 민주주의, ② 환경과 기후, ③ 개발 에서의 젠더와 여성 평등의 중요성을 강조하며 이 부문에 대한 지원 또한 강화하는 양상을 띠고 있다. 이 세 가지 주제별 우선순위로 인한 구체적이고 현실적인 지급 금의 증대는 없었으나 2009년 스웨덴 정부가 이와 관련한 '네 가지 이니셔티브' – ① 민주주의와 표현의 자유 ② 개도국 기후 변화 ③ 여성의 건강 및 권리 ④ 식량 및 기아 이니셔티브 등 – 를 채택하고 이와 관련 예산을 배정함으로써 구체화하는 과정을 밟고 있다(MFA, 2008).

다자간 원조의 경우, 스웨덴 정부는 다양한 공여자들이 한데 모여 공동의 목표 를 공유하고 협의하는 과정과 역할을 중요하게 인식하고 있다. 실제로 2007년에는 스웨덴 ODA의 1/3(14억 1천만 달러)을 50개의 서로 다른 다자간 기구들을 통해 지 원하였다(Ministry for Finance, 2008). 특히 UN에 대하여 많은 지원을 진행하는데,

2007년 UN 기구들은 스웨덴 다자간 ODA 중 38%의 규모를 지원받았고, 이는 전체 ODA의 12%에 해당한다. 이러한 수치는 OECD DAC 평균치의 두 배 이상으로 이는 스웨덴 정부가 다자간 원조에 있어 국제기구2)를 통한 원조를 주요 채널로 활용하고 있음을 보여준다(Ministry for Finance, 2008).

3) 원조효과성: PCD(개발을 위한 정책일관성) 논의의 도입과 내재화3)

원조효과성 제고를 위한 국제사회의 노력의 일환으로 2002년 몬테레이 합의를 시작으로 하는 원조효과성 제고 논의와 1990년대 초반부터 시작된 원조 정책과 비원조 정책간의 정책일관성의 확보를 통한 원조효과성 제고, 즉 개발을 위한 정책일관성(PCD: Policy Coherence for Development) 논의가 존재한다. 특히, PCD 논의에서 스웨덴은 두각을 나타내고 있다.4)

스웨덴이 정책일관성 분야에서 긍정적 평가를 받을 수 있었던 시발점은 2003년 '우리의 책임: 스웨덴의 국제개발정책(Shared Responsibility: Sweden's Policy for Global Development: PGD)'의 채택에서 시작된다(MFA, 2002: 6). 정부 정책 법안으로써 PGD는 국내정책을 담당하고 있는 부처와 국제문제를 담당하는 부처 모두 정책일관성 원칙에 입각해 국내외 정책을 고려할 수 있게 만드는 계기를 제공하였다. 또한 2003년 PGD는 EU 국가들 중 가장 먼저 일관성 제고를 위한 정부의 노력을 명시한 문서였고, 이는 EU 국가들로 하여금 정책일관성 논의를 활성화시키는 데 기여하기도 하였다.5)

이처럼 스웨덴이 개도국의 원조효과성 제고를 위한 내부적 조정 노력에 앞장설 수 있었던 데는 스웨덴의 뿌리 깊은 원조 역사와 그 과정에서 형성된 사회적 합의가 있었기에 가능하였다. 스웨덴의 공식적인 개발협력의 역사는 1962년에 스웨덴식 개발협력 목표를 정의한 정부 법안이 채택한 이후부터,6) 지속적인 발전을 거쳐 1976년 이후부터 UN이 규정한 국민총소득(GNI) 대비 원조 비율 0.7%를 초과 달성해 오고 있다(MFA, 2002: 8). 특히 2008년에는 0.98%의 원조를 달성했고, 2007년과 2008년에는 원조 규모가 미세하게 감소했지만 여전히 1%에 근접하게 유지해 왔으며 2009년부터는 다시 정부가 의회에 1%의 예산을 제안하기도 하였다(OECD, 2009: 43-50).

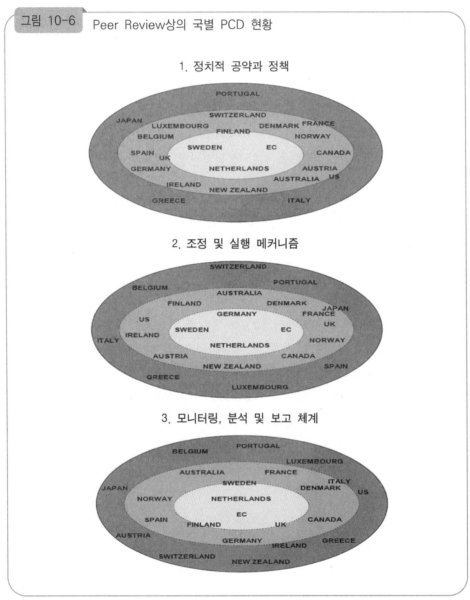

그림 10-6 Peer Review상의 국별 PCD 현황

출처: OECD, Building Blocks for Policy Coherence for Development (Paris: OECD, 2009), pp. 27, 32, 36.

같은 맥락에서 스웨덴은 '동기: 연대책임(Motives: solidarity-shared responsibility)'을 채택하기도 하였는데, 여기서 '동기: 연대책임(Motives: solidarity-shared responsibility)' 이란, '개발에 대한 권리적 접근(A Right Perspective on Development)'과 '가난한 자들 의 시각(The Perspective of the Poor)'이 개발 논의에 반영되어야 한다는 것으로 모든

인간이 존엄과 인권을 지닌 평등한 존재라는 것과 스웨덴이 빈곤국과 맺고 있는 결속이 세계를 위하여 공동으로 책임져야할 것이라는 의무에 대한 인식을 의미한다 (MFA, 2002: 19-22). 즉 모든 이들에게 존엄한 인권이 있다는 강력한 신념은 가난하고 억압받는 국가와의 결속에 있어 가장 기본적인 근간이라는 인식이 스웨덴 시민사회에 내재되어 있었던 것이다. 결과적으로 이러한 인식이 스웨덴 정부의 대내외 정책에 있어 개발 효과의 극대화를 위한 정책일관성 제고에 대한 사회적 합의를 가능하게 하였다.

이러한 원조효과성 제고에 대한 사회적 합의를 시행하기 위한 제도적 장치로써 스웨덴은 원조 정책과 비원조 정책간 정책 조정을 위한 효과적인 거버넌스 구조 정립을 위해 노력해 왔다. 즉 '부처간 실무그룹(Inter-ministerial Working Groups)'을 통해 실질적인 부처간 정책 조정을 위한 협의와 합의를 도모하는 한편,[7] 이들 워킹그룹이 의도된 역할을 제대로 수행할 수 있도록 '부처간 정책절차(Inter-ministerial Policy Process)'를 통해 정책 조정이 이루어지고 있는 것으로 나타났다. 즉 후자는 개별 부처가 마련한 정책에 대해 정부 내 다른 모든 부처가 리뷰를 통해 소관부처의 견해를 첨부하는 제도이다. 또 다른 정책 협의 및 합의 메커니즘으로는 2003년 PGD가 채택되면서 정부 각 부처는 PGD 이행을 위한 '담당관(PGD Focal Point)'제도를 도입하였다. 이를 통해 각 부처에 새롭게 임명된 PGD 정책담당관은 외교부의 국제개발협력국과 상시적·실무 차원의 협의를 통해 정책일관성 제고를 위해 노력해야 하는 법적 의무를 갖는 제도를 마련하기도 하였다(Concord, 2011: 2)

결과적으로 이러한 스웨덴의 노력은 DAC이 실시한 Peer Review에서 확인된 바와 같이 원조효과성 제고를 위한 PCD 내재화 수준이 높게 평가될 수 있는 결과를 가져왔다. 뿐만 아니라, 개도국의 개발에 공헌하는 공여국의 노력을 지수로 평가하는 글로벌개발센터(CGD: Center for Global Development)가 발표하는 개발공헌지수(CDI: Commitment to Development Index)에 따르면, 스웨덴은 2011년 1위, 2012년 3위, 2015년 2위(총 27개국)를 차지하여 원조 선진국으로서의 선도적 역할을 지속하고 있음을 확인시켜 주고 있다. 구체적으로 CDI는 원조(원조의 양과 질), 금융(투자 및 재정 투명성 제고), 기술(기술개발 및 이전 지원), 환경(환경정책), 무역(수출개방도), 안보(국제안보의 증진), 이민(이민에 대한 개방도) 등 7개 측면에서의 공여국의 대개도국 개발공헌도를 평가한다. 스웨덴은 이들 7개 전 분야가 각각의 평균을 상회하고 있으며, 특히 환경과 이민 분야에서 높은 점수를 획득하였다. 반면에 안보와 기술 분야는 전체 27개 평가 대상국 중에서 18위와 17위를 차지함으로써 비교적 취약한 분야로 나타났다.

표 10-1 글로벌개발센터의 개발공헌지수(CDI)

Overall	Aid	Finance	Technology	Environment	Trade	Security	Migration

*=TIE

RANK∧	COUNTRY∨	SCORE	POLICIES	INFO	TREND	COMPARE
1	Denmark	6.1				
2	Sweden	5.8				
3	Norway	5.7				
4*	Finland	5.6				
4*	Netherlands	5.6				
6*	France	5.5				
6*	United Kingdom	5.5				
8*	Portugal	5.4				
8*	New Zealand	5.4				
10*	Australia	5.2				
10*	Canada	5.2				
10*	Germany	5.2				
13*	Belgium	5.1				
13*	Austria	5.1				
13*	Spain	5.1				
13*	Ireland	5.1				
17	Italy	5				
18*	Hungary	4.8				
18*	Luxembourg	4.8				
18*	Czech Republic	4.8				
21	United States	4.6				
22*	Switzerland	4.5				
22*	Slovakia	4.5				
22*	Poland	4.5				
25	Greece	4.4				
26	South Korea	4.3				
27	Japan	4.1				

출처: 글로벌개발센터 웹사이트 (http://www.cgdev.org/cdi−2015/검색일: 2016.01.07.).

4) 규범주창: GHD(Good Humanitarian Donorship) 이니셔티브

ODA의 목표, 정책, 실제 등 다양한 측면에서 선도적인 공여국으로 평가받고 있는 스웨덴은 관련 규범 창출에 있어서도 모범적인 노력을 지속해 왔다. 앞서 PCD의 선도적 채택은 EU의 PCD 논의 확산에 기여하였을 뿐만 아니라, 최근 SDGs 논의 과정에서 불거진 개발재원 논의에 있어서도 GNI 대비 0.7%를 ODA 재원으로 사용하도록 공여국을 압박하는데 앞장서기도 하였다.

이외에도 스웨덴의 주창으로 채택된 '바람직한 인도주의적 공여의식(GHD: Good Humanitarian Donorship)' 이니셔티브는 국제개발협력에 있어 새로운 규범 창출의 노력으로 평가할 수 있다. GHD는 동 이니셔티브에 참여하는 회원국들로 하여금 상호간 협력을 통해 공여국들이 원칙에 기반한 공여 행위가 이루어질 수 있도록 독려하고 촉진함으로써 효과적인 인도적 활동이 전개하는 것을 목표로 한다. 이를 위해 23개 원칙으로 이루어진 GHD 원칙의 채택 및 확산과 이에 기반한 관행 적립을 위해 2003년 동 이니셔티브를 공식 발족하였다. 2003년 6월 17개 공여국이 동 이니셔티브에 서명함으로써 시작된 본 캠페인은 공여 행위에 있어 효과성과 일관성을 제고하고, 수원국에 대한 책무성을 강조하고 있다. 2015년 현재 41개 회원국이 참여하고 있으며, 동 이니셔티브가 회원국간 바람직한 원조 정책의 추진을 위한 대화와 논의의 장을 제공한다는 점에서도 그 의의가 있다고 하겠다.

표 10-2 Good Humanitarian Donorship

인도주의 활동의 정의와 목적
1. 인도주의 활동의 목적은 자연/인재로 인한 위기시 생명을 구하고, 고통을 감소하며, 인간의 존엄성을 보호하는 것과 함께 이러한 재해의 발생을 예방하고 재해에 대한 준비 강화
2. 인도주의 활동에 있어 인류애, 비차별성, 중립성, 독립성의 원칙을 준수
3. 인도주의 활동은 시민의 보호와 적대행위에 가담하지 않는 사람들에 대한 보호를 포함하며, 식량, 물, 위생, 피난처, 보건의료 등의 제공과 이들이 정상적인 삶과 생활로 돌아갈 수 있도록 촉진
일반 원칙
4. 국제 인도주의법, 난민법, 인권의 이행 촉진 및 존중
5. 일국의 영토 내에서 일어나는 인도주의 위기상황에 대한 일차적인 책임이 해당 국가에 있음을 재확인하며, 인도적 상황의 완화에 필요한 지원을 위한 집단적 의무에 기반하여 유연하고 적실성 있는 재원 마련을 위해 노력

6. 필요 평가에 기반하여 필요에 상응하는 인도주의적 재원을 마련

7. 인도주의 단체로 하여금 인도적 대응방안에 대한 기획, 이행, 모니터링, 평가에 있어 수혜자의 적절한 참여 보장

8. 재난국가 및 지역사회가 자신의 책임을 다하고 인도주의 파트너와의 효율적 협업을 촉진한다는 목표하에 이들 행위자의 인도적 재난 예방, 준비, 완화, 대응 능력 고양

9. 긴급구호에서 개발 활동으로 전환하기 위한 지원 및 지속가능한 삶을 영위할 수 있는 방식으로의 지원

10. 인도주의 활동의 조정 및 리더십 제공에 있어 UN의 역할 제고 및 이를 위한 지원, 인도주의 활동에 있어 국제적십자사, 국제적십자위원회, UN, NGOs의 활동 촉진 및 지원

	재원조달, 사업수행, 책무성에 있어 모범 사례
재원 조달	11. 긴급재난 발생으로 인한 재원조달이 진행 중인 재난구호 활동에 부정적인 역할을 미치지 않도록 노력
	12. 인도주의 재난 지원에 있어 변화하는 환경에 대한 역동적이고 유연한 대응의 필요성에 대한 인식
	13. 투명성, 전략적 우선순위 선정 및 재정계획의 중요성에 대한 인식을 바탕으로, 장기적 재정계획의 도입 및 이어마킹 등 유연한 재정 방안 마련
	14. 의무분담의 관점에서 UN, 국제적십자사 등의 호소에 책임감 있는 참여와 복잡한 응급상황 속에서 조정, 우선순위, 전략적 계획 수립을 위한 전략적 도구로써 Common Humanitarian Action Plans(CHAP)의 수립에 적극 지원
기준 수립 및 이행 촉진	15. 인도주의 활동에 있어 효과성과 효율성, 책무성 증진을 위한 노력 지속 및 모범적 관행(good practice) 준수
	16. Inter-Agency Standing Committee, Guiding Principles on Internal Displacement, 1994 Code of Conduct 등 인도주의 활동에 관한 가이드 라인 및 원칙 준수 노력
	17. 인도주의 활동의 수행을 위한 지원의 준비 상태 유지 및 안전한 인도주의적 접근성 촉진
	18. 대응 능력 강화, 재원 분배 등 인도주의 단체의 비상 계획을 위한 메커니즘 지원
	19. 분쟁지역에서의 민간단체의 인도주의 활동에 있어서 우선적 역할에 대한 인정 및 군사적 능력 및 시설을 사용함에 있어 국제인도법, 인도주의 원칙의 준수 및 인도주의 기관의 주도적 역할에 대한 인식
	20. 복합적 재난상황에서 1994 Guidelines on the Use of Military and Civil Defence Assets in Disaster Relief, 2003 Guidelines on the Use of Military and Civil Defence Assets to Support United Nations Humanitarian Activities의 준수
학습 및 책무성	21. 효과적이고 효율적인 인도주의 활동의 수행을 위한 학습 및 책무성 고양 이니셔티브 지원
	22. 공여 행위의 평가 및 인도주의 재난에 대한 국제적 대응에 대한 정례적인 평가 장려
	23. 인도적 지원에 대한 공식적인 보고에 있어 높은 수준의 엄밀성, 투명성, 적시성을 위한 노력과 보고 형식에 있어 규격화된 형식을 개발하기 위한 노력

4 결어

스웨덴의 ODA 모델은 한국뿐만 아니라 많은 공여국이 추구해야 할 모범적 모델로 인식되어 왔다. 이러한 문제의식에서, 본 장에서는 스웨덴의 ODA 역사와 추진체계의 발전과정을 고찰함으로써, 작금의 선진국형 ODA 정책 및 추진체계를 수립하게 된 배경과 과정을 이해하고자 하였다. 또한 스웨덴 ODA의 주요 특징 파트에서는 주요 사업 분야와 대상, 지역 등을 살펴봄으로써 스웨덴 ODA의 전반적 특징을 파악한 가운데, 특히 1975년 이래로 ODA/GNI 0.7%를 달성할 수 있게 된 배경을 고찰하였다. 아울러, 국제개발협력 분야에서 규범을 선도하고 있는 스웨덴의 원조효과성 제고를 위한 노력의 일환으로써 PCD(개발을 위한 정책일관성)의 내재화 현황과 스웨덴이 앞장서고 있는 GHD(Good Humanitarian Donorship) 이니셔티브의 내용과 그것이 가지는 함의를 살펴보았다.

결론적으로, 스웨덴의 모범적 국제개발협력 추진체계 및 정책과 관행은 시민사회와 정부간 국제개발협력의 목표에 대한 사회적 합의가 있었기에 가능하였음을 알 수 있었다. 이러한 스웨덴식 개발협력 목표는 2003년 채택된 Shared Responsibility: Sweden's Policy for Global Development(PGD)에 반영되었으며, PGD는 '평등하고 지속가능한 개발'을 스웨덴 국제개발협력의 최고 목표로 상정하고 있다. 이 법적 근거를 바탕으로, 스웨덴은 1975년 이후 UN이 규정한 GNI 대비 원조 비율 0.7%를 초과 달성해 오고 있으며, 국제사회의 개발협력 관련 규범의 제창 및 확산에도 기여하고 있다. 즉 원조효과성 제고를 위한 공여국의 노력을 보여주는 '개발을 위한 정책일관성(PCD: Policy Coherence for Development)' 평가와, '개발공헌지수(CDI: Commitment to Development Index)' 평가에서 스웨덴은 최상위 평가를 받아 왔다. 아울러, 2003년 Good Humanitarian Donorship(GHD) 이니셔티브를 통해 공여국들로 하여금 수원국의 빈곤 퇴치와 경제발전을 위한 효과적인 원조 정책 및 관행 정립을 위한 노력에도 앞장서고 있음을 알 수 있었다.

▌ 미주

1) Ministry of Foreign Affairs, Sida, National Board of Trade, 시민사회 등은 스웨덴의 경제발전은 자유무역을 통해 가능하였다고 인식하고 있으며, 이러한 인식이 스웨덴이 대외개발협력 정책에 있어서 자유무역을 옹호해야 하는 이유라고 밝히고 있다.

2) UN 산하 최대수혜기관들은 UNDP, UNHCR, UNICEF 등이다.

3) 이 파트는 필자가 2012년 수행한 "한국의 개발을 위한 정책일관성(PCD)제고 방안" 최종보고서의 스웨덴 파트를 재구성하였다.

4) DAC는 2003년부터 2007년까지 실시된 동료검토의 결과를 바탕으로 'Building Blocks for Policy Coherence for Development (2009)'를 발간하였으며, 여기서 PCD의 워킹프레임워크인 정치적 공약과 정책 분야, 조정 및 실행 분야, 모니터링 분석 및 보고 등 3개 분야에서 DAC 회원국의 PCD 이행 및 내재화 현황을 분석하였다. 결과적으로 스웨덴은 3개 분야에서 가장 앞선 국가로 분류되고 있다 (OECD, 2009: 27, 32, 36).

5) 인터뷰. Peter Sörbom. EU Policy Officer. Concord. 스톡홀름. 2012.2.7.; 인터뷰. Ulrika Grandin. Desk Officer/ Erik Jonsson, Senior Advisor at the Department of Development Policy. Ministry of Foreign Affairs. 스톡홀름. 2012.2.6.

6) 인터뷰 Carin Norberg. Director of the Nordic Africa Institute. Upssla. (2012년 2월 3일), Carin은 2003년 PGD 문서의 마련 당시 전문자문가 자격으로 The Parliamentary Committee on Swedish Global Development Policy에 참가하였다.

7) 이 워킹그룹은 3개월에 한 번씩 정례적으로 모여 정책일관성 의제를 논의한다.

▌ 참고문헌

국제농업개발원. 2010. "스웨덴의 공적개발원조(ODA) 체제와 현황."『월간 상업농경영』, 제
　　264호.

김인춘. 2011. "스웨덴 국제개발협력과 스웨덴 모델."『스칸디나비아연구』, 제12호.

손혁상 외. 2012. "한국의 개발을 위한 정책일관성(PCD) 제고 방안." KOICA.

손혁상·문경연. 2012. "국제규범의 내재화와 정치환경: 스웨덴·독일의 '개발을 위한 정책일
　　관성(PCD)' 도입 사례를 중심으로."『세계지역연구논총』, 제30집 1호.

윤덕룡. 2012. "유럽ODA 정책 인프라 분석과 한국의 ODA 정책 효율성 제고 방향 연구: 유
　　럽의 ODA 정책과 한-유럽 개발협력." 대외경제정책연구원.

이경희. 2010.『주요국가의 ODA 법제 연구: 스웨덴』. 경제인문사회연구회.

이태주. 2010. "북유럽 국가의 교육 ODA 발전과정과 현황: 스웨덴을 중심으로."『교육개
　　발』, 제37권 4호.

장현식·아더 엠펠·마이클 레어드. 2007. "OECD DAC 회원국의 개발협력 관리체계의 비교."
　　한국국제협력단.

홍문숙. 2013. Government of Sweden (2014) Biståndspolitisk plattform. Regeringens
　　Skrivelse 2013/13:131. Stockholm. http://www.regeringen.se/content/1/c6/23/
　　64/47/57032a9e.pdf.

홍문숙. 2013. "타 해외 원조기관 정책 수립 및 사업수행체계 연구," ReDI.

Concord. 2011. "Spotlight on EU Policy Coherence for Development." Sweden.

Ministry of Foreign Affairs(MFA). 2002. Shared Responsibility: Sweden's Policy for
　　Global Development. *Government Bill* 2002, (3): 122.

Ministry of Foreign Affairs(MFA). 2008. Global Challenges–Our Responsibility. *Government
　　Communication* 2007, (8): 89.

Ministry of Foreign Affairs(MFA). 2013. "OECD DAC Peer Review of Sweden
　　Memorandum."

Ministry for Finance. 2008. Budgetpropositionen för 2009 Prop. 2008/09:1
　　UTGIFTSOMRÅDE 7: Internationellt Bistånd. Stockholm.

OECD. 2009. Building Blocks for Policy Coherence for Development. Paris: OECD.

OECD. 2009. DAC Peer Review. Sweden. Paris: OECD.

OECD DAC. 2010. "Evaluation in Development Agencies."

Oden, Bertil and Wohlgemuth, Lennart, eds. 2007. "Where Is Swedish Aid Heading?"

Stockholm: GML Print on Demand AB. 7-10.

Sida. "How We Are Governed" http://www.sida.se/English/About-us/How-we-are-governed/ (검색일: 2015년 10월 2일).

제11장

프랑스의 국제개발협력

제11장

프랑스의 국제개발협력

안 상 욱 (부경대학교)

세계화의 진전에 따라 국가간의 교류는 보다 더 활발해지고 있고, 한 국가에서의 사회, 정치, 경제적 변동은 다른 국가에 직접적인 영향을 미치고 있다. 오늘날 한 국가의 빈곤은 한 국가 차원의 문제로 그치지 않고 전 세계적인 파장을 몰고 와서 세계 전체에 불안을 야기하고 있다. 일례로 많은 아프리카 국가의 빈곤 문제는 아프리카 내부에서 정치, 경제적인 불안을 야기하였을 뿐만 아니라, EU국가에서 아프리카로부터 정치적인 혹은 경제적인 난민이 지속적으로 증가하는 문제를 야기하였다. 또한 유럽에 정착한 아프리카 정치·경제 난민들은 유럽의 사회질서에 통합되지 못한 채, 빈곤층으로 전락하여 사회불안의 요인이 되고 있다. 이러한 문제는 비단 EU뿐만 아니라, 모든 미국, 일본, 한국 등 모든 선진국이 공유하는 문제이기도 하다. 이러한 전 세계 차원의 빈곤 문제에 대한 해결책의 하나가 선진국가가 개발도상국에 공적개발원조(ODA: Official Development Aid)를 제공하여 개발도상국에 경제발전 기회를 제공하는 것이다.

한국도 2009년도 OECD의 개발원조위원회(DAC: Development Assistance Committee)에 회원국으로 가입한 이후 ODA에 대한 관심이 증대하고 있다. 그러나 아직 다른 선진국에 비해 ODA 규모에서 한국의 ODA는 아직 많이 부족한 편이다. 한국은 국민총소득 GNI 대비 ODA 공여 비율에서 DAC회원국 평균수준보다 훨씬 못 미치는

ODA를 제공하고 있다. 반면에 EU는 현재 전 세계 최대의 ODA 공여국이며, 국민 1인당 ODA기여도의 측면에서 대부분의 EU국가들은 선도적인 지위를 점하고 있다.

한국과 EU회원국 모두 현재는 ODA 공여국이지만, EU의 경우 2차 대전 이후, 한국의 경우 한국전쟁 이후 ODA를 통해 수원국으로서의 경험을 공유하고 있다.

한국은 한국전쟁 이후 현재 경제규모로 세계 13위의 경제대국으로 발돋움하기까지 선진국의 ODA에 큰 도움을 입었음을 부인할 수 없다. 우리나라는 1945년 해방 이후 경제발전을 이루는 과정에서 미국을 중심으로 한 국제사회로부터 127억 76백만 달러에 이르는 원조를 받았다. 이렇듯 당시 선진국이 제공한 물질적, 기술적, 교육적 원조는 한국경제 발전의 밑거름이 되었고, 이를 토대로 한국정부는 경제발전계획을 계획하고 추진하는 데 내실을 다질 수 있었다. 실제로 1995년 세계은행으로부터 받은 개발차관을 마지막으로 원조 수원국에서 탈피하였다.

EU국가들은 전 세계 최대의 현재 ODA 공여국이기도 하지만, 전 세계 최대의 ODA 프로그램인 마샬 프로그램의 수원국이기도 하였다. 또한 마샬 프로그램의 원조의 효율적인 집행을 위하여 1948년 유럽경제협력기구(OEEC: Organization of European Economic Cooperation)가 창설되었다. 유럽연합의 서유럽 회원국들 대부분이 〈표 11-1〉에서 보듯이 전 세계 최대의 ODA 프로그램의 하나였던 '마샬 플랜'의 지원을 받았다. 이는 2차 대전으로 철저하게 산업 및 생산기반이 파괴된 유럽의 재건을 도왔고, 이를 통해 유럽국가들은 2차 대전부터 1차 오일쇼크 직전까지 '영광의 30년(Les trente glorieuses)'이라 불리는 시기를 맞이할 수 있었다.

미국으로부터 ODA를 지원받던 유럽국가들은 OEEC 내에 개발원조그룹(DAG: Development Assistance Group)[1]의 창설을 주도하여 전 세계 차원의 ODA 확산을 주도하였다. 특히 프랑스는 DAG그룹의 창립국 중 하나였으며, OEEC 내에 DAG가 창설되기 이전에 1957년 로마조약으로 유럽공동체가 창설될 때, 로마조약 내에 개발협력 프로그램을 포함시키는 데 결정적인 역할을 하였다.

표 11-1	마셜플랜 원조액(1948~1951)

국명	원조액(백만 US $)
오스트리아	488
벨기에 및 룩셈부르크	777
덴마크	385
프랑스	2,296
그리스	366
아이슬란드	43
아일랜드	133
이탈리아 및 트리에스테	1,204
네덜란드	1,128
노르웨이	372
포르투갈	70
스웨덴	347
스위스	250
터키	137
영국	3,297
서독	1,448

출처: Martin A. Schain (ed.), The Marshall Plan: Fifty years after, Palgrave, 2001, p. 120.

1 프랑스의 ODA 지원 규모 및 ODA/GNI 비중 변화

2014년 프랑스는 OECD DAC회원국 중에서 미국, 독일, 영국에 이은 OECD 4대 ODA 공여국이었다. 2014년 프랑스는 ODA로 103억 7,000만 달러를 지출하였다.

표 11-2 OECD 개발원조위원회(DAC) 회원국별 ODA 현황

	2013년		2012년		변화(%)
	ODA	ODA/GNI	ODA	ODA/GNI	2012 to 2013
	백만USD	%	백만USD	%	실질가격
	경상가격		경상가격		
그리스	239	0.10	327	0.13	−27.7
네덜란드	5,435	0.67	5 523	0.71	−6.2
노르웨이	5,581	1.07	4,753	0.93	16.4
뉴질랜드	457	0.26	449	0.28	−1.9
덴마크	2,927	0.85	2,693	0.83	3.8
독일	14,228	0.38	12,939	0.37	4.2
룩셈부르크	429	1.00	399	1.00	0.9
미국	30,879	0.18	30,687	0.19	−0.9
벨기에	2,300	0.45	2,315	0.47	−5.3
스웨덴	5,827	1.01	5,240	0.97	6.2
스위스	3,197	0.47	3,056	0.47	3.4
스페인	2,375	0.17	2,037	0.16	12.0
슬로바키아	86	0.09	80	0.09	3.2
슬로베니아	62	0.13	58	0.13	1.7
아이슬란드	35	0.25	26	0.22	26.3
아일랜드	846	0.46	808	0.47	1.0
영국	17,920	0.71	13,891	0.56	28.1
오스트리아	1,171	0.27	1,106	0.28	0.7
이탈리아	3,407	0.17	2,737	0.14	18.8
일본	11,582	0.23	10,605	0.17	34.2
체코	211	0.11	220	0.12	−5.4
캐나다	4,947	0.27	5,650	0.32	−10.7
포르투갈	488	0.23	581	0.28	−19.7
폴란드	472	0.10	421	0.09	8.0
프랑스	11,342	0.41	12,028	0.45	−10.0

핀란드	1,435	0.54	1,320	0.53	3.5
한국	1,755	0.13	1,597	0.14	5.5
호주	4,846	0.33	5,403	0.36	− 4.6
DAC 합계	134,481	0.30	126,949	0.29	5.8

출처: OECD.[2]

OECD 4대 ODA 공여국인 프랑스의 2013년 ODA 지원 규모가 113억 42백만 달러에 달했던 반면에, 한국의 ODA 지원 규모는 17억 55백만 달러에 그쳤다. 프랑스의 ODA 지원 규모 총액은 경제규모가 프랑스보다 큰 일본보다도 많았었다. 그러나 2013년에 일본의 ODA 지원액이 34.2% 증가한 반면에 프랑스 ODA 지원액이 10% 감소되면서, 일본에 역전되었다가 2014년에 다시 회복하였다. 이는 프랑스가 2008년 이후 겪어온 경제위기 상황과 관련하여 프랑스의 ODA 예산이 삭감되었기 때문이다.

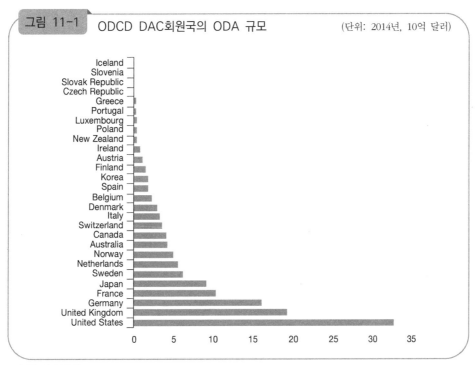

그림 11-1 ODCD DAC회원국의 ODA 규모 (단위: 2014년, 10억 달러)

출처: OECD.[3]

그림 11-2 프랑스의 ODA 지원액(1960~2014)   (단위: 2013년 USD 기준, 10억 USD)

출처: OECD.[4]

OECD 자료에 따르면, 실제로 프랑스의 ODA 규모는 해마다 그 변동이 심한 편이었다. 〈그림 11-2〉는 프랑스의 ODA 지원액에 관련된 자료이다. 물론 자료의 기준통화가 미화이기 때문에 환율변수가 있기는 하지만, 프랑스의 ODA 지원액은 1990년부터 상황에 따라 큰 폭으로 변화하였다. 이는 이웃국가인 독일과 영국의 ODA 지원액이 꾸준히 상승한 것과는 확연히 대비되는 것이다.

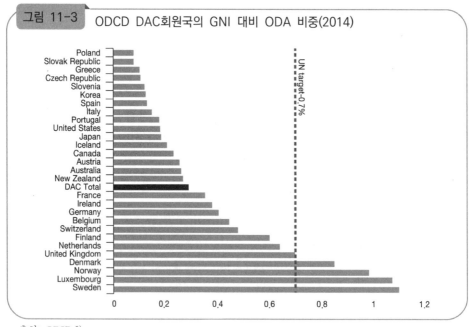

그림 11-3 ODCD DAC회원국의 GNI 대비 ODA 비중(2014)

출처: OECD.[5]

전체 경제규모에서 ODA가 차지하는 비중을 분석하기 위한 GNI 대비 ODA 비중에 관한 통계자료인 〈그림 11-3〉을 보면, 2014년 프랑스의 GNI 대비 ODA 비중은 0.36%로, 2012년 0.45% 및 2013년의 0.41%에 비해 하락 추세에 있다. 프랑스의 GNI 대비 ODA 규모는 OECD DAC회원국 평균보다는 높고 영국, 독일 등에 비해서는 낮은 편이다.

2001년 UN은 새천년개발목표를 통해 국제사회의 당면과제와 이들 과제의 해결시한을 2015년으로 제시하였다. 2002년 3월 새천년개발목표 달성을 위한 선진국과 개도국간 상호서약을 담은 '몬테레이 컨센서스(Monterrey Consensus)'가 도출되었고, 이는 선진국들이 2015년까지 GDP의 0.7%까지 ODA 제공을 확대해야 한다는 내용을 골자로 하였다.

2014년 프랑스의 GNI대비 ODA 비중은 0.36%로 이는 2014년 GNI 대비 0.41%를 달성한 독일과 이미 UN권고안인 GNI 대비 0.7%를 넘어서 0.71%를 달성한 영국에 비해서 현저하게 낮은 비중이라고 볼 수 있다.

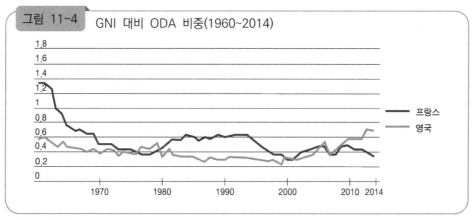

그림 11-4 GNI 대비 ODA 비중(1960~2014)

출처: OECD.[6]

〈그림 11-4〉에서 볼 수 있는 바와 같이 프랑스의 GNI 대비 ODA 비중은 1960년대에 비해서 큰 폭으로 감소한 것을 볼 수 있다. 이는 GNI 대비 ODA 비중이 상승한 영국의 경우와는 대비되는 측면이 있다. 이와 같은 경우는 ODA 지원액의 변화에서도 볼 수 있었는데, ODA 지원액도 프랑스는 1960년대부터 대부분의 기간 동안 영국보다 많았지만 2010년부터는 확연히 역전되어 영국의 ODA 지원 규모가 프랑스를 훨씬 상회하게 되었다.

그림 11-5   ODA 지원 규모   (단위: 2013년, 10억 USD)

출처: OECD.[7)]

〈그림 11-5〉에 따르면, 2012년에 영국의 ODA 지원액이 138억 9,100만 달러에서 2013년에 179억 2,000만 달러로 증가했지만, 프랑스의 경우는 2012년 120억 2,800만 달러에서 113억 4,200만 달러로 감소하였다.

프랑스 언론인 르몽드지도 2015년 4월 8일자 기사에서 프랑스 ODA 지원액수가 4년 연속 감소 중인 문제를 지적[8)]하였다. 프랑스는 OECD 개발원조위원회 DAC 회원국의 유럽국가 회원국인 19개 국가 중 가장 큰 폭의 ODA 지원 규모 하락을 보이고 있으며, ODA 지원 규모는 9.2% 하락하였다.

2 프랑스의 양자간 ODA 지원의 지역적 비중

프랑스의 양자간 ODA의 대부분은 아프리카 지역에 지원되고 있다. 아프리카 지역이 프랑스 ODA 수혜에서 차지하는 비중은 52.5%나 된다. 반면에 아시아 지역이 프랑스 ODA 수혜에서 차지하는 비중은 14%에 불과하다. 이는 프랑스의 ODA 정책이 최빈국을 지원하는데 주안점을 두고 있는데서 비롯되었는데, 이와 같은 경향은 영국이나 독일의 ODA에서도 나타나고 있다. 한편 프랑스의 경우는 과거 프랑스의 식민지가 아프리카 지역에 집중되어 있었기 때문에 구(舊)프랑스식민지 지원정책과 맞물려 있다고 볼 수도 있다.

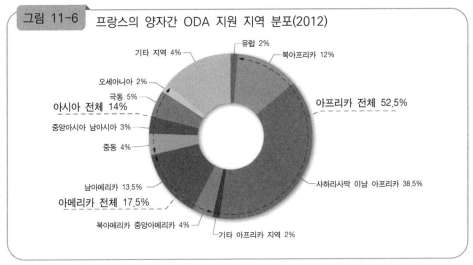

그림 11-6   프랑스의 양자간 ODA 지원 지역 분포(2012)

출처: 프랑스 외교국제개발부.9)

　　프랑스 ODA 집행의 대부분을 담당하는 프랑스개발진흥청(AFD: Agence française de développement)은 1941년 12월 2일 자유프랑스군 사령관으로 드골장군이 자유프랑스 자유프랑스중앙기금(CCFL: Caisse Centrale de la France Libre)에 그 뿌리를 두고 있다. 1944년에 CCFL은 프랑스 해외령중앙기금(CCFOM: Caisse Centrale de la France)이 되었고, 1958년에 CCFOM은 중앙경제협력기금(CCCE: Caisse Centrale de Coopération Economique)이 되었고, 1992년에 프랑스개발진흥기금(CFD: Caisse française de développement)이 되었고, 1998년에 CFD가 프랑스개발진흥청(AFD: Agence française de développement)이 되었다. 이처럼 프랑스의 ODA 정책과 과거 식민지 국가 지원정책은 맞물려 있었다.

　　같은 맥락에서 프랑스 식민지들이 독립하던 1960년대 초 1961~1962년도 프랑스의 GNI 대비 ODA 비율은 1.3%를 넘는 등 매우 높은 수치를 보였다. 1960년대 초는 미국이 대만과 한국에 원조량을 극대화한 시점이었지만 지원비율은 GNI 대비 ODA 비율이 0.6%에 미치지 못했던 시기였다. 프랑스의 ODA는 지원비중은 탈제국주의 시기에 최고치에 달했고, 이는 〈그림 11-4〉에서 볼 수 있듯이, 프랑스처럼 전 세계 차원에서 식민지를 경영했고, 식민지들이 독립했던 영국과는 사뭇 다른 패턴을 보이고 있다. 영국의 경우 구식민지국가가 독립을 쟁취한 후에는 경제적 지원에 소극적이었다면 프랑스는 옛 식민지국가에 대한 개입정책을 버리지 못했으며 따라서 구식민지국가의 재정지원에 대해서도 매우 관대할 수 있었다고 볼 수 있다.10)

물론 과거 식민지 관계 중심의 프랑스 ODA 정책에 대해서 비판이 없었던 것은 아니었다. 이미 1964년 쟌느네 보고서(Jeanneney Report)[11]에서 프랑스의 과거 아프리카 식민지국가에 집중되었던 ODA 정책을 탈피하여 다변화하여야 한다는 것이 있었다.

표 11-3　1964년 Jeanneney 보고서의 제안사항 주요 내용

- 원조가 더 이상 아프리카에 지나치게 집중되어서는 안 되며 원조량 증가에 따라 다른 개발도상국에 기여해야 한다.
- 더 많은 양의 원조가 다자간 기구로 이전되어야 한다.
- 인프라에 대한 재정지원을 줄이고 더 생산적인 부문에 투자해야 한다.
- 원조기능은 외교부와 결합하거나 통합되어야 한다.

출처: 김종섭·박명호·이영섭·김종법·박선희·정재원·이은석·김희연, 『유럽의 ODA 정책과 한·유럽 개발협력』, KIEP 대외경제정책연구원 12-42, 2012, pp. 298-300.

1964년도에 이어 1971년도에는 프랑스의 대외원조정책의 변화를 요구하는 고스 보고서(Gorse Report)가 작성되었다. 고스 보고서는 역시 프랑스의 공여 프로그램이 아프리카에 치중되어 있다는 점과 정책적 일관성이 부족한 공여활동은 그 효율성을 기대할 수 없다는 점을 지적하였지만 쟌느네 보고서와 같이 큰 변화를 가져오지 못했다. 이후 1990년에는 헤셀 보고서(Hessel Report)가 작성되어 앞선 보고서와 비슷한 권고사항을 제시했지만 프랑스 과거 아프리카 식민지 이외의 다른 최빈국 중심의 원조지원정책으로의 전환은 잘 이뤄지지 않아 여전히 아프리카 중심의 지원정책에서 탈피하지 못하고 있다.[12] 실제 드골정부에서 ODA를 담당하기 위해 1959년에 창립된 협력부(Ministère de la coopération)는 1946년에 창립된 프랑스 해외영토부(Ministère de la France d'outre-mer)를 계승한 것이었다.[13] 이후 1999년에 협력부는 외교부로 흡수되었다. 프랑스의 대외원조 관리 부처를 외교부의 관할로 두어야 한다는 1946년의 쟌느네 보고서의 제안사항이 1999년에 와서 실현된 것이다.

사하라 사막 이남 지역에서 프랑스는 주요 ODA 공여국이다. 프랑스는 미국, 세계은행, EU 다음으로 사하라 사막 이남 지역에서 ODA를 공여하였다. 특히 사하라 사막 이남 지역에 대한 프랑스의 ODA가 프랑스 전체 양자간 ODA에서 차지하는 비중은 2012년에 38.5%, 2013년에는 33%를 차지할 정도로 프랑스 ODA 지원지역에서 가장 중요한 비중을 차지하고 있다.

표 11-4	사하라 사막 이남 아프리카 지역에 대한 주요 ODA 공여국/기관(2012, Brut)	
순위	ODA 공여국/기관	지원액
1	미국	69억 유로
2	세계은행	57억 유로
3	EU	39억 유로
4	프랑스	28억 유로
5	영국	26억 유로

출처: 프랑스 외교국제개발부.[14]

2012년에 프랑스는 17개국의 ODA 우선지원 빈곤국(PPP: Pays pauvres prioritaires) 을 선정하였다. 이들 국가는 베냉, 부르키나파소, 부룬디, 코모로 제도, 지부티, 가 나, 기니, 마다가스카르, 말리, 모리타니, 니제르, 중앙아프리카공화국, 콩고민주공 화국, 르완다, 세네갈, 차드, 토고 등이었다. 프랑스의 ODA 우선지원 빈곤국은 모 두 사하라 사막 이남에 위치하고 있다. 2012년에 지정된 17개 우선지원 빈곤국 중 르완다는 2013년 국무총리가 주재하는 국제개발협력정부간위원회(CICID: Comité Interministériel pour la Coopération Internationale et le développement)에서 프랑스 정부 의 PPP 리스트에서 제외되기로 결정되었다. 이는 르완다의 최근 급속한 경제발전 에 따른 결과이다.

그림 11-7　르완다 1인당 GDP　(단위: 구매력 기준)

출처: Guardian.[15]

우선지원 빈곤국이 프랑스 ODA 전체 지원액에서 차지하는 비중은 2012년에 13%, 2013년에는 14%였다. 우선지원 빈곤국 지역에서 프랑스는 세계은행, 미국, EU 다음으로 많은 ODA를 제공하고 있다.

표 11-5   우선지원 빈곤국(PPP)*에 대한 주요 ODA 공여국/기관(2012, Brut)

순위	ODA 공여국/기관	지원액	
1	세계은행	20억 유로	* PPP: 베냉, 부르키나파소, 부룬디, 코모로 제도, 지부티, 가나, 기니, 마다가스카르, 말리, 모리타니, 니제르, 중앙아프리카공화국, 르완다(2013년에 PPP에서 제외), 세네갈, 차드, 토고, 콩고민주공화국
2	미국	13억 4천만 유로	
3	EU	12억 6천만 유로	
4	프랑스	9억 3백만 유로	
5	독일	8억 5백만 유로	

출처: 프랑스 외교국제개발부.[16]

또한 2011년 프랑스의 도빌(Deauville)에서 개최된 G8회의에서 체제전환을 겪고 있는 아랍국가에 대한 지원이 논의되었다. 이에 프랑스는 2013년, 7월 기준으로, 2011년과 2013년 사이에 23억 유로에 달하는 자금을 모로코, 튀니지, 이집트, 요르단 등의 국가에 지원하였다.

표 11-6   지중해국가에 대한 주요 ODA 공여국/기관(2012, Brut)

순위	ODA 공여국/기관	지원액
1	EU	54억 유로
2	미국	14억 유로
3	프랑스	13억 유로
4	독일	7억 3,600만 유로
5	일본	6억 5,500만 유로

출처: 프랑스 외교국제개발부.[17]

〈표 11-6〉에서 보는 바와 같이 프랑스는 이들 국가가 속해 있는 지중해지역에서 EU, 미국에 이은 3대 ODA 공여국이다. 특히 독일이 지중해국가에 공여한 ODA 지원액의 2배에 가까운 ODA를 제공하였다. 이 지역은 2012년과 2013년에 프랑스

전체 ODA 지원에서 15%를 차지하였다.

아프리카 사하라 사막 이남 지역과 빈곤국가 지원 및 지중해지역에서 적극적이었던 프랑스는 신흥국가 지원의 경우에서는 일본이나 독일에 비해 작은 비중의 ODA를 제공하였다.

신흥국가가 프랑스의 ODA에서 차지하는 비중은 2012년에 17%, 2013년에 13%였다. 그러나 국가군이 아닌 10대 프랑스 ODA 수원국을 뽑아보면 브라질과 중국 등 신흥국이 프랑스 10대 ODA 수원국 리스트의 상위에 있었다.

표 11-7 신흥국가에 대한 주요 ODA 공여국/기관(2012, Brut)

순위	ODA 공여국/기관	지원액
1	일본	39억 유로
2	독일	16억 8천만 유로
3	미국	16억 7천만 유로
4	세계은행	13억 2천만 유로
5	프랑스	12억 8천만 유로

출처: 프랑스 외교국제개발부.[18]

표 11-8 프랑스 10대 ODA 수원국가(2012~2013년 평균, Brut)

순위	ODA 수원국가	수원 금액
1	코트디브아르	8억 4,500만 유로
2	모로코	7억 7,399만 유로
3	브라질	4억 9,300만 유로
4	중국	3억 1,900만 유로
5	미얀마	3억 유로
6	세네갈	2억 6,400만 유로
7	튀니지	2억 5,800만 유로
8	남아프리카 공화국	2억 4,400만 유로
9	베트남	2억 2,400만 유로
10	멕시코	1억 8,800만 유로

출처: OECD.[19]

특히 중국과 브라질은 프랑스 ODA의 4위와 3위의 수원국이다. 이는 국가군으로 프랑스의 ODA 정책을 단순화하였을 경우에 프랑스 ODA 자금지원을 잘못 이해할 수 있는 문제점이 있음을 단적으로 보여주는 사례이다.

3 프랑스의 ODA 지원방식

ODA 지원방식에서 프랑스의 경우 양자간 지원방식이 66%를 차지하고 있으며, 다자간기구를 통한 지원방식이 17%, 그리고 EU를 통한 지원방식이 17%를 차지하고 있다. 이는 영국이나 독일 등 인근 국가와 비교하였을 때, 양자간 지원방식이 높은 비중을 차지한다고 볼 수 있다.

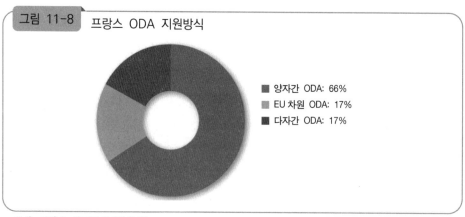

그림 11-8 프랑스 ODA 지원방식

■ 양자간 ODA: 66%
■ EU 차원 ODA: 17%
■ 다자간 ODA: 17%

출처: 프랑스 외교국제개발부.[20]

2008년만 해도 프랑스의 양자간 ODA의 대부분은 무상원조의 형식으로 집행되었었다. 그러나 점차 무상원조의 비중은 2008년 93%에서 2012년 72%로 축소되었고, 유상원조 비중은 2008년 7%에서 2012년 28%로 증가하였다. 이는 프랑스의 현재 경제상황과 무관하지 않다.

표 11-9 프랑스의 양자간 ODA 지원 규모 및 비중 (단위: 백만 유로, %)									
	2008		2009		2010		2011		2012
양자간 무상원조	4,290	93%	4,294	83%	5,027	86%	4,293	70%	4,449	72%
예산지원	645		605		633		530		595	
부채탕감	763		647		1,267		965		1,115	
양자간 유상원조	334	7%	867	17%	852	14%	1,816	30%	1,719	28%
양자간 ODA 총액	4,624		5,161		5,879		6,109		6,168	

출처: 프랑스 외교국제개발부.[21)]

한편 프랑스의 ODA의 유상원조와 무상원조 비중에 관련된 통계에서 간과해서는 안될 부분은 지역별로 프랑스 유상원조와 무상원조가 전혀 다른 비중을 보이고 있다는 점이다.

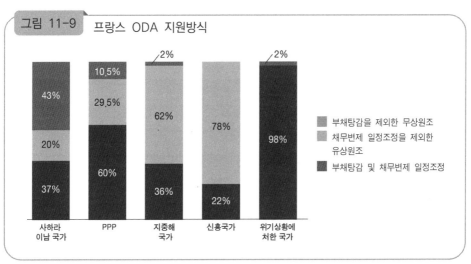

그림 11-9 프랑스 ODA 지원방식

출처: 프랑스 외교국제개발부.[22)]

전체 프랑스의 ODA에서 무상원조 비중이 높았지만, 신흥국에 대해서는 22%의 프랑스 ODA 공여가 무상원조를 통해서 집행되었고, 유상원조 비중이 78%에 달하였다. 사하라 이남 아프리카 국가에서 프랑스의 ODA 집행 중에 가장 큰 비중을 차지하는 것은 부채탕감 및 채무변제 일정을 조정하는 것이었다. 반면에 위기상황에 처한 국가에 대한 ODA 집행은 무상원조가 전체 ODA 비중에서 98%를 차지하였다.

표 11-10	지원방식별 프랑스의 ODA
지원방식	프랑스 전체 ODA에서 차지하는 비중
EU를 제외한 다자간 ODA	17%
EU를 통한 ODA	17%
경비지출	8%
부채탕감 및 채무변제 일정조정	12%
프로젝트 성격이 아닌 지출	10%
기술지원	9%
프로젝트 지출	26%
예산 보조	1%

출처: 프랑스 외교국제개발부.[23]

〈표 11-11〉은 전 세계의 ODA를 이상주의와 현실주의 목적으로 구분하였다. 도표에 따르면, 미국과 일본의 ODA는 각국의 국가안보와 경제적 실익을 위해 단기 혹은 중기적으로 이루어지는 현실주의 성향을 갖고 있다면, 북구 3국(노르웨이, 스웨덴, 덴마크)은 선진국과 개발도상국의 격차를 해소하고 인도주의적인 목적에서 장기적으로 이루어지는 이상주의 성향을 갖고 있다.

표 11-11	ODA 모델 구분	
	현실주의	이상주의
원조동기 및 목적	국가안보, 경제실익	선진국과 개발도상국의 격차해소, 인도주의 실천
추구 방법	지원국의 독자적 결정	후진국 수요 반영
효과 평가	단기 혹은 중기	장기
공여 방식	양자 원조	국제기구 활용
지리적 배분	지원국의 국가정책상 필요에 따라 결정	공평 배분, 최빈국 강조
대표 국가	미국, 일본	북구 3국

출처: 박번순, 정호성, 김화년, 이종규. 2009. "국격제고를 위한 ODA 정책." CEO information 제730호. 삼성경제 연구소. p. 8.

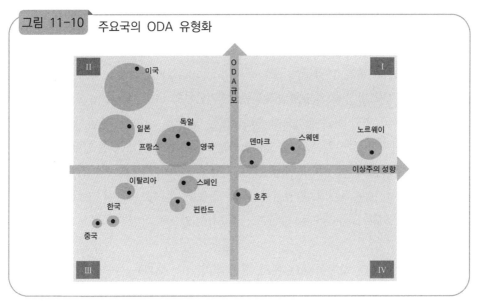

그림 11-10   주요국의 ODA 유형화

출처: 박번순, 정호성, 김화년, 이종규. 2009. "국격제고를 위한 ODA 정책." CEO information 제730호.
삼성경제 연구소. p. 9.

〈그림 11−10〉은 〈표 11−11〉에 제시된 이론적 틀을 가지고 주요 ODA 공여국
의 모델을 도출한 것이다. 여기서 보면 EU 회원국 중 스웨덴, 덴마크는 ODA 모델
에서 이상주의 성향을 보이는 국가로 구분되는 반면에 독일, 프랑스, 영국 등의 국
가는 현실주의 성향을 갖는 국가로 구분되고 있다.

4 프랑스의 ODA 지원체계

프랑스 ODA 정책기조는 총리가 주재하는 국제개발협력정부간위원회(CICID:
Comité Interministériel pour la Coopération Internationale et le développement)에서 결정
된다. 이는 국무총리가 주재하는 국제개발협력위원회가 2006년 조직되어 활동 중인
한국의 상황과 유사하다.

차이점은 1998년에 창립된 CICID에서 참여부처 장관들이 실제로 현재까지 회
동한 숫자는 9회에 불과하다는 점이다. 마지막 CICID는 2013년 7월 31일에 소집
되었다. 반면에 실무차원의 조율은 상당히 활발하게 그리고 일관성있게 진행되고
있다. 이는 CICID의 정책을 집행하는 CICID 공동사무국이 있기 때문이다. CICID

공동사무국회의는 CICID보다 훨씬 자주 정기적으로 개최되며, 외교부와 경제재정부가 번갈아가며 의장을 맡고 있다. 또한 CICID 공동사무국회의에는 프랑스 ODA 집행의 가장 큰 부분을 담당하는 AFD(프랑스개발진흥청)이 회의에 참석하도록 하고 있다. 이는 국무조정실에 개발협력정책관실을 신설(2010년 1월)하여, 국제개발협력위원회의 사무국 역할을 수행하도록 하고 있는 한국의 상황과 매우 유사하다. 그러나 집행단계에서 무상원조와 유상원조라는 구분 아래 ODA의 실무집행기관이 달라지는 한국과는 달리 CICID에서 결정된 지침이 프랑스 ODA의 집행에서 가장 큰 부분을 담당하는 AFD의 운영전략과 잘 조율될 수 있도록 한 전략기조심의회(COS: Conseil d'orientation stratégique)가 설치되어 있으며, 이를 외교부와 경제재정부가 주재한다.

COS에서 결정된 방침이 AFD에서 집행되고, 이는 AFD 산하의 집행기관과 해외 현지 프랑스 대사관 그리고 프랑스 재무공공회계부 재정총국(DG TRESOR) 소속으로 해외 현지 프랑스 대사관에 파견된 대사관 경제상무관실이 유기적으로 상의하여 담당하고 있다. 이를 통해서 프랑스 ODA 집행에서 부처간에 유기적 결합이 한국의 상황보다 훨씬 더 강력하게 작용할 수 있다.

다시 말해, 프랑스의 ODA 지원체계는 한국과 마찬가지로 총리가 주재하는 국제개발협력정부간위원회(CICID: Comité Interministériel pour la Coopération Internationale et le développement)에서 프랑스 ODA 정책방향이 결정된다. 외교, 개발, 재무, 교육, 연구, 고등교육, 내무, 국방, 환경, 예산, 무역, 해외영토 관련 부서가 국무총리의 주재 아래 ODA 정책 방향을 결정한다. 프랑스 양자간 원조의 대부분을 집행하는 AFD는 외교부, 내무부, 경제부의 공동 감독 아래에 있다. 이는 국무총리실 주재 아래 외교부와 기획재정부가 각각 별도의 기관을 통해 ODA를 집행하는 한국 시스템과는 차이가 있는 것이다.

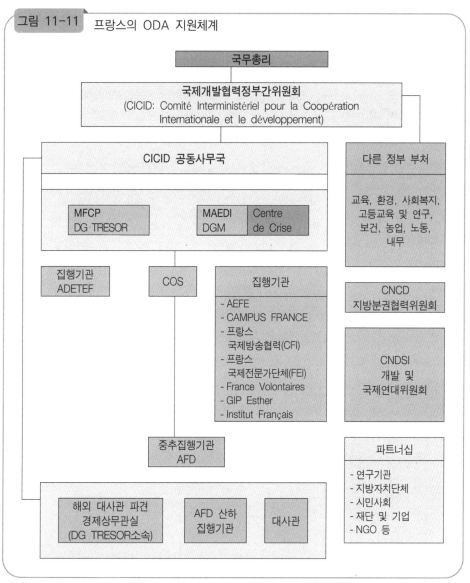

그림 11-11   프랑스의 ODA 지원체계

- MFCP: Ministère des finances et des comptes publics (프랑스 재무공공회계부)
- DG TRESOR: Direction générale du trésor (재정총국)
- MAEDI: Ministère des Affaires étrangères et du Développement international (프랑스 외교국제개발부)
- DGM: Direction générale de la mondialisation, du développement et des partenariat (세계화, 개발, 동반자 총국)
- Centre de Crise (위기센터)
- ADETEF: Assistance Technique France (프랑스기술협력)
- COS: Conseil d'orientation stratégique (전략기조심의회)

- CNCD: Commission nationale de la coopération décentralisée (지방분권협력 위원회)
- CNDSI: Conseil national pour le développement et la solidarité internationale (개발 및 국제연대위원회)
- AEFE: Agence pour l'enseignement français à l'étranger(해외프랑스교육청)
- GIP Esther: Groupement d'interêt public Ensemble pour une solidarité thérapeutique hospitalière en réseau (공공의료구호사업망연대)

출처: 외교국제개발부.24)

프랑스의 양자간 ODA의 대부분은 프랑스개발진흥청(AFD: Agence française de développement)을 통해서 집행된다. AFD가 프랑스 전체 ODA의 46%를 집행하고 있으며, 금액으로는 28억 유로(2012)에 이른다. 교육부와 경제재정부 및 외교국제개발부가 다음으로 비슷한 규모의 ODA를 제공하고 있다. 교육부의 비중이 중요하게 잡힌 이유 중 하나는 교육부가 개발도상국에 제공하는 장학금 비중 때문이다. 교육부는 2012년에 10억 7,000만 유로의 ODA 자금을 집행하였다. AFD, 경제재정부, 외교국제개발부, 교육부 등 프랑스 ODA 공여 4대 기관이 프랑스 전체 양자간 ODA의 90%를 차지하였다. 전체 지원 규모는 56억 유로(2012)이다.

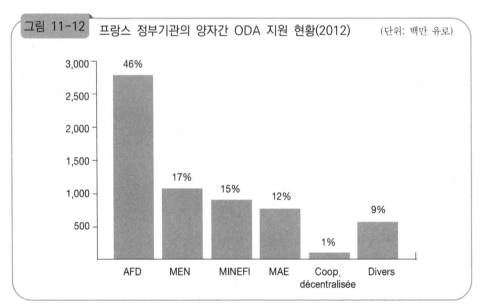

그림 11-12 프랑스 정부기관의 양자간 ODA 지원 현황(2012) (단위: 백만 유로)

* AFD: 프랑스개발진흥청, MEN: 교육부, MINEFI: 경제재정부, MAE: 외교국제개발부, Coop. décentralisée: 복수기관협력 방식에 의한 지원, Divers: 기타
출처: 프랑스 외교국제개발부.25)

프랑스의 경우 2008년 이후 경제난에도 불구하고 ODA 자금지원이 지속적으로 증가하였다. 다만 경제난이 가중되는 상황에서, 2008년 프랑스 양자간 ODA의 93%를 차지하던 무상원조 비중은 2012년 72%로 급감하였다. 반면에 유상원조 비중은 지속적으로 확대되었다. 프랑스 ODA 지출에서 주목할 만한 점은 프랑스 교육부의 역할이 전체 ODA 비중에서 17%를 차지한다는 점이며, 이는 프랑스 정부의 해외장학금 운용에 관련된 것이다. 그러나 해외장학금 지원을 ODA로 간주해야 하는가에 대해서는 논란이 있다.

5 EU ODA 정책 수립에 대한 프랑스의 기여와 프랑스 정부의 EU ODA 채널활용

EU가 ACP국가들과 개발협력 프로그램을 발전시킨 계기에는 프랑스의 역할이 컸다. 1957년 로마조약을 통해 유럽공동체 회원국가간의 무역에 관세를 철폐하고 대외무역에 단일관세를 적용하는 공동시장 창설을 시도하였을 때, 식민지 교역에 유럽공동체 차원에서 단일 관세 적용여부는 첨예한 문제가 되었다. 프랑스와 벨기에, 특히 프랑스는 자국의 공산품 판매지와 원료공급지로서 식민지를 필요로 하였기에 유럽공동체의 공통대외관세를 식민지 국가에 다른 외부 교역대상국과 동일하게 부여하는 데 반발하였다. 프랑스는 다른 회원국을 설득하여 "유럽공동체 회원국과 이들 국가의 해외식민지(the overseas countries) 및 대외 부속영토(the overseas territories)간의 무역을 확대하고 상호 경제·사회 발전을 증진하기 위해 '연합(Association)'을 만든다"라는 내용을 로마조약 3조 K항에 담았다. 로마조약의 131조에서 136조에 해당하는 로마조약 4장의 제목은 "해외식민지와 대외 부속영토와의 연합(Association of the overseas countries and territories)"이었는데, 로마조약 133조는 회원국의 해외식민지와 대외 부속영토의 유럽공동체 회원국으로 수출에 대한 EU의 관세를 철폐한다는 내용을 포함하고 있었다. 또한 유럽공동체는 또한 이들 국가에 개발원조금을 지원할 목적으로 "유럽개발기금(EDF: European Development Fund)"을 창설하였다.

유럽공동체 회원국의 식민지가 독립함에 따라 로마조약으로는 이들 국가에 대한 무역특혜 및 개발원조금을 지급할 수 없게 되었고, 프랑스와 벨기에로부터 독립한 18개 국가들이 유럽공동체와 협상을 전개하여 1963년 야운데(Yaoundé) 1차 협약을 체결하였다. 야운데 협약을 통해 이들 국가는 유럽공동체 회원국 시장에 대한 접근성과 개발원조금 그리고 EDF와 유럽투자은행(EIB: European Investment Bank)을 통한 자금지원을 보장받았다. 그러나 야운데 협약에서 과거 식민지 국가들은 공산품에 관련해서는 무관세로 유럽공동체 시장에 수출을 허락받았지만, 이들 국가의 주요 수출품이었던 농산물에 대한 혜택은 유럽공동체 국가의 농민보호를 이유로 엄격하게 제한되었다. 또한 공산품 수출의 무관세 혜택에 대한 반대급부로 유럽공동체 회원국의 수출에도 상응하는 특혜를 제공해야 했다. 야운데 협약은 1969년에 케냐, 탄자니아, 우간다를 포함하여 확대되었다.

1973년 영국이 유럽공동체에 회원국으로 가입하자 영국의 과거 식민지 국가로 협약을 확대할 필요성이 제기되어, 1975년에 로메(Lomé)협약이 체결되었다. 기존의 야운데 협약이 상호호혜적(reciprocal) 원칙 아래 무역특혜가 제공되어 과거 식민지 국가가 유럽시장 접근을 위해 유럽공동체에 상응하는 시장개방을 했어야 되었던 것과는 달리, 로메협약은 유럽공동체 차원의 일방적인(non-reciprocal) 특혜제공 원칙이 적용되어, ACP국가들의 상품이 유럽공동체 시장에서 무관세로 수입되지만 ACP국가들이 유럽공동체 국가에 무역특혜를 제공할지의 여부는 ACP국가의 결정에 맡기게 되었다. 또한 과거 식민지 국가들의 주요 수출품이 1차 생산품이라는 것을 고려하여 ACP국가들에서 수출 농산물의 가격이 하락하거나 생산량이 감소할 때 ACP국가들에게 보상금을 지급하는 "농산물 소득 안정화제도(STABEX: Stabilization of Export Earnings of Agricultural Products)"[26]를 실시하였다. 1979년 2차 로메협약에서는 "광산물 보상개발제도(SYSMIN: Ststem for Safeguarding and Developing Mineral Production)"[27]가 도입되었다.

로메협약은 2000년 코토누(Cotonou) 협약으로 대체되었다. 코토누 협약에서 가장 큰 변화를 가져온 것이 무역에 관련된 것이었다. 기존의 로메협약에서 보장된 ACP국가의 EU시장에 대한 특혜적 접근은 1995년 WTO 출범이후, WTO 규정에 맞게 개정되어야 했다. 이를 위해 ACP국가들의 EU시장에 대한 특혜적 접근방식은 자유무역협정으로 대체되어야 했으며 기존의 일반적인 무역특혜제도는 2008년까지 존속되었다. 또한 코토누 협약을 통해 EDF 자금의 ACP 지원 프로그램이 단순화되었고, 전통적인 경제개발에 대한 자금 지원뿐만 아니라 자연재해나 전쟁과 같은 인적재해에 대해서도 지원이 가능하게 되었다.

이 같은 EU의 개발도상국과의 경제협력사업의 발전은 프랑스가 로마조약 당시에 주도적으로 다른 EU회원국을 설득하지 않았다면 실현가능하지 않았다.

프랑스의 개발원조 정책에서 가장 주목할 만한 사항은 프랑스가 ODA지원 채널 중에 EU를 통한 ODA 지원방식을 적극적으로 활용하고 있다는 점이다. 프랑스는 유럽개발기금(EDF: European Development Fund)의 제2위 공여국이다. 2008년부터 2013년까지의 기간에 해당하는 제10차 유럽개발기금(the 10th EDF)의 기간에 유럽개발기금 예산은 226억 유로였다. 제10차 유럽개발기금 기간 동안에 프랑스는 44억 3,400만 유로의 유럽개발기금을 분담하였다. 이는 유럽분담기금 예산의 19.55%에 해당하는 것이다. 프랑스의 EU예산 분담률이 15.9%임을 감안하면, 프랑스 정부의 유럽개발기금 분담액 비중은 높은 것이라 할 수 있다. 반면에 2014년부터 2020년까지의 제11차 유럽개발기금의 기간에 총 예산은 305억 유로로 책정되었고, 프랑스의 제11차 유럽개발기금 분담률은 17.81%로 하락하였다.

2007년부터 2013년 사이에 회원국의 자발적인 참여로 구성되는 유럽개발기금 예산은 227억 유로였다. 프랑스는 2012년에 5억 7,630만 유로의 예산을 분담하였다. 유럽개발기금에서 프랑스는 독일 다음으로 높은 예산 분담액을 부담하였다.[28] 2013년에도 프랑스는 유럽개발기금의 분담금으로 5억 7,700만 유로를 납부하였다. 같은 해 독일은 분담금으로 6억 500만 유로를 납부하였다. 반면에 같은 해 영국은 4억 3,700만 유로를 납부하였다.[29]

〈표 11-12〉에서 볼 수 있듯이, 2014년에도 프랑스는 유럽개발기금에서 독일 다음으로 많은 분담금을 납부하였다. 프랑스는 6억 1,500만 유로의 분담금을 납부하였고, 독일은 6억 4,500만 유로를 납부하였다. 반면에 영국은 같은 해 4억 6,600만 유로의 분담금만을 납부하였다.

이는 프랑스가 유럽개발기금에 대한 분담금에서 영국보다 절대적으로 많은 액수를 부담하였다는 것을 보여준다. 프랑스보다 더 많은 유럽개발기금 분담금을 납입하고 있는 독일에 비해서도 인구 1인당 기준으로 볼 때, 프랑스는 유럽개발기금에 독일보다 훨씬 큰 기여를 하고 있다.

이와 같이 프랑스는 영국에 비해 ODA 지원 규모와 GNI 대비 비중이 낮았지만, EDF를 통한 ODA 지원에는 매우 적극적이었다.

| 표 11-12 | 유럽개발기금(EDF)의 회원국 분담금 | | | (단위: 백만 유로) |

Contributions	%	Uncalled 10th EDF 31.12.2013	Called up in 2014	Uncalled 10th EDF 31.12.2014
Austria	2.41	(317)	76	(241)
Belgium	3.53	(465)	111	(354)
Bulgaria	0.14	(18)	4	(14)
Cyprus	0.09	(12)	3	(9)
Czech Republic	0.51	(67)	16	(51)
Denmark	2.00	(263)	63	(200)
Estonia	0.05	(7)	2	(5)
Finland	1.47	(193)	46	(147)
France	19.55	(2 573)	615	(1 958)
Germany	20.50	(2 698)	645	(2 053)
Greece	1.47	(193)	46	(147)
Hungary	0.55	(72)	17	(55)
Ireland	0.91	(120)	29	(91)
Italy	12.86	(1 693)	404	(1 288)
Latvia	0.07	(9)	2	(7)
Lithuania	0.12	(16)	4	(12)
Luxemburg	0.27	(36)	8	(27)
Malta	0.03	(4)	1	(3)
Netherlands	4.85	(638)	152	(486)
Poland	1.30	(171)	41	(130)
Portugal	1.15	(151)	36	(115)
Romania	0.37	(49)	12	(37)
Slovakia	0.21	(28)	7	(21)
Slovenia	0.18	(24)	6	(18)
Spain	7.85	(1 033)	247	(786)
Sweden	2.74	(361)	86	(274)
United Kingdom	14.82	(1 951)	466	(1 485)
Total	**100.00**	**(13 162)**	**3 144**	**(10 018)**

출처: EU집행위원회, Annual Accounts of the European Development Fund 2014, 2015.

프랑스 외교국제개발부가 2014년에 발간한 보고서인 "유럽개발기금에 대한 프랑스의 기여에 대한 평가(Evaluation of France's contribution to the European Development Fund)"에 따르면,[30] 유럽개발기금을 통해서 EU는 ACP국가들에서 EU의 이미지와 존재성을 부각시킬 수 있다고 평가하고 있다. 그리고 이와 같은 EU 채널을 활용하여, 이들 국가에서 프랑스의 영향력을 확대시킬 수 있다고 평가하였다. 프랑스 외교국제개발부가 EDF에 주목하는 다른 이유는 경제적인 이유이다. EDF 사업을 위한 공개입찰에서 프랑스 기업이 큰 혜택을 보고 있다. 2010년에 프랑스 기업이 EDF 사업 공개입찰의 19%, 2011년에는 25%의 혜택을 보았다. 전통적으로 프랑스 기업은 공공부문 사업 공개입찰에서 강점이 있었다. 또한 사업이 진행되는 현지에서 프랑스 기업의 자회사가 현지 기업으로 참여하여 유럽개발기금의 혜택을 받을 수 있다고 평가하고 있다.

프랑스의 유럽개발기금의 높은 분담금 납부는 프랑스와 밀접한 관계를 갖고 있는 ACP 국가와 EU와의 관계강화 속에서, 이들 국가에서 프랑스의 영향력 확대를 이루려는 프랑스의 정치적인 이해와 프랑스 기업이 유럽개발기금의 공개입찰 사업 수주에서 유리한 입장을 확보할 수 있도록 하는 경제적인 이해와 관련이 있다고 할 수 있다.

한편 〈그림 11−13〉에서 볼 수 있는 바와 같이 2008년부터 2012년까지 회원국 ODA기관을 통해서 간접 집행된 유럽개발기금은 대략 7억 유로의 규모이며, 이는 유럽개발기금의 1.5%에 해당한다. 이중 프랑스의 ODA기관은 1억 6,900만 유로를 집행하였다. 이는 같은 기간에 3억 2,120만 유로를 집행한 독일 ODA기관의 다음 순위에 해당하는 것이다.

프랑스는 유럽개발기금 이외에도 개발원조와 관련된 다양한 EU기금에 예산 지원을 하고 있다. 예를 들어, EU의 개발협력기금(DCI: Development Cooperation Instrument), EU의 민주주의−인권기금(EIDHR: European Instrument for Democracy and Human Rights), EU의 인근국 지원기금(ENI: European Neighbourhood Instrument)에 예산지원을 하고 있다.

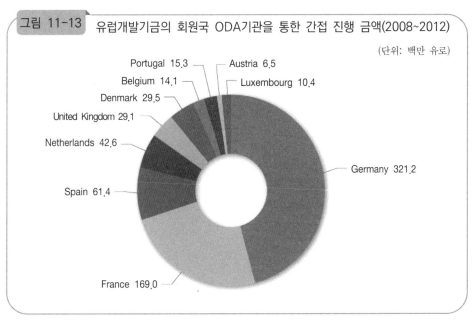

그림 11-13 유럽개발기금의 회원국 ODA기관을 통한 간접 진행 금액(2008~2012)

(단위: 백만 유로)

Portugal 15.3
Austria 6.5
Belgium 14.1
Luxembourg 10.4
Denmark 29.5
United Kingdom 29.1
Netherlands 42.6
Germany 321.2
Spain 61.4
France 169.0

출처: 프랑스 외교국제개발부.[31]

EU의 개발협력기금(DCI)은 2007년부터 2013년까지 178억 유로의 예산이 편성되어 있다. EU 개발협력기금은 지리적 프로그램(geographic programmes)과 테마별 프로그램(thematic programmes)으로 구성되어 있는데, 2007년부터 2013년까지 EU 개발협력기금 전체 예산에서 지리적 프로그램에 101억 유로가 할당되었고, 77억 유로가 테마별 프로그램에 할당되었다. 지리적 프로그램은 EU의 파트너 국가와 파트너 지역과의 협력을 포함하고 있는데, 아시아, 중앙아시아, 라틴 아메리카, 중동, 남아메리카 지역이 포함되어 있다. 프랑스는 이 기간 동안 개발협력기금 지리적 프로그램에서 16억 유로의 예산을 분담하였다.[32]

EU 개발협력기금의 테마별 프로그램은 "사회 및 인적자원 개발(social and human development)", "환경과 천연자원의 지속가능한 경영(the environment and sustainable management of natural resources)", "민간 행위자와 지방자치단체(non-State actors and local authorities)", "식품안전의 개선(Improvement of food security)", "이민과 난민문제 협력(migration and asylum cooperation)", "ACP 18개국에서 설탕생산의 구조조정(restructuring of sugar production in 18 ACP countries)" 등을 포함하고 있다. EU 개발협력기금의 테마별 프로그램은 EU 개발협력기금의 지리적 프로그램이 수행되는 국가 및 지역에서 진행된다. "사회 및 인적자원 개발" 프로그램에 2007년부터 2013년까지 할당된 예산은 10억 유로이며, 프랑스의 분담금은 1억 6,000만 유로이다. "환경과 천연자원의 지속가능한 경영" 프로그램에 할당된 예산은 8억 400만 유로이며, 프랑스의 분담금은 1억 2,900만 유로이다. "민간 행위자와 지방자치단체" 프로그램에 할당된 예산은 16억 유로이며, 프랑스의 분담금은 2억 5,600만 유로이다. "식품안전의 개선" 프로그램에 할당된 예산은 17억 유로이며, 프랑스의 분담금은 2억 7,200만 유로이다. "이민과 난민문제 협력" 프로그램에 할당된 예산은 3억 8,400만 유로이며, 프랑스의 분담금은 6,144만 유로이다. "ACP 18개국에서 설탕생산의 구조조정" 프로그램에 할당된 예산은 연간 1억 8,000만 유로였다.

EU의 민주주의-인권기금(EIDHR: European Instrument for Democracy and Human Rights)은 2006년에 창립되어서 EU가 전 세계에서 민주주의와 인권을 증진하는데 기여하고 있다. 2007년부터 2013년에 EU 민주주의-인권기금에 할당된 예산은 11억 유로이며, 프랑스의 분담금은 1억 8,000만 유로이다.

EU의 인접국 지원기금(ENI: European Neighbourhood Instrument)은 인접국 및 협력국 지원기금(ENPI: European Neighbourhood and Partnership Instrument)을 승계하였

다. 본 기금은 EU의 인근지역에서 경제적 번영과 정치적 안정을 확립하는 것을 목표로 한다. 본 프로그램의 대상지역은 지중해 국가와 EU의 동유럽 인접국가인데, EU 회원가입 후보국과 러시아는 대상에서 제외된다. 2007년부터 2013년까지 ENPI에 할당된 예산은 112억 유로였다. 이 중 프랑스의 분담금은 18억 유로였다.

이와 같이 프랑스는 ODA 지원에서 매우 적극적으로 EU채널을 활용하였다. 특히 EU ODA 기금에서 가장 규모가 큰 유럽개발기금(EDF)에서 독일 다음으로 많은 분담금을 납부하였다.

6 프랑스의 개발원조 정책방향

프랑스의 개발원조 정책은 빈곤 퇴치와 경제·사회·환경 분야에서 지속가능한 발전에 주안점을 두고 있다. 프랑스의 개발원조 정책은 프랑스의 문화·외교·경제적 영향력 강화에 기여하고 있으며, 프랑스어권에 특별한 주의를 기울이고 있다.

프랑스의 개발협력 정책은 "평화, 안정, 인권, 남녀평등의 증진(Promotion de la paix, de la stabilité, des droits de l'Homme et de l'égalité entre les hommes et les femmes)", "평등, 사회정의, 인적자원개발(Equité, justice sociale et développement humain)", "풍부한 고용을 창출하는 지속가능한 경제발전(Développement économique durable et riche en emplois)", "환경 및 세계 공공재 보전(Préservation de l'environnement et des biens publics mondiaux)"이라는 쟁점에 대응하는 것을 목표로 하고 있다.[33]

"평화, 안정, 인권, 남녀평등의 증진(Promotion de la paix, de la stabilité, des droits de l'Homme et de l'égalité entre les hommes et les femmes)"의 문제에 관련하여, 프랑스 외교국제개발부는 개인의 자유와 인권보호는 권리에 대한 인식이 확립되고 법치가 강화될 때 확고하게 확립될 수 있다고 판단하였다.

"평등, 사회정의, 인적자원개발(Equité, justice sociale et développement humain)" 문제와 관련하여, 프랑스 외교부는 유엔의 새천년개발목표는 식량, 교육, 식수, 위생, 주거 등의 문제에서 개선을 가져왔지만, 아직도 관련 분야의 산적한 과제가 있다고 밝히고 있다. 또한 프랑스 정부는 경제개발에서 인적자본 축적의 중요성에 주목하였고, 경제발전과정에서 복지문제와 개개인의 인권문제의 중요성에도 주목하고 있다.[34]

"풍부한 고용을 창출하는 지속가능한 경제발전(Développement économique durable et riche en emplois)" 문제에 관련하여, 프랑스 외교국제개발부는 경제발전 문제를 프랑스 국제사회 협력과제에 핵심에 두고 있다고 밝히고 있다. 물, 에너지, 교통 분야에서 인프라 개선과 지역통합의 강화, 민간 분야(특히, 중소기업, 사회적 기업, 금융기업)의 발전이 필수적인 경제발전 수단이라고 보았다. 개발도상국의 경제발전에서 사회적 덤핑이나 환경파괴 없이 자본, 인간, 환경이 균형을 이루어 고용을 창출하는 질적 성장을 이루는 것을 중요하게 간주한다는 입장을 밝혔다.

"환경 및 세계 공공재 보전(Préservation de l'environnement et des biens publics mondiaux)" 문제에 관련하여, 지구온난화 억제, 생물다양성 파괴 방지, 보건 및 환경위기에 대한 대응, 전염병 확산 억제, 금융시장의 안정을 강화하는 것이 세계 공통과제이다. 그러나 세계 공공재는 시장도 국가도 제대로 책임지지 못하고 있는 영역이다. 따라서 관련문제에 대한 세계 차원의 거버넌스 문제와 재정투자 문제에서 개선이 이루어져야 한다는 것이 프랑스 정부의 입장이다.[35]

프랑스 외교국제개발부에 따르면 프랑스 개발원조 정책의 원칙은 "효과성(Efficacité)", "투명성과 책임성(Transparence et redevabilité)", "연속성(Cohérence)"이다.[36]

프랑스 개발원조의 효과성을 위해서, 프랑스는 2002년 몬테레이 회의 이래로 노력을 기울여 왔다. 2003년 로마, 2005년 파리, 2008년 아크라, 2011년 부산에서 개최된 "원조효과성 고위급회의(High Level Forum on Aid Effectiveness)"에서 "효과성(effectiveness)"의 원칙에 대한 정의를 내리는데 기여하였다. 프랑스가 주창한 원조효과성의 원칙은 "다자간 원조체계의 합리화(rationalisation de l'architecture de l'aide multilatérale)", "원조제공 대상국가 상황의 다양성에 대한 인지(prise en compte de la diversité des situations de nos partenaires)", "원조의 결과물을 측정하는 방식에 대한 개선(amélioration de la mesure des résultats de l'aide)" 등이었다.

개발원조의 투명성과 책임성을 강화하려 프랑스 정부는 노력을 기울이고 있다. 원조의 투명성은 개발원조 정책을 이해하고, 개발원조 정책에 정당성에 부여하는데 매우 중요하다. 또한 원조의 투명성은 원조의 효과성을 위해서도 매우 중요한 항목이다. 원조의 투명성을 제고하기 위해 진행되고 있는 원조 프로젝트에 대해서 상세하고 정기적으로 업데이트된 정보와 원조 제공기관들의 원조규정이 대중들에게 제공되어야 한다. 이와 관련된 사례로 프랑스 정부는 말리에서 진행된 원조 프로젝트에 대해서 2013년 말에 웹사이트를 통해 정보를 제공하였다.

ODA 정책 차원을 넘어서, 공여국의 경제, 사회정책은 개발도상국에 중대한 영향을 갖는다. 1998년 이래로, 프랑스 정부 입장이 연속성(Cohérence)을 갖도록 하는 것은 프랑스 외교부의 권한이었다. 해당 국가의 개발과 연관성이 있는 사안에 대해서 프랑스 정부 차원의 개입이 이루어지고 결정이 내려지기 위해서는, 프랑스 외교부의 의견이 반드시 청취되어야 한다.

프랑스 개발원조 정책의 책임성(redevabilité)은 프랑스 정부가 ODA 자금의 사용 및 개발원조의 결과물에 대해서 시민들에게 설명을 하는 절차와 관련이 있다. 프랑스 정부는 최근 개발원조 정책의 책임성을 강화하기 위해서, 2012년부터 프랑스 개발원조 전략의 실행에 대한 보고서를 2년마다 의회에 제출하고 있다.

2012년 집권한 프랑스와 올랑드 정부는 신흥강국의 부상, 민주주의의 확산, 기후변화 문제의 심화 등과 같은 새로운 환경에 적응하기 위해 프랑스 정부 개발원조 정책의 방향성 조율을 필요로 하였다. 이를 위해서 2012년 11월부터 2013년 3월 사이에 프랑스 외교부가 주관하여 개최된 "개발과 국제연대 연석회의(Assises du développement de la solidarité internationale)"에 선진국과 개발도상국에서 관련 분야의 다양한 관계자들이 참석하여 논의를 가졌다. 정부, NGO, 기업, 재단, 지방자치단체, 의회, 연구기관, 정부출연기관 등이 참석하였다.

19회에 걸친 라운드테이블과 600여명의 참석을 통해서, 심도있는 논의가 5대 분야에서 진행되었다. 2015년 이후 개발원조 아젠다 수립 문제, 개발원조의 투명성과 효율성 문제, 정부정책의 일관성 문제, 개발원조 실행기관간의 협력 문제, 기술적·사회적 혁신의 역할 문제 등이 심도있게 논의되었다.

표 11-13 **개발과 국제연대 연석회의 현황**

회의기간	2012년 11월 ~ 2013년 3월
라운드테이블 개최 횟수	19회
참석자 규모	600여명
참석 단체	정부, NGO, 기업, 재단, 지방자치단체, 의회, 연구기관, 정부출연기관

4개월 간의 회의에서 심도있는 의견교환, 토론, 정책제안이 이루어진 것에 힘입어, 2013년 3월 1일 "개발과 국제연대 연석회의(Assises du développement de la solidarité internationale)" 폐막식에서 2개의 중요한 결론이 도출되었다. 이 중 하나는 "프랑스 개발원조정책의 방향성과 프로그램 구축에 관련된 법안 수립을 의회에 요청"하는 것이었다. 다른 하나는 "개발과 국제연대 자문위원회(CNDSI: Conseil national du développement de la solidarité internationale)"를 설립하는 것이었다. CNDSI의 설립 취지는 시민사회, 지방자치단체, 기업, 연구자들과 주기적인 자문회의를 갖는 것이었다.

2013년 7월 31일에 개최된 국제개발협력정부간위원회(CICID: Comité interministériel de la Coopération internationale et du Développement)에서 개발원조 정책을 발전시키고 운영하는데 의견수렴의 중요성이 강조되면서 "개발과 국제연대 자문위원회(CNDSI: Conseil national pour le Développement et la Solidarité internationale)"의 설립이 결정되었다.[37]

개발 및 프랑스어권 장관에 의해 주재되는 CNDSI는 '의회', '지방자치단체와 지역차원의 다양한 행위자', 'NGO', '노조', '경영자대표', '개발원조에 참여하는 경제행위자(acteurs économiques intervenant dans le champ de la solidarité internationale)', '연구 및 교육기관' 등 7개 집단 및 외국인 전문가 집단에 소속된 54명의 위원으로 구성된다. CNDSI를 통해서 개발원조에 관련된 다양한 행위자들간에 의견조율이 이루어지게 되었다. 의견조율이 이루어지는 분야는 프랑스 정부의 개발원조 정책의 목적과 방향성, 개발원조 정책의 연속성, ODA 지원방식에 관한 것이다.

CNDSI 설립의 가장 큰 의의는 그 동안 정부주도로만 이루어지던 개발원조 정책 집행에 프랑스 정부와 시민사회간의 소통채널이 제도상으로 확보된 것이다.

7 시사점

프랑스는 OECD 회원국 중 미국, 영국, 독일에 이은 4대 ODA 공여국이다. 그러나 GNI 대비 ODA 규모로 볼 때, 프랑스는 OECD 개발원조 위원회(DAC) 회원국 평균 수치를 간신히 넘는 정도이다. 특히 최근 GNI 대비 프랑스의 ODA 규모는 프랑스 경제침체에 따라 후퇴하였다. 프랑스 ODA 지원액수도 4년 연속 감소하였고, 4년간 ODA 지원 규모는 9.2% 감소하였다.

프랑스 ODA 집행의 대부분을 담당하는 프랑스개발진흥청(AFD: Agence française

de développement)이 1941년 12월 2일 자유프랑스군 사령관으로 드골장군이 자유프 랑스 자유프랑스중앙기금(CCFL: Caisse Centrale de la France Libre)에 그 뿌리를 두고 있는 것처럼 프랑스의 ODA 정책은 과거 프랑스 식민지 국가지원과 밀접하게 연관 되어 있다. 현재도 지리적으로 프랑스 ODA 지원에서 가장 높은 비중을 차지하는 곳이 아프리카 지역의 과거 프랑스 식민지 국가들이다.

프랑스의 ODA 집행은 양자간 ODA 방식이 66%, 다자간 ODA 방식이 66%, EU 기금을 통한 ODA 지원방식이 17%를 차지하고 있다.

EU를 통한 ODA 지원방식의 경우, 프랑스는 이를 적극적으로 활용하였다. 프 랑스는 프랑스보다 ODA 지원 규모가 큰 영국에 비해서도 훨씬 더 많은 금액을 EDF(유럽개발기금)을 통해서 지원하였다. EDF를 통한 ODA 지원액은 독일에 비해 약간 작았지만, 이를 GNI로 환산하였을 때는 독일보다 훨씬 많은 규모의 ODA를 EDF를 통해서 협력국가에 지원하였다. 이처럼 프랑스는 EU 차원의 ODA 지원방식 을 독일이나 영국에 비해 적극적으로 활용하였다.

프랑스 ODA 정책기조는 총리가 주재하는 국제개발협력정부간위원회(CICID: Comité Interministériel pour la Coopération Internationale et le développement)에서 결정 된다. 이는 국무조정실에 개발협력정책관실을 신설(2010년 1월)하여, 국제개발협력 위원회의 사무국 역할을 수행하도록 하고 있는 한국의 상황과 매우 유사하다. 그 러나 집행단계에서 무상원조와 유상원조라는 구분 아래 ODA의 실무집행기관이 달라지는 한국과는 달리 CICID에서 결정된 지침이 프랑스 ODA의 집행에서 가장 큰 부분을 담당하는 AFD의 운영전략과 잘 조율될 수 있도록 한 전략기조심의회 (COS: Conseil d'orientation stratégique)가 설치되어 있으며, 이를 외교부와 경제재정부 가 주재하고 있어서 ODA 지원에 관련된 정부 부처 간의 협력이 한국보다 훨씬 밀접하게 진행되고 있다. 또한 프랑스 양자간 원조의 대부분을 집행하는 프랑스개 발진흥청(AFD)은 외교부, 내무부, 경제부의 공동 감독 아래에 있다. 이는 유상원조 와 무상원조의 구분 아래 ODA 집행 실무기관이 기획재정부의 대외경제협력기금 (EDCF)을 집행하는 한국수출입은행과 KOICA와 외교부의 무상원조를 집행하는 KOICA로 나뉘어 있는 한국의 상황과는 차이가 나는 점이라고 볼 수 있다. 한국과 프랑스 모두 ODA 집행이 여러 부처에 나뉘어 진행되고 있지만, 유기적인 결합은 프랑스의 ODA 집행체계가 훨씬 강하다고 볼 수 있다.

또한 프랑스는 EU 차원의 ODA 정책이 형성되는데도 크게 기여하였다. EU 경제통합으로 과거 식민지 국가와의 경제적 협력이 약화될 수 있었던 상황에서 프랑스는 다른 회원국을 설득하여, "유럽공동체 회원국과 이들 국가의 해외식민지(the overseas countries) 및 대외 부속영토(the overseas territories)간의 무역을 확대하고 상호 경제·사회 발전을 증진하기 위해 '연합(Association)'을 만든다라는 내용이 로마조약 3조 K항에 포함되었다. 로마조약의 131조에서 136조에 해당하는 로마조약 4장의 제목은 "해외식민지와 대외 부속영토와의 연합(Association of the overseas countries and territories)"이었는데, 로마조약 133조는 회원국의 해외식민지와 대외 부속영토의 유럽공동체 회원국으로 수출에 대한 EU의 관세를 철폐한다는 내용을 포함하고 있었다. 또한 유럽공동체는 또한 이들 국가에 개발원조금을 지원할 목적으로 "유럽개발기금(EDF: European Development Fund)"을 창설하였다. 그리고 현재 프랑스는 독일 다음으로 많은 금액을 유럽개발기금의 분담금으로 납부하고 있다.

프랑스와 올랑드 정부의 집권 이후 프랑스 ODA 정책발전의 특이사항은 "개발과 국제연대 자문위원회(CNDSI: Conseil national du développement de la solidarité internationale)"가 2013년 설립되었고, '의회', '지방자치단체와 지역 차원의 다양한 행위자', 'NGO', '노조', '경영자대표', '개발원조에 참여하는 경제 행위자(acteurs économiques intervenant dans le champ de la solidarité internationale)', '연구 및 교육기관' 등 7개 집단 및 외국인 전문가 집단에 소속된 54명의 위원이 위촉되었다. 이를 통해서 프랑스는 ODA 정책운용에서 정부와 민간사회와의 소통을 강화할 수 있는 제도적 장치를 마련하였다.

비록 프랑스의 ODA 지원 규모가 프랑스의 경제침체로 축소되고 있지만, 영국이나 독일에 비해서 유럽개발기금(EDF)을 활용한 ODA 지원비중이 높았고, 부서간에 유기적인 ODA 협의체제가 운영될 수 있도록 하는 제도적 장치를 마련한 프랑스의 ODA 정책은 '지역 통합과 회원국의 ODA 정책'이라는 주제에서 그리고 '여러 부처에 분산되어 진행되는 ODA 운영의 유기적 협력 창출'이라는 주제에서 많은 시사점을 주고 있다.

▌미주

1) DAG는 1960년 1월 OEEC(1961년 9월 OECD로 개편) 내에 설립된 단체로 제1차 회의가 1960년 3월 워싱턴에서 개최되었다. DAG은 미국, 영국, 프랑스, 서독, 포르투갈, 캐나다, 일본 및 EC 등으로 구성되었으며 1961년 3월 원조 규모의 증가, 수원국의 필요와 실정에 맞는 원조의 실시, 원조효과의 개선, 지속적인 원조제공을 목표로 하는 '공동의 원조노력에 관한 결의(Resolution on the Common Aid Effort)'를 채택했다. 그후 1961년 10월 개편되어 OECD 내 23개 전문위원회 중 하나가 되어 그 명칭도 DAC로 변경되었다. (한국국제협력단. 2008. 『국제개발협력의 이해』. 한울아카데미. p. 55.)

2) "OECD DAC회원국 ODA", http://www.oecd.org/dac/stats/documentupload/tab01e.xls (2015년 7월 1일 검색)

3) "OECD DAC 회원국의 ODA 규모", http://www.compareyourcountry.org/oda?cr = oecd&lg = en (2015년 3월 15일 검색)

4) "프랑스의 ODA 지원 규모 (1960~2014년)," http://www.compareyourcountry.org/oda?cr = 4&cr1 = oecd&lg = en&page = 1 (2015년 7월 15일 검색)

5) "OECD DAC회원국의 GNI대비 ODA비중", http://www.compareyourcountry.org/oda?cr = oecd&lg = en (2015년 7월 15일 검색)

6) "OECD DAC회원국의 GNI대비 ODA비중", http://www.compareyourcountry.org/oda?cr = oecd&lg = en (2015년 7월 15일 검색)

7) "OECD DAC회원국의 GNI대비 ODA비중", http://www.compareyourcountry.org/oda?cr = oecd&lg = en (2015년 7월 15일 검색)

8) Le Monde지 2015년 4월 8일자 기사, "Aide publique au développement: la France à la traîne (ODA: 뒤처지는 프랑스)," http://www.lemonde.fr/economie/article/2015/04/08/aide − publique − au − developpement − la − france − a − la − traine_4611438_3234. html#7K6O880yP7K7TAV3.99 (2015년 10월 25일 검색)

9) Direction générale de la mondialisation, du développement et des partenariats, Mise en oeuvre de la stratégie française d'aide au développement (2012~2013), 2014, p. 9.

10) 김종섭 · 박명호 · 이영섭 · 김종법 · 박선희 · 정재원 · 이은석 · 김희연, 『유럽의 ODA 정책과 한 · 유럽 개발협력』, KIEP 대외경제정책연구원 12-42, 2012, pp. 298-329.

11) Rapport Jeanneney, La politique de coopération avec les pays en voie de développement, 1963.

12) 김종섭 · 박명호 · 이영섭 · 김종법 · 박선희 · 정재원 · 이은석 · 김희연, 『유럽의 ODA 정책과 한 · 유럽 개발협력』, KIEP 대외경제정책연구원 12-42, 2012, pp. 299-301 참조.

13) François Pacquement, Le système d'aide au développement de la France et du Royaume-Uni: points de repère sur cinquante ans d'évolutions depuis la décolonisation, Revue internationale de politique du développement, Dossier Afrique: 50 ans d'indépendance − Revue | Évolutions des politiques de développement,

Institut des hautes études internationales et du développement, 2010, pp. 55~80. https://poldev.revues.org/114 (2015년 9월 30일 검색)

14) Direction générale de la mondialisation, du développement et des partenariats, Mise en oeuvre de la stratégie française d'aide au développement (2012~2013), 2014, p. 52.

15) Guardian지 Development Data, "Rwanda: a puzzling tale of growth and political repression-get the data," (2014년 4월 3일 발간) http://www.theguardian.com/global‒develoment/datablog/2014/apr/03/rwanda‒genocide‒growth‒political‒repression‒data (2015년 9월 18일 검색)

16) Direction générale de la mondialisation, du développement et des partenariats, Mise en oeuvre de la stratégie française d'aide au développement (2012~2013), 2014, p. 55.

17) Direction générale de la mondialisation, du développement et des partenariats, Mise en oeuvre de la stratégie française d'aide au développement (2012~2013), 2014, p. 58.

18) Direction générale de la mondialisation, du développement et des partenariats, Mise en oeuvre de la stratégie française d'aide au développement (2012~2013), 2014, p. 61.

19) "프랑스 ODA 주요 현황," https://public.tableau.com/views/AidAtAGlance/DACmembers?:embed=y&:display_count=no?&:showVizHome=no#1 (2015년 7월 20일 검색)

20) Direction générale de la mondialisation, du développement et des partenariats, Mise en oeuvre de la stratégie française d'aide au développement (2012~2013), 2014, p. 8.

21) Direction générale de la mondialisation, du développement et des partenariats, Mise en oeuvre de la stratégie française d'aide au développement (2012~2013), p. 96.

22) Direction générale de la mondialisation, du développement et des partenariats, Mise en oeuvre de la stratégie française d'aide au développement (2012~2013), p. 50.

23) Direction générale de la mondialisation, du développement et des partenariats, Mise en oeuvre de la stratégie française d'aide au développement (2012~2013), p. 91.

24) Direction générale de la mondialisation, du développement et des partenariats, Mise en oeuvre de la stratégie française d'aide au développement (2012~2013), 2014, p. 120.

25) Direction générale de la mondialisation, du développement et des partenariats, Mise en oeuvre de la stratégie française d'aide au développement (2012~2013), 2014, p. 97.

26) ACP국가들이 STABEX를 통해 지원금을 받을 수 있는 조건은 상품군이 ACP국가 무

역에서 최고 7.5% 이상(최빈곤국, 내륙국가, 도서국가는 2.5%)을 차지하고 해당 상품의 수출 수입이 4.5%(최빈곤국은 1%) 줄어들었을 때 가능하다.

27) SYSMIN을 받을 수 있는 조건은 특정 광물이 총수출에서 차지하는 비중이 15% 이상 (최빈곤국, 내륙국, 도서국가 10% 이상), 광산물 생산량 또는 무역이 10% 이상 감소한 경우이다.

28) 프랑스 외교국제개발부, "프랑스와 EU 개발원조기금," http://www.diplomatie.gouv.fr/en/french-foreign-policy/development-assistance/france-and-eu-development-policy/article/france-and-eu-development-policy (2015년 12월 15일 검색)

29) EU집행위원회, Annual Accounts of the 8th, 9th and 10th European Development Funds - Financial year 2013, 2014, p. 30.

30) Evaluation of France's contribution to the European Development Fund(EDF)

31) 프랑스 외교국제개발부, Evaluation of France's contribution to the European Development Fund(EDF), 2014, p. 13.

32) 프랑스 외교국제개발부, "프랑스와 EU 개발원조기금," http://www.diplomatie.gouv.fr/en/french-foreign-policy/development-assistance/france-and-eu-development-policy/article/france-and-eu-development-policy (2015년 12월 15일 검색)

33) 프랑스 외교국제개발부, "프랑스의 ODA," "http://www.diplomatie.gouv.fr/fr/politique-etrangere-de-la-france/aide-au-developpement/l-aide-publique-au-developpement-francaise/ (2015년 12월 15일 검색)

34) 프랑스 외교국제개발부, "프랑스의 ODA 목표," http://www.diplomatie.gouv.fr/fr/politique-etrangere-de-la-france/aide-au-developpement/l-aide-publique-au-developpement-francaise/article/les-enjeux-du-developpement (2015년 12월 15일 검색)

35) 프랑스 외교국제개발부, "프랑스의 ODA 목표," http://www.diplomatie.gouv.fr/fr/politique-etrangere-de-la-france/aide-au-developpement/l-aide-publique-au-developpement-francaise/article/les-enjeux-du-developpement (2015년 12월 15일 검색)

36) 프랑스 외교국제개발부, "프랑스 개발원조 정책의 원칙," http://www.diplomatie.gouv.fr/fr/politique-etrangere-de-la-france/aide-au-developpement/les-principes-de-l-aide-francaise/ (2015년 12월 15일 검색)

37) 프랑스 외교국제개발부, "개발과 국제연대 자문위원회(CNDSI: Conseil national du développement de la solidarité internationale)," http://www.diplomatie.gouv.fr/fr/politique-etrangere-de-la-france/aide-au-developpement/dispositif-institutionnel-et-canaux-d-acheminement-de-l-aide-francaise/le-conseil-national-pour-le-developpement-et-la-solidarite-internationale/ (2015년 12월 15일 검색)

▌ 참고문헌

김종섭·박명호·이영섭·김종법·박선희·정재원·이은석·김희연. (2012). 『유럽의 ODA 정책 과 한·유럽 개발협력』, KIEP 대외경제정책연구원, 12(42): 299-301. 참조

CONCORD. 2014 Guide to Europe Aid funding instruments 2014-2020, 2014.

European Commission, Annual Accounts of the 8th, 9th and 10th European Development Funds - Financial year 2013, 2014.

European Commission, Annual Accounts of the European Development Fund 2014, 2015.

French Ministry of Foreign Affairs and International Development, Évaluation du document cadre de partenariat "France-Union des Comores" (2006~2010)- Rapport d'évaluation, DGM, février 2013.

French Ministry of Foreign Affairs and International Development, Evaluation of France's contribution to the European Development Fund (EDF), 2014.

French Ministry of Foreign Affairs and International Development, Innover par la mobilisation des acteurs: 10 propositions pour une nouvelle approche de l'aide au développement (Juin 2014).

French Ministry of Foreign Affairs and International Development, Le dialogue de haut niveau sur les migrations internationales et le développement (New York, 3 et 4 octobre 2013)-Le point sur⋯ n° 85, octobre 2013.

French Ministry of Foreign Affairs and International Development, Le Forum mondial des femmes francophones-Le point sur⋯ n°74, avril 2013.

French Ministry of Foreign Affairs and International Development, Le séminaire « La diaspora malienne pour la paix et le développement du Mali » Le point sur⋯ n°76, avril 2013.

French Ministry of Foreign Affairs and International Development, Les 8e Journées européennes du développement (Bruxelles, 26 et 27 novembre 2013) Le point sur⋯ n° 86, décembre 2013.

French Ministry of Foreign Affairs and International Development (Direction générale de la mondialisation, du développement et des partenariats), Mise en oeuvre de la stratégie française d'aide au développement (2012~2013), 2014.

French Ministry of Foreign Affairs and International Development, Mobilité, migration et développement: orientations de la politique française (Rapport, Septembre 2013).

French Ministry of Foreign Affairs and International Development, Rapport "Mémorandum de la France sur ses politiques de coopération" (Juin 2013).

French Ministry of Foreign Affairs and International Development, Stratégie genre et développement 2013~2017 (Octobre 2013).

Jeanneney, Jean-Marcel, Rapport Jeanneney, La politique de coopération avec les pays en voie de développement, 1963.

Pacquement, François, Le système d'aide au développement de la France et du Royaume -Uni: points de repère sur cinquante ans d'évolutions depuis la décolonisation, Revue internationale de politique du développement, Dossier Afrique: 50 ans d'indépendance – Revue | Évolutions des politiques de développement, Institut des hautes études internationales et du développement, 2010.

제12장

폴란드의 국제개발협력

제12장

폴란드의 국제개발협력

김경훈 (킹스칼리지런던)

과거에는 국제원조 공여국이 주로 선진국으로 구성되어 있었으나 2000년대 중반부터는 신흥국들도 타국 지원에 본격적으로 가세하면서 국제원조체계가 다원화되었다. 남-남(south-south) 경제교류에 이어 남-남 개발협력도 강화되고 있는 것이다.[1] 신흥 공여국들은 막강한 자본력과 함께 성공적인 개발 경험을 앞세워 개발도상국에 다가가고 있다. 가장 눈에 띄는 신흥 공여국은 단연 중국이다. 2000년대 중국 정부는 경제성장에 필요한 천연자원을 확보하기 위한 일환으로 개발도상국에 대규모 자금을 지원하였다. 일본국제협력기구(Japan International Cooperation Agency, 이하 JICA)의 보고서[2]는 OECD 국제개발위원회(Development Assistance Committee, 이하 DAC)의 회원국과 비회원국인 중국을 비교시 중국의 국제원조 규모가 2006년 DAC의 17위 수준에서 2010년 12위, 2013년 6위 수준으로 확대된 것으로 분석하고 있다.[3]

DAC는 신흥 공여국들과의 협력을 강화하기 위해 2005년부터 다양한 정책을 추진해왔다.[4] DAC는 원조정책의 효과성을 제고하기 위해 선진국과 신흥 공여국이 경험과 노하우를 공유하고 소통할 수 있는 장을 마련하였다. 2011년에는 DAC가 新글로벌관계전략을 발표하면서 협력 방안을 구체화시켰다.[5] 핵심 정책은 DAC의 문호를 개방하여 회원국 수를 늘리는 것이었는데 이는 2013년 5개국(체코, 아이슬란드,

폴란드, 슬로바키아, 슬로베니아)의 신규 가입으로 이어졌다. 2013년 이전에는 5개의 신규 회원국이 DAC에 가입하는데 25년 이상이 걸린 점을 고려해보면 2013년 DAC 의 확대는 큰 성과라고 할 수 있다.[6] 신규 가입 5개국 중 가장 눈에 띄는 국가는 본 장에서 다룰 폴란드이다. 2015년 기준 폴란드는 DAC 국가들 중 국제통화기금 (International Monetary Fund, 이하 IMF)이 유일하게 신흥·개발도상국으로 구분하고 있는 국가이기 때문이다. 국제사회는 폴란드가 체제전환 이후 발전 과정에서 쌓아 온 노하우를 공유하여 개발도상국 발전에 기여할 수 있을 것으로 기대하고 있다.

이 장은 다음의 순서로 구성된다. 1절에서는 지난 20여년간 폴란드의 개발 성과를 살펴보도록 하겠다. 2절에서는 폴란드 국제개발원조(Official Development Assistance, 이하 ODA)의 규모 및 구조를 살펴보고 3절에서는 폴란드의 2004년 유럽연합(European Union, 이하 EU) 가입 이후 ODA 정책 변화를 살펴보도록 하겠다. 4절에서는 폴란드의 ODA 정책을 바라보는 국제사회, EU, 국민의 시각을 알아보겠다.

1 폴란드의 개발 성과

폴란드는 1989년 체제전환 이후 놀라운 개발 성과를 달성하였다. 1989년에 수립된 非공산 정부는 시장경제체제를 도입하기 시작하였다. 정부는 시장 개방을 통해 무역을 활성화시켰으며 가격 자유화, 금융권 개혁, 민영화 등을 추진해나갔다.[7] 1990년대 초반 대대적인 개혁으로 인해 폴란드 경제가 큰 충격을 경험하였으나 1990년대 중반부터는 기초체력이 강화되며 성장궤도에 진입하였다. 2000년대에는 많은 유럽기업들이 폴란드의 거대 내수시장, 저임금, 지리적 위치에 매력을 느끼고 투자를 확대하였고 폴란드는 "유럽의 공장"으로 부상하였다. 이어 폴란드는 유럽의 제조업 가치 사슬에서 중요한 부분을 담당하기 시작하였고 유럽 경제와의 통합이 자연스럽게 심화되었다. 2000년대 말 글로벌 금융위기 그리고 이어진 유럽 재정위기 속에서도 폴란드는 성장세를 지속해나갔다. 2013년 기준 EU(EU: European Union)경제는 2007년 대비 99% 규모로 회복이 지연되고 있는 반면 폴란드 경제는 같은 기간 20% 성장하였다. 글로벌 금융위기 당시 폴란드는 EU 회원국 중 유일하게 리세션을 경험하지 않은 국가로 기록되었다.

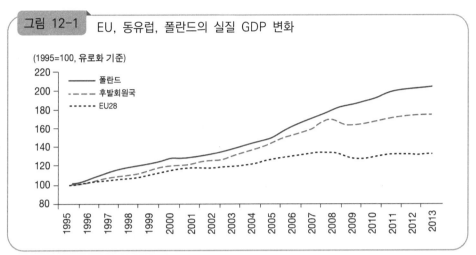

그림 12-1 EU, 동유럽, 폴란드의 실질 GDP 변화

주: 후발 회원국은 2004년 5월 이후 EU에 가입한 회원국들을 의미.
출처: Eurostat.

폴란드의 1인당 GDP(구매력 평가 기준)는 1995년 유로존의 41.5% 수준(7,446 달러)에서 2014년 68.7%(24,882 달러) 수준으로 증가하였는데[8] 이는 1500년 이후 가장 높은 수준이다.[9] 소득 증가와 함께 삶의 질도 빠르게 개선되었다. 1990년과 2013년 사이 기대수명이 70.9세에서 76.8세로 늘어났으며, 유아 사망률은 1,000명당 15.1명에서 4.5명으로 줄어들었고, 고등교육 입학률은 20.8%에서 71.5%로 증가했다.

폴란드는 EU 후발 가입국임에도 불구하고 EU 내에서 외교적으로 두각을 나타내고 있다. 폴란드는 "바이마르 삼국회의" 협의체를 통해 동유럽 주요국들의 의견을 유럽 통합의 쌍두마차인 독일, 프랑스에 전달하고 있고, 동유럽 4개국간 정례협의체인 "비세그라드"의 실질적인 리더 역할을 하고 있다. 폴란드는 EU와 비EU 유럽국가들간의 관계 개선에서도 중요한 역할을 담당하고 있다. 폴란드는 2009년 EU가 동부유럽국가들과 "동부 파트너십(Eastern Partnership)"을 구축하는데 있어 핵심적인 역할을 하였다.[10] 또한 2014년 초에 시작된 우크라이나와 러시아의 크림반도를 둘러싼 갈등을 해결하는데 있어 폴란드가 선제적으로 움직이며 EU 외교정책의 주요국으로 자리매김하였다. 사태 초반부터 폴란드는 러시아에 대한 EU의 강력한 제재를 지지했으며 EU가 한 목소리를 내야 한다는 점을 강조하였다.[11] 2014년 5월에 폴란드는 러시아에 대한 에너지 의존도를 낮추기 위한 목적으로 EU에 에너지동맹 구축 방안을 제안하였고,[12] 이어 2015년 5월 유럽집행위는 에너지동맹 패키지를 발표하였다.[13] 2007년과 2014년 사이 폴란드 총리직을 수행한 도날드 터스크는 외교적 공로를 인정받아 2014년 9월 EU 정상회의 상임의장으로 선출되었다.

　폴란드는 성공적인 경제발전 및 외교 성과와 더불어 EU의 개발자금 활용에 대한 많은 경험을 갖고 있어 이에 대한 노하우를 개발도상국에 전수해줄 수 있을 것으로 기대된다. 2004년과 2013년 사이 폴란드 정부는 EU로부터 614억 유로를 순지원 받았는데 이 자금으로 총 160,000개의 프로젝트가 진행되었다. EU의 지원을 통해 폴란드에서는 673km의 고속도로가 신설되었고 808km의 고속도로가 현대화되었으며 36,000km의 하수관과 683개의 하수처리장이 건설되었다.[14]

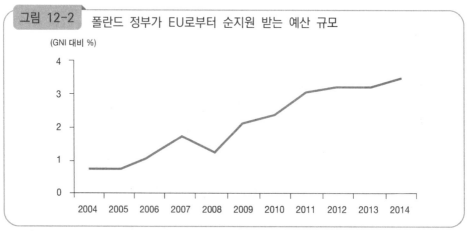

그림 12-2　폴란드 정부가 EU로부터 순지원 받는 예산 규모

출처: EU revenue and expenditure database.

2　폴란드의 ODA 규모 및 구조

　폴란드의 ODA[15]는 2000년대 중반부터 빠르게 증가하였다. 2004년에 폴란드의 ODA가 1억 달러를 돌파한 이후 2007년까지 연평균 45.6% 증가하였다. 글로벌 금융위기 직후에는 정부가 예산을 경제위기 극복에 집중하면서 ODA가 크게 증가하지 못했으나 경제가 안정되기 시작한 2011년부터는 다시 증가하며 2013년에 4.7억 달러를 기록하였다. 28개 DAC 회원국 중 폴란드의 ODA 규모 순위는 2003년 25위에서 2013년 21위로 높아졌다.

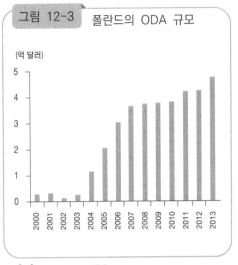

그림 12-3   폴란드의 ODA 규모

출처: OECD QWIDS.

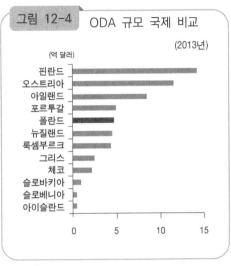

그림 12-4   ODA 규모 국제 비교

출처: OECD QWIDS.

2013년 기준 DAC에 가입되어 있는 EU 회원국(DAC-EU)[16]들의 ODA에서 양자 간 지원과 다자간 지원의 비율은 60 : 40으로 양자간 ODA가 많다. 반면 폴란드의 경우 26 : 74로 다자간 지원이 양자간 지원의 3배 수준이다. 폴란드의 ODA는 대부 분 EU 기구인 유럽집행위원회와 유럽개발기금을 통해 집행이 되고 있다. 2013년 기준 폴란드 총 ODA의 68.3%가 이 두 기관으로 유입되었다.

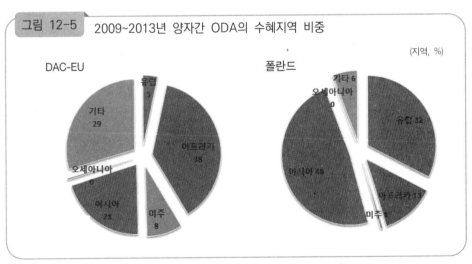

그림 12-5   2009~2013년 양자간 ODA의 수혜지역 비중

출처: OECD Stat.

표 12-1   폴란드 양자간 ODA의 수혜국 비중

	2004~2008년(%)			2009~2013년(%)	
1	앙골라	23.0	1	중국	26.3
2	중국	21.4	2	벨라루스	17.1
3	벨라루스	10.1	3	우크라이나	11.7
4	우크라이나	9.2	4	앙골라	9.5
5	니카라과	7.0	5	아프가니스탄	6.9
6	세르비아	4.9	6	조지아	5.8
7	몬테네그로	3.8	7	보스니아 헤르체고비나	5.1
8	우즈베키스탄	3.5	8	베트남	3.2
9	이디오피아	2.2	9	카자흐스탄	1.9
10	카자흐스탄	1.6	10	몰도바	1.6
	상위 10개국	86.6		상위 10개국	89.1

출처: OECD Stat.

수혜지역 측면에서도 폴란드와 DAC-EU는 상이한 모습을 보인다. DAC-EU 의 양자간 ODA는 아프리카에 집중된 반면 폴란드의 경우 아시아와 유럽에 집중되어 있다. 2009~2013년 폴란드는 중국, 벨라루스, 우크라이나에 각각 양자간 ODA 의 10% 이상을 제공하였다. 2004~2008년과 2009~2013년의 수혜국 비중을 비교해 보면 벨라루스(+7.0%p), 아프가니스탄(+5.8%p), 보스니아 헤르체코비나(+5.1%p), 중국(+4.9%p), 조지아(+4.6%p)가 큰 폭으로 증가한 반면 앙골라(−13.5%p), 니카라과(−7.0%p), 이디오피아(−1.9%p)가 크게 줄어들었다.

폴란드와 DAC-EU의 지원 분야[17]도 크게 다르다. 2013년에 폴란드는 양자간 원조의 절반 이상을 채무경감에 투입한 반면 DAC-EU의 경우 2.8%에 불과했다. 나머지 절반의 대부분은 사회 인프라 및 서비스에 투입되었는데 이 중에서도 "교육(양자간 ODA의 20.9%)"과 "정부 및 시민사회(17.0%)" 부문에 집중되었다. 두 개의 세부 지원 분야는 DAC-EU(각각 11.2%와 11.1%)의 경우보다 더욱 높은 비중을 차지하였다.

표 12-2	2013년 양자간 ODA의 지원 분야별 비중	
	DAC-EU(%)	폴란드(%)
사회 인프라 및 서비스	38.4	42.1
경제 인프라 및 서비스	17.4	1.7
생산 부문	6.8	0.9
복합 부문	11.6	0.7
원자재 지원 및 예산 지원	2.2	0.0
채무경감	2.8	50.4
인도적 지원	6.7	3.6
기타	14.0	0.8
총	100.0	100.0

출처: OECD Stat.

폴란드 정부는 현재 4개의 대표 대외원조 프로그램을 운영하고 있다.

① 소규모 지원 시스템(SGS: Small Grants System): SGS는 외교사절단과 로컬 파트너의 소규모 개발 프로젝트를 지원하고 있다. 외교사절단은 프로젝트 구성, 자금 지원 및 결과 보고를 담당하고 로컬 파트너는 자금을 사용해 실질적인 프로젝트 운영을 담당한다. 자금은 주로 여성 및 아동의 삶의 질을 개선하기 위해 빈곤 퇴치, 교육 기회 제공, 보건체제 강화에 투입된다. 예산 투입이 크지는 않지만 폴란드 정부는 SGS를 수혜자들을 직접 지원할 수 있는 효과적인 방법으로 인식하고 있다. 일례로 2014년에 폴란드 정부는 미얀마 장애인을 지원하는 SGS 사업에 1만 5,874달러를 지원하였고 슈민따 재단(Shwe Minn Tha Foundation)은 이를 통해 휠체어 80개, 목발 50개, 보청기 10개, 시각장애인용 지팡이 15개를 마련하였다.

② 자원봉사 프로그램(VP: Volunteering Programme): 폴란드 정부는 VP를 통해 폴란드 국민의 해외 자원봉사 활동을 지원하고 개발도상국의 문제를 폴란드 사회에 알리는 사업을 진행하고 있다. VP는 해외 자원봉사자들의 여행비, 숙박비, 보험 비용을 지원하고 사전 교육 및 트레이닝을 제공하고 있다. 자원봉사자들은 수혜국에 위치한 단체와 함께 최소 3개월 동안 활동을 하

고 폴란드 복귀 후 경험을 공유한다. 2015년에는 14개 국가에서 총 22개 프로젝트가 지원을 받았다.

③ 동부 파트너십 행정학 아카데미(EPAPA: Eastern Partnership Academy of Public Affairs): 폴란드 정부는 EPAPA를 통해 동부 파트너십 국가 공무원에게 교육 기회를 제공하고 있다. 교육 프로그램은 "유럽 통합", "행정 업무", "경제 및 경영", "지방정부 개혁" 등 4개의 테마로 구성되어 있다. 2011년과 2014년 사이 총 252명의 공무원이 EPAPA에 참여하였다.

④ 장학생 프로그램(SP: Scholarship Programme): 폴란드 정부는 SP를 통해 교육 기회가 제한적인 개발도상국 학생들을 폴란드로 초대하여 학업을 지원하고 있다. SP는 주로 석사 및 박사과정 학생을 지원하고 있으며 지원 분야는 자연과학, 사회과학 등으로 다양하다.

3 폴란드의 ODA 정책 변화

1) EU 가입 및 ODA 확대: 2004~2012년[18]

폴란드는 2004년 EU 가입에 따라 공동체법 및 관행의 집적(acquis communautaire)을 따라야 했으며 여기에는 "개발 지원"이 포함되어 있었다. 이에 앞서 2003년 10월 폴란드 정부는 "폴란드 개발협력 전략"을 발표하였다.[19] 개발협력의 최우선 목적을 수혜국의 지속개발과 빈곤 퇴치로 설정하였고 이를 달성하기 위해 보건, 교육, 식수 제공, 환경보호, 지방기구 역량강화, 민주제도 지원, 공공기관 효율성 개선, 국가간 협력관계 구축, 경제체제 전환을 핵심 추진 분야로 결정하였다. 그리고 과거의 개발 경험을 활용하기 위해 개발도상국의 체제전환 과정을 집중 지원하기로 하였다. 2004년 아프가니스탄, 앙골라, 조지아, 이라크, 몰도바, 베트남 등 6개국을 우선지원국으로 선정하였다. 이후 팔레스타인(2005), 우크라이나(2006), 벨라루스(2006), 탄자니아(2007)가 추가되었다.[20]

폴란드에서는 외교부, 재무부, 과학·고등교육부 등 3개 정부 부처가 ODA 정책을 주도해 왔다. 외교부는 ODA 계획 및 실행을 총괄하고 프로젝트 발주 및 결과 검토를 담당하고 있으며 ODA 정책 시행을 위해 정부 부처 및 민간단체와의 업무

조율도 하고 있다. 2005년 1월 외교부 내 "UN 및 국제업무부" 산하에 설립된 "개발협력국"은 ODA 확대에 대비해 2005년 9월 "개발협력부"로 격상되었다. 이어 외교부는 프로젝트 자금 지원, 발주 및 결과 검토를 담당하는 "프로젝트 실행부"를 2010년에 신설하였고 이에 따라 "개발협력부"는 ODA 정책 방향 설정과 프로젝트 개발 및 조율에 집중할 수 있게 되었다. 재무부는 금융 지원 및 국제기구에 폴란드의 분담금 지급을 담당하고, 과학·고등교육부는 장학금 및 교육 프로그램을 담당하고 있다.

폴란드는 EU 가입 이후 동유럽 및 남코카서스 국가를 대상으로 하는 개발 이니셔티브를 주도하였다. 2008년 폴란드는 스웨덴과 함께 동부 파트너십 계획을 EU에 제시하였고 EU는 2009년에 동부유럽 6개국과 파트너십을 구축하기로 합의하였다. 동부 파트너십은 "제휴협정(Association Agreement)", 경제통합, 인력 이동의 자유화, 에너지 협력 강화, 지원 확대를 통해 동부유럽과 관계를 강화하는 것을 목적으로 두고 있다. 대상국가는 우크라이나, 몰도바, 아르제바이잔, 아르메니아, 조지아, 벨라루스로 폴란드의 우선지원국이 여럿 포함되어 있다.

ODA 정책 강화 노력에 힘입어 2009년 3월 폴란드는 DAC로부터 특별 동료평가(special peer review)에 참여할 것을 제안받았다. 폴란드는 제안을 수락하였고 2010년 OECD는 폴란드의 ODA 정책을 분석한 보고서를 발표하였다.[21] 보고서의 주요 정책 제언은 다음과 같다.

① 전략적 방향: 폴란드는 2003년 "폴란드 개발협력 전략"을 도입한 이후 국제 ODA 정책에서 나타난 많은 변화를 반영하는 새로운 중장기 전략이 필요하며 개발협력에 대한 법적 근거를 강화해야 한다.

② ODA 규모, 지원 경로 및 배정: 2015년까지 ODA를 GNI 대비 0.33%로 확대하는 목표는 달성이 어려워 보인다. 폴란드는 실행가능한 목표를 재설정하고 이를 달성하기 위한 전략을 구체화해야 한다. 새롭게 설정된 목표에 대해서는 모든 정당들의 지지를 확보하고 이를 공표할 필요가 있다. 폴란드는 ODA의 대부분이 투입되고 있는 EU의 개발 정책 수립에 더욱 적극적으로 참여해야 한다. 최근 개정된 공공재정법에 따라 다년간 프로그램 지원이 가능해진 가운데 폴란드는 기존에 ODA가 집중되어 있던 프로젝트 원조 및 소규모 원조를 줄여나가야 한다. 폴란드 정부는 ODA의 상당 부분이 투입

되고 있는 장학금 프로그램의 영향을 분석하고 ODA 정책의 목적에 부합한
지 검토할 필요가 있다. 폴란드는 개발도상국의 빈곤 해소를 지원하는 정책
을 강화하고 우선 지원국의 사회적 약자에 지원을 집중해야 한다.

③ 조직 및 운영: 개발협력 담당기관을 신설하는 것에 대한 장점과 단점을 모
두 검토하여 최종 결정을 내려야 한다. 개발협력 분야에서 높은 수준의 전
문 인력을 확보하고 이들을 유지하기 위해 필요한 인력 관리 계획을 수립해
야 한다. 결과를 중시하는 문화를 형성하기 위해 외교부는 국제기준에 걸맞
은 강력하고 독립적인 모니터링 및 분석 시스템을 갖춰야 한다. 민간단체와
의 정책 협의를 지속하고 강화할 필요가 있다.

④ 원조효과성: 수혜국의 필요에 대응하고 수요를 반영하는 원조를 제공해야
한다. 외교부는 우선지원국의 국가개발전략에 기여할 수 있는 방안을 구체
화해야 한다. 폴란드는 조지아와 우크라이나를 대상으로 EU 국가들의 재원
을 통합하여 제공한 경험을 바탕으로 공여국간 협력을 강화할 수 있는 방안
을 마련해야 한다.

⑤ 인도주의적 지원: "선진 인도주의적 공여국(Good Humanitarian Donor)"의 원
칙을 이행하고 외교부는 인도주의적 지원을 전담하는 전문 인력을 확보할
필요가 있다.

폴란드 정부는 2009년 ODA 정책의 법적 근거를 강화하기 위해 "개발협력법
안"의 초안을 마련하기 시작하였고 2011년 DAC의 제언을 반영한 최종안이 의회에
서 통과되었다. 법안은 외교부의 개발협력 의무를 법제화했으며, 정부의 개발협력
활동이 4개년 이상의 "다년간 개발협력 프로그램"에 기반을 두고 진행되어야 한다
고 명시하고 있다. 다년간 개발협력 프로그램은 지역 및 분야별 우선순위를 제시해
야 하고 외교부는 이를 바탕으로 매년 "개발협력 계획"을 수립해야 한다. 또한 법
안은 정부 담당자, 정치인, 민간 전문가, 학자 등 21명으로 구성된 "개발협력 프로
그램 이사회"를 신설할 것을 명시하고 있다.

2) ODA 제도 강화 및 DAC 가입: 2012~2015년[22]

2012년 개발협력법안이 발효되었고 외교부는 "다년간 개발협력 프로그램 2012

~2015년"을 발표하였다. 프로그램은 폴란드의 개발협력 정책을 "개발원조", "인도주의적 원조", "글로벌 교육" 등 3개 분야로 구분하고 있다. 외교부는 개발원조를 집중적으로 지원할 국가로 6개의 동부 파트너십 국가와 14개의 빈곤국을 선정하였고 우선지원 분야는 "민주화 및 인권"과 "정치경제 체제전환"으로 결정하였다. 동부 파트너십 국가에 대한 ODA 중 70% 이상을, 빈곤국가에 대한 ODA 중 60% 이상을 우선지원 분야에 투입할 계획이며 우선지원국의 특성, 수요, 정책 수행 역량에 따라 2~3개의 세부 지원 분야를 설정하였다.

표 12-3 2012~2015년 우선지원국가별 세부 집중 지원 분야

동부 파트너십 국가		
국가	**집중 지원 분야**	
아르메니아	취약계층 지원	환경보호	농촌 및 지방 개발
아르제바이잔	취약계층 지원	환경보호	농촌 및 지방 개발
벨라루스	독립 대중매체, 기구 및 시민사회, 유년층 및 교육협력 지원	취약계층 지원	
조지아	취약계층 지원	지역개발, 행정 및 지방정부 강화	중소기업 및 일자리 창출
몰도바	공공 안보 및 국경 관리	지역개발, 행정 및 지방정부 강화	농촌 및 지방 개발
우크라이나	공공 안보 및 국경 관리	지역개발, 행정 및 지방정부 강화	중소기업 및 일자리 창출

빈곤국		
국가	**집중 지원 분야**	
동아프리카	교육, 사회, 직업 역량강화	환경보호	보건
북아프리카	행정 발전 및 전문화	환경보호	취약계층 지원
아프가니스탄	행정 발전 및 전문화	지방 지속발전	중소기업 및 일자리 창출
키르기스스탄, 타지키스탄	자치 및 지역사회 지원	상하수도	중소기업 및 일자리 창출
팔레스타인	교육	상하수도	중소기업 및 일자리 창출

주: 동아프리카는 브룬디, 이디오피아, 케냐, 르완다, 소말리아, 남수단, 탄자니아, 우간다 등 8개국, 북아프리카는 리비아, 투니지아 등 2개국으로 구성.
출처: Poland, Government of. (2012). Multiannual Development Cooperation Programme 2012 ~2015 (Working translation).

정부는 인도주의적 원조 정책을 효과적으로 시행하기 위해 관련 시스템을 마련하고 UN, EU 등 국제기구와 협력을 강화할 것이라고 밝혔다. 또한 외교부는 2012년에 최초로 시행기간이 1년 이상인 프로젝트를 발주했으며 과거 프로젝트에 대한 평가를 시행하는 등 원조효과성을 강화하기 위한 정책을 추진하였다. 정부는 글로벌 교육을 통해 국민들에게 글로벌 문제와 원조의 필요성을 알리는 계획도 마련하였다.

2013년에는 폴란드가 DAC에 가입을 하였다. 당시 DAC는 지난 수년간 폴란드 정부가 개발협력 시스템을 구축하는데 상당한 진전을 보였다고 평가하였다. DAC는 "개발협력법안이 시행되면서 폴란드의 ODA 정책이 법적, 전략적 프레임워크를 보유하게 되었으며 프로젝트 감시 및 결과 평가에 필요한 체계적인 시스템을 마련하였다"라고 분석하였다.[23] 폴란드는 DAC 가입을 통해 국제 ODA 정책 방향을 설정하는데 동참할 수 있게 되었으며 여타 회원국들과의 협력을 통해 원조효과성을 증대시킬 수 있을 것으로 기대하고 있다. DAC 가입에 따라 폴란드에 대한 첫 정식 동료평가는 2016년 말에 진행되었다.

3) 2015년 이후 계획: 2016~2020년[24]

2015년 10월 폴란드 정부는 "다년간 개발협력 프로그램 2016~2020년"을 채택하였다. 2030년까지 GNI 대비 ODA 비율을 0.33%로 설정하는 등 기존과 비교해 현실성이 높은 계획을 채택했으나 중단기적으로 ODA를 얼마나 확대할 것인지는 명시하지 않았다. 폴란드 정부는 ODA 정책의 효과성을 증진시키기 위한 방안을 새로운 프로그램에 포함시켰다. 우선 정부는 원조 정책의 예측 가능성을 높이기 위해 개발협력 프로그램의 기간을 기존 4년(2012~2015)에서 5년(2016~2020)으로 연장시켰다. 또한 규모의 경제를 실현하기 위해 우선지원국을 기존 20개에서 10개로 대폭 줄였다. 우선지원국은 개발수요, 개발협력 역량, 양국간 관계, EU 정책과의 정합성, 안보 등 5가지 잣대를 기준으로 선정되었다. 우선지원국은 벨라루스, 그루지아, 몰도바, 우크라이나 등 4개의 동부 파트너십 국가, 에티오피아, 케냐, 탄자니아, 세네갈 등 4개의 아프리카 국가, 미얀마, 팔레스타인으로 구성되어 있다. 정부는 기존 계획에서와 같이 폴란드가 비교우위를 보유하고 있는 체제전환 경험을 전수하는데 집중할 것이라고 강조했으며 우선 지원 분야를 "굿거버넌스", "민주화 및 인권", "인적 자본",[25] "기업가 정신 및 민간 경제", "지속가능한 농업 및 지역사회 개발",

"환경 보호" 등 6개로 구분하였다. 10개 우선지원국에서 "민주화 및 인권", "인적 자본", "기업가 정신 및 민간 경제" 분야를 공통적으로 집중 지원하는 한편 동부 파트너십 국가에서는 "굿거버넌스", 아프리카 국가들에서는 "환경 보호"와 관련된 ODA 정책을 강화할 계획이다.

폴란드의 국내외 상황을 분석해보면 향후 폴란드 정부는 우크라이나에 대한 지원을 강화할 것으로 예상된다. 2014년 크림반도 사태 이후 접경국인 폴란드로 대규모 인구가 이동을 하면서 정부는 어려움을 겪고 있다. 폴란드가 우크라이나 국경에서 발급한 단기 비자가 2013년 720,125건에서 2014년 830,553건으로 증가했고, 우크라이나인이 폴란드에서 난민 신청을 한 건수가 2013년 46건에서 2014년 2,318건으로 증가하였다.[26) 우크라이나인의 이주 증가에 대한 걱정은 이후 폴란드가 EU의 시리아 난민 수용 할당에 비협조적인 모습을 보인 주요 원인으로 작용하기도 하였다. 따라서 폴란드는 우크라이나의 공공안보 및 국경관리 역량강화에 대한 지원을 확대할 것으로 예상된다. 또한 우크라이나의 친EU 성향이 지속될 수 있도록 다양한 교육 프로그램과 홍보 활동을 할 것으로 예상된다.

표 12-4 2016~2020년 우선지원국가별 세부 집중 지원 분야

		굿 거버넌스	민주화 및 인권	인적 자본 (교육 및 보건)	기업자 정신 및 민간 경제	지속가능한 농업 및 지역사회 개발	환경 보호
동부 파트너십	벨라루스	■	■	■	■		
	그루지아	■	■	■		■	
	몰도바	■		■	■	■	
	우크라이나	■					
타 지역	에티오피아		■	■	■		■
	탄자니아		■	■	■		■
	케냐		■	■	■		
	세네갈		■	■	■	■	
	미얀마		■	■	■		
	팔레스타인		■	■	■	■	

출처: Poland, Government of. (2015). Wieloletni program współpracy rozwojowej na lata 2016~2020.

4 국제사회, EU, 국민이 바라보는 폴란드의 ODA 정책

폴란드 정부가 앞으로 국제개발협력을 강화하기 위해 필요한 과제를 점검하기에 앞서 ODA 정책의 질적 수준을 분석해볼 필요가 있다. 폴란드의 경제규모 대비 ODA 비율은 DAC 회원국들 중 최하위 수준을 기록하고 있다. 2013년 폴란드의 GNI 대비 ODA 비율은 0.10%로 28개 회원국 중 27위이며 DAC-EU 평균(0.42%)은 물론 DAC 평균(0.30%)과 큰 격차를 보였다.[27] 이는 글로벌 금융위기 직전인 2007년 수준(0.10%)을 가까스로 회복한 것이며 기존 2015년 목표치의 3분의 1에도 미치지 못하는 수준이다. 폴란드의 빈곤국에 대한 지원도 저조하다. 2012~2013년 기준 폴란드 ODA 중 최빈개도국(least developed countries)에 지원된 비중은 27.4%로 28개 회원국 중 26위에 불과하다.[28] DAC 평균(42.1%)과 DAC-EU 평균(48.2%)과도 큰 차이를 보이고 있다. 특히 폴란드가 빈곤국이 아니며 우선지원국도 아닌 중국에 ODA의 상당 부분을 투입하는 점이 비판을 받고 있다.[29] 폴란드는 원조의 예측가능성을 높이는 국별프로그램원조(CPA: Country Programmable Aid) 비중도 낮다. 2013년 폴란드의 양자간 ODA에서 CPA가 차지하는 비중은 39%로 DAC 평균보다 11%p가 낮았다.

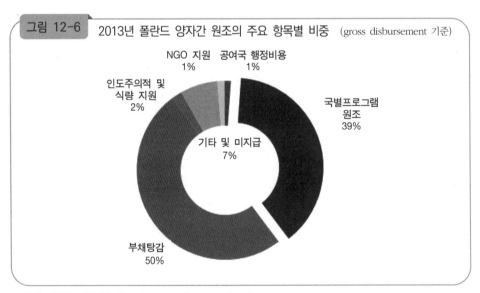

그림 12-6 2013년 폴란드 양자간 원조의 주요 항목별 비중 (gross disbursement 기준)

NGO 지원 1%
공여국 행정비용 1%
인도주의적 및 식량 지원 2%
국별프로그램원조 39%
기타 및 미지급 7%
부채탕감 50%

출처: OECD. (2015). Development Co-operation Report.

폴란드의 원조투명성도 매우 낮은 수준에 머물고 있다. 2014년 원조투명성 지수에 따르면 폴란드 외교부는 총 68개 원조기관 중 55위(50개 양자간 원조기관 중 37위)로 "매우 열악함" 카테고리에 포함되어 있다.[30] 보고서는 ODA 지원 활동에 대한 폴란드 외교부의 정보 공개가 매우 제한적이라고 지적하며 특히 세부 활동, 조건부, 결과에 대한 정보가 공개되고 있지 않다고 분석하였다. 폴란드 정부는 국제원조투명성기구(IATI: International Aid Transparency Initiative)에 가입하지 않은 상황이다.[31]

앞에서도 보았듯이 폴란드의 ODA 정책 방향은 EU와 크게 다른 모습을 보이고 있다. 경제규모 대비 ODA 비율의 경우 폴란드는 EU의 목표치의 3분의 1에도 못 미치고 있으며 ODA 확대에 대한 중단기적 계획이 불명확하다. EU는 아프리카 국가와 빈곤국을 우선적으로 지원하고 수혜국의 예산 지원에 더욱 많은 자금을 투입하는 방향으로 움직이고 있는 반면, 폴란드는 동부 파트너십 국가와 부채탕감에 집중하고 있다.[32] EU가 추구하는 정보 공개를 통한 원조투명성 강화와 다년간 프로젝트 추진 등에서도 폴란드는 큰 성과를 보이지 못하고 있다. Lightfoot & Szent−Iványi(2014)[33]는 폴란드를 비롯한 비셰그라드 국가들의 ODA 정책이 유럽화(Europeanization)가 되지 못한 것은 이들 국가들이 EU에 가입할 당시 EU는 "ODA 정책 수립"만을 조건부로 제시하고 구체적인 정책 방향성에 대해서는 강요를 하지 않았으며, 현재 EU의 개발협력 관련 정책이 회원국들에 대해 법적 구속력이 없기 때문이라고 주장하였다. 또한 비셰그라드 국가들의 ODA 담당 부서에 개발 관련 전문가들이 부족하고 정치인들의 ODA 정책 개선 노력이 미비하다고 지적하였다. EU의 ODA 정책도 아직 개선될 여지가 남아있지만 지난 수십 년간 원조효과성을 높이는 데 큰 성과를 달성했다고 분석하면서 EU가 2015년 이후 국제개발정책을 주도해나가기 위해서는 회원국들이 공통되고 일관성이 있는 전략을 추진해 나가야 한다고 제언하고 있다. 이를 달성하기 위해서는 폴란드 등 비사드라드 국가들이 EU의 제언에 따라 원조의 양을 확대하고 질을 높여 나가야 한다고 주장하고 있다.

폴란드 정부는 2004년부터 ODA에 대한 여론조사를 실시해왔다. 최근 여론조사 결과에 따르면 앞으로 폴란드 정부가 ODA 증액에 대해 국민들의 강력한 지지를 받기 힘들 것으로 예상된다. 폴란드의 개발도상국 지원을 지지하는 응답자는 2004년 이후 빠르게 증가하여 2008년 84%를 기록하였다. 한편 글로벌 금융위기로 경제 불안이 심화되면서 2013년에는 지지율이 2005년 수준보다 낮은 68%로 줄어들었다. 2014년에는 지지율이 2008년 이후 처음으로 증가세로 돌아서며 71%를 기록하였으나 2008년보다 13%p 낮은 수준이다. 2014년 지원을 해야 한다는 응답자의 45%(복수응답)는 "빈곤국을 지원하는 것은 도덕적 의무이다"라고 했으며 42%는 "과거에 폴란드가 선진국으로부터 지원을 받았기 때문에 이제 폴란드가 더욱 어려운 국가들을 도와야 하는 것이 옳다"라고 응답하였다. 24%는 "ODA 지원이 국제적 위상 강화 등의 이득을 줄 것이다"라고 하였고, 21%는 "폴란드가 국제 의무를 이행하기 위해 개발도상국을 지원해야 한다"라고 응답하였다. 지원을 반대하는 이유로는 "폴란드가 해결해야 할 국내 문제가 많다"와 "타국을 지원하기에는 폴란드가 너무 빈곤하다"가 각각 52%와 44%의 응답을 받았다. "모든 국가들은 문제를 스스로 해결해야 한다(13%)", "지원하는 자금이 적절하게 활용되지 못하고 있다(11%)", "우리가 어려울 때 아무도 우리를 도와주지 않았다(10%)"라는 응답이 뒤를 이었다. 개발도상국 지원을 지지하거나 반대하는 이유의 순위는 2004년 이후 항상 동일했다. 2014년 적절한 ODA 규모를 물어보는 질문에 대해서는 51%가 현재 수준이 "적절하다", 14%가 "너무 작다", 7%가 "너무 크다", 28%가 "모르겠다"라고 응답하였다.

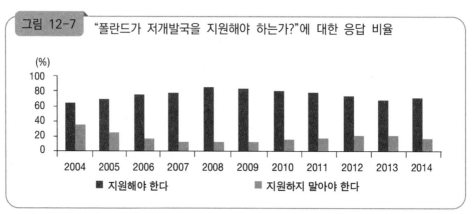

그림 12-7 "폴란드가 저개발국을 지원해야 하는가?"에 대한 응답 비율

■ 지원해야 한다   ■ 지원하지 말아야 한다

출처: TNS. (2014). Poles on Development Assistance.

여론조사 결과는 폴란드 정부의 ODA 정책 홍보 및 정보 공유 노력이 부족하다는 점을 보여주었다. "지난 2~3개월 동안 폴란드의 ODA에 대한 정보를 접하지 못했다"라고 76%가 응답하였고 이 비율은 증가 추세를 보이고 있다.

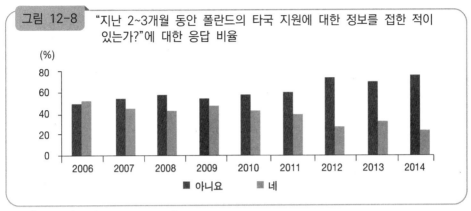

그림 12-8 "지난 2~3개월 동안 폴란드의 타국 지원에 대한 정보를 접한 적이 있는가?"에 대한 응답 비율

출처: TNS. (2014). Poles on Development Assistance.

또한 국민들이 폴란드의 ODA가 투입되면 좋겠다고 생각하는 분야 및 국가 그리고 희망하는 지원방법은 정부의 실제 성과와 괴리를 보이고 있다. 응답자들은 타국 지원 시 폴란드가 가장 크게 기여할 수 있는 분야로 "교육의 질 향상(39%)", "보건 시스템 개선(35%)", "위기 방지 및 위기 이후 재건(22%)"을 꼽았다. 지원 방법으로는 "폴란드 내 학습 지원(30%)", "자원봉사자의 해외 봉사 지원(20%)", "폴란드 전문가를 해외로 파견해 타국 공무원을 교육(20%)"이 가장 많은 응답을 받았다. 폴란드가 우선적으로 지원을 해야 하는 국가로는 아프리카 국가(47%), 우크라이나 및 벨라루스(28%), 아시아 국가(16%), 기타 구소련 국가(13%), 남동부 유럽 국가(11%)를 꼽았다.

5 맺는말

폴란드는 2004년 EU 가입에 이어 2013년 DAC에 가입하면서 ODA 규모를 확대하고 ODA 정책을 구체화시켰다. 한편 폴란드 원조의 양과 질은 아직까지 선진국 수준에 미치지 못하고 있으며 정책의 방향성도 EU와 다른 모습을 보이고 있다. EU와 DAC가 아프리카 및 빈곤국에 ODA를 집중하는 정책을 추진하고 있고 폴란드 국민들도 아프리카를 우선적으로 지원해야 한다고 생각하고 있다. 따라서 폴란드는 동부 파트너십 국가 지원에 대한 정당성과 원조효과성을 검토할 필요가 있다. 또한 폴란드 정부는 원조투명성을 강화하여 국민의 혈세가 낭비되고 있지 않고 있다는 점을 검증해야 한다. 이를 위해 IATI 가입을 고려하고 국제선진기준에 맞추어 정보를 공개할 필요가 있다. 마지막으로 최근 여론조사 결과에 따르면 국민들의 ODA 정책에 대한 지지가 예전 같지 않다. 따라서 폴란드 정부는 ODA 규모 목표를 달성하기 위해 ODA의 필요성과 역할에 대해 꾸준히 홍보할 필요가 있다.

▌ 미주

1) Zimmermann, F. & Smith, K. (2011). New partnerships in development co-operation. OECD Journal: General Papers, Vol. 2010/1.; OECD. (2014). Trends and profiles of other providers' development co-operation. in Development Co-operation Report 2014: Mobilising resources for sustainable development. OECD Publishing.

2) Kitano, N. & Harada, Y. (2014). Estimating China's foreign aid 2001~2013. JICA-RI Working Paper. JICA Research Institute.

3) DAC의 데이터베이스가 제공하는 신흥 공여국에 대한 자료는 제한적이다. 2015년 기준 DAC 회원국이 아니지만 DAC 기준의 국제원조 통계를 제공하는 국가는 18개(불가리아, 크로아티아, 키프러스, 에스토니아, 헝가리, 이스라엘, 쿠웨이트, 라트비아, 리히텐슈타인, 리투아니아, 몰타, 루마니아, 러시아, 사우디아라비아, 대만, 태국, 터키, UAE)에 불과하다. DAC는 비DAC 국가들이며 DAC 기준의 국제원조 통계를 제공하지 않는 9개의 주요 신흥국(브라질, 칠레, 중국, 콜롬비아, 인도, 인도네시아, 멕시코, 카타르, 남아공)에 대해서는 추정치를 발표하고 있다. 하지만 DAC의 추정치와 신흥 공여국들이 자체적으로 발표하는 규모가 상이해 단순 비교가 쉽지 않다. 예를 들어 DAC가 발표한 중국의 국제원조 공여 추정치는 2010~2012년 84.5억 달러로 2014년 7월 중국 정부가 발표한 144.1억 달러와 큰 차이를 보인다. (Development finance reporting of countries beyond the DAC. OECD 웹사이트 (http://www.oecd.org/development/stats/non−dac−reporting.htm). 2015년 8월 9일 기준 자료; China, The People's Republic of, The State Council. (2014). China's Foreign Aid (2014).

4) OECD. (2005). DAC outreach to non-DAC donors.

5) OECD Development Co-operation Directorate. (2011). DAC Global Relations Strategy.

6) OECD. (2014). An exceptional year for the DAC.

7) Piatkowski, M. (2013). Poland's new golden age: Shifting from Europe's periphery to its center. World Bank Policy Research Working Paper, WPS6639.

8) World Bank, World Development Indicators.

9) Piatkowski, M. (2015. 2. 11.). How Poland Became Europe's Growth Champion: Insights from the Successful Post-Socialist Transition. Brookings Institution.

10) Economist, The. (2014. 6. 28.). Playground turned player.

11) Buras, P. (2015. 2. 5.). Can Poland remain a leader of EU Foreign Policy? European Council on Foreign Relations. ecfr.eu; Euractiv. (2014. 9. 11.). Poland's stake in the Ukraine crisis: hawkish or insightful?

12) Financial Times. (2014. 4. 21.). A united Europe can end Russia's energy stranglehold.

13) European Commission. (2015). Energy Union Package: A Framework Strategy

for a Resilient Energy Union with a Forward-Looking Climate Change Policy. COM(2015) 80 final.

14) European Union & Economic Department of Poland's Ministry of Foreign Affairs. (2014). Poland's 10 years in the European Union.

15) 모두 net disbursement 기준이며 지원 분야별 자료만 commitment 기준.

16) 총 19개국, EU 기구는 제외.

17) 폴란드의 지원 분야별 시계열 자료가 불충분해 2013년 자료만을 분석.

18) Ministry of Foreign Affairs of the Republic of Poland. Polish Aid-Annual Report. 각호

19) Poland, Ministry of Foreign Affairs. (2003). Strategy for Poland's Development Co-operation.

20) 협력 가능 분야가 제한적인 것으로 판단되어 2007년 베트남, 2008년 이라크, 2009년 탄자니아를 우선지원국에서 제외.

21) OECD & Polish Aid. (2010). DAC Special Review of Poland.

22) Ministry of Foreign Affairs of the Republic of Poland. Polish Aid-Annual Report. 각호

23) The DAC welcomes Poland as its 28th member. (http://www.oecd.org/dac/peer−reviews/peer−review−poland.htm)

24) Poland, Government of. (2015). Wieloletni program współpracy rozwojowej na lata 2016~2020.

25) 교육, 보건 등 사회지원 정책을 의미.

26) EUobserver. (2015.8.27.). Poland fears mass exodus of Ukraine refugees.

27) OECD. (2015). Development Co-operation Report. Table A.1.

28) OECD. (2015). Development Co-operation Report. Table A.10.

29) Zagranica Group. (2014). Polish AidWatch Report 2013: Infographics.

30) Publish What you Fund. (2014). Aid Transparency Index 2014.

31) International Aid Transparency Initiative-Publishers. (http://www.iatiregistry.org/publisher)

32) Kopiński, D. (2012). Visegrad Countries' Development Aid to Africa: Beyond the Rhetoric. Perspectives on European Politics and Society, 13: 1, 33-49.

33) Lightfoot, S. & Szent-Iványi, B. (2014). Reluctant donors? The Europeanization of international development policies in the new member states. Journal of Common Market Studies, 52: 6, 1257-1272.

▌참고문헌

Journal articles, official documents and working papers

Bräutigam, D. (2010). China, Africa and the international aid structure. African Development Bank Group. *Working Paper Series*, No. 107.

China, The People's Republic of, The State Council. (2014). China's Foreign Aid (2014).

European Commission. (2015). Energy Union Package: A Framework Strategy for a Resilient Energy Union with a Forward-Looking Climate Change Policy. COM (2015) 80 final.

European Union and Economic Department of Poland's Ministry of Foreign Affairs. (2014). Poland's 10 years in the European Union.

Kitano, N. and Harada, Y. (2014). Estimating China's foreign aid 2001-2013. JICA-RI *Working Paper*. JICA Research Institute.

Kopiński, D. (2012). Visegrad Countries' Development Aid to Africa: Beyond the Rhetoric. *Perspectives on European Politics and Society*, 13(1): 33-49.

Lightfoot, S. and Szent-Iványi, B. (2014). Reluctant donors? The Europeanization of international development policies in the new member states. *Journal of Common Market Studies*, 52(6): 1257-1272.

Lightfoot, S. and Zubizarreta, I. L. (2008). The emergence of international development policies in Central and Eastern European states. *CRECEES Working Papers*, WP2008/05.

OECD. (2014). Trends and profiles of other providers' development co-operation. in Development Co-operation Report 2014: Mobilising resources for sustainable development. OECD Publishing.

OECD Development Co-operation Directorate. (2011). DAC Global Relations Strategy.

OECD and Polish Aid. (2010). DAC special review of Poland.

Piatkowski, M. (2013). Poland's new golden age: Shifting from Europe's periphery to its center. *World Bank Policy Research Working Paper*, WPS6639.

Poland, Ministry of Foreign Affairs. (2003). Strategy for Poland's Development Co-operation

Poland, Ministry of Foreign Affairs. (2013). 2014 Development Cooperation Plan.

Poland, Ministry of Foreign Affairs. (2014). 2015 Development Cooperation Plan.

Poland, Government of. (2011). Development Cooperation Act.

Poland, Government of. (2012). Multiannual Development Cooperation Programme 2012~2015 (Working translation).

Poland, Government of. (2015). Wieloletni program współpracy rozwojowej na lata 2016~2020.

Polish Aid. (2005). Poland's development cooperation: 2004 Annual Report.

Polish Aid. (2006). Poland's development cooperation: 2005 Annual Report.

Polish Aid. (2007). Poland's development cooperation: 2006 Annual Report.

Polish Aid. (2008). Poland's development cooperation: 2007 Annual Report.

Polish Aid. (2009). Poland's development cooperation: 2008 Annual Report.

Polish Aid. (2010). Poland's development cooperation: 2009 Annual Report.

Polish Aid. (2011). Poland's development cooperation: 2010 Annual Report.

Polish Aid. (2012). Poland's development cooperation: 2011 Annual Report.

Polish Aid. (2013). Poland's development cooperation: 2012 Annual Report.

Polish Aid. (2013). Poland's transformation experience in Polish aid programme.

Polish Aid. (2014). Poland's development cooperation: 2013 Annual Report.

Smith, K., Fordelone, T. Y. and Zimmermann, F. (2010). Beyond the DAC: The welcome role of other providers of development co-opreation. OECD DCD Issues Brief.

TNS Polska. (2014). Poles on Development Assistance: Findings from a TNS Polska Study for the Ministry of Foreign Affairs.

Végh, Z. (2014). Visegrad development aid in the Eastern Partnership Region. Centre for Eastern Studies.

Wolf, C., Wang, X. and Warner, E. (2013). China's foreign aid and government-sponsored investment activities. Rand Corporation.

Zagranica Group. (2014). Polish AidWatch Report 2013: Infographics.

Zimmermann, F. and Smith, K. 2011. New partnerships in development co-operation. *OECD Journal: General Papers*, Vol. 2010/1.

Short articles & opinion pieces

Badamkhand, M. and Wall, S. (2014.11.4.). Reforming ODA: With the rise of central and eastern Europe, is it time for a change? AidData Beta.

Buras, P. (2015.2.5.). Can Poland remain a leader of EU Foreign Policy? European Council on Foreign Relations. ecfr.eu

Economist, The. (2012.12.18.). Don't forget Poland.

Economist, The. (2014.6.28.). Playground turned player.

Euractiv. (2014.9.9.). Analysts: Weimar Triangle key for Poland's new role in EU.

Euractiv. (2014.9.11.). Poland's stake in the Ukraine crisis: hawkish or insightful?

Financial Times. (2014.4.21.). A united Europe can end Russia's energy stranglehold.

Financial Times. (2015.5.21.). Poland's success story merits another chapter.

Foreign Affairs. (2013. May/June). The Polish model: A conversation with Radek Sikorski.

Nowak, B. (2015.1.27.). Polish foreign policy: End of the "golden years." Transatlatic Academy.

Piatkowski, M. (2015.2.11.). How Poland Became Europe's Growth Champion: Insights from the Successful Post-Socialist Transition. Brookings Institution.

Rosengren, A., Roquefeuil, and. & Bilal, S. (2014.4.9.). How do European donors engage with emerging development partners? GREAT insights magazine.

Spiegel Online. (2012.5.25.). The miracle next door: Poland emerges as a central European powerhouse.

Wall Street Journal, The. (2014.7.10.). China touts $14.4 billion in foreign aid, half of which went to Africa.

제13장

한국의 국제개발협력 정책의 발전과 미래

제13장

한국의 국제개발협력 정책의 발전과 미래

임 유 진 · 김 효 정 (연세대학교)

한국의 국제개발협력 정책은 경제발전에 따른 국제사회에서의 위상 강화와 함께 발전해왔다. 1960년대 초까지 한국은 세계 최빈국 중 하나로 공적개발원조를 지원받던 대표적인 수원국이었다. 그러나 반세기만에 한국은 2010년 선진 공여국 모임인 OECD 개발원조위원회(DAC: Development Assistance Committee)에 가입함으로써 수원국에서 선진 공여국으로 지위를 전환한 세계 최초이며 유일한 국가로서 많은 개발도상국의 모범이 되었다. 또한 2011년 부산 세계개발원조총회의 성공적인 개최를 통해 선진 공여국으로서 국제개발협력 정책의 국제적 규범과 패러다임의 형성에 적극적인 역할을 담당했으며, 다른 선진 공여국과의 원조정책협의과정에도 적극적인 활동을 전개해 나가고 있다(『조선일보』 2011.11.07.).

한국은 OECD DAC 가입 이후 국제적 규범에 부합되는 국제개발협력 정책을 수립하기 위한 다양한 정책적 노력을 지속해왔다. OECD DAC의 정기적인 동료검토(Peer Review)를 통해 한국의 국제개발협력 정책을 국제적인 기준에 따라 객관적으로 평가받는 등 한국의 개발협력체계의 선진화를 모색하고 있다. 특히 OECD DAC 가입 이후 실시한 2012년 제1차 동료검토의 권고사항을 기반으로 28개 세부과제를 선정하고 이를 단계적으로 이행함으로써 한국의 국제개발협력 정책이 보다 선진화 될 수 있는 계기를 마련했다. 나아가 2015년 12월에는 '제2차 국제개발협력 기본계획'을 마련하여 국제사회에서 논의되고 있는 다양한 국제개발협력 패러다임과 규범에 부합되는 방향으로 국제개발협력 정책을 수립함으로써 더욱 체계적이고 효과적인 제도를 갖춘 선진 공여국으로 거듭나기 위한 노력을 경주하고 있다.

이러한 점에서 본 연구는 유럽의 선진 민주주의 국가의 국제개발협력 정책과의 비교적 관점에서 한국의 국제개발협력 정책의 방향성과 정책내용을 평가하고 미래의 정책적 방향성을 모색하고자 한다. 이를 위해 한국의 공적개발원조 정책의 역사와 발전과정을 분석함으로써 수원국에서 공여국으로 전환한 유일한 국가인 한국의 국제개발협력 정책이 전환되어온 과정을 이해할 것이다. 그리고 '국제개발협력기본법' 및 '국제개발협력 기본계획' 등 한국의 국제개발협력 정책의 법적 기반에 반영된 국제개발협력의 패러다임과 정책 구조 등을 분석함으로써 현재 한국의 국제개발협력 정책을 평가할 것이다. 마지막으로 한국의 국제개발협력 정책의 역사와 현재에 대한 이해를 기반으로 한국이 OECD DAC 회원국으로서 SDGs 등 새로운 국제사회의 국제개발협력 규범과 기준에 부합되는 국제개발협력 정책을 구현할 수 있는 방향을 모색하고자 한다.

1 한국 국제개발협력 정책의 발전

1) 한국 공적개발원조 정책의 역사: 수원국에서 공여국으로

한국의 공적개발원조는 짧은 역사에도 불구하고 공적개발원조 수원국과 공여국으로서의 경험을 모두 가지고 있다. 한국은 1960년대 초반까지 세계 최빈국 중 하나로 전후 복구와 경제발전을 위해 공적개발원조를 지원받았던 대표적인 수원국이었다(김지영, 2014). UNDP와 같은 국제기구는 물론 미국, 독일 등 다양한 공여주체로부터 공적개발원조를 지원받아 전후 복구 및 재건, 경제사회 개발 등을 추진했다. 그러나 한국은 공적개발원조를 수여받았던 기간 동안 동시에 공적개발원조를 다른 국가에게 제공하는 공여국으로서 역할을 시작했으며 점차 공적개발원조 공여국으로 전환되어 갔다. 그리고 1992년 기술협력분야에서 원조순공여국(NCC: Net Contributor Country)으로 전환되었으며, 마침내 2010년에는 OECD DAC의 24번째

회원국으로 정식가입함으로써 선진 공여국으로 국제적 위상이 제고되었다(한국국제
협력단, 2013).

| 표 13-1 | 한국의 수원 역사: 원조 전환기에 따른 구분 | | | | |

기간	목적	형태 및 양식	분야 및 구성	원조의존도	주공여국
1945~1952	긴급구호	증여(100%) 구호물품	· 교육 · 토지개혁 · 소비재	외화유입 수단	미국
1953~1963	군사방어 안정 재건사업	증여(98.5%) 물자 기술협력	· 농업 · 군사원조 · 소비 및 중간재	높은 원조의존도	미국, UN
1964~1979	전환기 성장 및 투자	양허성 차관(70%)	· 사회간접자본 (SOC) · 수입대체, 수 출지향적 사업 · 프로젝트 원조 · 중간재, 자본재	절대적· 상대적 원조 중요성 감소	미국, 일본
1980~1992	채무안정 균형성장	비양허성 차관	· 섹터차관	IDA 수원국 명단 졸업	일본, 독일 국제금융기구
1993~2003	금융위기	IMF 구제금융	· 구조조정 프로그램	ODA 수원국 명단 졸업	IMF, IBRD

출처: 정우진 (2010).

한국에서 공적개발원조의 공여는 1965년 정부의 자체 조성 자금을 바탕으로
한 개발도상국 연수생의 초청사업으로 시작되었다. 이후 1970년대 중반까지 UN기
구 등의 자금을 지원받은 원조가 상당 부분을 차지하던 것에서 점차 정부가 자체조
달한 자금을 통해 원조를 증가시켰으며, 또한 프로그램의 내용도 다양화 시켜갔다
(한국국제협력단, 2013; 임형백, 2014). 예컨대 외무부와 과학기술처가 실시한 1967년
전문가 개발도상국 파견사업, 1968년 의료단 파견 프로그램, 1969년 프로젝트형 기
술협력 사업 등을 시작으로 1971년 태권도 사범 파견, 1975년 노동부의 개발도상국
기능공 초청 훈련 등으로 프로그램이 점차 다양화되었다. 또한 1977년에는 정부가
확보한 9억 원의 예산을 기반으로 외무부가 개발도상국에 한국산 기자재 등 관련
물자 공여를 제공하면서 처음으로 양자 무상원조 프로그램을 지원하기 시작했다.

특히 이 사업은 한국산 기자재의 우수성을 해외에 널리 알렸을 뿐만 아니라 냉전이
라는 특수한 국제정치적 환경 속에서 한국에 대한 국제사회의 지지를 확보하는데
크게 기여한 것으로 평가된다.

　더욱이 1970년대 이후에는 북한과의 체제경쟁이 더욱 심화됨에 따라 정치·외
교적 전략에 따른 공적개발원조사업이 급격하게 증가했다(김성태·진상기, 2007: 432).
1975년 비동맹회의에 회원국으로 가입하기 위한 남북한의 외교경쟁의 결과 한국은
회원가입조차 실패했던 것과는 달리 북한은 정식회원국으로 가입에 성공했으며 비
동맹운동에 지도적인 역할을 담당하기 시작했다. 따라서 한국은 외교안보의 대상을
다양화하고 비동맹회의의 국가들과의 관계를 개선하기 위한 양자 무상원조 프로그
램을 지원하기 시작했다. 현실적인 차원에서 1969년 당시 한국은 1인당 국민소득이
210달러에 불과한 수준이었으며 다른 여러 선진국으로부터 원조를 공여 받는 순수
원국이었다는 점을 감안해 볼 때 다른 국가들에게 공적개발원조를 제공하기에는 한
계가 있었다. 그러나 한국은 북한이 외교경쟁에서 우위를 차지하고 있는 아프리카
지역에 대한 공적개발원조를 통해 비동맹국가 및 다른 아프리카 신생독립국과의 관
계를 증진함으로써 북한과의 외교경쟁에서 승리를 차지하고자 했던 것이었다(한국
국제개발협력단, 2013).

　1980년대에는 급속한 경제발전과 함께 한국의 국제적 위상이 제고됨에 따라
공적개발원조가 점차 본격화되었다. 한국은 경제적으로 외채 감축과 국제수지 흑자
가 실현되었으며, 1986년 아시안 게임과 1988년 서울 올림픽을 연속으로 개최하면
서 국제무대에서의 위상 역시 더욱 제고되었다. 이에 따라 한국에게도 경제규모와
국제무대에서의 위상에 부합되는 국제적 책임이 요청되기 시작했다. 또한 한국은
대외무역의존도가 상당히 높은 국가라는 점에서 개발도상국에 대한 수출을 증진하
고 한국 기업의 진출기반을 마련하기 위해 공적개발원조 증대를 통한 개발도상국과
의 협력 강화가 필수적이었다(외교통상부, 2009). 이에 따라 KDI, 건설부, 재무부, 외
무부, 과학기술처, 체신부 등의 주관으로 기술협력 및 공동연구 사업이 시작되었다.
1982년 KDI는 국제개발연찬사업(IDEP: International Development Exchange Program)
을 통해 개발도상국 주요 인사들을 초청하여 한국의 개발경험에 대한 교육을 제공
했으며, 1984년 건설부는 개도국 용역제공사업 등을 실시하기도 했다. 그리고 1986
년 '대외경제협력기금법'을 제정하여 "개발도상에 있는 국가의 산업발전 및 경제안
정을 지원하고 대한민국과 이들 국가와의 경제교류를 증진하는 등의 대외경제협력

을 촉진하기 위하여 대외경제협력기금을 설치"하도록 함으로써 유상원조를 위한 법적 기반과 조직을 마련했다(제1조). 또한 1987년 한국수출입은행을 통해 개발도상국에 양허성 차관을 지원하고자 3,000억 원을 출연하여 대외경제협력기금(EDCF: Economic Development Cooperation Fund)을 창설하는 등 한국에서도 본격적인 유상원조 사업이 시작되었다(지용기, 1992).

1990년대에는 경제개발협력기구(OECD) 가입으로 한국의 국제적 위상이 더욱 제고됨에 따라 공적개발원조 사업이 더욱 적극적으로 추진되기 시작했다. 1991년 외무부 산하에 한국국제협력단(KOICA: Korea International Cooperation Agency)을 설립하여 건설부, 과학기술부 등 여러 부처에서 산발적으로 실시하던 기술원조, 인적교류 사업 등 무상원조를 통합하여 관리하도록 했다. 그리고 '대한민국과 개발도상국가와의 우호협력관계 및 상호교류를 증진시키고 이들 국가의 경제·사회 발전을 지원'하고 '각종 협력사업을 수행하게 함으로써 국제협력의 증진에 이바지'하는 등 선진국의 책임으로서 국제개발협력에 기여하고자 했다(제1조). 이러한 노력의 결과 한국은 1997년 경제위기에도 불구하고 연평균 17.7%의 빠른 성장을 거듭했으며 공적개발원조의 비중(ODA/GNI) 역시 1997년 0.04%, 1998년 0.05%, 1999년 0.07% 등으로 계속 증가할 수 있었다.

한국의 공적개발원조 공여는 2000년 이후 더욱 확대되고 발전되어 왔다. 2006년 국제개발협력 정책의 적정성과 집행의 효율성을 제고하고 국제개발협력의 정책목표를 효과적으로 달성하고자 '국제개발협력위원회'를 설립했다. 그리고 2010년에는 OECD DAC 24번째 회원국으로 정식 가입하여 선진 공여국으로서 한국의 위상을 더욱 제고했으며, 국내적으로는 '국제개발협력기본법'의 제정과 '국제개발협력선진화 방안'의 수립을 통해 공적개발원조 관련 정책의 법적안정성을 확보하고 정책일관성 및 원조효과성을 제고할 수 있었다. 2014년 말 현재, 한국의 공적개발원조는 ODA/GNI 대비 0.13%, 총규모는 18억 5천 달러로 OECD DAC 가입 이후 지속적으로 확대되고 있으며, 2010~14년의 기간 동안 OECD DAC 회원국 중 공적개발원조가 가장 높은 연평균 증가율(12%)을 기록했다(〈그림 13-1〉 참조).

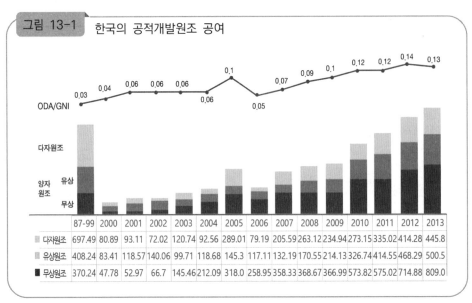

그림 13-1 한국의 공적개발원조 공여

	87-99	2000	2001	2002	2003	2004	2005	2006	2007	2008	2009	2010	2011	2012	2013
■ 다자원조	697.49	80.89	93.11	72.02	120.74	92.56	289.01	79.19	205.59	263.12	234.94	273.15	335.02	414.28	445.8
■ 유상원조	408.24	83.41	118.57	140.06	99.71	118.68	145.3	117.11	132.19	170.55	214.13	326.74	414.55	468.29	500.5
■ 무상원조	370.24	47.78	52.97	66.7	145.46	212.09	318.0	258.95	358.33	368.67	366.99	573.82	575.02	714.88	809.0

출처: OECD, "International Development Statistics Online DB", 한국수출입은행(www.koreaexim.go.kr) 및 ODA KOREA(www.odakorea.go.kr)를 토대로 재구성.

2) 국제적 규범 형성 및 확산: 부산 세계개발원조총회(HLF-4)

세계개발원조총회는 전 세계 160개국의 장관급 인사를 포함하여 UN, OECD 등 국제기구대표단, 300여명이 넘는 국제 NGO대표단, 기업과 민간재단의 대표단이 참석하는 OECD DAC 고위급 회담(HLF: High Level Forum)이다. 이는 공여국의 공적개발원조 자금의 개발효과성을 평가하는 것을 주요 목적으로 향후 선진 공여국들의 공적개발원조 전략을 재검토하고 새로운 대안을 제시하기 위한 고위급 회담이다. 2003년 로마에서 제1차 고위급 회담이 개최된 이후, 2005년 파리, 2008년 가나 아크라에 이어 2011년 제4차 세계개발원조총회가 부산에서 개최되었다.

2003년 제1차 로마 세계개발원조총회는 MDGs 달성을 위해 재원을 효율적으로 사용하기 위한 로마선언(Rome Declaration)을 발표했으며, 2005년 제2차 파리 세계개발원조총회에서 원조효과성에 대한 논의가 본격적으로 시작되었다. 파리선언(Paris Declaration)에서는 국제개발협력 정책의 5대 주요 목표원칙으로 ① 수원국의 주인의식, ② 수원국의 개발 전략과 공여국 원조 정책의 일관성, ③ 공여국간 원조 조화, ④ 성과중심적이고 효율적인 재원 활용 및 정책 집행 과정 관리, ⑤ 공여국과 수원국의 상호책무성 강화 등을 설정하고, 이를 2010년까지 이행할 것을 선언했다. 이행

여부에 대한 모니터링이 2006년과 2008년에 이루어졌는데, 이 가운데 2008년 모니터링이 가나 아크라에서 제3차 고위급 회담(HLF-3)의 형태로 이루어졌다. 아크라 세계개발원조총회에서는 시민사회의 참여, 남남 및 삼각협력, 분쟁과 취약국에 대한 차별적 접근의 중요성을 확인하는 아크라 행동강령(Accra Agenda for Action)에 합의했다(손혁상, 2013). 그리고 2010년 파리선언 이행여부를 최종점검하고 2011년 OECD DAC 고위급 마지막 회의인 부산세계개발원조 총회에서 논의하도록 했다.

2011년 11월 29일부터 12월 1일까지 3일간 개최된 제4차 부산 세계개발원조총회는 원조에 국한되어 있던 논의를 '개발협력'과 '포괄적 파트너십'으로 확대하는 등 국제적 패러다임을 전환시키는 계기를 마련했다. 그리고 회의의 최종 결과인 '부산 결과문서(BOD: Busan Outcome Document)'를 통해 원조 공여국들이 효과적인 개발을 위한 협력 방안을 모색해야 하며, 수원국 내에서 시민사회기구와의 협력을 활성화해야 한다는 점을 강조했다(〈표 13-2〉 참조). 또한 수원국 내 인권과 양성평등 문제를 해결하기 위한 개발원조 프로그램을 마련하고 수원국의 책무성 강화를 위한 방안 마련의 필요성 등을 명문화했다(OECD, 2011).

표 13-2 부산 파트너십 4대 공동원칙과 행동방안

공동원칙	행동방안
개도국의 주인의식	개발정책 및 절차의 민주적 주인의식 심화, 확대, 운용
성과중심	성과중심의 관리, 모니터링, 평가, 커뮤니케이션 개선과 지원규모 확대, 국가역량강화 및 다양한 개발성과 관련 재원과 이니셔티브 활용 등 구체적이고 지속가능한 결과를 위한 노력
포괄적 개발 파트너십	남남협력 및 삼각협력을 위한 노력 확대
투명성 및 상호책무성	개도국의 다양한 개발재원 활용 및 개발협력 활동의 촉매적 역할

출처: 임소진 (2012).

나아가 제4차 부산 세계개발원조총회에는 고위급회담 최초로 OECD DAC 회원국이 아닌 다양한 행위자들을 참여시켰으며 다양한 국제개발협력 관련 아젠다가 논의되었다는 점에서 한 단계 발전한 것으로 평가된다. 중국, 인도, 브라질 등 신흥성장국가(emerging countries)들이 회담에 참여하는 등 국제개발협력이 더 이상 남-북 문제를 기반으로 하는 접근법만으로 해결되기 어렵다는 사실을 확인했으며, 신

홍개발국들이 자발적으로 부산결과문서에 합의함으로써 국제개발협력의 주체로 참여할 수 있는 토대를 마련할 수 있었다. 뿐만 아니라 다양한 시민단체에게도 회원국 정부와 유사한 권한을 부여함으로써 시민단체의 참여를 확대했으며, 약 700여명이 참석한 '부산 세계시민사회 포럼'이 총회 공식행사로 개최되기도 했다(김의영·홍지영, 2014). 그리고 국제개발협력 분야 시민사회기구들의 협의체를 구성하고, 이들의 의견을 OECD DAC에 전달하는 등 국제개발협력 네트워크를 확대했다.

결과적으로 제4차 부산 세계개발원조총회는 개발도상국, 비정부기구와 민간기업, 그리고 의회까지 개발협력 파트너로 인정함으로써 OECD DAC의 선진 공여국과 수원국 중심으로 설정되어 있었던 기존의 개발협력의 틀이 확대되는 계기가 되었으며, 원조 외 재원(비원조재원)의 중요성에 대한 인식을 제고할 수 있었다(한국국제협력단, 2014). 나아가 국제규범의 형성은 UN이 주도하고 OECD DAC는 이행과정에 대한 원조지원관리를 담당하던 분절화의 문제를 해소하고 OECD와 UN이 연계해 협력하는 체제로 전환되는 계기가 되었다(임소진, 2011).

표 13-3 부산 글로벌 파트너십 이행을 위한 지표(2012.11. 기준)

지표	구분	내용
1	개도국 결과 프레임워크	개도국의 우선사항을 중요시하고 그들의 국가개발전략 및 분야계획에 맞춘 협력시스템 구축
2	시민사회 기여확대	개발활동의 참여와 기여를 최대화하는 환경에서 시민사회의 운영 확대 추진
3	민간부문의 참여	민간기업과 노동조합의 참여와 기여증진(개발 중인 지표)
4	원조투명성	개발협력 투명성 증진을 위한 공통 기준 시스템 도입
5	(a) 원조예측성(1년)	회계연도상 1년의 집행예정액 및 실제집행액 통보
	(b) 원조예측성(중기)	개도국별 향후 3년간 원조 지출계획 수집
6	공여국 원조예산의 의회검토	공여국의 원조예측성 강화를 위한 노력 반영
7	상호책무성 강화	개도국과 공여국의 상호평가시스템 구축
8	양성평등 강화	양성평등과 여성 역량강화
9	(a) 개도국 공공재정시스템	개도국 공공재정시스템의 질적 향상
	(b) 개도국 공공조달시스템	개도국 국가조달시스템 이용 확대
10	원조비구속성	공여국 원조 예산비율 중 비구속성원조비율 89% 달성

출처: OECD (2012); 손혁상 (2013).

이후 2012년 6월 파리에서 개최된 OECD DAC 원조효과작업반(Working Party in Aid Effectiveness) 최종회의에서 파리선언을 계승하는 새로운 '부산 글로벌 파트너십(The Global Partnership)' 10대 지표에 합의했다(〈표 13-3〉 참조). 부산 글로벌 파트너십 지표에는 부산 세계개발원조회의에서 제시된 4대 기본원칙을 바탕으로 파리원칙의 지표들이 포함되었으며, 비정부기구(지표 2)와 민간기업(지표 3)을 위한 지표, 양성평등(지표 8) 및 투명성(지표 6)에 대한 지표 등이 새롭게 추가되었다.

3) OECD DAC의 동료평가(Peer Review KOREA)

OECD DAC의 동료평가는 OECD DAC 회원국을 대상으로 4~5년 주기로 실시하는 평가 프로그램으로 의장과 사무국, 실사단과 평가대상국이 공동으로 실시한다. 이는 공여국들이 국제개발협력 정책을 수립하는 과정에서 개선해야 할 점을 지적하여 개선될 수 있도록 하고, 모범적인 사례는 공유하여 다른 회원국들이 본받도록 하기 위한 것이다. 물론 동료평가 결과와 권고사항이 이행을 강제하는 구속력은 없지만 국제사회가 합의한 개발협력 목적 달성을 위한 최소한의 기준요건이 국제개발협력 정책의 개선을 위한 정책제언의 근거로써 의미를 찾을 수 있다.

정부는 OECD DAC 가입을 목표로 설정한 이후 가입요건을 검토하고 가입에 따른 영향 분석, 보완대책 등을 마련하고자 했다. 이 과정에서 2007년 8월 국무조정실, 기획재정부, 외교부, 수출입은행, KOICA 등 관계기관으로 구성된 OECD DAC 가입준비반을 설치했다. 그리고 2008년 OECD DAC 특별검토(Special Review)를 통해 국제적 기준에 따라 한국의 공적개발원조 현황을 점검받음으로써 정책적, 제도적으로 미진한 부분을 보완하여 OECD DAC 가입을 위한 기반을 마련하고자 했다(〈표 13-4〉 참조). OECD DAC의 특별검토 결과 공적개발원조 정책은 추진체계, 규모 및 배분방안, 시행조직, 원조효과성, 인도적 지원 등에서 보완 및 개선을 권고받았다(국무총리실 외, 2010).

	항목	권고내용
1	추진체계	법적기반 확립, 단일원조기관 구성, 포괄적인 중기전략 수립 및 통합 추진체계 구축, 대국민 인식제고전략 시행
2	규모 및 배분방안	원조확대공약 이행, 유무상 통합 추진전략 시행, 통합 중첩대상국 선정 및 다자원조 전략 수립을 통한 선택과 집중
3	시행조직	원조체계의 분절화 완화, 통합 CAS 활용, ODA 인력 전문성 강화, 독립적 평가문화 확립
4	원조효과성	수원국 체계 활용, 공여국간 원조 조화 강화, 비구속성 비율 확대
5	인도적 지원	인도성, 중립성, 독립성 강화, 수원국 수용 기반한 인도적 활동 강화, 다자원조채널 적극 활용

표 13-4 2008년 OECD DAC 특별권고사항

출처: 국무총리실 외 (2010), p. 14.

그리고 2010년 OECD DAC에 가입한 이후 한국은 2012년에 OECD DAC 회원국으로부터 동료평가(Peer Reviews of DAC)를 받았다(임소진, 2013). 따라서 2012년 실시된 OECD DAC 동료평가는 OECD DAC의 평가 프레임에 따라 한국의 국제개발협력 정책을 점검받음으로써 처음으로 한국의 정책적 현황에 대한 객관적인 국제사회의 의견을 수렴할 수 있는 기회였다. 2012년 제1차 동료평가 결과 한국은 개발도상국과 저개발국들 사이에서 실제 개발 경험을 기반으로 하는 정책을 수립할 수 있는 국가로서 개발협력 정책개발이나 개발경험 전수 등의 영역에서 다른 OECD DAC 회원국에 비해 비교우위를 가진 것으로 평가되었다. 반면 수원국의 재정시스템을 활용하지 않는 정책수립, 높은 구속성 원조비율 등 짧은 공여 역사로 인하여 제도화하지 못한 한국 개발협력 정책의 약점들이 드러났다. 또한 원조 투명성 제고 및 국제개발협력위원회를 통한 부처간 조정 강화 등에 대한 수정 및 개선 권고를 받았다. 특히 빠르게 변화하는 저개발국과 개발도상국들의 환경에 맞추어 무역, 투자, 이민, 환경 등 광범위한 분야에서의 협력적 개발협력 정책 수립의 필요성이 지적되었다(OECD, 2012; 윤지영, 2012).

그리고 2012년 동료평가는 최종적으로 6개의 영역, 즉 개발협력의 전반적 프레임워크 완성, 원조를 넘어선 개발, 원조규모 확대 추세 유지 및 유·무상 원조의 적절한 균형유지, 국제개발협력위원회의 한국 ODA의 통합관리 및 평가, 원조효과성

제고를 위한 개발협력 성과관리, 인도적 지원의 확대 등의 개선 등을 권고했다(〈표 13-5〉 참조). 이후 한국 정부는 권고사항을 기반으로 한국 국제개발협력 정책의 개선을 위해 노력해왔으며, 2015년 11월 실시된 OECD DAC 동료중간점검(Mid-term Review)에서는 OECD DAC 사무국과 회원국간 동료평가 권고사항의 이행현황과 진전사항을 논의하고 2017년 9월로 예정된 제2차 DAC 동료평가를 준비하고 있다.

표 13-5   2012 OECD DAC 동료평가 권고사항

I. 개발협력의 프레임 워크	· 개발협력의 전략적 프레임워크 수립 – 개발협력 목표, 우선순위 및 결과 명시 – 국가협력전략(CPS) 수립시 측정가능한 성과평가기준 반영, 수원국 개발 우선순위와 일치, 해당 협력국 내에서 실시하는 한국의 모든 ODA 사업 포괄, 중장기 재원의 예측가능성 제고, 유무상간 통합 – 다자전략 수립 – 범분야 이슈의 주류화 · 정부의 홍보, 투명성·책임성 강화 – 국회, 시민사회, 연구기관, 수원국 파트너 등 이해관계자들을 대상으로 개발협력 정책, 전략, 절차 및 예산, 사업 등 정보공개 확대
II. 원조를 넘어선 개발	· 국제개발협력위원회를 중심으로 전 정부적 아젠다 추진 · '개발을 위한 정책일관성' 강화 · 연구조사 강화 및 부처간 교류와 시민사회 및 연구소와의 협력 강화
III. 원조 규모와 배분	· 2015년까지 GNI 대비 ODA 규모 0.25% 증액 목표 달성 · 양·다자 및 무·유상간 균형유지 · 취약국과 고채무빈국에 대한 무·유상 비율 고려 및 수원국 상황을 면밀히 평가한 뒤 유상차관 지원 결정 · 원조수단 결정시 개발목표와 수원국 주인의식, 선호, 운영능력 고려
IV. 조직과 관리	· 개발협력 계획 및 예산 관련, 국제개발협력위원회의 권한 강화 · 무·유상관계기관협의회 및 현지 ODA 협의체 권한 강화 · 관계부처와 기관의 인력 확대 · 평가소위 등 평가시스템 강화
V. 원조효과성	· 개발협력 전략 수립 및 원조관리시 원조효과성 원칙 반영 · 비구속화 확대 및 연도별 로드맵(2015년 75%) 작성 · 수원국 역량강화 등
VI. 인도적 차원	· 새로운 범정부 차원의 인도적 지원정책 완성 · 지원주체, 대상, 수단의 근거규정 마련 · 양자원조에 대한 세이프가드 수립 등

출처: OECD (2012), 『개발협력 정책과 이슈』(2013).

2 한국의 국제개발협력 정책구조

1) 한국의 국제개발협력 정책체계

일반적으로 국제개발협력 정책은 양자원조와 다자원조로 분류되며 양자원조는 협력 형태에 따라 다시 무상원조와 유상원조로, 다자간 국제개발협력은 국제금융기구에 대한 출연이나 출자금과 UN과 같은 국제기구에의 분담금 납부로 분류된다(〈표 13-6〉 참조). OECD DAC 회원국들은 각 국가마다 조직 및 운영의 측면에서 상이하며, 원조 이념 및 철학·역사·조직, 정책적 특성에 따라 서로 상이한 운영체계를 시행해오고 있다. 예컨대 OECD DAC 회원국들 역시 프랑스, 독일, 일본, 영국을 제외한 대부분의 국가들은 모두 외교부 중심의 통합적 원조관리 정책을 기본 골격으로 유지하고 있다. 스웨덴은 국제개발협력청(SIDA: Swedish International Development Cooperation Agency)을 외무부 산하에 두고 공적개발원조 정책을 총괄하여 관리하고 있는데, 수혜국에 지역사무소를 설치하고, 6,000여건의 원조 프로그램을 시행하고 있다. 영국은 국제개발부(DFID: Department for International Development)가 공적개발원조 정책을 전담하여 전체 공적개발원조 규모의 대략 84%를 직접 통제하며 정부부처 간 협력과 조정의 주도권을 가진다. 독일은 국제협력개발부서인 BMZ(Federal Ministry for Economic Cooperation and Development)가 별도의 부처로 구성되어서 공적개발원조 규모의 약 70% 정도를 직접 통제하며, 공적개발원조 정책의 기능과 정책목표를 위한 조정기능 등을 가진다. 마지막으로 일본은 신국제협력청(New Japan International Cooperation Agency)을 설립하여 유상원조와 무상원조를 전문 집행기관인 신국제협력청에서 독립적으로 수행하는 일원화 체계를 달성하였다(한국국제협력단, 2013).

그러나 한국의 국제개발협력 정책은 담당부서와 시행기관을 구분함으로써 다양한 차원에서 분절화 문제가 지적되고 있다. '국제개발협력기본법(법률 제12767호)'에서 국제개발협력의 시행기관을 "국제개발협력과 관련된 사업을 실시하는 중앙행정기관, 지방자치단체 및 공공기관(제2조 8항)"으로 규정하고 있다. 이에 따라 양자원조 중에서 무상원조는 외교부의 관리 감독 하에서 한국국제협력단(KOICA: Korea International Cooperation Agency)의 주도로 각 행정부서와 지방자치단체들이 독자적으로 프로그램을 계획 및 운영하고 있다. 양자원조 가운데 유상원조는 기획재정부의 주도하에 한국수출입은행의 대외경제협력기금(EDCF: Economic Development Cooperation Fund)이 담당하고 있다. 한편, 다자원조의 경우도 다양한 부서가 관련되어 있는데, 세계은행(World Bank)과 같은 국제금융기구에 대한 출연이나 출자금의 경우 기획재정부의 주도하에 한국은행이 재정 집행을 담당하고 있으며, UN 등의 국제기구에 대한 분담금은 외교통상부를 비롯한 각 행정 부서에서 재원을 마련하도록 하고 있다(〈표 13-6〉 참조).

표 13-6 한국의 ODA 사업 추진체계

구분	협력형태		실시기관	담당부서
양자원조	무상원조		한국국제협력단(KOICA)	외교부
			기타부처 및 기관, 지방자치단체	
	유상원조		한국수출입은행(EDCF)	기획재정부
다자원조	국제기구 출연·출자금	국제개발금융기구	한국은행	기획재정부
	국제기구 분담금	UN 외	외교부를 포함한 각 정부 부처	

출처: 한국국제협력단 홈페이지(www.koica.go.kr) 및 ODA KOREA 홈페이지 (www.odakorea.go.kr)를 토대로 재구성.

유상원조의 시행기관인 한국수출입은행은 1969년 7월 28일 '한국수출입은행법 (법률 제2122호)'에 근거하여 1976년 설립되었다. 한국수출입은행은 한국의 수출입과 해외투자 및 해외자원개발에 필요한 금융을 공여함으로써 국민경제의 건전한 발전과 대외경제협력을 촉진하기 위한 업무를 수행하고 있다. 이후 1986년 12월 26일 '대외경제협력기금법(법률 3863호)'을 기반으로 한국수출입은행에 대외경제협력기금 (Economic Development Cooperation fund)을 설립하고 차관을 포함한 유상원조 기금의 운용용도를 규정했다. 그리고 개발도상국의 산업발전에 이바지하는 동시에 한국과 개도국의 경제교류를 증진하는데 중요하다고 인정되는 사업을 실시하는데 필요한 자금의 대출 또는 출자 등을 담당하도록 했다. 특히 대외경제협력기금은 장기저리(최저이자율 0.01%, 최장 상환기간 40년) 차관 형태로 지원금을 제공하고 있다(정완길, 2013).

한편 무상원조의 시행기관인 한국국제협력단은 1991년 4월 1일 '한국국제협력단법(법률 4313호)'에 기반하여 정부차원의 대외무상협력 사업을 전담하여 실시하는 정부출연기관으로 설립되었다. KOICA는 개발도상국과의 우호협력관계 및 상호교류를 증진하고 이들 국가의 경제·사회 발전을 지원함으로써 국제개발협력에 증진하기 위한 국제협력 사업을 진행하고 있다. 예컨대 개발도상국 연수생 초청, 전문인력 파견, 해외봉사단 파견, 개발조사, 재난구호, 물자 및 자금, 시설 지원 사업을 수행하고 있으며, 국제협력을 위한 민간단체의 국제협력 활동지원, 외국의 원조 관련기관 및 국제기구와의 협력 업무, 국제협력에 관한 이념 및 정책 수립 등을 위한 조사연구 등 국제협력을 제고하기 위한 다양한 사업을 진행하고 있다.

그러나 국제개발협력 사업을 시행하는 다양한 시행기관들은 자체적으로 예산을 편성, 기획하기 때문에 국가적 차원에서 종합적으로 모든 ODA 프로그램에 투입되는 예산을 관리, 감독하기는 사실상 불가능하다. 무상원조를 담당하는 외교부는 "한국형 ODA 정책 수립을 목표로 해당 부서와 긴밀하게 협조하고 있음"을 주장하고 있으나(한국국제협력단, 2011), 이것이 공적개발원조 관련 예산 증대로 이어지지 못하고 있으며 국제개발협력 프로그램의 중복 등 예산 낭비 현상이 발생하고 있다. 마찬가지로 외교부와 경쟁적인 관계에 있는 기획재정부 역시 "세계경제 위기 극복 및 지속성장을 위해 G20차원의 공조 대응과 아국 주도 의제들의 국제적 논의 모멘텀을 확대하고, ODA 규모 증대로 공여국 역할을 확대하며, 지식공유(KSP)·민간참여 등 개발의제 주류화 추세를 선도"할 뿐 아니라(기획재정부, 2011a), "공적개발원조(ODA)의 확대와 기업의 글로벌 사회공헌 활동간의 시너지 효과 창출에 주력(기획재정부, 2011b)"할 것임을 강조해왔으나, 외교부와의 협력 방안 모색은 이루어지지 않고 있다. 국제개발협력 정책의 각 시행기관들이 참여하는 협의체 또는 국가차원의 관리체계가 존재하지 않기 때문에 업무조정이나 정책조율이 이루어지기가 어려운 상황인 것이다. 따라서 특정 기관이나 부서가 대규모의 공적개발원조 사업을 독점하거나, 소규모의 국제개발협력 프로그램을 다수의 기관에서 분할하여 담당하는 분절화 및 파편화가 지속적으로 발생하고 있다. 또한 다양한 정부기관에서 독자적으로 국제개발협력 사업과 프로그램을 운영하고 있기 때문에 국제개발협력 예산 역시 다원화될 수밖에 없다(OECD, 2012). 예컨대 2012년 현재 한국의 공적개발원조는 중앙정부 수준에서 33개 부처가 사업과 관련한 예산안을 편성하고 있으나, 외교부 및 KOICA와 기획재정부와 한국수출입은행 등 ODA 사업 전담 부서에 82.9%가 집중되어 있으며 나머지 정부부처에서는 100억 원 이하의 예산만이 편성되어 있는 수준에 불과하다(〈그림 13-2〉 참조).

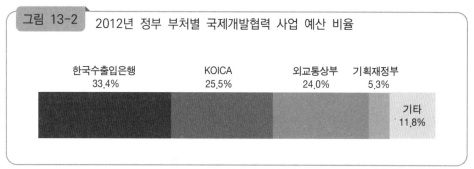

그림 13-2 2012년 정부 부처별 국제개발협력 사업 예산 비율

한국수출입은행 33.4%   KOICA 25.5%   외교통상부 24.0%   기획재정부 5.3%   기타 11.8%

출처: 국회예산정책처 (2011).

2) 한국의 국제개발협력 집행체계

한국의 국제개발협력 정책 추진체계의 분절화는 집행체계의 파편화로 이어진다. 다양한 국제개발협력 시행기관들 가운데 중앙정부 차원에서 무상원조와 유상원조를 시행하는 두 시행기관 사이의 정책 공유나 프로그램 조율은 구조적으로 어렵다. 무상원조를 수행하는 KOICA는 프로그램 및 프로젝트 원조, 재난구호 사업, 교육 연수 및 전문가-해외봉사단 파견 등 기술협력 사업, 개발도상국 내 활동 중인 NGOs 지원 사업 등을 수행하고 있다. 이들 사업은 국가별 협력 사업과 글로벌 사업 유형으로 구분되는데, 국가별 사업은 아시아, 아프리카, 중남미, 중동·CIS 등 4개 지역을 분류하여 각 국가별 개발과제를 해결하기 위한 것이며, 글로벌 사업은 국가별 전략에 얽매이지 않는 국제기구협력 사업, 긴급구호 사업, 민관협력 사업 등이 해당된다(KOICA ODA 교육원, 2012). KOICA는 국가별 협력 프로그램의 수행을 위하여 국별 지원 전략(Countries Partnership Strategy), 무상원조 중기전략, 연도별 사업 추진 전략을 수립한다. 그리고 3년을 주기로 ODA 정책의 국제적 동향과 개발도상국의 개발원조 수요, 한국의 비교우위를 고려하여 전략을 수정하고 사업을 추진하고 있다(박병식, 2010).

이러한 과정을 통해 수립된 전략을 바탕으로 KOICA는 공여국-수원국 양자간 ODA 정책 대화 및 공여국간 회의, 국제회의에 참석하여 사업을 발굴한다. 이 과정에서 재외 공관의 담당자들과 사업발굴협의단, 수원국 내 ODA 담당자, 그리고 외교 채널 등을 통한 협의가 진행된다. 수원국과 사업 발굴과 관련한 협의가 완료된 이후에는 공식사업요청서인 Project Request Form(Project Concept Paper)을 접수하여 사업요청서에 기재된 사항들의 보완 여부를 검토하고 사업의 적정성 심사를 거친다. 1차 심사는 한국에서 진행되며, 정책에 초점을 맞추어 국가별 사업추진 전략과의 연계성, 수원국 개발과제와의 연관성 여부를 중심으로 검토한다. 그리고 2차 심사에서는 기술적인 부분에 초점을 맞추어 사업요청서를 기반으로 관련 자료를 분석하고 현지에 타당성 조사관을 파견하여 현장 조사를 실시하기도 한다. 마지막으로 전문가로 구성된 '사업심사위원회'의 심사가 완료되면, 한국 국제개발협력 정책의 예비사업으로 등록되며 예산안에 대한 이사회와 외교부 장관의 심사, 승인을 거쳐 사업을 수행하게 된다(이진우, 2013).

유상원조를 담당하는 수출입 은행의 대외경제협력기금이 운영하는 차관은 총 8종류로 구분된다.

- 개발사업차관(Development Project Loan)
- 기자재차관(Equipment Loan)
- 민자사업차관(Public-Private Partnership Loan)
- 프로그램차관(Program Loan)
- 섹터개발차관(Sector Development Loan)
- 국제개발금융기구 앞 차관(Loan to International Development Finance Institutions)
- 민간협력전대차관(Private Sector Two-Step Loan)
- 민간협력차관(Private Sector Loan)

개발사업차관은 댐, 상하수도설비, 도로, 병원, 환경설비, 공장설비 등 개도국의 경제개발 사업에 소요되는 자금이다. 기자재차관은 개도국의 특정산업부문, 특정개발계획 또는 특정사업에 필요한 기자재 및 관련 서비스의 조달에 소요되는 자금에 대한 융자이며, 민자사업차관은 민자 사업의 시행을 위해 필요한 자금을 개도국 정부 또는 별도로 설립된 법인(민자사업법인)에게 지원한다. 민간협력전대차관은 개도국의 금융기관을 통하여 특정 분야, 특정 프로그램 등을 지원하는 것으로서 중소기업육성 또는 자작농 지원과 같이 다수의 최종수익자를 대상으로 한다. 마지막으로 민간협력차관은 개도국의 경제발전과 복리증진에 기여하는 사업체를 운영하는 개도국의 현지 법인에 대한 직접 융자이다. 이와 같은 대외경제협력기금의 유상차관은 교통, 수자원, 보건, 에너지 등의 분야에 개발사업차관으로 집중적으로 제공되고 있다(〈표 13-7〉 참조). 나아가 유상차관 제공 외에도 대외경제협력기금은 민자사업법인에 대한 출자 및 집합투자기구에 대한 출자, 또는 신용도가 양호한 국내외 금융기관 및 개도국 현지 금융기관에 대한 보증 업무도 제공하고 있으며 기자재 물품을 직접 지원하거나 개도국의 개발에 전문 인력을 투입하는 지원업무를 수행하기도 한다.

표 13-7 EDCF 개도국 차관 분야별 지원 실적(1987~2015)

분야	교통	수자원	보건	에너지	행정	교육	통신	농수임	환경	기타
비중	34.6%	17.6%	10.8%	9.9%	7.3%	7.0%	6.5%	4.5%	0.7%	1.1%

출처: 한국수출입은행 ODA 통계 (http://211.171.208.92/index.html).

EDCF의 유상원조 사업은 수원국 정부의 지원 요청으로 시작되는데 이 과정에서 무상원조를 지원하는 KOICA와의 사업 조정이나 원조 조화를 위한 협의는 이루어지지 않고 있다. 오히려 EDCF는 개발도상국의 개발 우선순위가 높고, 기금의 지원 대상 사업으로 타당성이 높은지에 대한 여부를 기준으로 지원 프로그램이 결정된다. 지원 사업 발굴과 기획 과정에서는 개발도상국의 정부부처, 지방정부, 국제개발협력에 참여하는 기관 관계자, 원조 공여국 정부 관계자, 원조 공여국의 민간 기업 참여자 등이 주체로 활동한다. EDCF 차관 지원을 통해 사업을 추진하고자 하는 수원국 정부는 지원요청서(Loan Request)와 함께 사업타당성검토보고서(Feasibility Study Report)와 사업실시계획서(Implementation Plan)를 한국 정부에 함께 제출해야 한다. 수원국의 지원 요청은 수원국 내에 위치한 한국 대사관을 경유하여 외교부 장관에게 제출되며, 외교부는 이를 다시 기재부 장관에게 통지하게 된다(한국수출입은행, 2015). 기재부 장관이 사업의 심사를 수출입은행에 의뢰하면 수출입은행은 예비검토, 차주 및 사업실시기관 앞 사업법률질의서 송부 및 답변서 접수, 현지 조사를 통한 사업심사를 거쳐 심사보고서가 완성되며 이를 기반으로 한 사업 승인이 이루어진다. 사업 지원이 결정되면 이를 수원국 정부에 통보하고 수원국의 검토 후 수락 의사가 한국정부에 전달되면 양국 정부간 협정(시행약정 포함)이 체결되며, 일반적으로 기본협정은 발효 이후부터 10년간 유효하다. 그리고 차관 공여계약(Loan Agreement)이 체결되며, 이는 국제금융계약의 하나로 한국 수출입은행과 수원국 정부 혹은 수원국의 법인을 당사자로 하여 차관에 대한 조건, 관리절차 및 세부사항에 대한 쌍방의 권리, 의무를 규정하고 있다(한국수출입은행, 2007).

이와 같이 유상원조와 무상원조의 분절적 추진체계는 원조 사업의 집행 절차를 독립적으로 만들었으며, 원조 시행기관 사이의 조정과 협의가 더욱 어려워지기 시작했다. 이러한 문제들을 해결하기 위하여 공적개발원조를 담당하는 모든 국내 기관의 정책을 조율하는 기관으로서 '국제개발협력위원회'가 설립되었다.

3) 국제개발협력위원회의 설립과 역할

2005년 4월 30일 정부는 국무위원 회의에서 공적개발원조 운영체제 개선을 전제로 2009년까지 공적개발원조의 규모를 GNI 대비 0.1%까지 확대하기로 결정하였다. 그리고 2005년 5월 13일 국무조정실에 관계부처와 관계기관, NGO가 공동 참여하는 'ODA 개선협의회'를 임시로 설치했다. 협의회는 공적개발원조 운영체제 개선을 위한 회의 개최, 여론조사, 해외실태조사, 연구용역을 실시하여 공적개발원조의 현황과 개선사항, 국제개발협력위원회 설립 등의 제안을 담은 '대외원조 종합개선대책보고서'를 작성했다. 이후 2005년 11월 15일 국무회의 보고를 거쳐 2006년 1월 26일 국제개발협력위원회 규정(대통령령 제20724호)을 제정함으로써 '국제개발협력위원회'의 제도적 기반이 마련되었다(박종민, 2007).

국제개발협력위원회는 국제개발협력 정책에서 추진체계의 분절화를 해결함으로써 국제개발협력 정책의 법적 안정성을 확보하고 국제개발협력 정책의 일관성과 원조 프로그램의 효과성을 증진시키기 위한 것이었다(〈그림 13-3〉 참조). 그리고 '개발도상국과의 공동 번영과 지속가능한 발전을 도모하고 이들 국가의 빈곤 퇴치를 위한 국제사회의 노력에 부응하기 위하여 국제개발협력에 관한 정책의 종합 추진을 취한 주요 사항을 심의, 조정'하는 역할을 담당하도록 했다. 따라서 위원회는 개발도상국과의 공동번영 등을 위한 국제개발협력에 관한 정책 및 제도의 개선, 매년도 및 중·장기 국제개발협력 추진계획, 국제개발협력에 관한 추진전략의 수립, 국제개발협력의 평가, 그 밖에 국제개발협력과 관련하여 위원장이 필요하다고 인정하여 위원회에 부의하는 사항 등을 심의하는 기능을 수행하고 있다. 특히 정부 중앙부처와 지방자치단체 및 공적개발원조 정책의 집행기관간 유기적인 협력과 참여의 증진을 위한 조정을 수행하도록 했다. 또한 구조적으로는 국제개발협력위원회는 국무총리산하에 설립되어, 위원장은 국무총리가 담당하고, 관계부처 장관과 KOICA 총재, 수출입은행장, 경제계 대표, 시민단체 대표 등이 참여하도록 했다.

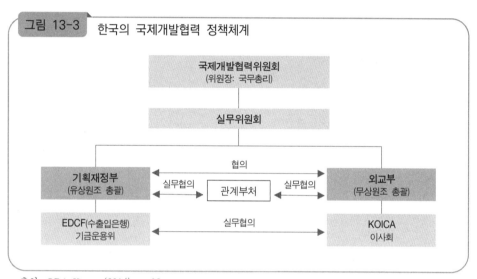

그림 13-3 한국의 국제개발협력 정책체계

출처: ODA Korea (2014), p. 38.

그러나 부처간의 이해관계를 조정하고 공적개발원조의 종합적인 검토를 목적으로 했음에도 불구하고 통합적인 정책 집행의 차원에서는 제도적으로 여전히 한계가 지적된다. 사실 한국 국제개발협력 정책의 분절화는 실질적으로 부처간 실무협의 채널의 부재로 조정이 되지 않았던 것이라기보다는 유·무상 원조의 이원화된 주관 및 시행으로 인해 전략적인 원조가 어려웠기 때문이었다. 그럼에도 불구하고 국제개발협력위원회의 실무위원회 구성에서 역시 위원 21명 중 15명이 이들 두 집행기관을 대표하는 실무급 인사로 구성되었으며, 제3자로 불릴 수 있는 민간전문가는 단지 6명만이 참석함으로써 부처간의 이해관계를 정책의 전략이라는 큰 그림 안에서 조정하기에는 한계가 있었다. 결과적으로 국제개발협력위원회의 설립은 공적개발원조의 집행체계를 통합시키기 보다는 또 다른 공적개발원조기구를 새로 만들어 냄으로써 오히려 공적개발원조의 이원화된 체계를 강화하고 나아가 각각을 독립적으로 운영할 수 있는 제도로 고착시켜버렸던 것이다.

더욱이 국제개발협력위원회는 2006년 3월 설치 이후 2011년까지 5년간 불과 7

차례의 회의가 개최되었을 뿐이고, 개최하는 경우에도 불참 혹은 대참위원의 비율이 30%를 넘었다. 즉 초기 운영과정에서 국제개발협력위원회는 1년에 한두 번 만나 수행된 ODA 사업에 대하여 보고를 듣는 수준에서 업무를 처리하고 있는 수준에 불과했던 것이다(홍성걸, 2011: 16-24). 2015년 12월 현재까지 제23차 국제개발협력위원회가 개최되었으며, 이는 지난 10년의 기간 동안 평균 연 2.3회 개최되는 수준이었다. 따라서 현재 한국 공적개발원조의 추진체계 분절화는 추진체계의 미비라기보다는 이미 만들어진 추진체계가 제대로 작동하지 않기 때문에 발생한 것으로 평가된다(임형백, 2014). 따라서 국제개발협력위원회가 보고를 듣거나, 계획을 의결하는 형식적인 수준을 벗어나, 심의 및 조정 기구의 역할을 수행함으로써 공적개발원조의 종합적이고 장기적인 목표를 설정할 수 있어야 할 것이다. 그리고 이를 통해 공적개발원조 정책에 대한 신뢰성 및 투명성, 그리고 집행의 효율성을 담보할 수 있을 것이며, 국제개발협력 정책의 수행기관이 유기적으로 협조하는 것이 가능할 것이다.

4) 국제개발협력의 이행: 국가협력전략(Country Partnership Strategy)

2008년 특별 동료검토 및 2012년의 동료평가에서 공통적으로 권고 받은 내용 가운데 하나는 국가협력전략 수립을 통해 개발협력 전략체계를 보완하고 원조의 효과성을 달성할 수 있도록 해야 한다는 것이었다(국제개발협력위원회, 2013). 국가협력전략의 수립을 통해 중점 협력국을 선정함으로써 원조의 전략적 방향성을 수립하고 중점 협력 분야를 선정하는 등 '선택과 집중'을 통한 원조의 효율성을 증진할 수 있으며 공적개발원조 정책의 통합적 운영을 통해 원조체계 분절화의 한계를 극복할 수 있는 대안이 된다는 것이다(김세원, 외 2014).

이러한 권고를 반영하여 국제개발협력위원회는 2011년 8월 베트남, 가나, 솔로몬군도에 대한 국가협력전략 수립을 시작으로, 2012년 9월 스리랑카 외 5개국, 2012년 12월 방글라데시 외 5개국, 2013년 8월 라오스 외 12개국 등 현재 총 26개의 중점 협력국을 대상으로 국가협력전략을 수립하였고 이를 기반으로 한 국제개발협력 정책을 이행해 오고 있다.

그러나 한국의 중점협력 국가와 분야 선정 과정에서 선정 기준과 근거를 명확하게 제시하지 않고 있으며, 수립된 중점협력전략이 개발협력 정책 집행의 절차 및 항목별 상세 지침을 포함하지 않고 있다는 한계가 지적되고 있다(최봉진, 2013). 또한 수원국의 특수성과 개발 수요에 대한 세밀한 분석이 부족하기 때문에 수원국의 특수성이 중점협력전략에 반영되지 못하고 있으며 이행평가체제 역시 구축되지 않았다는 문제점이 지적되고 있다(강인수 외, 2014).

표 13-8　한국의 중점협력 국가 및 중점협력 분야

지역	중점협력국	중점협력 분야
아시아	베트남	환경 및 녹색성장, 기술직업훈련, 도로 등 교통인프라
	인도네시아	공공행정, 경제인프라, 환경·자원 관리
	캄보디아	농촌·농업개발, 교통 및 녹색에너지, 인적자원개발, 보건의료
	필리핀	교통인프라, 농업 및 수자원, 보건의료
	방글라데시	전력/수자원 분야, 보건 분야, 교육 분야, 공공행정 분야
	몽골	ICT기반 공공행정 개선, 도시개발, 농업개발
	라오스	수자원 및 전력 분야, 인적자원 개발 분야, 보건의료 분야
	스리랑카	국가기간시설, 농촌개발, 생산성 제고, 공공서비스 강화
	네팔	기술직업교육훈련, 보건의료, 농업, 전력
	파키스탄	산업에너지 분야, 교육 분야, 보건의료 분야
	동티모르	교육훈련, 보건의료, 사회인프라
오세아니아	솔로몬군도	수산업, 산림녹화, 보건의료
중남미	콜롬비아	농촌지역개발, 중소기업 생산성 및 경쟁력, 공공행정
	페루	보건의료, 농촌지역개발, 정보통신
	볼리비아	교통 분야, 농업 분야, 보건의료 분야
	파라과이	기초사회서비스 접근성 강화, 생산성 향상 및 취약계층의 역량제고, 운송시스템 개선 및 효율성 제고
중동·구소련 지역	우즈베키스탄	인적자원개발을 통한 국가경쟁력 강화, 보건의료시스템 개선을 통한 국민건강 향상, 행정정보화 및 경제관련 제도 정비를 통한 시장경제체제 기반 강화
	아제르바이잔	산업에너지 분야, 공공행정 분야, 기타협력 분야

아프리카	가나	전략인프라 확충, 보건위생·의료환경 개선, 기술교육환경개선
	DR 콩고	보건환경 개선, 보건의료 개선, 농촌종합개발
	나이지리아	인적자원개발, 공공행정
	에티오피아	모자보건, 식수, 농업·농촌 지역개발 및 영농기술훈련, 기술직업 교육훈련, 전력·도로 인프라 구축
	모잠비크	전력 및 교통 분야, 농업발전, 인적자원개발
	카메룬	인적자원개발, 사회·산업 인프라 개선, 농촌종합개발
	르완다	ICT, 인적자원개발, 농촌지역개발
	우간다	농업, ICT, 경제인프라

출처: 외교부 홈페이지 (www.mofa.go.kr); ODA KOREA 홈페이지 (www.odakorea.go.kr).

3 국제개발협력의 이념과 패러다임

1) 국제개발협력의 이념과 기본목표: '국제개발협력기본법'

한국에서 1986년 국제경제협력기금과 1991년 한국국제협력단의 설립 이후 본격적인 공적개발원조 정책이 시작되었음에도 불구하고 국가 차원의 공식적이고 통합적인 정책문서 없이 유·무상 원조가 별도의 목적을 가지고 추진되고 있었다. 또한 원조선진국들이 개발도상국에 대한 도덕적 의무, 인도주의적 목표 등을 지향하는 것과는 달리 한국의 공적개발원조는 경제적 차원의 이익을 위한 수단으로 활용되어야할 대상이었다(조홍식, 2014). 한국에서 공적개발원조가 점차 증가함에 따라 공적개발원조 정책을 위한 패러다임과 목적 등 이데올로기와 방향성을 규정한 법적 근거의 필요성이 본격적으로 제기되기 시작했다

2004년 대통령 자문 지속가능발전위원회는 '대외원조(ODA) 정책개선방안'을 통해 OECD 가입 10주년인 2006년을 OECD DAC 가입 시점으로 권고했다. 그리고 한국의 공적개발원조 정책을 위한 기본방향을 한국형 국제협력모델과 원조이념의 정립, 원조정책의 체계화 및 선진화, 국민 참여 및 지지 확대로 설정할 것 등을 제안했다(대통령자문 지속가능발전위원회, 2004: 20-21). 그러나 이 제안에는 공적개발원

조 정책의 선진화와 효율성 제고만을 핵심과제로 삼고 있을 뿐 국제개발협력의 이
념정립과 관련된 내용은 담겨있지 않았다. 마찬가지로 2005년 국무회의를 통과한
'대외원조개선 종합대책'에서 역시 공적개발원조는 인도주의적인 목적보다는 여전
히 국가 이미지 향상을 통해 글로벌 국가로 도약하기 위해 활용되어야할 수단으로
인식되고 있었다(국무회의, 2005).

그러나 OECD DAC 가입을 추진하는 과정에서 실시한 2008년 OECD DAC의
특별검토 이후 인도주의적 국제협력이라는 국제적 규범이 보다 적극적으로 국제개
발협력 정책에 반영되기 시작했다. 예컨대 2008년 외교통상부가 발간한 "우리나라
대외원조 현황 및 정책방향"은 한국의 공적개발원조 정책의 목표를 전 세계 모든
시민이 인간다운 생활을 누릴 수 있도록 기여함과 동시에 세계평화와 인류공영에
이바지하기 위한 것으로 규정했다. 그리고 한국은 공적개발원조를 통해 국제사회의
빈곤 감소(poverty reduction)와 지속가능한 발전(sustainable development)에 기여할 것
이며, 나아가 UN 새천년개발목표(MDGs) 달성을 위한 국제적 노력에 적극 동참할
것임을 제시하기도 했다. 2004년과 비교해 볼 때 OECD DAC 핵심규범인 인도주의
적 동기를 강화시키려는 노력에도 불구하고 여전히 대외협력 강화를 통해 국제사회
의 안전 및 발전과 함께 한국의 안전과 번영을 도모하고 있다는 한계가 지적되었다
(외교통상부, 2008: 11).

2008년 OECD DAC 특별검토에서 한국은 국제개발협력에 대한 기본규범의 부
재와 공적개발원조 사업추진기관간 협의 및 조정 메커니즘의 부재로 인한 공적개발
원조의 정책일관성 문제가 지적되었다. 이에 따라 2010년 국제개발협력기본법을 제
정함으로써 한국의 국제개발협력의 목적과 기본정신, 그리고 추진전략 등을 정립하
고자 했다(〈표 13-9〉 참조). '국제개발협력기본법'은 한국의 국제개발협력은 인류의
공동번영과 세계평화의 증진에 기여함을 목적으로(제1조), "여성과 아동의 인권향상
및 양성평등 실현, 지속가능한 발전 및 인도주의를 실현하는 동시에 협력대상국과
의 경제협력관계를 증진하며 개발도상국과의 우호협력관계 및 상호교류를 증진"하
는 것을 기본정신으로 할 것임을 명시했다(제3조). 또한 국제개발협력의 주관 및 시
행기관과 관련하여 정책의 시행기관 및 수행체계 구조를 혁신적으로 변화시키기보
다는 국제개발협력위원회에 보다 강력한 역할을 부여함으로써 유·무상 공적개발원
조의 통합추진체계를 구축하고, 공적개발원조 정책의 일관성을 제고하는 등 OECD
DAC 특별검토에서 지적된 내용을 적극적으로 반영하고자 했다(제10조).

표 13-9	국제개발협력기본법의 구조		
구분	규정내용	구분	규정내용
제1조	법률의 목적	제11조	국제개발협력 시행계획의 수립
제2조	법에서 사용하는 용어의 정의	제12조	중점협력대상국의 선정
제3조	기본정신 및 목표	제13조	국제개발협력에 대한 평가
제4조	기본원칙	제14조	민간국제개발협력 등에 대한 지원
제5조	국가 등의 책무	제15조	국민참여를 통한 홍보 등
제6조	다른 법률과의 관계	제16조	전문인력의 양성
제7조	국제개발협력위원회	제17조	국제교류 및 협력의 강화
제8조	국제개발협력 기본계획의 수립	제18조	국제개발협력 통계자료
제9조	국제개발협력 주관기관	제19조	재외공관의 역할
제10조	국제개발협력 주관기관의 역할과 기능	제20조	권한의 위임, 위탁 등

　'국제개발협력기본법'은 국제적인 원조규범을 상당부분 수용하여 한국의 국제개발협력 정책의 목적과 목표를 수립하고자 했다. 그러나 여전히 기본법에 국제개발협력의 이념 및 철학을 구체적으로 제시하기보다는 추진체계와 업무범위에 대한 규정이 대부분을 차지했다. 더욱이 기본목표와 정신을 "협력대상국과의 경제협력관계를 증진"하며 "개발도상국과의 우호협력관계 및 상호교류를 증진"하는 것을 명시함으로써(제3조) 여전히 경제적 국익의 측면이 중요하게 부각되고 있었다. 결과적으로 국제개발협력기본법은 한국 국제개발협력의 이데올로기와 철학이 법적으로 규정하지 못하고 인도주의적 목적과 국익 사이에서 방향성을 찾는데 한계가 있었던 것으로 평가되고 있다(한국국제협력단, 2012).

2) 국제개발협력의 방향: 국제개발협력 기본계획

　'국제개발협력 기본계획'은 국제개발협력기본법에 근거하여 매 5년마다 한국 국제개발협력 정책의 기본방향, 규모 및 운용계획, 중점협력국 중기지원 전략, 투명성 증진계획 등을 규정하는 최고의 정책문서이다. 특히 한국이 국제개발협력의 국제규범을 수용하는 과정에서 국제개발협력 기본계획을 수립함으로써 국제개발협력의 이데올로기를 질적으로 전환하는 동시에 정책의 방향성을 정립해오고 있다.

2010년 10월 25일 정부는 국무총리실, 기획재정부, 외교통상부, 한국수출입은행, 한국국제협력단 등을 포함한 17개 정부중앙부처 및 산하기관들과 공동으로 작성한 '국제개발협력 선진화 방안(2011~2015)'을 발표했으며, 이후 2010년 12월에는 '분야별 기본계획'까지 발표했다. 그러나 국제개발협력기본법에 의해 마련되었어야 하는 '1차 기본계획'은 별도로 제시하지 않았다. 그 결과, 2010년 발표된 '국제개발협력 선진화 방안'이 사실상 제1차 기본계획이 적용되어야 하는 첫 5년의 기간(2010~2015) 동안 제1차 국제개발협력 기본계획을 대신하는 역할을 한 것으로 이해되고 있다.

'국제개발협력 선진화 방안'은 한국이 OECD DAC 회원국으로서 2008년 특별검토에서 제시된 권고사항을 이행하기 위한 것이었다. 국제개발협력 정책의 기본가치, 추진방식, 국제개발협력의 기본골격, 3대 선진화 전략 등을 규정함으로써 국제개발협력의 기반을 확대하고 한국의 개발경험과 MDGs 등 국제규범을 바탕으로 원조의 효과성을 제고하며, 수원국 중심의 개발협력을 추진하고자 했다. 나아가 한국이 OECD DAC 회원국으로서 국제사회에서 정한 원칙과 규범을 준수하고 새로운 규범형성에 참여함으로써 국제기준에 부합되는 개발협력을 추진하는 것을 목표로 했다.

보다 구체적으로 국제개발협력 선진화 방안은 "수원국에 희망을", "국제사회에 모범을", "국민에게 자긍심을"이라는 세 가지 기본가치를 바탕으로 OECD DAC 회원국으로서의 역할, 공적개발원조 규모와 비율 확대, 그리고 공적개발원조의 통합체계의 구축 등 개선 방향을 포함했다. 우선 OECD DAC 회원국으로서 MDGs 규범에 기반하여 공적개발원조의 규모와 비율을 한국적 상황에 대한 고려를 바탕으로 국제기준에 부합되도록 개선하고자 했다. 예컨대 2015년까지 공적개발원조 규모를 GNI 대비 0.25% 수준으로 확대하고 유·무상 원조의 비율을 40:60으로 구성하며 나아가 비구속성 원조의 비율을 75% 수준으로 확대할 것을 계획했다. 또한 국제개발협력위원회를 중심으로 유·무상 원조의 통합추진체계를 구축하기 위한 계획도 마련해두고 있었다. 즉 선진화 방안은 2010년 OECD DAC 가입 및 2011년 제4차 부산 세계개발원조 총회 개최 등 국제개발협력과 관련된 한국의 위상이 급격하게 제고되는 상황에서 마련된 국제개발협력의 중장기 정책이라는 점에서 의미가 있다.

그럼에도 불구하고 국제개발협력 선진화 방안은 출발에서부터 선진국 따라잡기와 지나친 한국화 원조를 추구한다는 한계를 지적받았다. 사실 선진화 방안은 한국 국제개발협력의 기본정책, 중기전략, 그리고 사업계획을 규정하는 정책문서로 역할을 전환하기에는 미흡한 수준이었다. 여전히 원조효과성과 MDGs 등 국제규범과 이를 이행하기 위한 중기적 이행목표가 전혀 반영되어 있지 않았으며 한국이 선진 공여국으로서 국제개발협력을 통해 지구촌 발전에 기여할 수 있는 비전을 제시하기보다는 단지 원조 선진국들을 따라잡기 위한 '선진화'만을 추구했을 뿐이었다는 것이다.

이러한 점에서 제2차 국제개발협력 기본계획(2016~2020)은 제1차 국제개발협력 기본계획의 이행상황을 평가하고 신흥 공여국으로서 새로운 국제규범인 SDGs 이행목표 달성에 기여할 수 있는 종합전략을 마련하기 위한 것으로 평가될 수 있다. 특히 제2차 기본계획에서는 국제규범을 반영하여 '인류의 공동번영과 세계평화에 기여한다'는 인도주의적 비전과 함께 '통합적인 ODA', '내실 있는 ODA', '함께하는 ODA'를 기본 방향으로 제시함으로써 한국의 국제개발협력 정책의 발전을 모색하고자 했다. '제2차 국제개발협력 기본계획(2016~2020)'을 마련하는 과정에서 국제개발협력의 비전으로 "글로벌 리더 국가로의 도약"이라는 목표를 제시했다. 그러나 이러한 비전이 공적개발원조를 정치외교적 수단으로 삼는 공여국 중심의 시각이라는 시민단체 등의 지적을 반영하여 "인류의 공동번영과 세계평화에 기여"로 비전을 새롭게 설정하는 등 이해관계자들의 관심을 반영하고자 했다. 또한 선진 공여국으로서 2030년까지 국제사회의 공동 목표인 지속가능한 발전의 이행 목표를 달성하는데 기여하기 위한 노력을 기울이려고 한 것으로 보인다.

그러나 제2차 기본계획 역시 국제개발협력 정책의 실질적 발전보다는 공론에 머물 가능성에 대한 우려가 제기되어 있다. "인류의 공동번영과 세계평화에 기여"라는 새로운 비전을 달성하기 위해 한국이 국제사회에서 실질적으로 어떠한 주도적인 역할을 맡을 것인지에 대한 고민이 전혀 반영되어 있지 않기 때문이다. 또한 SDGs 이행 계획에 대한 구체적인 정책 목표와의 연계방안이나 재정운용계획 등이 전혀 반영되어 있지 않다는 점에서 선언적 수준에 머물 가능성에 대한 우려가 제기된다. 더욱이 무엇보다 가장 큰 문제는 한국의 공적개발원조가 양적인 수준에서 여전히 다른 OECD DAC 국가와 비교해 상당히 낮은 수준임에도 불구하고 제2차 기본계획은 2020년까지 한국의 공적개발원조의 규모를 GNI대비 0.2%까지 증가시킬 것을 목표로 하는데 머물고 있는 것이다. 그러나 이는 OECD DAC의 권고치인 0.7%에 미치지 못하는 것은 물론이고 제1차 기본계획이 목표했던 0.25%라는 계획에서도 후퇴한 수준으로 평가된다.

표 13-10 국제개발협력 기본계획의 변화

구분	제1차(2010~2015)	제2차(2016~2020)
내실제고	ODA 규모 확대	확대된 재원의 효율적·효과적 운용
통합적 추진	ODA 추진체계 마련	ODA 추진시스템 개선 및 고도화
참여확대	민간, 시민사회의 관심 및 참여확대	민간, 시민사회의 참여 활성화를 위한 제도보완

출처: 국무총리실 (2015), 김은미 외 (2015).

4 결론

한국의 공적개발원조 정책은 수원국으로 시작하여 경제발전과 함께 점차 원조를 제공하는 공여국, 그리고 OECD DAC 회원국이라는 선진 원조국으로 지위를 전환해왔다. 또한 OECD DAC 가입 이후에는 공적개발원조의 양적 성장을 넘어 국제규범 및 패러다임 형성에도 적극적인 역할을 담당하고 있다. 특히 2017년 OECD DAC 동료평가를 앞두고 2015년 예비평가를 실시하는 등 국제적인 기준에 부합되는 원조공여 및 공적개발원조 정책을 수립하기 위해 적극적으로 대응하고 있다.

그러나 여전히 유상원조와 무상원조의 분절화로 인한 추진체계의 비효율성 문제가 지적된다. 국제개발협력위원회의 설립에도 불구하고 실질적으로는 이미 추진되고 있는 공적개발원조 사업들에 대하여 보고를 듣거나, 계획을 의결하는 수준의 역할만 하고 있다. 따라서 다양한 공적개발원조의 수행기관 간 비협조, 유사·중복 사업, 유상원조와 무상원조의 단절 등의 문제가 지속적으로 발생할 수밖에 없다. 따라서 국제개발협력위원회가 실질적인 통합·관리의 역할을 담당할 수 있도록 개선함으로써 한국 공적개발원조 정책 결정과정의 비효율성을 극복하여야 한다.

또한 국제개발협력 정책 이행과정의 투명성 증진을 위한 노력도 병행되어야 한다. 공여국 국제개발협력 정책의 투명성 제고는 수원국 내 개발효과성 증진을 위하여 필수적인 요인이며 공여국의 역량강화에도 긍정적인 영향을 미치기 때문이다. 특히 한국은 2011년 이후 중점협력국가를 선정하여 이 국가들을 대상으로 개발협력 정책을 수행하였는데, 중점 협력국가 선정 기준과 근거가 공개되지 않았고, 정부는 학계, 전문가 및 시민사회와의 협의를 거치지 않은 채 선정된 중점협력국가를 발표하였다. 중점협력국가는 한국 국제개발협력 정책 이행과 재원 배분의 근간이 되기 때문에 이에 대한 정보 공개가 선행되어야 할 것이다.

　　마지막으로 국가 차원에서의 공적개발원조에 대한 비전과 패러다임에 대한 정립이 필요하다. 국제개발협력의 이념과 패러다임은 개별 국가의 공적개발원조에 대한 개별 국가의 목적과 방향성을 제시한다는 점에서 매우 중요하다. UN과 OECD DAC 등 국제적인 국제개발협력의 패러다임과 비전은 인도주의적 원조를 지향하고 있다. 예컨대 OECD DAC 회원국 가운데 노르웨이는 '다함께 빈곤과 싸운다(2003)', 영국은 '21세기 빈곤퇴치전략(2000)' 등을 국제개발협력의 비전으로 제시함으로써 세계사회에 대한 기여의 방향이 분명하게 나타냈다. 그러나 공적개발원조의 국제적 규범이 인도주의를 강조하고는 있지만 다른 선진공여국들의 공적개발원조가 정치·경제적 목적을 배제하고 순수하게 인도주의적 목적만을 위해 공적개발원조 정책을 운용하는 것은 아니라는 점 역시 분명하다. 선진 공여국들도 역시 국익에 대해 명시하지는 않지만 국익에 대한 고려를 바탕으로 공적개발원조 활동을 하고 있다는 것을 부인하기는 어렵다. 또한 무상원조라고 해도 국익을 고려하지 않는 것은 더욱 아니다. 따라서 국제규범에 부합되는 인도주의적 비전 아래 자원 확보, 우호적 국제환경 구축 등 다양한 차원의 국익을 확보할 수 있는 국제개발협력 정책의 비전 마련이 요구된다고 하겠다.

▌ 참고문헌

강인수·이호생·송유철. 2014. "스리랑카 국가협력전략(CPS)이행 증진을 통한 원조효과성 제
　　고방안 연구." 세종: 대외경제정책연구원.
관계부처합동. 2015. "제2차 국제개발협력 기본계획(안)." 제22차 국제개발협력위원회 의결
　　안건, 제22권 1호 (2015.11.10.).
_____. 2010. "국제개발협력 선진화 방안." (2010.10).
국무회의. 2005. "대외원조개선 종합대책: 글로벌 국가로의 도약을 위한 공적개발원조활용."
국제개발전략센터. 2013. "중점협력국 선정 기준 및 국별협력전략 개선방안: 외교적 관점에서.
국제개발협력위원회. 2014. "제23차 국제개발협력위원회 안건."
_____. 2013. "제15차 국제개발협력위원회 안건."
권율·김한성·박복영·황주성·홍수연. 2006. "우리나라 대외원조정책 선진화 방안." 서울: 대
　　외경제정책연구원.
김성태·진상기. 2007. "우리나라 공적개발원조(ODA) 정책 방향 모색." 『한국정책학회』.
김세원·김종섭·이은석. 2014. "볼리비아의 국가협력전략(CPS)이행 증진을 통한 원조효과성
　　제고방안 연구." 세종: 대외경제정책연구원.
김세원·김종섭·이영섭. 2013. "주요 선진 공여국의 중점협력국 운영 및 관리체계 사례연구."
　　세종: 대외경제정책연구원.
김은미·조희정·박민정·송지선. 2015. "OECD DAC 개발협력 주요 이슈 논의 동향과 한국
　　국제개발협력 전략 연계방안." 한국국제협력단 연구보고서.
김의영·홍지영. 2014. "국제개발협력 규범 형성에 있어 지구시민사회의 역할: OECD 개발원
　　조 위원회 원조효과성을 위한 고위급 회담(DAC High Level Forum on Aid
　　Effectiveness)를 중심으로." 『국제관계연구』, 19(1).
김지유. (2010). "한국의 공적개발원조 추진체계변화 연구." 경희대학교 정치외교학과 석사학
　　위논문.
대통령자문 지속가능발전위원회. 2004. "대외원조(ODA) 정책 개선방안." 대통령자문 지속
　　가능발전위원회.
박병식. 2010. "ODA 국별 지원전략 평가기준 관계 분석에 관한 연구: CAS 평가보고서 내용
　　분석을 통해." 『한국사회와 행정연구』, 21(3).
박종민, 2007. "대외원조 개선 종합대책." 정책브리핑.
외교통상부. 2008. "우리나라 대외원조 현황 및 정책 방향." 외교통상부 개발협력정책관실.
윤지영. 2013. "시민사회에서 바라본 2012년 한국의 OECD DAC 동료검토." 『국제개발협력』,
　　1.

이련주. 2010. "국제개발협력 선진화 방안." 『국제개발협력』, 4.

이진우. 2013. "국내 ODA 추진체계 시사점." 2014 KoFID 환경분과 3차 세미나 발제자료.

이천우. 2011. "국제 공적개발원조의 신조류와 한국의 ODA 정책." 『산업경제연구』, 24(2).

이태주. 2003. "한국의 대외원조 정책에 대한 인류학적 연구: '선진국 만들기와 발전담론.'" 『비교문화연구』, 9(1).

임형백. 2014. "한국 공적개발원조(ODA)의 전개와 과제." 『한국정책연구』, 14(1).

정완길. 2013. "유상원조 관점에서 본 국제보건의료." 『의료정책포럼』, 11(2).

정우진. 2010. "Successful Asian Recipient Countries: Case Studies of Korea and Vietnam." 『국제개발협력』, 3호.

조원빈·정구연. 2015. "한국공적개발원조 배분의 이론과 실제." 『국제관계연구』. 20(1).

조홍식. 2015. "한국의 ODA 정책과 국가정체성: 기원과 발전과정(1986~2009)." 『사회과학논총』, 17.

지용기. 1992. 『한국 개발원조정책과 비교개발조사론』. 성남: 한국국제협력단.

진상기. 2010. "우리나라 공적개발원조(ODA) 체계 분석." 『한국행정연구』, 19(2).

최봉진. 2013. "한국형 공적개발원조 모델의 국가협력전략 연구." 동아대학교 정치외교학과 박사학위논문.

한국국제협력단. (KOICA). 2014. "개발학 강의." 서울: 푸른숲.

_____. 2013. 『국제개발협력의 이해』 개정판. 서울: 한울.

한국수출입은행. 2015. 『대외경제협력기금』. 서울: 한국수출입은행.

_____. 2007. 『대외경제협력기금 20년사』. 서울: 한국수출입은행.

홍성걸. 2011. 『ODA 리포트』. 서울: 도서출판 오래.

KOICA ODA 교육원. 2012. "KOICA 사업의 이해: 사업관리교육-기본과정."

찾아보기

저 자 소 개

이연호

현) 연세-EU Jean Monnet Centre 소장

yhlee@yonsei.ac.kr

영국 케임브리지대학교 정치학 박사

손혁상

현) 경희대 공공대학원 원장

hsohn62@naver.com

경희대 정치학 박사

맹준호

현) 국무조정실 개발협력정책관실 대외협력과
　　서기관

maeng@pmo.go.kr

영국 맨체스터대 개발정책학 박사

김은경

현) 한국여성정책연구원 연구위원

kekkekek@kwdimail.re.kr

연세대학교 정치학 박사

김영완

현) 한국외국어대학교 LD 학부 조교수

youngyoungwan@gmail.com

미국 아이오와 주립대(University of Iowa)
　　정치학 박사

이태동

현) 연세대학교 정치외교학과 부교수

tdlee@yonsei.ac.kr

미국 University of Washington 정치학 박사

고주현

현) 연세대학교 동서문제연구원
　　연세-EU Jean Monnet Centre 연구교수

joohyun.go@yonsei.ac.kr

이화여자대학교 지역학 박사

김주회

현) 경희대학교 국제개발협력연구센터
　　학술연구교수

kim.joohee@khu.ac.kr

베를린 자유대학 정치학박사

신상협

현) 경희대학교 국제대학원 교수

hyupshin7@gmail.com

영국 런던정치경제대학(LSE) 정치경제학 박사

문경연

현) 전북대학교 지미카터국제학부 조교수

kymoon@jbnu.ac.kr

영국 Cranfield University 방위안보학 박사

안상욱

현) 부경대학교 국제지역학부 부교수

ahnsangwuk@pknu.ac.kr

프랑스 파리 3대학교 경제학 박사 (유럽지역학)

김경훈

현) 킹스칼리지런던(King's College London)
  박사 과정

kyunghoon.kim@kcl.ac.uk/

sidkim0208@gmail.com

임유진

현) 연세대학교 동서문제연구원 전문연구원

yoojinlim@gmail.com

연세대학교 정치학 박사

김효정

현) 연세대학교 일반대학원 정치학과 박사과정

hyojung42@yonsei.ac.kr

EU와 국제개발협력

초판인쇄	2017년 1월 23일
초판발행	2017년 2월 13일
공저자	이연호 외
펴낸이	안종만
편 집	김효선
기획/마케팅	조성호
표지디자인	조아라
제 작	우인도 · 고철민
펴낸곳	(주)**박영사**
	서울특별시 종로구 새문안로3길 36, 1601
	등록 1959. 3. 11. 제300-1959-1호(倫)
전 화	02)733-6771
f a x	02)736-4818
e-mail	pys@pybook.co.kr
homepage	www.pybook.co.kr
ISBN	979-11-303-0368-0 93340

정 가 28,000원